Willy Obrist
Religiosität ohne Religion

Bibliografische Information der Deutschen Nationalbibliothek
Die Deutsche Nationalbibliothek verzeichnet diese Publikation in der
Deutschen Nationalbibliografie; detaillierte bibliografische Daten sind
im Internet über http://dnb.d-nb.de abrufbar.

© 2009 by opus magnum, Stuttgart (www.opus-magnum.de)
ISBN 13: 978-3-939322-18-4

Erstausgabe unter dem Titel „Neues Bewusstsein und Religiosität".
Olten: Walter 1988
Durchgesehene Neuauflage, Version 2.02

Grafik und Layout: Dr. Lutz Müller
Titelbild unter Verwendung einer Fotografie
von Dieter Wendelken (www.pixelio.de)
Herstellung: Book on Demand GmbH., Norderstedt

Willy Obrist

Religiosität ohne Religion

opus magnum

**Dr. med. Willy Obrist
(1918-2013)**
Studium der Medizin, Philosophie, und Geschichte. Facharzt für innere Krankheiten, Analytiker und Dozent am C. G. Jung-Institut Zürich. Seit 1970 Mitarbeiter der Stiftung für Humanwissenschaftliche Grundlagenforschung (Zürich) mit dem Forschungsschwerpunkt Evolution des Bewusstseins / Wandel des Weltbilds. Mitbegründer der Schweizerischen Gesellschaft für Religionswissenschaft, der Stiftung für Jungsche Psychologie (Zürich) und der Stiftung zur Förderung der Philosophie (Mönchengladbach).

Das gesamte Werk von Willy Obrist
bei opus magnum (www.opus-magnum.de):

- **Die Mutation des europäischen Bewusstseins: Von der mythischen zur heutigen Weltsicht und Spiritualität.** Eine Kurzfassung des Gesamtwerks 156 S., ISBN: 978-3-939322-016
- **Die Mutation des Bewusstseins – Vom archaischen zum heutigen Selbst- und Weltverständnis.** 308 S., ISBN: 978-3-939322-78-8
- **Tiefenpsychologie und Theologie – Zwei Etappen der Evolution des Bewusstseins.** 192 S., ISBN: 978-3-939322-177
- **Das Unbewusste und das Bewusstsein.** 196 S., ISBN: 978-3-939322-771
- **Keine Materie ohne Geist. Natur als Quelle von Ethik und Sinn.** 288 S., ISBN: 978-3-939322-801
- **Die Mutation des Bewusstseins fand in Europa statt.** 224 S., ISBN: 978-3-939322-79-5, € 14,90

Inhalt

Vorwort 9

Einführung 11

Erster Teil 13

Der Wandel der Weltsicht 15
    Allgemeine Orientierungslosigkeit und Wertezerfall 15
    Symptom eines Entwicklungsschritts des Bewusstseins 16
    Bewusstwerdung oder Informationsaufnahme 17
    Auch die „moderne" Weltsicht ist überholt 19
    Entwicklung nach dem Durchbruch zur neuen Weltsicht 21
    Aufweichung des archaischen Blocks 21
    Aufweichung des positivistischen Blocks 23
    Ergebnis: allgemeine Desorientiertheit 27
    Evolutionäre Betrachtung ist die Orientierungshilfe 29

Objektivierende und existenzielle Haltung 35
    In der menschlichen Natur begründet 37
    Vom Verhalten zum ethischen Handeln 39
    Wissenschaft und Schulen der Spiritualität 42
    Spirituelle Schulung und Weltbild 44

Religiöse und areligiöse existenzielle Haltung 47
    „Neuer Geist" auf die Antike projiziert 48
    Entmythisierung von Natur und Geschichte 51
    Atheismus: Konsequenz aus positivistischer Wissenschaft 52
    Übermächtigkeit der „Vernunft" bzw. Rationalismus 54
    Belehrung statt spiritueller Schulung 55
    Areligiöse existenzielle Haltung 57

Die Überwindung des naiven Realismus 61
    Entscheidend war die neue Art des Forschens 61
    Der spontane Eindruck der Sinneswahrnehmung trügt 63
    Auch der spontane Eindruck des innerlich
    Wahrgenommenen trügt 64
    Wiederentdeckung des „Sehens mit den Augen der Seele" 65
    Erweiterung des Empirie-Begriffs 68
    Tiefenpsychologie:
    ein neuer Typus empirischer Wissenschaft 68
    Modellvorstellungen der Psyche 71
    Auch bei der Vision trügt der spontane Eindruck 74
    Das „Hereinklappen der metaphysischen Welt" 76

Am Anfang „war" das Innere außen 79
    Semantischer und theoretischer Zweig
    der Tiefenpsychologie 79
    Auseinandersetzung zwischen
    Tiefenpsychologie und Theologie 81
    Erschließung der archaischen Weltsicht 83
    Suche nach dem Ausgangspunkt der Bewusstseinsevolution 87
    Partizipations-Erleben und archaische Identität 90
    Neurophysiologische Sicht der Bewusstwerdung 91

Von der mythischen zur wissenschaftlichen Weltsicht 95
    Bewusstseinsevolution auf dem metaphysischen Zweig 96
    Bewusstseinsevolution auf dem physischen Zweig 98
    Mythische Theorien 99
    Grenzen der Entmythisierung bei archaischer Weltsicht 101
    Beschränktheit der archaischen Vorstellung vom Geist 103
    Überwindung des Begriffs-Konkretismus 104
    Weichenstellung durch Universalienstreit 108
    Neue Art des Forschens: ein „operantes Schema" 109
    Mutation des Bewusstseins in zwei Schritten 113
    Vom Heiligen Geist zum inneren Meister 118
    Zwei verschiedene Bedeutungen des Ausdrucks „Gott" 119
    Vom Atheismus zum Agnostizismus 121
    Wandel der Vorstellung vom Offenbarungsvorgang 122
    Nur der „menschennahe Gott" wurde internalisiert 126
    Entdeckung der innerseelischen Führungsinstanz („Selbst") 129
    Die Vorstellung des „Selbst" im Licht der Biologie 130
    Ich, Selbst und Ganzwerdung 132
    Subjektiver und objektiver Geist 133
    Archaische und heutige Metaphysik 133
    Von der dualistischen zur unistischen Weltsicht 136
    Komplementäres Denken: Grundlage der unistischen Weltsicht ... 138
    Ansatz für eine zeitgemäße Theorie des Geistes 139
    Materie 140
    Evolution 142
    Was bringt dieser Ansatz? 144
    Keine Materie ohne Geist 150
    Wie kam das Selbst zu seinem Wissen? 152
    Auch Pflanzen und Tiere haben ein „Selbst" 155
    Komplementäres Denken beseitigt das „Leib-Seele-Problem" 156
    Der „innere Meister" 157

Zweiter Teil 159

Religiosität nach dem Wandel der Weltsicht 161
    Der neue Mythos impliziert Religiosität 161
    Mythos auch bei symbolischem Verständnis wirksam 161
    Der neue Mythos meint ganzheitliches Menschsein 163
    Assimilation des neuen Symbols und Umsetzen ins Leben 166

Die religiösen Aufbrüche der Gegenwart 169
    Aufbrüche im archaischen und im positivistischen Block 169
    Kennzeichen von Religion 170
    Aufbrüche in der christlichen Religion 173
    Religiöse Aufbrüche im positivistischen Block 174
    Von der Psychotherapie zur Psychagogik 175
    Gnosis und Neognosis 177
    Die New-Age-Bewegung 180
    Ein Gemenge von wissenschaftlichen und mythischen Theorien 183
    Tiefenpsychologie als religiöser Aufbruch 187

Individuation 189
    Unterschiedliche Aspekte der Individuation 189
    Spontane und begleitete Individuation 191
    Individuation und Glaube 194
    Glaubensgewissheit und Gnade 196
    Ziel der Individuation ist Menschlichkeit 198
    Die Kunst des Geschehen-Lassen-Könnens 200
    Schulen der Spiritualität und Individuation 201

Der Individuationsprozess im Licht der spirituellen Tradition 205
    Drei Typen von Religion 205
    Bewusstseinsmutation und Vorstellung
    vom Weiterleben nach dem Tod 209
    Spirituelle Schulung im Taoismus 211
    Spirituelle Schulung im Hinduismus 214
    Der Buddhismus: ursprünglich eine Schule der Spiritualität 217
    Andere Prägung der westasiatischen Religionen 218
    Spiritualität im Judentum 218
    Die Sufik 220
    Professionelle Spiritualität im Christentum 222

Das Know-how der spirituellen Schulen 227
  Heilsvorstellungen oder Erlösung zu 228
  Wovon sollte erlöst oder befreit werden? 230
  Befreiung des Ich und Befreiung vom Ich 232
  Die Krise der Lebensmitte 233
  Die Meister-Schüler-Beziehung 236
  Hilfen, die die Mitwirkung des Ich unterstützen 238
  Herstellung eines geschützten Bezirks 238
  Kontemplation und Meditation 239
  Ethisches Training 243
  Geistliche Lesung 245
  Das Beten 247
  Beten auch heute noch sinnvoll 248
  Gebet und Entscheidungsfindung 250
  Inneres Gebet und aktive Imagination 251
  Mystik und Mystiker (-innen) 254
  Mystisches Schrifttum 256
  Gnade, Gnosis und Münchhausen 259
  Gnade und Individuation 261
  Die „dunkle Nacht der Seele" 263

Die Situation des heutigen Menschen 265
  Die Suche nach dem Sinn des Lebens 265
  Das Problem, ethisch richtig zu handeln 268
  Der Umgang mit dem Bösen 272
  Differenzierung von Anima und Animus: ein westliches Problem? 277
  Logos und Sophia 280
  Die beziehungsstiftende Funktion des Selbst 283

Ausblick: Hoffnung, die sich auf Fakten stützt 287
  Hoffnung auf eine neue Ethik 287
  Hoffnung auf neue bergende Gemeinschaften 289

Literatur 293

Vorwort

In meinen bisherigen Werken habe ich ausführlich beschrieben, wie sich der evolutionäre Wandel des Selbst- und Weltverständnisses vollzogen hat. Dabei ergab sich unter anderem, dass jene existenzielle Haltung, die im traditionellen Sprachgebrauch als religiöse bezeichnet wird, in der Struktur der menschlichen Psyche begründet und somit für ein ganzheitliches Menschsein unerlässlich ist. In diesem Band wird nun noch deutlicher herausgearbeitet werden, worin diese Haltung besteht und wie sie vor dem Hintergrund der heutigen, erfahrungswissenschaftlich begründeten Weltsicht gelebt werden kann.

Da alles Reden über eine zeitgemäße Religiosität die Kenntnis des Bewusstseinswandels voraussetzt, hatte ich zuerst die Absicht, diesen in einer Einleitung kurz zu skizzieren. Es zeigte sich aber bald, dass dies wegen der Komplexität des Geschehens mehr Raum beanspruchte. So entschloss ich mich, in einem ersten Teil den Wandel der Weltsicht, in einem zweiten den Vollzug der Religiosität zu schildern.

Um mich nicht zu wiederholen, vermied ich diesmal die lineare, chronologische Darstellung der Bewusstseinsmutation und ging in der Weise vor, dass ich diese unter verschiedenen Blickwinkeln beschrieb. So konnte ich zum einen jene Aspekte hervorheben, die mir besonders wichtig erscheinen, zum anderen die grundlegende Unterscheidung zwischen objektivierender und existenzieller Einstellung bzw. zwischen Wissenschaften und Schulen der Spiritualität ausführlich zur Darstellung bringen, ebenso die zeitgemäße, auf die Ergebnisse der Naturwissenschaft abgestützte Theorie des Geistes.

Im zweiten Teil ging ich zuerst auf das Symbol des ganzheitlichen Menschen ein, das gegenwärtig – als Zielvorstellung des Menschseins – das bisher dominierende Homo-faber-Symbol verdrängt.

Dann beschrieb ich die hauptsächlichsten religiösen Aufbrüche der Gegenwart und stellte die Frage, inwieweit jeder von ihnen dem heutigen Stand der Bewusstseinsevolution entspreche. Im Lauf der Jahre war ich mir immer mehr bewusst geworden, dass es beim Individuationsweg der Tiefenpsychologie um das Gleiche geht, um das sich die Schulen der Spiritualität in allen Religionen – auch in der christlichen – bemüht haben. Ich war mir aber auch bewusst geworden, dass der reiche Erfahrungsschatz dieser Schulen – deren Wissen um das, was berücksichtigt und vorgekehrt werden muss, um zu einer echten religiösen Haltung heranreifen zu können – wegen der zunehmenden Entfremdung vom archaischen Selbst- und Weltverständnis fast völlig verloren gegangen ist. So war es mir ein besonderes Anliegen zu zeigen, wie jenes

„Know-how" der Religiosität für die heutige Zeit erschlossen und fruchtbar gemacht werden kann.

Es ist möglich, dass die Geduld jener Leser, die in erster Linie an der Praxis einer zeitgemäßen Religiosität interessiert sind, durch die zum Teil recht theoretischen Ausführungen des ersten Teils zu sehr strapaziert wird. Ihnen möchte ich den etwas ungewöhnlichen Rat geben, mit dem zweiten Teil zu beginnen. Vielleicht ergibt sich dann aus den dabei auftauchenden Fragen die Motivation, sich auch in den Wandel der Weltsicht zu vertiefen. Danken möchte ich all denen, die mir durch ihr Verständnis für mein Anliegen Kraft gegeben haben, trotz aller Schwierigkeiten sieben Jahre lang durchzuhalten. Dankbar bin ich aber auch denen, die mich teils durch Widerspruch, teils durch Unverständnis dazu anspornten, manche Frage gründlicher durchzudenken und ausführlicher darzustellen.

Zu besonderem Dank fühle ich mich denen verpflichtet, die mir in zum Teil langen Gesprächen geholfen haben, mein Wissen über die Schulen der Spiritualität zu vertiefen: Pater Josef Stierli SJ (ignatianische), Pater Dr. Anton Rotzetter O. Cap. (franziskanische), dem Karmeliter Prof. Otger Steggink, Nijmegen (spanische Mystiker), Prof. Arnold Goldberg, Freiburg i. Br. (rabbinische), P. D. Dr. Karl E. Grözinger, Frankfurt a. M. (chassidische), Prof. Fritz Meier, Basel (sufische), Frau Dr. Ursula King, Leeds GB (hinduistische), Prof. Karl Henking, Zürich (buddhistische), und Prof. Knut Walf, Nijmegen (taoistische).

Für mein Anliegen, die Konvergenz zwischen tiefenpsychologischer und biologischer – insbesondere neurobiologischer – Forschung aufzuzeigen, war vor allem der persönliche Kontakt mit den Hirnforschern Prof. Valentin Braitenberg vom Tübinger Max-Planck-Institut für Biokybernetik und Dr. Gino Gschwend, Luzern, wertvoll. Auch ihnen gilt mein Dank. Schließlich möchte ich Rolf Kaufmann, Josef Baume, Knut Walf, Waltraud Ehrhardt und meinem Sohn Peter dafür danken, dass sie das Manuskript lasen und wertvolle Vorschläge zu seiner Verbesserung machten.

Ich hoffe, das Buch könne vielen Menschen eine Hilfe zur Orientierung in unserer desorientierten Zeit sein.

Einführung

Einer Tatsache wird man sich in der westlichen Welt mehr und mehr bewusst: der Diskrepanz zwischen fortgeschrittener Wissenschaft und Technologie auf der einen Seite und zurückgebliebener – sogar zurückgebildeter – Menschlichkeit auf der anderen. Wir wissen und können – im Sinne des technischen Könnens – unendlich viel mehr als jede Zeit vor uns. Gleichzeitig ist unsere Bezogenheit auf Natur und Menschen – im Sinne verstehenden Liebens – gering, geringer sogar, als es bei Naturvölkern, in den östlichen Hochkulturen sowie im christlichen und islamischen Mittelalter gewesen ist. Ausdruck dieser Diskrepanz sind die viel beklagten unmenschlichen Strukturen in Gesellschaft, Staat und Arbeitswelt, ja sogar in den Kirchen, sowie die missbräuchliche Anwendung der technischen Errungenschaften. Wie kann diese Kluft verkleinert werden? Wissenschaft und Technologie sind Ausdruck einer hohen Entwicklungsstufe des Bewusstseins. Diese Entwicklung zurückdrehen zu wollen, wäre nicht nur Unsinn; es wäre auch eine völlige Illusion, denn der Drang des Menschen nach Erkenntnis und Erfindung ist eine Naturgewalt, die nicht aufgehalten werden kann. Die Lösung ist vielmehr darin zu suchen, dass die Menschlichkeit nachentwickelt wird. Dies postulieren heute ja viele. Die große Frage ist nur, wie es geschehen soll.

Ich möchte nicht einfach der Unmenge gut gemeinter Ratschläge einige weitere hinzufügen. In der ärztlichen Kunst ist es verpönt, Symptomtherapie zu betreiben. Dort gilt die Regel, dass ein Therapieplan erst dann entworfen werden soll, wenn man den Prozess erkannt hat, der den Symptomen zugrunde liegt. So will ich denn den Mangel an Menschlichkeit als Symptom auffassen und nach der Wurzel dieses Übels graben. Erst wenn diese Wurzel bloßgelegt ist, soll gefragt werden, was für Möglichkeiten der Heilung sich von dort her aufzeigen lassen.

Was unsere Zeit charakterisiert – und was in dieser Art neu ist – ist erstens eine völlige Orientierungslosigkeit in Bezug auf das Sein und das Sollen: in Bezug auf unser Selbst- und Weltverständnis sowie in Bezug auf das, was richtig und unrichtig, was gut und böse und was der Sinn des Lebens ist. Charakteristisch für unsere Zeit ist zweitens, dass ein Wissen, das in archaischen Kulturen selbstverständlich war, verloren gegangen ist: das Wissen, dass das Bemühen um Menschlichkeit von jedem Einzelnen ebenso viel Zeit und Mühe erfordert wie die Aneignung von Sachwissen und technischem Können.

Diese zwei Charakteristika unserer Zeit weisen uns die Richtung, in der wir suchen müssen, wenn wir die Wurzel der Diskrepanz zwischen Wissenschaft und Menschlichkeit finden wollen. Beginnen wir mit der Orientierungslosigkeit.

Anmerkung: Die Literaturhinweise erfolgen durch in Klammern gesetzte Ziffern, die auf das entsprechende mit dieser Ziffer versehene Werk im Literaturverzeichnis verweisen.

Erster Teil

Der Wandel der Weltsicht

Allgemeine Orientierungslosigkeit und Wertezerfall

Der Mensch des Mittelalters – und auch der christliche Mensch des 19. Jh. – war bezüglich Orientierung noch viel besser dran als wir. Er besaß nicht nur ein fest gefügtes Weltbild, sondern einen ebenso fest gefügten, bis in Einzelheiten ausdifferenzierten Kanon von Werten und sittlichen Normen. Wenn somit jemand sagt, Orientierungslosigkeit und Wertezerfall in der westlichen Welt seien eine Folge des Abfalls vom Christentum, ist dem kaum zu widersprechen. Fragt man jedoch, welche Folgerung daraus zu ziehen sei, scheiden sich die Geister.

Viele fordern, man müsse eben wieder zum Christentum zurückkehren, eventuell zu einem erneuerten Christentum, das veraltete Krusten abgestoßen und sogar die „wertvollen Elemente" anderer Hochreligionen in sich aufgenommen habe. Diese Forderung mag heute noch für viele richtig sein, vor allem dann, wenn sie sie an sich selber stellen. Ihre Zahl dürfte jedoch mehr und mehr abnehmen, und zwar einfach deshalb, weil durch die Bewusstseinsevolution nicht nur das Christentum, sondern Religion überhaupt überholt worden ist, und weil die Einsicht in diese Tatsache sich unaufhaltsam ausbreitet.

Um kein Missverständnis aufkommen zu lassen, sei hier gleich gesagt, dass ich zwischen Religion und Religiosität unterscheide. Unter Religion verstehe ich ein soziokulturelles Gebilde, das aus dem archaischen Selbst- und Weltverständnis hervorgegangen ist und in welchem demzufolge für die archaische Weltsicht typische Vorstellungen, Verhaltensformen und Muster der Gemeinschaftsbildung Gestalt angenommen haben. Unter Religiosität verstehe ich hingegen eine Haltung, die für ganzheitliches Menschsein unabdingbar ist und die deshalb durch die Evolution des Bewusstseins zwar modifiziert, nicht jedoch überholt werden kann.

Mit der Frage, was für eine Haltung damit gemeint ist und wie Religiosität auf der heutigen Ebene der Bewusstheit ohne Preisgabe der geistigen Redlichkeit gelebt werden kann, werden wir uns noch viel zu befassen haben. Vorerst müssen wir uns aber weiter überlegen, was für Konsequenzen aus der Feststellung gezogen werden sollen, dass die heutige Orientierungslosigkeit eine Folge des Abfalls vom Christentum sei.

Symptom eines Entwicklungsschritts des Bewusstseins

Wie schon angedeutet, kann man den Abfall vom Christentum auch unter dem Blickwinkel der Bewusstseins-Evolution betrachten. In diesem Fall ändert sich die Beurteilung des Wertezerfalls und der Orientierungslosigkeit radikal. Sie erscheinen dann nicht mehr als Symptom eines Niedergangs, sondern als Symptom eines Entwicklungsschrittes zu einer höheren Stufe der Bewusstheit: zu einem differenzierteren Selbst- und Weltverständnis. Solche Übergänge vollziehen sich ja nicht kontinuierlich, sondern nach dem Gesetz des „Stirb und Werde", wobei zwischen dem Absterben der überholten und dem Aufkommen der neuen Weltsicht der Durchgang durch das Dunkel und das Chaos – d. h. durch die Desorientiertheit – unumgänglich ist.

Bei dieser Sicht erscheint die geistige Krise unserer Zeit als heilsame Krise. Die evolutionäre Sicht hält uns davon ab, den Blick nach rückwärts zu richten auf etwas Vergangenes, nie wieder Herstellbares. Sie veranlasst uns, vorwärts zu blicken: uns auf eine Suchwanderung zu begeben nach einer neuen – im Keim schon vorhandenen – Möglichkeit zur Orientierung. Entwicklungsschritte des Bewusstseins haben sich immer schon ereignet. Über solche vollzog sich ja die Evolution des Bewusstseins. Der Entwicklungsschritt jedoch, der zur gegenwärtigen Orientierungskrise geführt hat, ist von ganz besonderer Art. Alle bisherigen Entwicklungsschritte des Bewusstseins haben sich nämlich innerhalb des Rahmens der archaischen Weltsicht vollzogen: jener Sicht der Dinge, bei der man zwischen einer diesseitigen und einer jenseitigen – einer natürlichen und einer übernatürlichen, einer physischen und einer metaphysischen – Welt unterschied und sich vorstellte, die jenseitige Welt sei von normalerweise unsichtbaren Wesen bevölkert: von Wesen, die auf „diese" Welt einwirken, sich dem Menschen offenbaren und sich sogar inkarnieren können. Betrachten wir die Bewusstseins-Evolution während der Zeit dieser dualistischen Weltsicht, können wir zwei Stränge der Entwicklung auseinander halten: einen physischen und einen metaphysischen. Bis zum Ende unseres Mittelalters, dem Ende der Allgemeingültigkeit der archaischen Weltsicht, waren die Fortschritte auf dem physischen Zweig gering, wenn man sie mit dem vergleicht, was nachher geschah. Die „großen Dinge" ereigneten sich während der archaischen Zeit auf dem metaphysischen Strang. Dort führten Entwicklungsschritte jeweils zu differenzierteren Vorstellungen der übernatürlichen Welt und als Folge davon zu neuen Religionen.

Bei dem Entwicklungsschritt des Bewusstseins hingegen, der die gegenwärtige Krise ausgelöst hat, geschah etwas, das bis dahin noch nie geschehen war:

16

die archaische Weltansicht selber wurde überstiegen und durch eine grundlegend neue abgelöst. An die Stelle der seit der Steinzeit gültigen dualistischen Weltsicht ist eine unistische getreten, in der nicht mehr zwischen einer natürlichen und einer übernatürlichen, von konkreten Geist-Wesen bevölkerten Welt, sondern zwischen einem äußeren und einem inneren – einem materiellen und einem geistigen – Aspekt der an sich einheitlichen raumzeitlichen Wirklichkeit unterschieden wird. Man könnte sagen, bei dieser Mutation des Bewusstseins sei die übernatürliche Welt des archaischen Menschen naturalisiert oder – in einem Bild ausgedrückt – in unser Inneres hereingeklappt worden.

Dieses Hereinklappen der metaphysischen Welt ist der Grund für die Radikalität des Wertezerfalls in unserer Zeit. Solange die archaische Weltsicht gültig war, ergaben sich neue Werte und neue ethische Normen jeweils durch das Aufkommen einer neuen Gottesvorstellung, eventuell durch das Auftreten eines „Gottesmannes", der verkündete, Gott habe ihm seinen Willen offenbart. Jetzt aber hat sich die Vorstellung von der Herkunft der ethischen Normen verändert. Beim großen Entwicklungsschritt des abendländischen Bewusstseins wurde unwiderruflich klar, dass die ethischen Normen nicht, wie ein wenig entwickeltes Bewusstsein annahm, „vom Himmel her" kommen, sondern aus den „Tiefen der menschlichen Seele": dass sie das Ergebnis eines dialektischen Prozesses zwischen dem bewussten und dem unbewussten Bereich der Psyche sind.

Bevor wir uns darüber Gedanken machen, wie eine neue Werteordnung aussehen könnte, wird es notwendig sein, sich den radikalen Wandel des Selbst- und Weltverständnisses bewusst zu machen, denn der Wandel der Werteordnung ist eine Folge davon. Der Wandel der Weltsicht hat stattgefunden. Er setzte ein zu Beginn der Neuzeit und kam zu Beginn unseres Jahrhunderts zum entscheidenden Durchbruch. Er gehört somit der Geschichte an und kann beschrieben werden.

Bewusstwerdung oder Informationsaufnahme

Man solle sich den Wandel der Weltsicht bewusst machen, ist jedoch schneller gesagt als getan. Bewusstwerdung ist eben etwas ganz anderes als Informationsaufnahme. Beim Vollzug eines Entwicklungsschrittes des Bewusstseins geht es immer darum, ein Behaustsein aufzugeben und – für eine gewisse Zeit – ins Unbehaustsein hinauszutreten. Dies wird als Wagnis erlebt, und davor schreckt der Mensch in der Regel zurück, selbst dann noch, wenn seine Behausung sehr morsch und baufällig geworden ist. In der analytischen Pra-

17

xis der Tiefenpsychologie wird dieses Zurückschrecken vor dem Wagnis der Bewusstwerdung als Widerstand bezeichnet, und die Kunst der analytischen Therapie besteht weitgehend in der Kunst, mit solchen Widerständen umzugehen. Hier geht es jedoch nicht um Therapie. Vielleicht überlegt zwar der eine oder andere Leser, wenn er versucht ist, dieses Buch wieder wegzulegen, ob da nicht Widerstand gegen Bewusstwerdung im Spiele sei. Aber nicht deswegen habe ich an dieser Stelle auf Bewusstwerdung und Widerstand hingewiesen, sondern deshalb, weil das Wissen darum uns das Verständnis erschließt für die eigenartige Tatsache, dass der Durchbruch zum neuen Selbst- und Weltverständnis zwar schon zu Beginn unseres Jahrhunderts stattgefunden hat, dass jedoch heute, wo schon das Ende dieses Jahrhunderts naht, die neue Weltsicht vom allgemeinen Bewusstsein noch kaum rezipiert worden ist.

Entwicklungsschritte zu höherer Bewusstheit – im Sinne einer phylogenetisch erstmaligen Einsicht – finden immer nur in einzelnen Individuen einer Population statt. Diese Einzelnen sind jeweils ihrer Zeit – d. h. dem kollektiven Entwicklungsstand des Bewusstseins ihrer Zeit – weit voraus. Sie haben das Leiden am überholten Alten und den Gang durch die Unbehaustheit schon durchgemacht zu einem Zeitpunkt, wo die große Masse – auch die große Masse der „Kompetenten" – sich in den von der Entwicklung überholten Behausungen noch fest geborgen fühlt. Unter dem Blickwinkel der Bewusstseinsevolution betrachtet können diese Einzelnen als Bewusstseins-Spitze ihrer Population bezeichnet werden. Bei der Erforschung der Bewusstseins-Evolution – der Phylogenese des Bewusstseins – fasst man nur diese Bewusstseins-Spitze ins Auge. Dies ist auch der Grund, weshalb man sagen kann, die Bewusstseins-Mutation habe schon zu Beginn unseres Jahrhunderts stattgefunden, obwohl damals kaum jemand davon Notiz genommen hat. Der Ausdruck Bewusstseins-Spitze ergibt sich aus dem Bild des Bewusstseins-Profils einer Population. Ebenso wie man ein Altersprofil einer Population aufzeichnen kann, kann man von einer Population auch ein Profil erstellen, in dem die Individuen nach dem phylogenetischen Entwicklungsstand ihres Bewusstseins angeordnet sind.

Zu jeder Zeit befindet sich nur ein Teil auf der „Höhe der Zeit". Dieser bildet die Spitze des Profils. Darunter liegt eine Schicht von Menschen, die einer vor kurzem überholten Entwicklungsstufe des Bewusstseins anhängen, und an der Basis befinden sich solche, deren Vorstellungswelt die längst überholter Zeiten ist. Nun ändert sich aber die Struktur eines solchen Profils ständig, und zwar ändert sie sich besonders rasch in Zeiten des Übergangs. Als zu Beginn unseres Jahrhunderts der Nachweis gelang, dass wir nur

18

in einem Teilbereich unserer Psyche bewusst, zum größten Teil jedoch unbewusst sind, und dass außerdem die Tätigkeit des Bewusstseins vom Unbewussten her bestimmt, geleitet und befruchtet wird, erkannten nur wenige Menschen, dass diese Entdeckung unabsehbare erkenntnistheoretische Konsequenzen hatte: dass dadurch sowohl die archaische Weltsicht als auch die eingeengte Weltsicht des Übergangs – der weltanschauliche Positivismus bzw. Materialismus – überwunden waren.

Auch die „moderne" Weltsicht ist überholt

Bisher habe ich nur von der Überwindung der archaischen Weltsicht gesprochen. An dieser Stelle müssen wir uns jedoch der Tatsache bewusst werden, dass um die Jahrhundertwende neben der archaischen Weltsicht noch eine dieser diametral entgegen gesetzte Weltsicht bestand, und dass diese, die von den meisten Menschen heute noch für die moderne Weltsicht gehalten wird, durch die Entdeckung des Unbewussten ebenfalls überwunden worden ist.

Der große Wandlungsprozess des abendländischen Bewusstseins hat sich eben in zwei Schritten vollzogen (Abb. 5, S. 117).

Die Entdeckung des Unbewussten war der zweite, entscheidende Schritt. Dieser war aber nur möglich, weil ihm ein erster Schritt vorausgegangen war. Für die beiden Schritte benötigte die Evolution verschieden lange Zeit. Während der zweite Schritt nur wenige Jahrzehnte in Anspruch nahm, dauerte der Erste mehr als vier Jahrhunderte. Begonnen hat er mit der Verlagerung des Interesses vom „Jenseits" zum „Diesseits" in jener Epoche, die unter den Namen Renaissance und Humanismus in die Geschichte eingegangen ist.

Entscheidend war nun, dass sich beim Bemühen um die Erforschung des „Diesseits" ein neuer Grundsatz wissenschaftlichen Forschens herausgebildet hat: der methodische Positivismus. Dieser bestand darin, dass nunmehr als Kriterium der wissenschaftlichen Wahrheit einer Aussage nicht mehr wie in der Theologie der Nachweis galt, dass diese Aussage mit der Bibel (der „göttlichen Offenbarung") übereinstimmte, sondern dass sie mithilfe der Sinnesorgane nachweisbar war. Auf der Grundlage dieses methodischen Positivismus entstanden – als Ausprägungen eines neuartigen Wissenschaftstypus – die Natur- und Kulturwissenschaften.

Es blieb jedoch nicht beim methodischen Positivismus. Auf Grund der Kenntnis von Natur und Kultur, die mit den aus diesem hervorgegangenen Forschungsmethoden erarbeitet worden war, bildete sich unter dem Einfluss der Aufklärungsphilosophie ein weltanschaulicher Positivismus heraus: eine

Weltsicht, welche all das, was mit den Sinnen nicht nachweisbar ist (z. B. Engel, Teufel und den sich offenbarenden Gott) für nicht existent erklärte. Während sich die positivistische Weltsicht Schritt für Schritt entfaltete, lebte die archaische in der Theologie, in den Kirchen und im Volksglauben unbeschadet weiter. So standen sich denn am Ende des 19. Jh. zwei unvereinbare Weltbilder gegenüber, und diese Unvereinbarkeit wurde damals artikuliert als Dilemma zwischen Wissenschaft und Glaube. Der weltanschauliche Positivismus kann als eingeengte Weltsicht bezeichnet werden, weil er auf einem eingeengten Empiriebegriff – auf einem eingeengten Verständnis des Erfahrbaren bzw. Wahrnehmbaren – gründete.

Dieses eingeengte Verständnis von Empirie bildete jedoch gerade die Voraussetzung dafür, dass der entscheidende zweite Schritt der Bewusstseins-Mutation geschehen konnte. Durch das Forschen mit dem eingeengten Empiriebegriff war so etwas wie ein archimedischer Punkt entstanden, von dem aus dann – beim zweiten Schritt – das konkretistische Verständnis des Mythos (des vom methodischen Positivismus ausgeschlossenen innerlich Wahrnehmbaren) überwunden und die metaphysische Welt des Archaikers ins Innere der Seele „hineingehebelt" werden konnte. Dass dabei das, was der Archaiker als metaphysische Welt verstand, nicht etwa vernichtet oder entwertet, sondern unter neuartigem Verständnis wieder entdeckt wurde, sei hier lediglich angemerkt. Wir werden darauf später eingehen.

Das „Hineinhebeln" geschah durch die Entdeckung des Unbewussten. Durch diese Entdeckung – bzw. durch die Einsicht in die Wechselwirkung zwischen dem Unbewussten und dem Bewusstsein – wurde aber nicht nur die archaische Weltsicht überwunden, sondern auch die positivistische.

Allerdings bedeutet Überwundenwerden nicht für beide das Gleiche. Während die archaische gleichsam um 180 Grad gedreht wurde, wurde die positivistische lediglich erweitert. Durch den Nachweis, dass das bewusste Ich auch durch einen Informationsstrom, der nicht über die Sinnesorgane fließt, über die außerbewusste (= objektive) Wirklichkeit orientiert wird (z. B. beim Träumen), wurde der Empiriebegriff, auf dem die positivistischen Wissenschaften entstanden waren, erweitert. Dadurch wurde auch die Enge der positivistischen Weltsicht, die sich auf diesen Empiriebegriff gestützt hatte, gesprengt. Bei diesem zweiten Schritt der Bewusstseins-Mutation tat sich eine Weltsicht auf, welche die berechtigten Anliegen beider bisherigen unvereinbaren Arten des Weltverstehens auf einer evolutionsmäßig höheren Ebene in sich vereint und so die Lösung des vorher unlösbaren Dilemmas zwischen Wissen und Glaube brachte.

Entwicklung nach dem Durchbruch zur neuen Weltsicht

Kommen wir auf die Feststellung zurück, dass zu der Zeit, als das Unbewusste entdeckt wurde, nur wenige die weit tragenden erkenntnistheoretischen Folgen dieser Entdeckung erkannten. Der Grund dafür ist wohl der, dass damals nur wenige Menschen unter dem Dilemma zwischen Wissen und Glaube wirklich litten. Die archaische und die positivistische Weltsicht bildeten eben damals noch feste, gleichsam wasserdichte Behausungen, in denen man sich geborgen fühlen konnte. Dieser Zustand dauerte sogar bis zum Ende des zweiten Weltkriegs an. Bis dorthin standen sich die Blöcke derer, die den überholten Weltbildern anhingen, geschlossen gegenüber: hier die christliche Religion bzw. die christlichen Kirchen mit ihren Gläubigen, dort die Positivisten bzw. die aufgeklärten Atheisten und Materialisten.

Würde man ein Bewusstseinsprofil jener Zeit erstellen, ergäbe sich demzufolge unter einer sehr schmalen Evolutionsspitze eine nicht allzu breite Schicht echter Positivisten und darunter eine weit ausladende Basis echter Archaiker. In den Jahrzehnten seit dem zweiten Weltkrieg hat sich die Struktur dieses Profils stark verändert. Nicht etwa in dem Sinn, dass immer mehr Menschen die neue Sicht der Dinge sich angeeignet hätten; es war vielmehr so, dass die Wände der beiden Gehäuse durchlässig wurden, und zwar nicht durch Einwirkungen von außen, sondern durch einen sogenannten enantiodromischen Prozess: dadurch, dass innerhalb der beiden Gehäuse ein Prozess in Gang kam, der deren Wände zersetzte und deren Fundamente aufweichte. Die Kenntnis dieser enantiodromischen Prozesse, die nur selten in ihrem vollen Umfang und ihrer Bedeutung erkannt werden, ist sehr wichtig für das Verständnis der heutigen Orientierungslosigkeit. Da es in diesem Kapitel darum geht, diese Orientierungslosigkeit zu verstehen, um einen Ausweg daraus zu finden, sei die „Aufweichung der Blöcke von innen her" kurz skizziert.

Aufweichung des archaischen Blocks

Die Aufweichung des archaischen Blocks ging von den theologischen Fakultäten aus. Mit ihren Kerndisziplinen Exegese, Dogmatik und Moral ist die Theologie eine überlebende Repräsentantin des archaischen Wissenschaftstypus. Ihr erkenntnistheoretisches Fundament ist die Annahme, die in der Bibel geschilderten „Heilstatsachen" (in heutiger Ausdrucksweise: der jüdisch-christliche Mythos) seien den Menschen von Gott offenbart worden. Im Bestreben, auch von Vertretern des neuzeitlichen Wissenschaftstyps ernst genommen zu werden, förderten die theologischen Lehranstalten in ihrem Schoß die Entwicklung historischer Disziplinen. Damit nährten sie jedoch ihren Todeskeim, denn die quellenkritische Geschichtsforschung ist eine Anwendung des methodischen Positivismus, und dieser ist seiner Natur nach antimythisch.

Solange nur die Geschichte der Kirche, der Dogmen, der Theologie, des Mönchtums usw. erforscht wurde (dies geschah ja schon seit Langem), war die Sache relativ harmlos, denn das Fundament theologischen Denkens, der Glaube an den göttlichen Ursprung der Bibel, wurde dadurch nicht angetastet. Dies änderte sich jedoch, als die theologischen Historiker sich für die Anfänge des Christentums und für die Entstehung der Bibel zu interessieren begannen. Besonders durch die Erforschung der Schriftwerdung des Neuen Testaments fing nun das Fundament der Theologie – und auch des christlichen Glaubens – an zu zerbröckeln. Es zeigte sich nämlich, dass die Bibel auf sehr menschliche Weise zustande gekommen war. Die historisch-kritische Bibelforschung wies z. B. nach, dass die Evangelisten die „Botschaft des Jesus" (seine religiöse Einstellung) und die „Botschaft über Jesus" (den nach dem Tode Jesu innerhalb weniger Jahrzehnte entstandenen christlichen Mythos) zu einem „historischen Bericht" verschmolzen haben: dass sie den Mythos von der Inkarnation des Sohnes Gottes, von dessen Erdenwanderung, von dessen freiwilligem Opfertod, dessen Auferstehung und Himmelfahrt historisierten, indem sie ihn auf die Person Jesu projizierten und sogar Aussagen des Christus-Mythos dem Jesus nachträglich in den Mund legten.

Die theologischen Historiker zeigten auch, wie der christliche Mythos entstanden war: dass der Glaube, Jesus sei auferweckt worden, sich auf eine Vision des Petrus stützte, dass die Vorstellung, Jesus sei der Messias gewesen, sich erst nach dessen Hinrichtung, in der Jerusalemer Urgemeinde, ausbreitete. Sie zeigten ferner, dass man sich in jener Gemeinde den Messias noch als Menschen vorstellte, dass hingegen im Judentum der Diaspora die Vorstellung herrschte, der Messias (griech.: Christos) sei ein himmlisches Wesen. Daraus ergab sich, dass der Glaube, Jesus sei ein inkarniertes himmlisches Wesen, erst durch die Missionierung der Diaspora-Juden in den christlichen Mythos eingegangen ist. Schließlich konnte gesehen werden, dass die Gleichsetzung des nun als himmlisches Wesen vorgestellten Christus mit der im hellenistischen Kulturraum beheimateten Vorstellung des Logos als des wesensgleichen Sohnes des transzendenten Gottes sich erst im Schoße der heidenchristlichen Gemeinden vollzogen hat (vgl. 77).

Zu allem Überfluss ließ nun die vergleichende Religionswissenschaft, die ja weitgehend von Theologen vorangetragen wurde, noch erkennen, dass dieser christliche Mythos aus lauter Mythologemen (Mythen-Motiven) besteht, die auch in anderen Kulturen vorkommen: aus dem Mythologem vom wesensgleichen göttlichen Sohn, der vom Vater gesandt wird, aus dem Mythologem der Inkarnation durch Jungfraugeburt, der unscheinbaren Geburt und der Erdenwanderung eines göttlichen Wesens, das den Menschen ein neues Gesetz offenbart; ferner aus dem Mythologem von Leiden, Tod und Auferstehung, gekoppelt mit dem Mythologem vom erlösenden Opfertod eines Gottes. Durch die Auflösung des archaischen Gehäuses von innen her wurde dieses auch durchlässiger für die Ergebnisse der Naturwissenschaft, wodurch die in der Bibel tradierten mythischen Naturerklärungen mehr und mehr verdrängt wurden. So brach z. B. Ende der Fünfzigerjahre der kirchliche Widerstand gegen die Evolutionslehre zusammen, und diese trat im Bewusstsein vieler Gläubigen innerhalb kurzer Zeit an die Stelle des biblischen Schöpfungsmythos. Entscheidenden Einfluss auf diesen Gesinnungswandel hatte des Jesuitenpaters und Paläontologen Teilhard de Chardin geniale Darstellung der Evolution.

Aufweichung des positivistischen Blocks

Im positivistischen Block vollzog sich die sogenannte Enantiodromie (Gegenbewegung) als Wandel in der Betrachtung der Natur. Die erste Phase der Naturwissenschaft, die bis in unser Jahrhundert hineinreichte, kann man als analytische bezeichnen. Vorerst einmal musste das naive, auf dem spontanen Eindruck beruhende Bild der „Mutter Natur", das der Mensch des Mittelalters noch hatte, zerlegt werden. Durch die Erfindung immer differenzierterer indirekter Methoden gelang es, immer weiter hinter die Fassade des bloßen Augenscheins vorzudringen, den uns unsere nur für das Erfassen der mittleren Dimensionen ausgebildeten Wahrnehmungssysteme vermitteln. Dabei ergab sich als vorläufiges Resultat, dass sich die ganze Vielfalt der Erscheinungswelt auf 92 Elemente zurückführen lässt und dass diese Elemente aus Atomen bestehen.

Aus heutiger Sicht, in der das Evolutionsdenken die Naturbetrachtung bestimmt, könnte man sagen, während der analytischen Phase hätten die Naturforscher der Evolutionsachse entlang abwärts geschaut: sie hätten nach immer einfacheren Bestandteilen und nach immer allgemeineren Gesetzen gesucht. Das „naturwissenschaftliche" Weltbild, das sich daraus ergab, war das mechanistisch-deterministische. Die Natur erschien als ein gigantischer Mechanismus, und dieser schien ausschließlich von exakt berechenbaren Gesetzen der Physik, die keinen Freiheitsspielraum zuließen, beherrscht zu sein.

Die Biologie – damals noch aufgeteilt in Zoologie, Botanik und Bakteriologie – war ganz von der mechanistischen Sicht der Natur durchdrungen. Man war überzeugt, dass alle Lebensprozesse, einschließlich der geistigen Tätigkeit des Menschen, mit der Zeit restlos auf physikalische Vorgänge – auf die „Gesetze der Materie" – zurückgeführt (reduziert) werden könnten. Dieser ontologische Reduktionismus bzw. wissenschaftliche Materialismus war integrierender Bestandteil der mechanistisch-deterministischen Weltsicht.

Wenn zu jener Zeit Tiefenpsychologen vom Unbewussten und vom inneren Wahrnehmungsstrom sprachen, musste dies – bei der damaligen Sicht der Natur und der damit verbundenen Auffassung von Wissenschaftlichkeit – einem zünftigen Naturwissenschaftler als unwissenschaftlich erscheinen, und es wurde denn auch in der Regel als „mystisches Zeug" abgetan. Was die Pioniere der Tiefenpsychologie schon zu Beginn unseres Jahrhunderts entdeckt hatten, konnte von zünftigen Naturwissenschaftlern erst verstanden, d. h. in ihr Bild der Natur eingeordnet werden, nachdem dieses Bild sich gewandelt hatte: nachdem in der Naturwissenschaft die analytische Phase von der systemischen abgelöst worden war.

Der Wandel in der Naturbetrachtung wurde eingeleitet durch das Vordringen ins Innere des Atoms. Er begann also in dem Moment, als man glaubte, die „Mutter Natur" in ihre elementaren Bausteine zerlegt – und somit völlig verstanden – zu haben. Man kann sagen, in dem Moment, wo man an der Basis der Evolutionsachse angekommen war, habe man die Blickrichtung geändert und angefangen, dieser Achse entlang aufwärts zu schauen. Dadurch kam, Schritt für Schritt, ein völlig neues Verständnis der Natur zustande. Eine erste Veränderung der überkommenen Blickweise betraf die Kausalität. Der Kausalitätsbegriff war eines der wirksamsten geistigen Instrumente, deren konsequente Anwendung nicht nur die Struktur der raumzeitlichen Wirklichkeit erschloss, sondern – gleichsam als Nebenwirkung – die Voraussetzung dafür schuf, dass die metaphysische Welt des archaischen Menschen „hereingeklappt" werden konnte. Nun kann aber Kausalität verschieden verstanden werden, und jedes Verständnis hatte „seine" Zeit. Während der analytischen Phase der Naturwissenschaft war das lineare und starre Verständnis der Kausalität das Richtige. Man blickte nur auf geradlinige, unabhängig voneinander verlaufende Ursache-Wirkungsketten. Zudem fasste man diese als absolut starr auf und somit auch die Naturgesetze, die man durch die Anwendung dieser Kausalitätsvorstellung erarbeitete.

Durch die Erforschung des Inneren der Atome musste vorerst einmal die Vorstellung von der Starrheit der Kausalität aufgegeben werden. Man erkannte, dass die Quantenwelt „glitschig" ist: dass somit die Makrogesetze der Physik nur statistischen Charakter haben, d. h., dass sie als bloße Durchschnittswerte einer jeweils sehr großen Zahl von „streuenden" Quantenereignissen zu verstehen sind. So wurde die starre Auffassung der Kausalität durch die statistische abgelöst.

Dies hatte auch Konsequenzen für die naturwissenschaftliche Weltsicht. Durch die Entdeckung, dass das Naturgeschehen schon an der Basis – auf der niedrigsten Evolutionsstufe der raumzeitlichen Gebilde – einen Spielraum hat, war dem deterministischen Weltbild die Grundlage entzogen worden. Eine zweite Modifikation erfuhr der Kausalitätsbegriff durch die Kybernetik (Wissenschaft von den Steuerungs- und Regelungsvorgängen). Als die Biologen die kybernetische Betrachtungsweise übernahmen und es sich erwies, dass im Bereich des Lebendigen sozusagen alle Prozesse sich nach dem kybernetischen Prinzip vollziehen, wurde das lineare Kausalitätsdenken durch das funktionale abgelöst: durch das Denken in vielfach miteinander vernetzten, rückgekoppelten Regelkreisen.

Damit war die Grundlage für die systemische Betrachtung der raumzeitlichen Gebilde geschaffen. In der Biologie begann man nun zu sehen, dass die Hierarchien von Regelkreisen innerhalb eines Lebewesens gesamthaft als selbst regulierende Systeme zur Aufrechterhaltung der Ganzheit bei einem ständig fließenden Prozess zu verstehen sind und dass die Lebewesen dank der Fähigkeit zur Selbstregulation außerdem die Fähigkeit besitzen, sich unter Aufrechterhaltung der Ganzheit zu transformieren, z. B. von der Jugendform über die Erwachsenen- zur Altersform oder – besonders eindrucksvoll – von der Raupe über die Puppe zum Schmetterling.

Hand in Hand mit der systemischen Betrachtung der einzelnen Lebewesen begann man auch, deren Vernetztsein zu überindividuellen Systemen zu erkennen, und zwar von den infraspezifischen Systemen über verschiedene Stufen von interspezifischen bis hinauf zum globalen Ökosystem: überindividuelle Systeme, denen ebenfalls die Fähigkeit zu Ganzheit, zu Selbstregulation und zu Transformation zukommt. Weil zu jener Zeit die evolutionäre Betrachtungsweise der Natur sich im allgemeinen Bewusstsein ausbreitete, wurde von den Systemeigenschaften ganz besonders der Transformations-Aspekt ins Auge gefasst. Im Hinblick auf den enantiodromischen Prozess ist nun bedeutsam, dass es sich um ein in zweierlei Hinsicht neuartiges Evolutionsdenken handelte. Erstens war man nicht mehr in erster Linie an Verwandtschaftsgraden der Lebewesen interessiert, sondern an deren Höherentwicklung: an deren mit der Zeit fortschreitenden Komplexitätszunahme. Zum Zweiten geschah dieses Betrachten der Komplexitätszunahme mit Augen, die gelernt hatten, die raumzeitlichen Gebilde als Systeme zu sehen.

Daraus ergab sich die weiterführende Erkenntnis, dass bei einem Entwicklungsschritt jeweils mehrere bis dahin unabhängig voneinander funktionierende Systeme zu einem komplexeren System integriert wurden und dass durch diese Integration jeweils völlig neue Fähigkeiten, Eigenschaften und Gesetzmäßigkeiten „in die Welt" gekommen sind. Konrad Lorenz prägte für dieses Auftreten von etwas kategorial Neuem den handlichen Ausdruck Fulguration (vgl. 83; von lat. Fulgur = Blitz). Als weiterführend kann die Entdeckung des Fulgurierens deshalb bezeichnet werden, weil durch sie die Hoffnung, den Lebensprozess und den menschlichen Geist durch die Gesetze der Physik allein erklären zu können, sich als illusionär erwies. Nun war auch der ontologische Reduktionismus überwunden.

Es war vor allem die Entdeckung des Fulgurierens, welche die Biologen nun der Evolutionsachse entlang aufwärts blicken ließ. Dieses Nach-oben-Schauen wurde besonders spannend und fruchtbar, als sich der Schwerpunkt biologischen Forschens auf die kognitiven Vorgänge verlagerte: als man sich vermehrt zu fragen begann, was Lebewesen an vererbtem Wissen besitzen, was sie zu erkennen vermögen und wie sie auf das Erkannte reagieren.

Die Molekularbiologen zeigten, dass schon das Funktionieren des Systems „Zelle" darauf beruht, dass Moleküle andere Moleküle erkennen und dass diese niedrigste Form des Erkennens auf dem Prinzip der Stereognosie beruht: auf dem Prinzip der Passform, wie bei Schlüssel und Schloss. Die Verhaltensforscher zeigten, wie nach der „Erfindung" der Mehrzelligkeit die kognitiven Fähigkeiten und Verhaltensweisen zunahmen und wie bei jedem Schritt zu einem komplexeren Führungssystem neue kognitive Fähigkeiten in die Welt traten.

Dadurch wurde der Boden vorbereitet für das Erfassen jener Fulguration, welche beim Entwicklungsschritt vom tierischen Primaten zum Menschen geschah: für das In-die-Welt-Treten von Bewusstsein (im Sinne von reflektierendem Bewusstsein). Nach dem Erfassen der Fulguration von Bewusstsein lag es auf der Hand, zur Bezeichnung jenes Erkennens und Verhaltens, das vor der Entstehung von Bewusstsein aufgetreten war, Ausdrücke wie vorbewusst bzw. unbewusst zu verwenden. Nun musste das Reden vom menschlichen Unbewussten einem zünftigen Biologen nicht mehr unwissenschaftlich oder „mystisch" vorkommen. Biologen selber hatten ja in jahrzehntelanger Arbeit aufgedeckt, wie real jenes hochkomplexe kognitive System ist, das der Mensch von seinen tierischen Primatenahnen übernommen hat und – als Voraussetzung für die Fähigkeit zur Bewusstwerdung – heute noch in sich trägt.

Die Weiterentwicklung der Naturwissenschaften hat also von selbst dazu geführt, dass die Enge des weltanschaulichen Positivismus, der sich ja auf die Ergebnisse ihrer ersten Entwicklungsphase – der analytischen – gestützt hatte, gesprengt wurde. Die beiden überholten Weltbilder sind also durch die enantiodromischen Prozesse aufgelockert worden. Diese Prozesse verliefen autonom in dem Sinn, dass die, welche daran arbeiteten, nicht die Absicht hatten, Weltbilder aufzulockern. Ihr Ziel war es, das Wissen über Natur und Geschichte zu erweitern. Die Konsequenzen, die dieses Forschen für das Selbst- und Weltverständnis hatte, einzusehen und zu akzeptieren, ist, wie gesagt, ein Bewusstwerdungsprozess, und der hat seine eigene Gesetzlichkeit. So war denn in den beiden Blöcken die Reaktion derer, welche die Spitzenpositionen einnehmen, und die Reaktion der Basis verschieden.

Ergebnis: allgemeine Desorientiertheit

In den Kirchen, gleichgültig welcher Färbung, reagierten die Vertreter der Hierarchie und die Inhaber der theologischen Lehrstühle mehrheitlich mit Verdrängung. Theologen schreiben zwar Bücher über Wahrhaftigkeit, aber in der Praxis ist es bei vielen von ihnen mit der Wahrhaftigkeit nicht weit her. Zu viele Privilegien an Einkommen, Macht und Prestige sind mit kirchlichen Ämtern und theologischen Lehrstühlen verbunden, als dass man sich eingestehen würde, dass alles nur noch auf tönernen Füßen steht und dass diese sogar schon zerbröckeln.

Im archaischen Block ist es die Basis, die nicht mehr mitmacht. Massenweise ging und geht das Kirchenvolk in die Emigration: wenn nicht in die äußere, so doch wenigstens in die innere. Im positivistischen Block ist die Situation umgekehrt. Dort sind es gerade die führenden Köpfe, welche die Konsequenzen aus der veränderten Sicht der Natur reflektieren und verkünden, während das wissenschaftliche Fußvolk und noch mehr das „gewöhnliche" Volk eher dazu neigt, in der positivistischen Weltsicht zu verharren. Das Lager der „gewöhnlichen" Positivisten hat sogar in den vergangenen Jahrzehnten durch emigriertes Kirchenvolk noch mächtigen Zustrom erhalten. Immerhin ist durch die enantiodromischen Prozesse eine allgemeine Verunsicherung aufgekommen, gleichgültig, ob man sich diese eingesteht oder ob man sie verdrängt.

Würde man heute versuchen, ein Bewusstseinsprofil der westlichen Populationen zu erstellen, hätte man wohl bei den meisten Menschen große Mühe, sie dem einen oder anderen Weltbild eindeutig zuzuordnen. Die meisten „reinen Exemplare" fände man wohl noch bei den Positivisten. Bei der überwiegenden Mehrzahl der Menschen müsste man jedoch feststellen, dass sie „in ihrer Brust" nicht nur zwei Seelen haben wie Goethes Faust, sondern zwei – oft sogar drei – Weltbilder: nicht vollständige Weltbilder, sondern – in je verschiedenem Mischungsverhältnis – Elemente der archaischen, der positivistischen und zum Teil auch der neuen Weltsicht.

Bei der archaischen sind es zudem nicht nur Elemente der spätarchaischen christlichen, sondern – als Folge der esoterischen und okkulten Flut, die vielerorts durch die Risse in den Gehäusen eingedrungen ist – früh-archaische Elemente aus den Kulturen der Antike und Vorantike, aus den östlichen Religionen und Philosophien sowie aus primitiven Kulturen. Weltbilder sind bergende Gehäuse, weil sie den Menschen Orientierung in Bezug auf das Sein und das Sollen geben. Diese Orientierungsfunktion können sie jedoch nur ausüben, wenn sie den ganzen Bewusstseinsraum eines Menschen ausfüllen. Das unreflektierte Nebeneinander von Elementen aus drei miteinander unverträglichen Weltbildern gibt nicht nur keine echte Orientierung mehr, sondern stößt den Menschen sogar in eine prinzipielle Desorientiertheit hinein: eben in jene Desorientiertheit, die etwas für unsere heutige Situation Charakteristisches ist.

Desorientiertheit ist schwer zu ertragen. Sie erzeugt Unbehagen, und dieses kann sich zu einem echten Leidensdruck steigern, sodass man meinen müsste, der Betroffene würde alles daran setzen, um herauszukommen. Das ist aber bei Weitem nicht immer der Fall. Eine echte neue Orientierung zu finden, bedeutet nämlich Anstrengung, und zwar eine Anstrengung, die völlige Ehrlichkeit gegen sich selbst voraussetzt. So ziehen es denn viele vor, in irgendein längst überholtes Gehäuse hineinzuschlüpfen und die mit diesem unverträglichen Elemente, die ihnen ja auch bekannt sind, zu verdrängen. So erklärt sich die Flucht – besser gesagt der Rückfall – vieler aufgeklärter Menschen in den religiösen Fundamentalismus, in Okkultismus und in Esoteriken aller möglichen Färbung.

So erklärt sich auch die erstaunliche Tatsache, dass sich sogar gewisse tiefenpsychologische „Schulen" zu einer Art von Religion mit ausgesprochen archaisierendem Charakter zurück entwickelt haben. Verdrängung ist jedoch kein echter Ausweg aus dem Unbehagen. Sie bildet den Nährboden für Neurosen jeder Art und den Hintergrund für Feindbilder, für Bosheit und Aggressivität. Dazu kommt, dass heute jeder irgendwie mit unserer technologischen Zivilisation und mit den modernen staatlichen, wirtschaftlichen und gesellschaftlichen Strukturen zurechtkommen muss. So müssen denn die, welche in ein überholtes weltanschauliches Gehäuse zurückgekrochen sind, gespalten leben: abwechslungsweise auf zwei Hochzeiten tanzen, was wiederum die Neurotisierung und deren Folgewirkungen vermehrt, die Menschlichkeit jedoch vermindert.

Evolutionäre Betrachtung ist die Orientierungshilfe

Aber auch wenn jemand bereit ist, die Desorientiertheit auszuhalten und den schmerzhaften Weg zu gehen, der aus ihr herausführt, steht er erst einmal vor dem Problem, diesen Ausweg zu finden. Benötigt wird dazu so etwas wie ein erhöhter Standort, von dem aus man die Vielfalt der nebeneinander bestehenden Meinungen ordnen kann. Diesen „Standort außerhalb" gibt meines Erachtens einzig und allein die evolutionäre Betrachtungsweise: die Betrachtung der Dinge unter dem Blickwinkel der Bewusstseinsevolution. Hat man erkannt, wie diese verlaufen ist, insbesondere, wie der große Entwicklungsschritt des abendländischen Bewusstseins vor sich gegangen ist, lassen sich die verschiedenen nebeneinander bestehenden Arten des Selbst- und Weltverstehens in eine zeitliche Ordnung bringen: man lernt, sie als Ausdruck verschiedener Etappen der Bewusstseinsevolution zu sehen und kann dann erkennen, was überholt ist und wo Keime einer neuen, der heutigen Entwicklungsstufe des Bewusstseins entsprechenden Weltsicht sind.

Diesem Buch liegt die evolutionäre Betrachtung zugrunde. Nun ist diese Sichtweise relativ neu. Zwar hat man sich schon seit Langem darum bemüht, doch konnte ein wirklich griffiger Ansatz zum Nachweis der Bewusstseinsevolution erst in jüngster Zeit gefunden werden. Da mir daran gelegen ist, dass der Leser die hier dargelegten Gedankengänge selber nachvollziehen kann, möchte ich die Überlegungen skizzieren, auf denen dieser neue Ansatz beruht.

Betrachten wir zuerst einen früheren, untauglichen Versuch: den kulturphilosophischen. Als die Idee der Bioevolution aufkam – das war schon lange, bevor Darwin der empirische Nachweis derselben gelang –, fingen Kulturhistoriker bzw. Kulturphilosophen an, auch von kultureller Evolution zu reden. Bei ihrem Bemühen, eine solche darzustellen, gingen sie einfach in der Weise vor, dass sie versuchten, das ethnografische und kulturhistorische Material nach äußeren Merkmalen in verschiedene Entwicklungsstadien einzuteilen. Eröffnet wurde diese Reihe der „Evolutionisten", wie sie später von ihren Kritikern genannt wurden, durch Auguste Comte (1798-1857). Dieser unterschied drei Stadien: ein theologisches, ein metaphysisches und ein positives. Als Klassiker gelten Herbert Spencer (1832-1917) und Edward Tylor (1820-1903). Einer der letzten Vertreter der kulturphilosophischen Richtung war Jean Gebser (1905-1972). Er sah 5 Stadien: ein archaisches, ein magisches, ein mythisches, ein mentales und schließlich ein (heute aufkommendes) integrales. So gescheit und so reich mit kulturgeschichtlichem Wissen befrachtet diese Entwürfe auch waren, sie „griffen" nicht wirklich: sie vermochten den „Kern der Sache" nicht herauszuschälen, insbesondere vermochten sie nicht, die innere Gesetzmäßigkeit dessen sichtbar zu machen, was sie kulturelle Evolution nannten.

Aus heutiger Sicht lässt sich erkennen, dass ihre Versuche scheitern mussten, weil damals die Zeit für die Lösung des Problems noch nicht reif war. Erstens fehlten noch die heute zur Verfügung stehenden Einsichten der biologischen Kognitionsforschung und der Tiefenpsychologie; aus diesem Grund richteten die „Evolutionisten" ihren Blick ausschließlich auf die Kultur und nicht auf das kognitive System, das Kultur hervorbringt: das Bewusstsein. Zweitens war das interdisziplinäre, die Fakultäten übergreifende Denken noch nicht eingeübt. Gerade Letzteres ist aber unabdingbare Voraussetzung für ein tieferes Erfassen der Bewusstseinsevolution.

Aus Mangel an interdisziplinärem Denken greifen auch Entwürfe heutiger Naturwissenschaftler nicht. Zwar geht es bei diesen nicht in erster Linie darum, die Evolution des Bewusstseins darzustellen, sondern die der Lebewesen, eventuell auch die des Kosmos. Diese beiden Evolutionsabschnitte beschreiben sie meistens mit großer Sachkompetenz. Am Schluss hängen sie dann – sozusagen zur Abrundung – noch ein oder mehrere Kapitel über die „kulturelle" Evolution an. Dabei unterlassen sie es jedoch, sich in das ethnografische und kulturhistorische Material zu vertiefen und aus diesem die spezifischen Gesetzmäßigkeiten der Bewusstseinsevolution herauszuarbeiten. Sie extrapolieren einfach die „Mechanismen", die bei der Bioevolution beobachtet werden können, auf die „kulturelle" Evolution. Je nachdem, ob einer Darwinist oder Prigoginist (vgl. 149) ist, extrapoliert er Variation und Selektion oder die sogenannte Selbstorganisation der Materie.

So faszinierend solche Entwürfe, die einen Bogen vom Urknall bis Beethoven spannen, sein können, eine Antwort auf die Frage, wie aus der heutigen Orientierungslosigkeit herauszukommen sei, ergibt sich aus ihnen nicht. Jeder der beiden untauglichen Versuche ist unter anderem daran gescheitert, dass die Autoren nicht im eigentlichen Sinne des Wortes interdisziplinär zu denken vermochten, sondern entweder nur als Geistes- oder nur als Naturwissenschaftler. Demgegenüber ist der neue Ansatz gerade dadurch charakterisiert, dass er prinzipiell interdisziplinär ist: dass er nicht nur die Forschungsergebnisse der Ethnologie und Kulturgeschichte berücksichtigt, sondern auch die der evolutionären biologischen Kognitionsforschung und der Tiefenpsychologie.

Ich möchte diesen meinen Ansatz beschreiben, indem ich den Gedankengang entwickle, der ihm zugrunde liegt. Von vorneherein ist der Blick nicht auf die Kultur zu richten, sondern auf das Bewusstsein: auf das kognitive System, das Kultur hervorbringt. Will man den Nachweis erbringen, dass eine Evolution dieses Systems stattgefunden hat, muss man sich zuallererst darüber klar werden, was man unter Evolution und was man unter Bewusstsein versteht. Evolution heißt mehr als nur historische Abfolge von Ereignissen. Der Nachweis, dass eine Evolution stattfand, ist erst dann erbracht, wenn nachgewiesen ist, dass das zu untersuchende System über lange Zeiträume hinweg fortschreitend an Komplexität zugenommen hat. Will man die Komplexitätszunahme eines Systems untersuchen, muss man wissen, welches dessen kennzeichnende Merkmale sind. Auf unser Thema bezogen heißt dies: Will man untersuchen, ob der Evolutionsprozess, der als kosmische Evolution begann und dann als Bioevolution weiterschritt, nach der Entstehung des Menschen weitergegangen ist, muss man sagen können, welches die charakteristischen Merkmale des Menschen – die Merkmale, durch die sich der Mensch vom Tier unterscheidet – sind.

Dabei ist von der Tatsache auszugehen, dass sich der Mensch von seinen evolutionären Ahnen – den tierischen Primaten – weniger durch seine körperlichen als durch seine geistigen Merkmale unterscheidet. Gemeinhin wird der Mensch als bewusstes, das Tier als unbewusstes Lebewesen bezeichnet. Damit stoßen wir auf ein terminologisches Problem. Viele Autoren schreiben nämlich auch den Tieren Bewusstsein zu. Dagegen ist an sich nichts einzuwenden, nur muss man sich darüber klar werden, in welcher Bedeutung man das Wort „Bewusstsein" gebraucht. Verwendet man es zur Benennung der „Innerlichkeit" der Tiere – deren staunenswerter Kognitions- und Verhaltensleistungen –, dann muss man im Falle des Menschen von reflektierendem Bewusstsein reden. Ich halte mich im Folgenden an die handlichere – und überdies in der Tiefenpsychologie übliche – Terminologie und bezeichne die für den Menschen charakteristische Art des Sich-in-der-Welt-Befindens schlicht als Bewusstsein. Bei diesem Wortgebrauch läuft die Frage nach den für den Menschen charakteristischen geistigen Fähigkeiten darauf hinaus, was man unter Bewusstsein versteht.

Nun gibt es Begriffsbestimmungen von Bewusstsein in Hülle und Fülle: zum Teil hochphilosophische, zum Teil „aus dem Handgelenk" hingeworfene, da ja jedermann zu wissen glaubt, was Bewusstsein ist. Dies ist aber gerade der Punkt, an dem die Versuche der „Evolutionisten" schlussendlich scheiterten. Will man nämlich untersuchen, ob eine Komplexitätszunahme des Bewusstseins stattgefunden hat, braucht man eine erfahrungswissenschaftlich abgestützte Definition von Bewusstsein: eine, die vor dem Hintergrund all dessen, was man heute über die kognitiven Fähigkeiten von Lebewesen weiß, Bestand hat. Dabei darf man nicht einfach den heutigen Menschen ins Auge fassen, denn von diesem müssen wir ja – vorläufig als Arbeitshypothese – annehmen, dass er schon eine lange Evolution des Bewusstseins hinter sich hat. Man muss vielmehr nach den Anfängen der Menschheitsentwicklung fragen: man muss fragen, welche kognitive Fähigkeit beim Evolutionsschritt vom tierischen Primaten zum Menschen erstmals – im Sinne einer Fulguration – in die Welt getreten ist. Zuständig hierfür ist die evolutionäre biologische Kognitionsforschung: jener junge Forschungszweig, der untersucht, wie die kognitiven Systeme der Lebewesen vom Einzeller bis zum Primaten schrittweise an Komplexität zugenommen haben.

Die Antwort lautet: Es ist die Fähigkeit, zwischen Ich (Subjekt) und Nicht-Ich (Objekt) zu unterscheiden. Dies ist zwar eine sehr abstrakte Definition von Bewusstsein. Was sie umfasst, erkennt man erst, wenn man die Beobachtungen durchmustert, auf die sie sich stützt. Darauf können wir aber hier nicht eingehen. Es sei jedoch darauf hingewiesen, dass die Fähigkeit zur Unterscheidung zwischen Ich und Nicht-Ich unter zwei Aspekten ins Auge gefasst werden kann. Erstens kann man den Blick mehr auf die Fähigkeit des Ich richten, sich seiner selbst als etwas von der Umwelt Verschiedenem bewusst zu werden. Dies bedeutet einerseits sagen zu können: „Das bin ich, und das dort ist etwas anderes. „Es bedeutet ferner sagen zu können: „Ich weiß, dass ich weiß, dass ich tue, dass ich einst sterben werde" usw. Man kann aber zweitens den Blick mehr auf die Fähigkeit des Ich richten, am Nicht-Ich bzw. an der objektiven Wirklichkeit immer mehr Einzelheiten zu unterscheiden, deren Zusammenhänge und Gesetzmäßigkeiten zu erkennen und so immer weiter hinter die Fassade des bloßen Augenscheins vorzudringen.

Die Erste dieser Fähigkeiten betrifft das Ich als das Subjekt, die Zweite das Nicht-Ich als Objekt. Mit dem Bewusstsein als der Fähigkeit, zwischen Ich und Nicht-Ich zu unterscheiden, ist die Unterscheidung zwischen Subjekt und Objekt in die Welt getreten. Die Frage, ob eine Evolution des Bewusstseins stattgefunden hat, spitzt sich somit auf die Frage zu, ob die Fähigkeit, zwischen Ich und Nicht-Ich zu unterscheiden, zugenommen hat bzw. ob dieses Unterscheidungsvermögen differenzierter (komplexer) geworden ist. Dies muss für die beiden erwähnten Aspekte von Bewusstsein gesondert untersucht werden. Wie sich gezeigt hat, ergänzen sich die Ergebnisse gegenseitig, doch gibt die Untersuchung unter dem zweiten Aspekt bedeutend mehr her. Wie aber kann man untersuchen, ob die Unterscheidungsfähigkeit zugenommen hat? Bewusstsein kann nicht direkt beobachtet werden. Der Komplexitätsgrad des Bewusstseins eines Menschen kann nur indirekt festgestellt werden, indem man ihn aus Äußerungen des betreffenden Menschen erschließt. Man befindet sich da in der gleichen Lage wie der biologische Kognitionsforscher. Dieser kann nur aus dem Verhalten, d. h. ebenfalls nur aus Äußerungen von Lebewesen erschließen, wie komplex deren (unbewusstes) kognitives System ist.

Dank seiner Fähigkeit zu Bewusstheit ist der Mensch in der Lage, Kultur zu schaffen. Wenn die kulturellen Äußerungen im Lauf der Zeit mannigfaltiger und differenzierter geworden sind, dann deshalb, weil das kognitive System, das den Menschen dazu befähigt, differenzierter bzw. komplexer geworden ist. Will man somit untersuchen, ob und wie die Komplexität des Bewusstseins zugenommen hat – ob und wie eine Evolution des Bewusstseins stattgefunden hat –, muss man das Material, das Ethnografen und Kulturhistoriker zusammengetragen haben, daraufhin befragen, ob in ihm eine Zunahme der Fähigkeit, zwischen Ich und Nicht-Ich zu unterscheiden, zum Ausdruck kommt.

Schon der bis dahin beschriebene Ansatz ist interdisziplinär. Er verlangt ein „Zuhausesein" sowohl in den Natur- als auch in den Geisteswissenschaften. Diese Interdisziplinarität allein genügt aber noch nicht. Tritt man nämlich mit der erwähnten Fragestellung an das historische Material heran, steht man bald vor einer weiteren Schwierigkeit. Sie ergibt sich aus der Tatsache, dass der Mensch früherer Zeiten sich selbst, die Welt sowie seine Befindlichkeit in ihr ganz anders verstanden hat als wir. Ethnografen haben zwar immer schon darauf hingewiesen, und sie haben die Andersartigkeit sowohl im Denken wie im Verhalten auch sehr genau beschrieben. Wollen wir jedoch erkennen, inwiefern in den Äußerungen von Menschen früherer und fremder Kulturen die Fähigkeit zur Unterscheidung zwischen Ich und Nicht-Ich zum Ausdruck kommt, genügt die bloße Feststellung und Beschreibung der Andersartigkeit nicht mehr. Dann müssen wir deren Denken und Tun in seiner inneren Kohärenz – aus der ihm eigenen Logik heraus – verstehen.

Dass die Ethnologie dies nicht zu leisten vermag, haben die vielen misslungenen Versuche gezeigt. Es liegt an ihrem (positivistischen) methodischen Ansatz. Der Schlüssel zu einem „Verstehen von innen her" des archaischen (wie ich es nenne) Selbst- und Weltverständnisses wurde erst durch die Entdeckung des Unbewussten – genauer gesagt, durch die Erforschung der Wechselwirkungen zwischen diesem und dem Bewusstsein – gefunden. Von besonderer Bedeutung war dabei die Entdeckung des Projektionsvorgangs. Wir werden darauf noch ausführlich zu sprechen kommen. Hier sei nur festgehalten, dass ein stringenter Nachweis der Bewusstseinsevolution sowie ein Erschließen ihrer inneren Gesetzmäßigkeit nur dann möglich ist, wenn man – neben den Ergebnissen der schon erwähnten wissenschaftlichen Disziplinen – auch noch die Ergebnisse der tiefenpsychologischen Forschung mit einbezieht. So viel zum Ansatz. Was er hergibt, soll das Nachfolgende erweisen.

Objektivierende und existenzielle Haltung

Wir sind ausgegangen von der Diskrepanz zwischen hoch entwickelter wissenschaftlicher Technik und zurückgebliebener Menschlichkeit. Wir haben uns vorgenommen, nach den Gründen dieser Diskrepanz zu suchen und erst von dort her Überlegungen anzustellen, wie der Rückstand an Menschlichkeit aufgeholt werden könne.

Als Erstes haben wir die für unsere Zeit charakteristische Orientierungslosigkeit und den damit verbundenen Wertezerfall ins Auge gefasst. In der evolutionären Betrachtungsweise haben wir ein geistiges Instrumentarium gefunden, das uns erkennen lässt, dass und inwiefern dies das Symptom einer Übergangskrise ist und wie diese überwunden werden kann.

Ein zweiter, wichtiger Grund für das Zurückbleiben der Menschlichkeit ist der Verlust jenes Know-how des Menschseins bzw. Menschwerdens, das einst von archaischen Kulturen zu hoher Blüte gebracht worden ist. Wie sind archaische Kulturen mit diesem Wissen umgegangen? Weshalb ist es bei uns im Verlauf der Neuzeit verloren gegangen? Wie kann es – vor dem Hintergrund eines völlig veränderten Selbst- und Weltverständnisses – wieder aktualisiert werden?

Um auch dieses Problem an der Wurzel fassen zu können, hat sich mir eine begriffliche Unterscheidung als sehr hilfreich erwiesen: die Unterscheidung zwischen objektivierender und existenzieller Haltung. Das Ich als das aktive Zentrum des Bewusstseins kann – und muss – nämlich alternierend zwei grundverschiedene Haltungen einnehmen, indem es zwei grundverschiedene Fragen stellt.

Das Ich kann – und muss – fragen, wie das Nicht-Ich, d. h. die objektive Wirklichkeit, strukturiert ist und funktioniert. Diese Haltung nenne ich die objektivierende. Es kann – und muss – aber auch fragen, wie es sich entscheiden muss, um das Richtige zu tun. Diese Haltung nenne ich die existenzielle. Im ersten Fall geht es um das Sein, im zweiten um das Sollen. Das Ergebnis der objektivierenden Haltung ist Sachwissen, das Ergebnis der existenziellen ist ethisches Tun bzw. Menschlichkeit.

Die beiden Haltungen stehen in einem komplementären Verhältnis zueinander: aufs Mal kann man zwar nur die eine oder die andere einnehmen. Für ein ausgewogenes Menschsein ist es jedoch unerlässlich, dass beide in gebührendem Maße zum Zuge kommen. Was jede der beiden Haltungen bringt, lässt sich deutlicher erkennen, wenn man jene Menschen betrachtet, die sich dafür entschieden, die eine oder die andere gleichsam professionell zu leben.

Aus der objektivierenden Haltung geht in diesem Fall der Gelehrte bzw. der Wissenschaftler hervor, während die „professionelle" Pflege der existenziellen den Weisen, den Heiligen oder – modern ausgedrückt – den ganzheitlichen Menschen hervorbringt. Solche „Spezialisten" der einen oder anderen Haltung stehen jeweils in einem Traditionsstrom: Sie stehen in Beziehung zu einer Gruppe von Menschen, die über Generationen hinweg das Gleiche erstrebten und die Ergebnisse ihres Bemühens jeweils an die nachfolgenden weitergaben. Aus dieser gemeinsamen, gleichgerichteten Anstrengung ergaben sich zwei grundverschiedene Arten von Gemeinschaft: die Wissenschaften – als scientific community – und die „Schulen" der Spiritualität. Im Hochmittelalter standen diese beiden Gebilde noch ebenbürtig und gleich geachtet nebeneinander. Die objektivierende Einstellung wurde professionell an den damals neu entstandenen Universitäten betrieben, wo man – dem damaligen Entwicklungsstand des Bewusstseins entsprechend – vorwiegend über die Struktur des Jenseits sowie über das Verhältnis der Jenseitigen zu den Diesseitigen reflektierte.

Die spirituellen Schulen jener Zeit waren die geistlichen Orden, deren Mitglieder sich bemühten, „gottgefällig" – das war damals gleichbedeutend mit „christlich" – zu leben. Universitäten und geistliche Orden ergänzten sich gegenseitig. Zwar kümmerte sich die Mehrheit der Ordensleute nur wenig um Gelehrsamkeit. Da aber damals praktisch alle Lehrer der Theologie und Philosophie Ordensleute waren, hatten diese eine Schulung in existenzieller Haltung hinter sich, und es kam oft vor, dass große Gelehrte gleichzeitig Meister der Spiritualität waren. Schulen der Spiritualität entwickelten sich im Schoße aller Religionen. Im Islam waren es die Sufi-Gemeinschaften, im Hinduismus die Joga-Richtungen. Der Buddhismus war sogar ursprünglich eine spirituelle Schule und wurde erst später zu einer Religion. Eine spirituelle Schule chinesischer Prägung war der Taoismus. Selbst in primitiven Religionen haben sich spirituelle Traditionen entwickelt. Alle diese Schulen haben im Ringen um eine möglichst vollkommene existenzielle Haltung ein reiches Erfahrungswissen erarbeitet: ein Wissen, wie man es anstellen muss, um die Absicht, „richtig" zu leben – allen „Anfeindungen der bösen Geister" zum Trotz-, verwirklichen zu können.

In der menschlichen Natur begründet

Auf die Schulen der Spiritualität und deren Know-how werden wir später noch ausführlich eingehen. Vorerst müssen wir uns noch mit dem Fundament beschäftigen, auf dem so verschiedenartige Gebilde wie die Wissenschaften und die spirituellen Schulen errichtet worden sind: mit der objektivierenden und existenziellen Haltung. Vor allem müssen wir uns vergegenwärtigen, dass die Unterschiedlichkeit dieser Haltungen zutiefst in der menschlichen Natur begründet ist.

Wenn wir von der menschlichen Natur reden, gehen wir von dem aus, was die neuzeitlichen Wissenschaften vom Lebewesen – vom unbewussten wie vom bewussten – erarbeitet haben. Diese Betrachtungsweise zieht zwar immer noch das Verdikt der Archaiker – der manifesten wie der latenten – auf sich. Archaiker bezeichnen sie abschätzend als biologistisch und psychologisierend. Sie wollen damit sagen, dass sie an der „wahren" Auffassung vom Menschen vorbeigehe. Archaiker kennen eben bis heute als Alternative zu ihrer Weltsicht nur die positivistische. In langer apologetischer Tradition haben sie sich auf Atheisten und Materialisten als Gegner eingeschossen und haben dabei nicht bemerkt, dass die Evolution des Bewusstseins unterdessen weitergeschritten ist.

Würden sich Archaiker ernsthaft mit der neuen, beim zweiten Schritt der Bewusstseins-Mutation möglich gewordenen und in Entfaltung begriffenen Weltsicht befassen, könnten sie erkennen, dass in dieser das Geistige – sowohl der Menschengeist wie das von diesem unabhängige (objektive) Geistige – wiederum seinen Platz hat und dass die neue Auffassung des Geistigen der archaischen zumindest ebenbürtig ist. Den Geist-Aspekt der Natur in seiner Großartigkeit zu erfassen, setzt allerdings voraus, dass man sich die Mühe nimmt, sich mit dem heutigen Wissen über die Natur – sowie auch mit der neuen Auffassung der Natur – wirklich vertraut zu machen.

Sehen wir nun zu, wie die Aussage, der Unterschied zwischen objektivierender und existenzieller Einstellung sei in der Natur des Menschen begründet, vor dem Hintergrund dieses Wissens zu verstehen ist. Gehen wir davon aus, dass beide Haltungen zur Zunahme der Bewusstheit führen. Was dies heißen soll, wird verständlich, wenn wir uns eine Erkenntnis vergegenwärtigen, die uns schon Jakob v. Uexküll, einer der Pioniere der Verhaltensforschung, vermittelt hat. Es ist die Erkenntnis, dass Tiere durch ihre arttypischen Erkenntnis- und Verhaltensstrukturen fest in ihre arttypische Umwelt eingefügt sind: dass sie – in der Sprache der Naturwissenschaft ausgedrückt – zusammen mit ihrer Umwelt ein kybernetisches System bilden.

Aus diesem festen Eingefügtsein in den Regelkreis „Lebewesen-Umwelt" konnte sich der Mensch dank der Fähigkeit zur Unterscheidung zwischen Ich und Nicht-Ich Schritt für Schritt herauslösen. Nun kann man an diesem Regelkreis einen „Merkbogen" (Wahrnehmung) und einen Wirkbogen" (Äußerungen und Tun) unterscheiden (Abb. 2, S. 74). Bei objektivierender Haltung lockert der Mensch gleichsam den Zwangscharakter des „Merkbogens" auf, bei existenzieller Haltung hingegen die Starrheit des „Wirkbogens". Entsprechend der Unterschiedlichkeit der beiden „Bögen" ist auch das, was durch deren Auflockerung zustande kommt, verschieden. Entsteht durch die Auflockerung des „Merkbogens" Welt, d. h. vorgestellte Welt im Gegensatz zur arttypischen Umwelt der Tiere, so wandelt sich durch das Auflockern des „Wirkbogens" unter anderem das unbewusste, nur vom Instinkt geleitete Verhalten des Tieres in das für den Menschen typische ethische Tun.

Es geht aber dabei nur um eine Auflockerung, nicht um ein völliges Ausbrechen aus den stammesgeschichtlich entstandenen Gegebenheiten. Der Mensch ist eben nicht einfach ein bewusstes, sondern ein unbewusst-bewusstes Lebewesen. Als unbewusstes Lebewesen wird er geboren. Erst im Verlauf des Lebens entwickelt sich Bewusstsein, und zwar auf dem Boden des im Verlauf von mehr als drei Milliarden Jahren herangewachsenen und erprobten Unbewussten. Es ist eine der wesentlichsten und für das Selbstverständnis folgenschwersten Entdeckungen unseres Jahrhunderts, dass Bewusstsein, d. h. Menschengeist, ohne diese unbewusste Grundlage weder entstehen noch funktionieren kann. Die Möglichkeit zu Bewusstwerdung ist somit sowohl bei objektivierender wie bei existenzieller Haltung durch die für die menschliche Art typischen unbewussten Strukturen bedingt und begrenzt.

Bei objektivierender Haltung wirkt sich dieses Bedingt- und Begrenztsein unter anderem darin aus, dass wir nur die mittleren Dimensionen – den sogenannten Mesokosmos – unmittelbar wahrnehmen und erfassen können, nicht hingegen die Mikro- und Makro-Dimension. So ist es uns z. B. nicht möglich, Atome und Galaxien direkt wahrzunehmen, noch deren errechnete räumliche Ausdehnung wirklich zu erfassen. Ebenso wenig können wir die Geschwindigkeit, mit der das Licht sich fortpflanzt, oder die, mit der sich die Evolution vollzog, erlebnismäßig erfassen. Das stammesgeschichtliche Bedingt- und Begrenztsein des bewussten Erkennens bei objektivierender Einstellung zeigt sich auch in dem, was seinerzeit Kant als Anschauungsform (Raum und Zeit) sowie als Kategorien (reduzierbar auf Quantität, Qualität, Relation und Modalität) bezeichnet hat. Dieser Problemkreis ist ja gegenwärtig Gegenstand der Diskussion zwischen Vertretern der traditionellen philosophischen Erkenntniskritik und Vertretern der evolutionären biologischen Kognitionsforschung, wobei er aus dem luftleeren Raum bloßer Spekulation auf den soliden Boden naturwissenschaftlicher Empirie heruntergeholt wird.

So interessant und aktuell diese Diskussionen auch sind, ist hier doch nicht der Ort, darauf näher einzugehen. Festgehalten sei lediglich, dass es dabei um bewusstes Erkennen bei objektivierender Haltung geht. Deshalb haben diese Diskussionen Konsequenzen für die Wissenschaftstheorie, d. h. für die Theorie, wie Sachwissen gewonnen werden kann. Keine Konsequenzen hingegen haben sie für die Ethik, denn das Bemühen um ethisches Tun und ethische Normen setzt existenzielle Einstellung voraus.

Vom Verhalten zum ethischen Handeln

Sehen wir nun, inwiefern die Aktivität des Ich bei existenzieller Haltung durch stammesgeschichtlich gewachsene Strukturen bedingt und begrenzt wird. Die unbewussten Strukturen, um die es hier geht, werden Verhaltensmuster oder Verhaltensweisen genannt. Das ethische Tun macht nur einen verschwindend kleinen Anteil des menschlichen Tuns aus. Es ist das große Verdienst der Humanethologie – eines der jüngsten Zweige am Baum der Humanwissenschaften –, nachgewiesen zu haben, welchen außerordentlich breiten Raum unbewusste Verhaltensweisen in allen Bereichen menschlichen Lebens einnehmen.

Dieses hoch differenzierte unbewusste Verhalten des Menschen ist das Ergebnis einer langen stammesgeschichtlichen Entwicklung. Angefangen hat diese Entwicklung mit ganz einfachen Mustern, und diese sind dann immer vielfältiger und differenzierter geworden. Die Verhaltensforscher haben diesen Prozess, der sich über mehr als drei Milliarden Jahre hinzog, aufgezeigt, indem sie die Verhaltensrepertoirs verschiedener tierischer Arten erarbeiteten. Damit haben sie den Humanbiologen die Augen geöffnet für den hierarchischen Aufbau des menschlichen Verhaltens, bei dem Muster verschiedenen Komplexitätsgrades übereinander getürmt sind: vom einfachen Reflex bis zu den hoch differenzierten Mustern zwischenmenschlicher Beziehung.

Parallel zur Arbeit der Verhaltensforscher haben Neurobiologen die zentralnervösen Strukturen erforscht, an denen bzw. durch die sich die Steuerung des Verhaltens vollzieht. Verhaltensforscher und Neurobiologen gehen mit ganz verschiedenen Methoden an ihr Objekt heran. Die Ergebnisse, zu denen jeder der beiden Forschungszweige kommt, stellen jeweils einen Aspekt des Lebendigen dar. Zur heutigen systemisch-ganzheitlichen Naturbetrachtung gehört es, dass man versucht, die beiden Aspekte zusammenzuschauen bzw. – im Sinne des komplementären Denkens – zusammenzudenken.

Im Folgenden möchte ich die allerwichtigsten Stufen der Entwicklung der Verhaltensstrukturen skizzieren: einer Entwicklung, die sich im hierarchischen Aufbau des menschlichen Verhaltensrepertoirs widerspiegelt. Auf diese Weise soll so etwas wie ein Fundament gelegt werden, auf dem dann später die Diskussion über das Problem der Wege zur Ganzheit bzw. zu einer zeitgemäßen Religiosität aufbauen kann. Dabei scheint es mir selbstverständlich, auch die neuralen Strukturen, an denen sich das Verhalten – und auf der Evolutionsebene „Mensch" auch das ethische Tun – abspielt, in die Betrachtung einzubeziehen.

Die evolutionsmäßig niedrigste Form der Verhaltenssteuerung ist der einfache Reflex. Seine morphologisch-physiologische Grundlage ist die direkte Verknüpfung zweier Nervenzellen: einer afferenten (hereinführenden) und einer efferenten (hinausführenden). Die Wirkungsweise einfacher Reflexe ist diejenige starrer Automaten: ein hereinführender Reiz löst immer die genau gleiche Wirkung aus, z. B. die Kontraktion eines Muskels. Zur Beruhigung derer, die Biologismus wittern, sei gleich betont, dass es keinem Biologen möglich ist, die Reizbarkeit, eine der konstituierenden Qualitäten des Lebensprozesses, zu erklären, ebenso, dass kein Naturwissenschaftler sagen kann, weshalb die Evolution begonnen oder weshalb sie nicht z. B. nach der „Erfindung" des einfachen Reflexes aufgehört hat.

Auf jeden Fall ist sie weitergegangen. Dabei bildeten sich zwischen afferenter und efferenter Nervenzelle sogenannte Zwischenzellen und Zwischenzellgruppen aus. Dies ermöglichte eine Verarbeitung der eingehenden Information. Damit war ein Freiheitsgrad des Verhaltens sowie die Möglichkeit individuellen Lernens in die Welt getreten. Im Verlauf der Evolution wuchsen die Zwischenzell-Gruppen zu immer komplexeren und leistungsfähigeren Führungssystemen heran, wobei sich die komplexeren über den einfacheren aufbauten und deren Leistungen koordinierten. Auf der mittleren Ebene der so entstandenen neuronalen Hierarchie regulieren die Führungssysteme Atmung, Kreislauf, Verdauung, Ausscheidung usw. Noch weiter oben gelegene Systeme sind verantwortlich für das, was wir Instinkte nennen. Sie steuern unter anderem die Ernährung, die Sexualität, das soziale Verhalten und die Sicherung. Instinkte sind die Ausrüstung höherer Lebewesen zum Leben und Überleben in einer eher lebensfeindlichen Umwelt. Auf der Ebene des Menschen sind sie die Grundlage für das ethische Tun, indem sie jenes Verhalten repräsentieren, das bei existenzieller Einstellung teilweise in ethisches Tun gewandelt wird.

Dem Neurophysiologen Walter R. Hess (Zürich) gelang es in den dreißiger Jahren, die Zellgruppen, die für die verschiedenen Instinkte verantwortlich sind, zu lokalisieren. Sie haben ihren Sitz im Zwischenhirn, einem Bereich des evolutionär alten, sogenannten Stammhirns. Charakteristisch für Instinkte ist ihre Erlebbarkeit. Sie manifestiert sich in dem, was wir Affekte und Emotionen nennen. Für Instinkte charakteristisch ist außerdem, dass sie nicht mehr wie niedrigere Regulationssysteme direkt auf die Erfolgsorgane einwirken. Sie betätigen sich als Motivatoren, indem sie ihre „Wünsche", die man im Falle des Menschen als Triebe bezeichnet, einem übergeordneten, obersten Führungssystem anbieten. Die Motivationen der verschiedenen Instinkte konkurrenzieren einander, und jeder hat „seine" Zeit. So ist es z. B. für ein Tier lebenswichtig, dass der Körperpflegeinstinkt nicht gerade dann Oberhand gewinnt, wenn ein Feind auftaucht. Aufgabe des übergeordneten Führungssystems ist es zu entscheiden, welcher Instinkt bzw. welche Mischung von Instinkten im gegebenen Moment zum Zuge kommt.

Dieses oberste neuronale Führungssystem ist für uns von ganz besonderem Interesse. Es eröffnet uns nämlich das Verständnis der auf der Ebene des Menschen auftauchenden Problematik von gleichzeitigem Frei- und Unfreisein, deren Bewältigung ein zentrales Anliegen der Ethik ist. Der Neurologe und Hirnforscher Gino Gschwend, ehemaliger Assistent von Hess, hat sich in besonderem Maße mit diesem assoziierenden und integrierenden Gesamtgestaltungssystem, das er abgekürzt Integrator nennt, befasst. Nach ihm (vgl. 49-52) hat der Integrator nicht nur die Aufgabe, die im Moment wichtigsten Instinkt-Motivationen auszulesen. Er verknüpft diese jeweils mit den Daten, die ihm von den Sinnesanalysatoren her zufließen, zu einem der momentanen Situation angepassten Muster. Dieses wird einerseits hinausgeschickt in die Muskulatur, welche zielsicher in die Umweltsituation eingreift, andererseits bewirkt es im Organismus eine Fülle von im Moment wichtigen Regulationen. Auch der Integrator konnte lokalisiert werden. Er befindet sich im evolutionär jüngsten Teil des Gehirns – in der Großhirnrinde – und besteht aus Zellgruppen, die im Unterschied zu den übrigen Hirnzentren über die ganze Hirnrinde verteilt, jedoch auf äußerst vielfältige Weise miteinander verschaltet sind. Nach Gschwend stehen etwa 40% der Hirnnervenzellen im Dienste des Integrators.

Der Integrator ist außerordentlich leistungsfähig. Für ihn ist der Ausdruck ratiomorph (vernunftartig), den heute Biologen oft für unbewusst arbeitende

Führungssysteme verwenden, in höchstem Grade zutreffend. Zu beachten ist, dass der Integrator beim Tier seine staunenswerten Leistungen völlig unbewusst vollbringt. Gerade auf seinem unbewussten und damit problemlosen Funktionieren beruht die Tatsache, dass das Tier so ganz „sich-selber" ist.

Mit dem Auftreten des Bewusstseins ging dieses selbstverständliche Sichselber-Sein verloren. Im Gegensatz zum Tier kann der Mensch sich selber untreu werden, ja er neigt sogar von Natur aus dazu. Diesen Sachverhalt hat schon vor langer Zeit die christliche Theologie in ihrer (mythischen) Theorie von der Erbsünde festgehalten.

So groß einerseits der evolutionäre Gewinn war, den das In-die-Welt-Treten von Bewusstsein brachte, der Preis, der dafür bezahlt werden musste, war der Verlust des problemlosen Sich-selber-Seins. Das Bemühen, der zu werden und zu sein, zu dem man angelegt ist, wurde zu einer lebenslangen Aufgabe, deren Gelingen ständig gefährdet ist. Die Fähigkeit zu bewusstem Erkennen kann als Geschenk gesehen werden, denn sie erschloss dem Menschen im eigentlichen Sinn des Wortes die „Welt". Demgegenüber ist der Zwang zu ethischem Tun – als Kehrseite der Bewusstwerdung – eher eine Bürde.

Wissenschaft und Schulen der Spiritualität

Kommen wir auf die beiden soziokulturellen Gebilde zurück, die aus dem Bemühen um objektivierende und existenzielle Haltung hervorgegangen sind: auf die Wissenschaften und die Schulen der Spiritualität. Da die Unterschiedlichkeit der beiden Haltungen auf der Unterschiedlichkeit des „Merkbogens" und des „Wirkbogens" beruht – also zutiefst in der menschlichen Natur begründet ist –, dürfte klar sein, dass der Unterschied zwischen Wissenschaften und spirituellen Schulen kategorialer Art ist. Diese kategoriale Verschiedenheit zu erfassen, ist Vorbedingung für alles Reden über die Art und Weise, wie die zurückgebliebene Menschlichkeit nachentwickelt werden kann. Dies einzusehen, ist ganz besonders heute wichtig, wo man geneigt ist, alle Problemlösungen von den Wissenschaften zu erwarten.

Ziel der Wissenschaft ist, wie gesagt, der Gewinn von Sachwissen über die objektive Wirklichkeit. Ein Sachwissen, das einmal gewonnen und schriftlich fixiert ist, geht im Prinzip nicht mehr verloren. Jede Generation von Wissenschaftlern kann auf dem weiterbauen, was frühere Generationen erarbeitet haben. So wird das Wissen über Natur und Kultur fortschreitend vermehrt und vertieft. Wenn auch dieses Fortschreiten nicht kontinuierlich, sondern, wie Thomas S. Kuhn gezeigt hat, über „Revolutionen" vor sich geht: Der

Fortschritt sowie der Glaube an den Fortschritt sind integrierende Elemente der Wissenschaft und der von der Wissenschaft begründeten Technologie.

Ziel der spirituellen Schulen hingegen ist die Reifung der einzelnen Persönlichkeit. Zwar wird dieses Ziel je nach kulturellem Kontext verschieden formuliert, z. B. als Erlangung von Heil, von Weisheit, Humanität oder Ganzheit, als Erlösung oder Selbstwerdung. Schält man jedoch die kulturspezifischen Vorstellungen über die Welt – insbesondere über die jenseitige Welt –, aus denen heraus diese Ausdrücke formuliert worden sind, ab, ergibt sich, dass mit allen im Prinzip das Gleiche gemeint ist.

Einen Fortschritt im Sinne des unaufhaltsamen Voranschreitens von Generation zu Generation gibt es beim spirituellen Bemühen nicht. Wohl formulieren spirituelle Neuerer bei veränderter Bewusstseinslage – im Zug der Differenzierung der materiellen wie der geistigen Kultur – das Ziel auf neue Weise, schlagen andere Lebensformen, andere Praktiken und Methoden vor. Dies ändert aber nichts an der unerbittlichen Tatsache, dass innerhalb jeder Generation jeder Einzelne mit seinem Bemühen um seelische Reifung von vorne anfangen, die gleichen Erfahrungen und die gleichen Fehler wie die Menschen früherer Generationen machen muss.

Lernen bedeutet in der Wissenschaft Aneignung von Sachwissen, von Arbeits- und Forschungsmethoden sowie von technischem Können. Die Überlegenheit des Lehrers beruht darauf, dass er über größeres Sachwissen verfügt, die Forschungsmethoden besser beherrscht und den Zugriff zu gespeichertem (extranem) Sachwissen leichter handhaben kann.

Bei der spirituellen Schulung bedeutet Lernen gerade nicht Anhäufung von Sachwissen, sondern Bewusstwerdung im eigentlichen Sinn. Dazu gehören z. B. Aha-Erlebnisse des Einzelnen über desintegrierende Strebungen in seiner Seele, welche seine „guten Absichten" zunichte machen, über von ihm verdrängte Gefühle und Wünsche, aber auch über schlummernde Fähigkeiten und über den Sinn seines Lebens.

Der Lehrer ist hier eher ein Meister im Sinne einer Meisterschaft im geistlichen Leben: ein Mensch, der schon einen hohen Grad an Bewusstheit erlangt hat, der die „Wege Gottes" kennt und der mit den desintegrierenden Tendenzen (christlich: mit den Anfechtungen des Teufels) umzugehen weiß. Der spirituelle Meister lehrt zu einem großen Teil dadurch, dass er beispielhaft vorlebt, was er vom Schüler fordert.

Der „springende Punkt" der Bewusstwerdung bei spiritueller Schulung ist jedoch die Einsicht in die – bzw. die Erfahrung der – Tatsache, dass das Erreichen des Zieles nicht vom bewussten Wollen allein abhängt, sondern ebenso sehr von der „Gnade" einer dem Ich überlegenen „Macht", die es „gut mit ihm meint". In archaischen Kulturen wurde diese erfahrbare „Macht" als Gott im Sinne des sich den Menschen offenbarenden Gottes aufgefasst.

Lernen heißt bei spiritueller Schulung somit im Kern die Aneignung einer Haltung, bei der das Ich „zurückgenommen" wird, damit die ihm überlegene, ihm wohlgesinnte „Macht" wirken kann. Diese Haltung wird in der spirituellen Tradition als religiöse Haltung bzw. Religiosität bezeichnet. Religiös kommt von (lat.) religere bzw. relegere, dem Gegenteil von neglegere. Neglegere bedeutet vernachlässigen, religere hingegen berücksichtigen. Religiös eingestellt ist ein Ich, das bei seinen Entscheidungen auch die Intentionen der ihm überlegenen Macht (archaisch: den Willen Gottes) berücksichtigt. Aber nicht nur der durch Moraltheologen für die Allgemeinheit formulierte „Wille Gottes" musste in der archaischen spirituellen Schulung berücksichtigt werden. Es ging dort darum, darüber hinaus den „Willen Gottes" zu einer ganz bestimmten Entscheidung in einer konkreten Situation zu erfahren: „Offenbarung ad hoc" zu erlangen. Es ging darum, das „innere Ohr" des Einzelnen zu schulen, damit er die „Stimme Gottes" selber hören konnte.

Die Tatsache, dass das Ringen um religiöse Haltung das Kernelement spiritueller Schulung ist, bestimmte das Selbstverständnis des „Lehrers". Als der „eigentliche" Meister, der „die Seele führte", galt der „lebendige Gott". Der „irdische" Meister verstand sich mehr als Begleiter: als eine Art Geburtshelfer, der dem Schüler auf Grund seiner größeren Erfahrung half, den „Willen Gottes" zu erkennen und das als „gottgefällig" Erkannte dann auch zu tun.

Spirituelle Schulung und Weltbild

Ebenso wie objektivierende und existenzielle Haltung stehen auch die Wissenschaften und spirituellen Schulen zueinander in einem Verhältnis der Komplementarität. Man würde wohl besser sagen, sie sollten zueinander im Verhältnis der Komplementarität stehen, denn heute ist dies nicht mehr der Fall.

Immer haben sich die Schulen der Spiritualität vor dem Hintergrund eines bestimmten Weltbildes entfaltet. Aus dem Weltbild ergaben sich die jeweiligen Formulierungen des zu erstrebenden Zieles, der Vorstellungen von der dem Ich überlegenen Macht usw. Das Weltbild zu entwerfen, zu entfalten und weiterzuentwickeln, war jedoch nicht Sache der spirituellen Schulen, sondern der Wissenschaft. Es ist zwar nicht deren primäres oder wenigstens nicht deren einziges Ziel. Primär ist ihr Interesse darauf gerichtet, an

44

der objektiven Wirklichkeit immer mehr Einzelheiten zu unterscheiden und deren Zusammenhänge immer tiefgründiger zu erfassen. Dann erst kann sie daran gehen, auf Grund der erarbeiteten Einzelheiten ein dem erreichten Stand der Bewusstseinsevolution entsprechendes, innerlich kohärentes Bild der objektiven Wirklichkeit zu entwerfen. So lösen sich denn in der Wissenschaft analytische und holistische Phasen ab. Dies ändert aber nichts an der Tatsache, dass das Weltbild sich aus der objektivierenden Haltung ergibt und somit – wo eine Wissenschaft vorhanden ist – durch die Arbeit von Wissenschaftlern zustande kommt und weiterentwickelt wird.

Bis zu Beginn der Neuzeit vollzog sich das wissenschaftliche Forschen, wie gesagt, im Rahmen der archaischen Weltsicht, genauer gesagt, vor dem Hintergrund der konkretistischen Apperzeption des innerlich Wahrgenommenen. Neue Weltbilder entstanden in der Regel durch das Aufkommen einer neuen Gottesvorstellung. Ob nun diese oder jene Gottesvorstellung bestimmend war: die dem Ich überlegene Macht, der gegenüber dieses eine religiöse Haltung einzunehmen sich bemühte, „war" immer ein metaphysisches Wesen oder Sein. Aus diesem Grund bedeutete während der archaischen Evolutionsphase das Aufkommen eines neuen Weltbildes für die spirituelle Tradition keinen prinzipiellen Bruch. Bewährte Praktiken konnten – meist in einem neuen Gewand und unter neuer Terminologie – weitergeführt werden.

Dies lässt sich z. B. an der Sufik feststellen. Als der Islam sich im 7. und 8. Jahrhundert über die Gebiete südlich des Mittelmeeres ausgebreitet hatte, bildete sich neben der auf die „Offenbarung an Mohammed" gestützten Theologie schon früh eine Menge spiritueller Schulen aus, die heute unter dem Namen Sufik zusammengefasst werden. In diesen Schulen wurden – nun in islamischem Gewand – Traditionen über das Begehen des „Weges zu Gott" gepflegt, in die Erfahrungen aus der Zeit der Stammesreligionen, der mesopotamischen Hochreligionen, der zoroastrischen Religionen, des hellenistischen Synkretismus und sogar des Christentums eingegangen waren.

Beim großen Entwicklungsschritt des abendländischen Bewusstseins ist diese „Kontinuität innerhalb allen Wandels" unterbrochen worden. Weil bei diesem Schritt das archaische Weltbild überwunden wurde, zerfiel das Fundament, auf dem sich bis dahin alle spirituellen Schulen entfaltet hatten, und mit diesem Fundament zerfiel auch die spirituelle Tradition. Die Mutation des Bewusstseins brachte somit auch in Bezug auf die Religiosität den Gang durchs Chaos mit sich. In diesem Punkt aus der Desorientiertheit herauszukommen, wird jedoch noch schwieriger sein als das Herauskommen aus der Desorientiertheit bezüglich des Weltbildes.

Weshalb dies der Fall ist, lässt sich nicht mit wenigen Worten sagen. Vorläufig sei lediglich festgehalten: Im Mittelalter standen Wissenschaft und spirituelle Schulen gleichwertig und gleich geachtet nebeneinander, sodass ihre komplementäre Wechselwirkung voll zum Tragen kommen konnte. Heute hingegen haben wir eine maßlos hypertrophierte Wissenschaft, während die spirituellen Schulen völlig aus dem Blickfeld verschwunden sind. Sogar die Theologie, obwohl überholt und innerlich ausgehöhlt, ist hypertrophiert und macht einen gewaltigen Lärm. In den katholischen Orden fristen die spirituellen Schulen zwar noch ein kümmerliches Dasein, doch ist dort vom einstigen „Geist" und vom einstigen Erfahrungswissen über spirituelle Schulung nicht mehr viel vorhanden.

Wie ist dieses Ungleichgewicht zustande gekommen? Wie lässt sich die spirituelle Schulung – als Erziehung zur Menschlichkeit – auf der heutigen Ebene der Bewusstheit wieder beleben? Wie lässt sich, im Rahmen dieses Bemühens, das Erfahrungswissen, das die archaischen Schulen erarbeitet haben, vor dem Hintergrund der heutigen Weltsicht wieder aktualisieren? Eine Antwort auf diese Fragen möchte ich in diesem Buch zu geben versuchen.

Religiöse und areligiöse existenzielle Haltung

Wenn wir nach Gründen suchen, weshalb die einst blühende spirituelle Tradition des Abendlandes derart verkümmert ist, liegt es wiederum nahe, dafür den Abfall vom Christentum verantwortlich zu machen. Diese Antwort stimmt natürlich in einem gewissen Sinn, aber sie hilft auch hier nicht weiter. Weiter kommen wir auch hier, wenn wir die Evolution des Bewusstseins betrachten. Der Positivismus war, wie gesagt, eine verengte Weltsicht. Wir haben gesehen, dass es gerade diese Verengung des Blickfeldes war, die ihm die Erfüllung seiner Funktion im Dienste der Bewusstseinsevolution ermöglicht hat: den Aufbau jenes archimedischen Punktes, von dem aus dann die metaphysische Welt des archaischen Menschen hereingeklappt werden konnte, sodass der Fortgang der Bewusstseinsevolution wieder gewährleistet war. Diese Leistung kostete jedoch ihren Preis. Durch die Einengung des Gesichtsfeldes auf das sinnlich Wahrnehmbare wurde nämlich jener Wahrnehmungsstrom, den wir heute als den inneren bezeichnen, aus der Reflexion ausgeblendet. Damit wurde jene Quelle zugeschüttet, aus der die spirituelle Tradition gespeist worden war.

Es sei hier gleich gesagt, dass diese Quelle unterdessen – beim zweiten Schritt der Bewusstseinsmutation – wieder erschlossen worden ist. Die Entdeckung des Unbewussten führte zur Wiederentdeckung – jedoch gleichzeitig zu einer neuartigen Auffassung – des inneren Wahrnehmungsstromes sowie zur Erkenntnis, dass die ethischen Normen immer schon über diesen Strom dem Bewusstsein zugeflossen sind. Die gleichzeitig erfolgte Entdeckung des Projektionsvorgangs – eines völlig unabhängig vom Bewusstsein funktionierenden psychischen Vorgangs – ließ uns auch verstehen, weshalb der archaische Mensch den inneren Wahrnehmungsstrom als etwas von außen Kommendes auffasste (apperzipierte) und dadurch den Eindruck hatte, die ethischen Normen würden ihm von übernatürlichen Wesen offenbart. All dies soll später besprochen werden.

Vorerst geht es darum, ein Missverständnis zu vermeiden: das Missverständnis, während des ersten Schrittes der Bewusstseinsmutation sei man ausschließlich objektivierend eingestellt gewesen und habe sich gar nicht um existenzielle Haltung bemüht. Dieses Missverständnis führt nämlich zum häufig gezogenen Schluss, man müsse nur wieder vermehrt die existenzielle Haltung pflegen, dann werde der Rückstand an Menschlichkeit wieder aufgeholt.

So einfach geht es leider nicht. Es scheint mir sehr wichtig, sich vor Augen zu halten, dass man sich während der positivistischen Zeit zwar sehr viel um das richtige Tun und um Menschlichkeit bemüht hat, dass jedoch die Art und Weise, wie man dies tat, nicht die Richtige – nicht die der menschlichen Natur entsprechende – war. Jene geistige Absetzbewegung von der archaischen Weltsicht, die – über die Entfaltung der neuzeitlichen Wissenschaften – schließlich zum weltanschaulichen Positivismus geführt hat, war nicht von Anfang an objektivierend eingestellt. Im Gegenteil, sie hat mit dem Ruf nach einem neuen Menschen begonnen, und das Menschsein war sogar bis mindestens ins 19. Jh. hinein ihr zentrales Anliegen. Erinnert sei z. B. an den Wahlspruch der aufgeklärtem deutschen Klassik: „Edel sei der Mensch, hilfreich und gut." Aber die Art und Weise, wie man das Menschsein zu verwirklichen suchte, war – bzw. wurde mehr und mehr – eine kategorial andere als die, welche in archaischen Kulturen üblich war und welche die Schulen der Spiritualität hatte erblühen lassen.

„Neuer Geist" auf die Antike projiziert

Versuchen wir nun, den kategorialen Unterschied zwischen den beiden Arten existenzieller Einstellung zu verstehen. Dieser wird am ehesten erkennbar, wenn wir verfolgen, wie sich die positivistische existenzielle Einstellung herausgebildet hat. Begonnen hat die Sache im Italien des 13. Jhs. mit einer noch durchaus christlichen spirituellen Strömung, die sich als Reaktion auf das Überhandnehmen der objektivierenden Haltung in der Scholastik sowie als Reaktion auf die Verweltlichung und Machtpolitik der Kirche verstand. Als Väter dieser Strömung, welche ein neues Menschsein postulierte, können – nach Konrad Burdach – Franz von Assisi und Giacomo da Fiori betrachtet werden. Wenn man damals vom neuen Menschen sprach, meinte man den Christenmenschen: die Lebenshaltung der frühen Christen.

Nördlich der Alpen manifestierte sich dieses Streben nach Rückkehr zum echten christlichen Leben – mit zeitlicher Verzögerung – als Devotio moderna (vgl. 65) und Reformation. Während jedoch diese Strömungen den Rahmen der archaischen Weltsicht nicht sprengten, wandelte sich der südlich der Alpen aufkommende Impuls so, dass er schließlich zu jener areligiösen Weltsicht führte, die wir als weltanschaulichen Positivismus bezeichnen.

Dass die Erneuerungsbewegung südlich der Alpen eine Richtung einschlug, die es ihr ermöglichte, das Gravitationsfeld der archaischen Weltsicht zu überwinden, lag daran, dass dort zwei Voraussetzungen gegeben waren, die nördlich der Alpen fehlten. Erstens hatte die Scholastik – die eigentliche theologische Wissenschaft – in Italien nie richtig Fuß gefasst. Als dort Universitäten entstanden – was im Norden gleichbedeutend mit der Etablierung der wissenschaftlichen Theologie und Schulphilosophie war –, lag in Italien die „Wissenschaft" – es waren Ansätze von Jurisprudenz und Medizin – schon weitgehend in den Händen von Laien. Zweitens stand während des „finsteren" Mittelalters, als nördlich der Alpen – unter Abschließung nach außen – langsam die Keime zur eigenständigen abendländischen Kultur sich bildeten, Italien in engem Kontakt mit den Bewahrern des geistigen Erbes der Antike: mit dem byzantinischen Kaiserreich und – in späterer Zeit – mit der islamischen Kultur.

Die Tatsache, dass damals in Italien Bildung kein kirchliches Monopol war, trug entscheidend dazu bei, dass der Impuls zu etwas Neuem zu einer Verlagerung des Interesses vom Jenseitigem zum „Diesseitigen" führen konnte. Ich sage absichtlich „konnte", denn dass dies damals eine Notwendigkeit war, ergibt sich aus der Einsicht in den Verlauf der Bewusstseinsevolution.

Der enge Kontakt Italiens mit den Bewahrern des geistigen Erbes der Antike hatte dazu geführt, dass – im Zug dieses Trends „hin zum Diesseits" – die Vorstellung von dem zu erneuernden Menschsein sich wandelte: dass man dabei nicht mehr den „wahren Christenmenschen" ins Auge fasste, sondern den Menschen der heidnischen Antike. In diesem glaubten die Pioniere des neuen Geistes ein menschliches Selbstverständnis gefunden zu haben, das nicht mehr auf das Jenseits ausgerichtet war wie das des Mittelalters, sondern die Fülle des irdischen Lebens bejahte.

Heute können wir sehen, dass die Hinwendung zur Lebensauffassung der Antike auf einer Projektion beruhte: auf einer Projektion im Sinne jener Projektionen, mit denen man sich in der analytischen Praxis zu befassen hat. Der Mensch der Renaissance konnte nämlich das neue Selbst- und Weltverständnis, zu dem er sich gedrängt fühlte, noch nicht klar erkennen und formulieren. So bot sich ihm die Lebensauffassung der heidnischen Antike, die er damals im eben zugänglich gewordenen Schrifttum zu entdecken begann, als Träger für die noch unbestimmte Sehnsucht an.

Es war der gleiche Vorgang, den wir heute wieder beobachten können. Heute drängt die Evolution des Bewusstseins – im Zug der Verwirklichung des zweiten Schrittes der Bewusstseinsmutation – zu einer Abwendung von der Homo-faber-Haltung des Alles-machen-und-dürfen-Könnens hin zu einer Haltung der Rücksicht nehmenden Bezogenheit auf alles Lebendige, ja sogar auf die unbelebte Natur. Diese Haltung findet man formuliert in den im Westen in jüngerer Zeit bekannt gewordenen östlichen Philosophien, in den Selbstzeugnissen der Indianer und in vielem von dem, was unter dem Namen Schamanismus läuft.

Positive Projektionen sind für die Bewusstseinsentwicklung hilfreich, doch nur als Übergangsstadium, d. h. nur dann, wenn sie nach einiger Zeit zurückgenommen werden: wenn man den projizierten Inhalt als solchen erkennt und sich zu Eigen macht und wenn man gleichzeitig den Projektionsträger als das zu sehen vermag, was er in Wirklichkeit ist.

Der Mensch der heidnischen Antike war nicht der auf das „Diesseits ohne Jenseits" ausgerichtete Mensch, auf den hin die Mutation des Bewusstseins strebte. Abgesehen von vereinzelten Ausnahmen, wie z. B. Lukrez, war er dem dualistischen Weltbild noch zutiefst verhaftet. Heute, nachdem die christliche Überheblichkeit nachgelassen hat, vermögen wir zu erkennen, dass das griechische und römische Heidentum echte Religionen waren und dass in diesen echte archaische Religiosität im Sinne des Ausgerichtetseins auf Numina – auf unsichtbare, wirkmächtige „jenseitige" Wesen – gelebt wurde. Bei der Projektion der Zielvorstellung vom „diesseitsbezogenen" Menschsein auf den Menschen der Antike konnte man von dessen Religiosität deshalb leicht absehen, weil nach christlicher Tradition Religiosität mit dem Glauben an die christliche Lehre gleichgesetzt und die Heiden als ungläubige, verblendete Götzendiener apostrophiert wurden.

So erleichterte denn diese Projektion dem Menschen der Renaissance und dessen Nachfolgern vorerst einmal die Distanzierung vom archaischen Weltbild. Andererseits gab die aus dem antiken Schrifttum geschöpfte Idealvorstellung vom antiken Menschen – besonders die Vorstellung von den römischen Mannestugenden – denen, die sich vom archaischen Weltbild distanzierten, während der ganzen Dauer des ersten Schrittes der Bewusstseinsmutation ein Menschenideal, nach dem sie sich bei ihrem existenziellen Bemühen richten konnten.

Wie wertvoll diese Projektion für die Pflege der existenziellen Haltung war, können wir ermessen, wenn wir uns vor Augen führen, was während der ersten Phase der Bewusstseinsmutation wirklich geschah: die Ausbildung eines Selbst- und Weltverständnisses, das keine objektiv begründete Ethik mehr zuließ und im Prinzip der Willkür im menschlichen Tun – und damit den dem Menschen innewohnenden destruktiven Tendenzen – Tür und Tor öffnete.

Entmythisierung von Natur und Geschichte

Wie erwähnt, geht das Selbst- und Weltverständnis aus der objektivierenden Haltung hervor, insbesondere – von einem gewissen Entwicklungsgrad des Bewusstseins an – aus der organisierten objektivierenden Haltung: aus der Wissenschaft. Das neuartige Selbst- und Weltverständnis, zu dem die erste Phase der Bewusstseinsmutation führte, war in ganz besonderem Maße ein Kind der Wissenschaft, und zwar eines neuartigen Typus von Wissenschaft. Eine völlig neue Art des Forschens setzte ein, und diese neue Art des Forschens war es, die nicht nur zu einer noch nie da gewesenen Kenntnis der Natur und der Geschichte führte, sondern gleichzeitig die archaische Weltsicht ins Abseits drängte.

Schon einmal hatte die Evolution des Bewusstseins zur Überwindung der archaischen Weltsicht angesetzt: mit der vorsokratischen griechischen Philosophie. Jener Anlauf war jedoch erlahmt, weil damals die Voraussetzungen für die Bildung des neuen Typus von Wissenschaft noch nicht gegeben waren. Es entstand lediglich eine Natur-Philosophie. Diese Philosophie, die als Philosophie im Sinne der Grundlagenwissenschaft durch das Fragen nach dem Sein der sichtbaren Welt entstanden war, wandelte sich seit der durch Sokrates eingeleiteten Wende mehr und mehr zu einer Lebensphilosophie, die nach dem Sollen fragte. Diese Lebensphilosophie regredierte dann mehr und mehr zu Religion mit konkretistisch verstandenen Mythen und mit Riten. Damit fand eine eigentliche Rearchaisierung des Bewusstseins statt, und diese verstärkte sich ganz beträchtlich, als der Schwerpunkt des historischen Geschehens sich auf die damals noch primitiven germanischen Völker verlagerte.

Der zweite Anlauf zur Überwindung der archaischen bzw. zur Findung einer evolutionsmäßig höheren Weltsicht, der mit der Renaissance einsetzte, hatte deshalb Erfolg, weil es nun gelang, die neue Art des Forschens zu entwickeln. Obwohl in der Renaissance sich in erster Linie ein neues Lebensgefühl und die Sehnsucht nach einem neuen Verständnis des Menschseins manifestierte, enthielt jene geistige Bewegung doch auch schon alle Keime, aus denen später – so recht erst im 18. und 19. Jh. – die Natur- und Kulturwissenschaften hervorgegangen sind.

Es lag jedoch nicht in der Absicht der Forscher neuen Typs, das archaische Weltbild zu überwinden. Ihr alleiniges Ziel war es, die Kenntnis der Natur und Kultur – insbesondere der Kulturgeschichte – zu erweitern und zu vertiefen. Es war eine unbeabsichtigte Nebenwirkung dieses Forschens, die zur Überwindung des archaischen Weltbildes führte. Die neuzeitliche Forschung erfolgte nach dem Grundsatz des methodischen Positivismus: nur das durfte als wissenschaftlich erwiesen gelten, was mit den Sinnen nachweisbar war. Dies hatte zur Folge, dass die bisherigen Vorstellungen von der Natur und vom Verlauf der Geschichte entmythisiert wurden: dass das während der archaischen Phase der Bewusstseinsevolution entstandene Geflecht von sinnlich Wahrgenommenem und von nach außen projizierten und konkretistisch aufgefassten Bildern und Bildabläufen des inneren Wahrnehmungsstromes entflochten wurde. Das Mythische – die nach außen projizierten inneren Bilder und Bildabläufe – wurde von dem mit den Sinnen Wahrnehmbaren abgeschält. Aber, wie gesagt, war das Abschälen des Mythischen nur eine Nebenwirkung neuzeitlichen Forschens. Das Interesse der Forscher war einzig und allein darauf gerichtet, das „wirkliche Sein" der Natur und das tatsächliche historische Geschehen herauszuarbeiten.

Atheismus: Konsequenz aus positivistischer Wissenschaft

Der Entmythisierungsprozess soll hier nicht geschildert werden. In Hinblick auf den Wandel der existenziellen Haltung, um die es uns hier geht, ist lediglich Folgendes von Interesse: es wurde immer weniger akzeptabel, sich vorzustellen, dass göttliche Wesen dem Menschen ihren Willen kundtun können.

Es waren aber nicht in erster Linie Naturforscher, die so empfanden. Im Gegenteil, auffallend viele von ihnen blieben bis in die neueste Zeit ihr Leben lang traditionell gläubige Leute, für welche die Bibel das offenbarte Wort Gottes war. Das Nachdenken über die Konsequenzen, die sich aus den durch Natur- und Kulturwissenschaftler erarbeiteten Tatsachen ergaben, besorgten Philosophen bzw. jene wenigen Menschen, die auf Grund ihres Nachdenkens über diese Konsequenzen als Philosophen in die Geschichte eingegangen sind. Als markante Figuren dieser Reihe seien genannt: Baruch de Spinoza (1632-1677), John Locke (1630-1704), David Hume (1711-1776), Voltaire (1694-1778), Julien de Lamettrie (1709-1751) und Paul von Holbach (1723-1789). Durch das Nachdenken dieser Männer bildete sich innerhalb von gut hundert Jahren mit zunehmender Radikalität jene geistige Strömung heraus, die wir Aufklärung nennen. Mit dem Namen Aufklärung ist deutlich ausgedrückt, worin ihre Funktion im Dienste der Bewusstseinsevolution bestand: sie schuf Klarsicht, indem sie den „mythischen Nebel" verblies, der dem archaischen Menschen die „wahre Sicht der Dinge" verhüllte.

Charakteristisch für die mythische Weltsicht ist die Vorstellung, es gebe „jenseits" der sichtbaren Welt noch eine andere Welt: eine Welt, in der Wesen wohnen, die normalerweise unsichtbar sind: Götter bzw. ein Gott, hilfreiche und böse Zwischenwesen (Geister) sowie die Seelen der Verstorbenen. Charakteristisch ist ferner der Glaube, diese Wesen könnten auf „diese" Welt einwirken, und zwar nicht unter Zuhilfenahme „natürlicher" Ursache-Wirkungs-Ketten, sondern durch bloßes Wollen. Charakteristisch ist auch der Glaube, die metaphysischen Wesen könnten sich den Menschen zeigen („erscheinen"), sie könnten sich mit einem „irdischen" Leib umgeben (sich inkarnieren), und sie könnten sich dem Menschen mitteilen (offenbaren), sei es vom Jenseits her, sei es während ihrer „Erdenwanderung".

Auf niedrigen Evolutionsstufen des Bewusstseins stellte man sich das Jenseits und die jenseitigen Wesen noch derb körperlich vor. Im Verlauf der Bewusstseinsevolution wurde die Vorstellung von der jenseitigen Welt und den jenseitigen Wesen mehr und mehr entmaterialisiert. Dieser Entmaterialisierungs- bzw. Vergeistigungsprozess führte in verschiedenen Kulturen, z. B. schon in der altägyptischen, bis zur Vorstellung von der Transzendenz Gottes: zur Vorstellung, der Hochgott sei völlig anders als alles, was wir uns denken können. Dabei tauchte jeweils das Problem auf, wie solch ein Wesen auf „diese" Welt einwirken und sich den Menschen offenbaren könne. Die theologische Spekulation überwand diese Schwierigkeit, indem sie sogenannte Mittler postulierte: z. B. einen Sohn des Hochgotts, der einerseits mit dem transzendenten Vater wesensgleich war, paradoxerweise aber auch die Fähigkeit hatte, auf „diese" Welt einzuwirken und sich zu offenbaren. Ein derartiger Prozess hatte sich kurz vor der Entstehung des Christentums im hellenistischen Kulturraum vollzogen, und eine der dabei kreierten Mittler-Gestalten – der Logos – war dann in den christlichen Mythos eingegangen.

Im Zuge der Aufklärung wiederholte sich die Frage nach der Möglichkeit des Einwirkens und der Offenbarung Gottes. Das Problem wurde allerdings von einer anderen Seite her aufgerollt als bisher, und so ging denn auch die Lösung in eine andere Richtung. Das Einwirken wurde infrage gestellt durch die vermehrte Kenntnis der Naturgesetze sowie der sehr „irdischen" Faktoren, die in der Geschichte wirken. Heilsgeschichte, Herrschertum von Gottes Gnaden, Wunder und schließlich die Schöpfung der Welt durch göttliches Wort wurden so immer unwahrscheinlicher. Die Vorstellung, dass Gott sich den Menschen offenbart habe, wurde vor allem durch die Einschränkung der wissenschaftlichen Erkenntnis auf das Prinzip des methodischen Positivismus verdrängt.

Weil das Problem des Kontaktes zwischen Gott und Mensch diesmal nicht durch theologische Spekulation über das Wesen Gottes zustande gekommen war, sondern durch Erforschung von Natur und Kultur mit einem völlig neuartigen geistigen Instrumentarium, drängte sich als Lösung nicht ein neuer metaphysischer „Mittler" auf, sondern – als Ergebnis der totalen Entmythisierung – der Atheismus: die explizite Aussage, es gebe keinen Gott. Der Atheismus war aber das Endergebnis der Aufklärung. Noch Voltaire, der die Selbstabgrenzung der Aufklärung von der Religion am radikalsten vorgenommen hatte, hielt einen Gottesglauben im Sinne des Deismus (ein von der Welt getrennter Gott) für eine Notwendigkeit. Den Schritt vom Deismus zum Atheismus und Materialismus vollzog erst Paul von Holbach.

Übermächtigkeit der „Vernunft" bzw. Rationalismus

Das Abschälen des konkretistisch verstandenen Mythischen kann von der heutigen Ebene der Bewusstheit aus als entwicklungsfördernde Funktion der positivistischen Zeit gesehen werden. Der zweite Schritt der Bewusstseinsmutation führte dann zu einer neuartigen Auffassung des Mythos – zur symbolistischen – und damit wiederum zu der ihm gebührenden Berücksichtigung und Hochschätzung.

Da aber ein neues Haus am Platz eines alten erst gebaut werden kann, wenn das Alte abgebrochen ist, musste vorerst einmal das archaische Geflecht von sinnlich Wahrgenommenem einerseits und darauf projizierten, konkretistisch verstandenen Bildern des inneren Wahrnehmungsstromes andererseits entflochten werden. In der Zeit zwischen dem Abbruch des alten Hauses und dem Bau des neuen fehlte nun aber etwas, das für das ganzheitliche Menschsein unerlässlich ist. Es blieb zudem nicht dabei, dass etwas fehlte, sondern es sprosste an der leer gewordenen Stelle ein Wildwuchs hervor: gleichsam ein Urwald, der heute den Bau des neuen Hauses behindert.

Um zu erkennen, was mit diesem Bild gemeint ist, müssen wir das menschliche Selbstverständnis ins Auge fassen, das dem positivistischen Weltverständnis entsprach. Erst dann erfassen wir nämlich den kategorialen Unterschied der beiden existenziellen Einstellungen, um den es uns in diesem Kapitel geht. Den Schlüssel zum positivistischen Selbstverständnis gibt uns der zentrale Begriff der Aufklärung: Vernunft bzw. Ratio. Wir gebrauchen diese Wörter zwar heute noch, doch sind sie – verglichen mit dem Bedeutungsgehalt, der ihnen zur Zeit der Aufklärung zukam – leere Worthülsen geworden.

Führen wir uns vor Augen, wie der Vernunft-Begriff einst zustande kam und seine Übermächtigkeit erlangte. Der spätarchaische Mensch stellte sich das objektiv (d. h. vom Bewusstsein unabhängige) Geistige, das seit dem Hereinklappen der metaphysischen Welt als Geist-Aspekt der Natur verstanden werden kann, als unsichtbare personale Wesen vor, die „aus reinem Geist" bestanden. Diesen Wesen schrieb er auch geistige Fähigkeiten im Sinne von Erkennen, Wissen und Wollen zu. Diesen letzteren Aspekt der archaischen Geist-Vorstellung müssen wir ins Auge fassen, wenn wir die Entstehung und Hypertrophie des Vernunftbegriffs verstehen wollen.

Dem Geist Gottes stand im dualistischen Weltbild der Menschengeist gegenüber. Dabei galt es zwar als selbstverständlich, dass der Mensch, wenn er das Sein und das richtige Tun erkennen wollte, seinen Geist anstrengen müsse; es galt aber als ebenso selbstverständlich, dass dies nicht genüge und dass der menschliche Geist der Erleuchtung durch den göttlichen bedürfe. Als dann durch die Aufklärung zuerst die Vorstellung eines göttlichen Geistes, der sich dem Menschen mitteilt, und dann – beim Schritt vom Deismus zum Atheismus – die Vorstellung eines göttlichen Geistes überhaupt sich verflüchtigt hatte, blieb der menschliche Geist als einziges Geistiges übrig. Dies führte in mehrfacher Hinsicht zu einer Veränderung der bis dahin gültigen Vorstellung vom Geistigen im Menschen.

Hatte man dieses bisher als Seele mit verschiedenen, vor allem auch gemüthaften und triebhaften Qualitäten aufgefasst, sah man nun mehr und mehr das Wesen des Menschen in dessen Fähigkeit zu gerichtetem (rationalem) Denken. Man verwendete für den Menschengeist fortan die Ausdrücke Vernunft und Ratio. Aus diesem Grund bezeichnen wir das positivistische Selbstverständnis auch als Rationalismus.

Die von ihrer (heute würden wir sagen: unbewussten) Unterlage losgelöste Vorstellung vom menschlichen Geist erfuhr in der Folge einen Aufblähungsprozess (eine Inflation). Hatte man ihn in archaischer Zeit als kleines Licht aufgefasst, das der Erleuchtung durch den göttlichen Geist bedurfte, wuchs nun die Überzeugung heran, die Ratio sei ein sehr großes Licht: ein allmächtiges Instrument, dank dessen der Mensch in der Lage sei, auf alle Fragen – sowohl auf Fragen nach dem Sein wie auch auf Fragen nach dem Sollen – die richtige Antwort zu finden (Abb. 5, S. 117).

Belehrung statt spiritueller Schulung

Hand in Hand mit dem Glauben an die Einzigkeit und Allmacht der Vernunft hatte sich ein neuartiges Verständnis der Natur entwickelt. Infolge der fortschreitenden Entdeckung von Naturgesetzen war an die Stelle des Glaubens an das Bewirktsein der „irdischen" Vorgänge durch der Willkür fähiges Wollen „überirdischer" Wesen die Überzeugung getreten, die Natur halte sich notwendigerweise an die „Gesetze der Vernunft". Diese Überzeugung von der Vernünftigkeit der Welt implizierte nun auch den Glauben an eine naturgegebene sittliche Ordnung, welche ebenso wie die Struktur der Natur mit der Ratio allein erkannt werden könne.

Dieser Glaube an eine naturgegebene – man könnte vielleicht sagen: naturgesetzliche – sittliche Ordnung war die eine Komponente, aus der das neue Verständnis der existenziellen Haltung hervorging. Die andere Komponente war ein neues Verständnis der sittlichen Qualitäten des Menschen. Nachdem die überlieferte Vorstellung von der triebhaften, ebenso sehr zum Guten wie zum Bösen neigenden Seele auf die Vorstellung von der Ratio (heute würden wir sagen: auf das Bewusstsein) reduziert worden war, kam der für die Aufklärung charakteristische Glaube auf, der Mensch sei seiner Natur nach gut.

Dass dies ein Irrtum war, haben die Gräueltaten, die ganz besonders in unserem Jahrhundert begangen wurden, gezeigt. Zwar könnte man diese auf „böse Untermenschen" abschieben und sich selber für gut halten, was denn auch häufig getan wird. Aber die Anwendung der psychoanalytischen Methode hat ergeben, dass in der Seele selbst von ehrbar, hingebungsvoll und fromm erscheinenden Menschen – diesen völlig unbewusst! – viel, oft erschreckend viel Böses schlummert.

Im Gegensatz zum Positivisten hat der archaische Mensch von seiner „Neigung zur Sünde" gewusst. Weil er die unbewussten seelischen Prozesse in der Projektion erlebte, schrieb er zwar die bösen Strebungen dem Einfluss böser Geister – vor dem Hintergrund des christlichen Mythos dem Einfluss des Teufels – zu. Aber seine „Sünde" sah er doch darin, diesem Einfluss nachgegeben zu haben. So gehörte denn zur Meisterschaft im spirituellen Leben die Beherrschung der Kunst, die „Geister" zu unterscheiden: zu unterscheiden, welche seelischen Regungen durch den Einfluss des „guten Geistes" und welche unter dem Einfluss des „Versuchers" zustande kamen.

Wie weise dies war und wie sehr es der menschlichen Natur entsprach – auch wenn es durch eine heute nicht mehr nachvollziehbare Apperzeption des innerlich Wahrnehmbaren geschah –, hat uns die Erforschung des

Unbewussten bzw. der Wechselwirkung zwischen diesem und dem Bewusstsein gelehrt. Vor dem Hintergrund des positivistischen Selbstverständnisses veränderte sich auch die Auffassung von der Funktion dessen, der Menschen zu existenzieller Haltung erzieht. Dieser wurde nicht mehr als Begleiter verstanden, der dem Schüler half, den „Willen Gottes" als des eigentlichen Meisters und Seelenführers – sowie auch die „bösen Absichten des Teufels" – zu erkennen. Nach positivistischer Auffassung war der Erzieher der eigentliche und alleinige Meister.

Da man zudem annahm, der Mensch sei von Natur aus gut und der gute Wille allein reiche aus, das als richtig Erkannte auch zu tun, reduzierte sich die Aufgabe dieses „Meisters" auf das Belehren. Aus dem Meister wurde der Lehrer. So konnte das, was früher Aufgabe der spirituellen Schulen war – wenn man es überhaupt noch für nötig erachtete – in den Lehrplan jener Schulen eingebaut werden, die Lesen, Schreiben, Rechnen usw. lehren. Im kirchlichen Bereich wirkte sich dies – mit einiger zeitlicher Verzögerung – in der Weise aus, dass hier Erziehung zu Religiosität mehr und mehr als Vermittlung von theologischem Sachwissen verstanden wurde. Dies war mit ein Grund für den Zerfall der spirituellen Tradition.

Areligiöse existenzielle Haltung

Nun dürfte verständlich sein, inwiefern existenzielle Haltung zu pflegen, im weltanschaulichen Positivismus etwas kategorial anderes bedeutete als in archaischer Zeit und weshalb jenes Selbstverständnis bei existenziellem Bemühen, aus dem einst die spirituellen Schulen erblüht waren, bei positivistischer Weltsicht nicht mehr möglich war.

Hatte der Kern der spirituellen Schulung bzw. der entscheidende Punkt der Bewusstwerdung bei spiritueller Schulung in der Einsicht bestanden, dass das Erreichen des Zieles nicht von bewusster Einsicht und bewusstem Wollen allein abhängt, sondern ebenso sehr von der „Gnade Gottes", so beruhte die existenzielle Einstellung in positivistischer Zeit auf dem Glauben, der Mensch sei im richtigen Tun allein in der Lage: Erstens vermöge er dank der Allmacht der Ratio von sich aus zu erkennen, was das Richtige sei, zweitens sei er, da er ja von Natur aus zum Guten neige, durch bloßes Wollen fähig, das als richtig Erkannte auch zu tun.

Wir haben die Haltung, deren Aneignung das Ziel der spirituellen Schulung war – die Haltung, bei der das Ich „zurückgenommen" wird, damit die ihm überlegene, ihm wohlgesinnte Macht helfend wirken kann – religiöse

Haltung genannt. Stellen wir dieser die positivistische Auffassung von existenzieller Haltung gegenüber, können wir Letztere als ihrem Wesen nach areligiös bezeichnen.

Mit dieser Feststellung treffen wir den „springenden Punkt" beim kategorialen Unterschied zwischen den beiden Arten existenzieller Haltung. Wegen ihrer prinzipiellen Areligiosität ist die positivistische Art des existenziellen Bemühens für die volle Reifung der Persönlichkeit im Sinn ganzheitlichen Menschseins unzureichend. Die tiefenpsychologische Praxis zeigt immer wieder, dass Religiosität für ganzheitliches Menschsein unabdingbar ist. Allerdings braucht es nicht Religiosität nach archaischer Auffassung zu sein, denn für den, der sich im archaischen Weltbild nicht mehr aufgehoben fühlt, bringt das krampfhafte Festhalten an der archaischen Art religiöser Haltung die Gefahr einer Persönlichkeitsspaltung mit sich. Inwiefern die Entdeckung des Unbewussten nicht nur eine neue, „vollrunde" Weltsicht eröffnet hat, sondern auch eine dieser Weltsicht adäquate Auffassung von Religiosität, werden wir später sehen. Hier ist nur festzuhalten, dass die positivistische Auffassung existenziellen Bemühens, weil sie ihrer Natur nach areligiös ist, eine ganzheitliche Entfaltung der Persönlichkeit nicht zulässt: dass sie zu Egozentrizität, zu Kopflastigkeit und zu Entfremdung von der instinktiven Grundlage des bewussten Tuns führt.

Um diese Tatsache voll zu erfassen, ist hier eine begriffliche Klärung angebracht. Wenn wir sagen, für die positivistische Art existenzieller Haltung sei der Glaube charakteristisch, dass der Mensch allein zum „Heil" gelangen könne, dann ist der Ausdruck „Mensch" der Terminologie der dualistischen archaischen Weltsicht entnommen, denn für diese ist das Begriffspaar Gott und Mensch konstitutiv. Unter Voraussetzung der archaischen Terminologie ist das archaische Selbstverständnis theozentrisch (Gott im Mittelpunkt), das positivistische hingegen anthropozentrisch (der Mensch im Mittelpunkt). Nun muss aber auch das Selbstverständnis, das beim zweiten Schritt der Bewusstseinsmutation zustande kam – sofern man es mit den Augen des Archaikers betrachtet –, anthropozentrisch genannt werden. Und doch ist es grundlegend anders als das positivistische: nicht mehr eingeengt wie dieses, sondern wiederum umfassend, d. h. wiederum der menschlichen Natur voll entsprechend, wie es das archaische gewesen ist. Will man seine Unterschiedlichkeit vom positivistischen begrifflich fassen, versagt eben die archaische Terminologie.

Für das Selbstverständnis, das durch die Entdeckung des Unbewussten und das dadurch herbeigeführte Hereinklappen der metaphysischen Welt zustande kam, ist nicht mehr das Begriffspaar Gott und Mensch konstitutiv, sondern – dies sei hier vorweggenommen – das Begriffspaar Selbst und Ich; dabei wird als Ich das aktive Zentrum des Bewusstseins bezeichnet, als Selbst das dem bewussten Ich nicht verfügbare, im unbewussten Bereich der Psyche „gelegene" Ganzheitszentrum, dem das Ich in existenziellen Belangen letztlich untergeordnet ist. In der Terminologie der heutigen Weltsicht ist somit das positivistische Selbstverständnis nicht mehr als anthropozentrisch, sondern als ichzentriert zu bezeichnen. Areligiosität bedeutet in dieser Terminologie Abkapselung des Ich von der die psychische Ganzheit gewährleistenden Instanz, welche eingreift, wenn das Ich zu sehr von der der menschlichen Art entsprechenden Norm abweicht bzw. zu sehr den desintegrierenden Tendenzen nachgibt.

Weil nun bei positivistischer existenzieller Haltung dieses Regulativ des bewussten Tuns prinzipiell außer Acht gelassen wurde, war dem Ausleben der desintegrierenden – zu bösem Tun führenden – Tendenzen im Prinzip Tür und Tor geöffnet. Zudem führte die Abkapselung des Ich von der Instinkt-Grundlage zu jener Entfremdung von der Natur, vom Mitmenschen, von der Arbeit und von sich selbst, die uns heute als Fehlentwicklung bewusst zu werden beginnt.

Ein gewisses Regulativ, das vor extremer Auswirkung der Egozentrizität und der damit verbundenen Ich-Inflation bewahrte, bildeten lange Zeit noch die tradierten Idealvorstellungen: einerseits die vom Christ-Sein, andererseits die vor allem durch die humanistische Bildungsbewegung vermittelte vom „vir probus Romanus": den Mannestugenden der alten Römer. Erst mit dem Ausbruch der allgemeinen Orientierungslosigkeit und dem damit verbundenen Zerfall der tradierten Wertvorstellungen fiel dieses Regulativ weg. So entstand Raum für die erschreckenden Untaten, die in unserem Jahrhundert begangen wurden.

Die Überwindung des naiven Realismus

Den Wandel des Selbst- und Weltverständnisses seit Beginn der Neuzeit erkennen wir am tiefgründigsten, wenn wir ihn unter dem Blickwinkel der Bewusstseinsevolution betrachten.

Einen wesentlichen Aspekt des Bewusstseinswandels können wir jedoch auch mit der traditionellen geistesgeschichtlichen Betrachtungsweise erfassen. Allerdings müssen wir dann nicht – wie es bei Geistesgeschichtlern meistens geschieht – die Ideengeschichte bzw. die Geschichte der Philosophie ins Auge fassen, sondern die Geschichte der neuzeitlichen Wissenschaft: die Entdeckungen, die durch das Forschen mit den neuzeitlichen Methoden – insbesondere mit den naturwissenschaftlichen – zustande gekommen sind. Entdeckungen nämlich waren es, welche den Wandel der Weltsicht und des menschlichen Selbstverständnisses bewirkten.

Entscheidend war die neue Art des Forschens

Die Konsequenzen, die sich aus den Entdeckungen für die Weltsicht ergaben, wurden zwar von Philosophen – zumindest seit Kant – reflektiert, und ohne deren Nachdenken wäre der Wandel der Weltsicht wohl nicht so klar ins Bewusstsein getreten. Dies ändert jedoch nichts an der Tatsache, dass die wissenschaftlichen Entdeckungen das Primäre waren und dass ohne sie auch kein Nachdenken über deren Konsequenzen möglich gewesen wäre.

Wenn ich sage, wir können einen wichtigen Aspekt des Bewusstseinswandels erkennen, indem wir die Geschichte der neuzeitlichen Wissenschaft betrachten, meine ich damit nicht, dass wir unseren Blick nur auf deren Entdeckungen richten sollen. Dem angestrebten Ziel kommen wir erst näher, wenn wir darüber hinaus fragen, weshalb das neuzeitliche Forschen – im Unterschied zu dem früherer Zeiten – so erfolgreich gewesen ist.

Fragen wir nach den Hintergründen des Erfolgs neuzeitlichen Forschens, stoßen wir auf den immer weiter um sich greifenden Drang, Schicht um Schicht hinter die Fassade des bloßen Augenscheins vorzudringen. Zwar hatten sich auch die Vorsokratiker bemüht, die Hintergründe der „Dinge, die da sind", d. h. des sinnlich Wahrnehmbaren, aufzudecken. Sie fragten jedoch gleich nach den tiefsten Hintergründen: nach der ersten Ursache alles Seienden. Zudem bedienten sie sich dazu nur der Spekulation: des „reinen" Nachdenkens. Das bloße Spekulieren bei dieser Fragestellung führte denn auch direkt zur Idee jenes Seienden, das „der Anfang (die Ursache) aller sichtbaren Dinge ist, selber jedoch keinen Anfang hat": zur Idee des Göttlichen als des weltschöpferischen Seins. Jenes frühe Vordringen hinter die Fassade des Augenscheins führte somit nicht zur Physik, sondern zur Metaphysik, und zwar zu einer archaischen Metaphysik: zu einer verfeinerten Vorstellung einer jenseitigen Welt.

Das grundlegend Neue am Vorgehen neuzeitlicher Forscher bestand darin, dass sie bestrebt waren, Schicht um Schicht hinter die Fassade des bloßen Augenscheins vorzudringen: dass sie jeweils nur nach den unmittelbaren, nächstliegenden Ursachen der festgestellten Phänomene fragten. Im Zuge dieses Fragens wurde der neuzeitliche Kausalitätsbegriff erarbeitet und die archaische Vorstellung des Bewirktseins durch metaphysische Mächte verdrängt. Zudem disziplinierten die Forscher ihre Spekulation und hielten mit unbeirrbarer Zähigkeit daran fest, ihre Vermutungen (Einfälle, Intuitionen) empirisch nachzuprüfen. Sie taten dies, indem sie überall dort, wo es möglich war, das Experiment benützten: indem sie einzelne, isolierte Naturvorgänge unter ausgewählten, wiederholbaren Versuchsbedingungen ablaufen ließen. Dort, wo sie auf Naturvorgänge keinen Einfluss nehmen konnten – z. B. in der Astronomie – kamen sie dem Grundsatz der Empirie dadurch nach, dass sie die Beobachtungen immer wieder nachprüften und die Beobachtungsmethoden verfeinerten.

Diese neue Art des Forschens führte zur Erfindung von Instrumenten und von indirekten Analysemethoden, welche den Leistungsbereich der menschlichen Sinnesorgane erweiterten. Bei dieser Erweiterung der Sinneswahrnehmung schien dem Fortschritt, der der Wissenschaft inhärent ist, keine Grenze gesetzt.

Denken wir z. B. an das Fortschreiten in die Weiten des kosmischen Raumes. Nicht nur wurden immer leistungsfähigere Licht-Fernrohre gebaut; das ganze Spektrum der elektromagnetischen Strahlung, die von den Himmelskörpern und interstellaren Nebeln zu uns kommt und uns Informationen über diese zuführt, wurde schließlich in den Dienst der Beobachtung genommen. Und da nicht alle Wellenlängen das optische Fenster der Erdatmosphäre zu passieren vermögen, wurden Beobachtungsinstrumente sogar in den Weltraum hinaus gebracht.

Vergegenwärtigen wir uns auch das Fortschreiten zu immer kleineren Dimensionen. Schon die Lichtmikroskope erschlossen uns ein Reich feiner Strukturen, welche kein Mensch früherer Zeiten je zu sehen bekommen hatte. Das Auflösungsvermögen der Lichtmikroskope wurde dann übertroffen von den Elektronenmikroskopen, mit denen man sogar große Biomoleküle zu sehen vermag, und schließlich vom Tunnelmikroskop, mit dem man gar einzelne Atome abtasten kann. Noch viel tiefer ins Reich des Kleinen dringt man heute ein mit den Teilchenbeschleunigern: mit jenen Riesenmikroskopen, die zurzeit ein solches Auflösungsvermögen erreicht haben, dass man mit ihnen sogar Leptonen und Hadronen „sieht".

Auf andere Weise wurde die Welt der kleinen und kleinsten Dinge durch die Analysemethoden der Chemie und – in neuerer Zeit – der Physikochemie erschlossen. Ihnen verdanken z. B. die Biologen, dass sie sich die Zusammensetzung und sogar die räumliche Struktur von Proteinen und Ribonukleinsäuren vorstellen können und dass sie zu einem großen Teil wissen, wie die Lebensvorgänge auf molekularer Ebene ablaufen.

Durch dieses Vorgehen hat das neuzeitliche Forschen unser Wissen über das Sosein der Natur sowie über deren Geschichte (die Evolution) in unvorstellbarem Ausmaß erweitert. Wir wissen darüber unendlich viel mehr als der Mensch des Mittelalters.

Der spontane Eindruck der Sinneswahrnehmung trügt

Mit der Feststellung dieser quantitativen Vermehrung des Wissens, die ja das eigentliche Ziel naturwissenschaftlichen Forschens ist, erfassen wir jedoch noch nicht den entscheidenden Beitrag der Naturwissenschaft zum Wandel des Selbst- und Weltverständnisses. Entscheidend war hier wiederum eine unbeabsichtigte Nebenwirkung: eine Nebenwirkung analog jener, die wir als Entmythisierung kennen gelernt haben. Das konsequente, schrittweise Vordringen hinter die Fassade des Augenscheins führte nämlich – nebenbei – zur Einsicht, dass der spontane Eindruck, den uns unsere Wahrnehmungssysteme vermitteln, trügt: dass die objektive Wirklichkeit anders ist, als wir sie wahrnehmen.

Das mit Lichtpünktchen übersäte, über die Erde sich wölbende „Himmelszelt", das sich dem unbewaffneten Auge darbietet, erwies sich als ein durch auseinander strebende Galaxien gebildeter Raum, der eine Tiefe in der Größenordnung von Milliarden Lichtjahren hat und der zudem als gekrümmter Raum gedacht werden muss. Die mit bloßem Auge erkennbaren Lichtpünktchen erwiesen sich als Himmelskörper unserer eigenen Galaxie: als Plasmabälle, die vielfach größer als unsere Sonne sind, deren Größe und Form Ausdruck eines dynamischen Gleichgewichts ist zwischen der Gravitationsenergie ihrer Atomkerne und dem thermischen, durch Kernfusionen im Innern sich ergebenden Druck. Außerdem wissen wir von diesen Gasbällen, dass sie sich in verschiedenen, beschreibbaren „Lebens"-Stadien befinden, dass sie explodieren und zu „weißen Zwergen", zu Neutronensternen und „schwarzen Löchern" zusammenschrumpfen. Es ergab sich ferner, dass die bunte Vielfalt von Dingen und Farben auf der Erde, die sich unserem Auge darbietet, ja die Erde selber, aus nicht ganz hundert Grundstoffen besteht: aus jenen Elementen, die einst draußen im kosmischen Raum in heißen Sternen und bei Explosionen von solchen entstanden sind. Zudem erwies es sich, dass auch diese Elemente im Grunde genommen nichts anderes sind als je verschiedene Anordnungen jenes Etwas, das wir als Energie bezeichnen und von dem niemand sagen kann, was es „in Wirklichkeit" ist.

Dass die Welt anders ist, als wir sie mit bloßem Auge wahrnehmen, ist heute wohl jedermann selbstverständlich. Dies ergab sich meines Erachtens weniger dadurch, dass die Spekulationen der Erkenntnistheoretiker, die sich ja seit Kant ausgiebig damit befasst haben, zur Kenntnis genommen worden wären, als vielmehr durch unreflektierte Einverleibung wenigstens der Grundzüge des Wissens über die Natur, und zwar in kleinen Schritten, über einige Generationen hinweg. Dabei vollzog sich die Einsicht, dass der spontane Eindruck der Sinneswahrnehmung trügt, gleichsam unterschwellig, ohne dass die meisten sich dessen im eigentlichen Sinne des Wortes bewusst geworden wären. Trotzdem kann man wohl sagen, die Tatsache, dass die Welt „in Wirklichkeit" anders ist, als wir sie mit den Sinnen wahrnehmen, sei vom allgemeinen Bewusstsein rezipiert worden.

Auch der spontane Eindruck des innerlich Wahrgenommenen trügt

Etwas anderes hingegen, das ebenfalls die Trughaftigkeit des spontanen Eindrucks von Wahrnehmung betrifft und das sich ebenfalls als Nebenwirkung wissenschaftlichen Forschens ergab, ist vom allgemeinen Bewusstsein – ja sogar vom Bewusstsein der Schulphilosophen – noch nicht rezipiert worden: die Tatsache, dass der spontane Eindruck auch beim innerlich Wahrgenommenen trügt. Dabei ist es gerade diese Einsicht, die die größten Konsequenzen für die herkömmliche Art des Selbst- und Weltverstehens hat, insbesondere für alles, was mit Religion und Religiosität zusammenhängt. Da es uns darum geht herauszufinden, was für eine Art von Religiosität dem heutigen Stand der Bewusstseinsevolution entspricht, müssen wir dieser „Nebenwirkung" ganz besondere Aufmerksamkeit widmen.

Um zu erkennen, worum es bei der inneren Wahrnehmung geht, müssen wir an eine Unterscheidung anknüpfen, die der archaische Mensch bezüglich des Wahrgenommenen machte: eine Unterscheidung, die dann durch das Aufkommen der positivistischen Wissenschaften völlig in Vergessenheit geraten ist. Der archaische Mensch unterschied zwischen einem Sehen mit den Augen des Leibes und einem Sehen mit den Augen der Seele. Unter dem Sehen mit den Augen des Leibes – bzw. dem Hören mit dem leiblichen Ohr – verstand er das, was wir heute als Sinneswahrnehmung bezeichnen. Unter dem Sehen mit den Augen der Seele – bzw. dem Hören mit dem inneren Ohr – hingegen verstand er das, was er beim Träumen und bei Visionen wahrnahm.

Die neuzeitliche Wissenschaft hat sich in den ersten vier Jahrhunderten ihrer Entfaltung ausschließlich mit dem sinnlich Wahrnehmbaren befasst. Sie vertrat mit der Zeit sogar die Meinung, es gebe keine andere Wahrnehmungsart als die sinnliche. Im Verlauf des 19. Jh. trat sie dann – immer noch unter Voraussetzung des methodischen Positivismus – zu dem an, was schließlich zur Wiederentdeckung – aber gleichzeitig zu einem völlig anderen Verständnis – jener Wahrnehmungsart führte, welche der archaische Mensch als „Sehen mit den Augen der Seele" bezeichnet hat. Der entscheidende Schritt zu diesem Unternehmen wurde getan mit der Begründung einer empirischen Psychologie.

Psychologie wurde zwar schon seit früher Zeit betrieben, jedoch weitgehend spekulativ. Sie wurde betrieben als Zweig der Philosophie: jener Philosophie, die sich noch als Universalwissenschaft verstand und deshalb – im Rahmen der Spekulation über die gesamte Natur – auch über die menschliche Psyche spekulierte. Mit dem Aufkommen der Naturwissenschaften musste die Philosophie ein Gebiet nach dem andern an diese abtreten, bis ihr zuletzt nur noch die Psychologie übrig blieb.

Wiederentdeckung des „Sehens mit den Augen der Seele"

Als dann im 19. Jh. empirische Methoden in die Psychologie Einzug hielten, entglitt auch diese der Philosophie. Sie entglitt ihr jedoch nicht so vollständig wie die anderen naturwissenschaftlichen Disziplinen. Immer wieder – und besonders wieder in unserer Zeit – wird unter dem Vorwand, Psychologie zu betreiben, über die Psyche spekuliert statt empirisch geforscht. Erleichtert wird dies vor allem dadurch, dass an sehr vielen Orten die Lehrstühle für Psychologie in der philosophischen Fakultät verblieben sind und die Lehrstuhlinhaber oft über keine naturwissenschaftliche Ausbildung verfügen.

In der Anfangszeit bemühte sich die empirische Psychologie, psychische Phänomene auf die in den traditionellen Naturwissenschaften übliche Weise zu erforschen. So war sie bestrebt, psychische Vorgänge – insbesondere Vorgänge der Sinneswahrnehmung – quantitativ zu erfassen, indem sie mithilfe von Apparaten möglichst genaue Messungen durchführte. Dabei bediente sie sich weitgehend des Experiments, und zwar mit gesunden Versuchspersonen. Die auf diese Weise geübte experimentelle Labor-Psychologie hatte somit die gleiche Intention und das gleiche Vorgehen wie die Physiologie. Sie überschnitt sich auch teilweise mit dieser. Das ergab sich schon daraus, dass in der Pionierzeit viele experimentell arbeitende Psychologen ursprünglich als Physiologen gearbeitet hatten.

Die Phänomene, die die empirische Psychologie in ihren Anfängen erforschte, wurden ausschließlich als Bewusstseinsphänomene verstanden, denn, wie erwähnt, war während der positivistischen Zeit das, was der archaische Mensch unter Seele verstanden hatte, reduziert worden auf die Vernunft: auf das, was wir heute Bewusstsein nennen. Heute wissen wir zwar, dass z. B. die Wahrnehmungsvorgänge, die ja ein Hauptgegenstand der experimentellen psychologischen Forschung waren, zum größten Teil unbewusst verlaufen. Lassen wir dies jedoch auf sich beruhen. Wichtig ist hier vor allem die Feststellung, dass damals auch Fantasien, Träume und Visionen noch als Produkte der Bewusstseinstätigkeit betrachtet wurden, zudem als Produkte, die einer wissenschaftlichen Untersuchung nicht würdig waren.

Gegen Ende des 19. Jh. zogen jedoch Phänomene, die mit dem Paradigma der Bewusstseinspsychologie gar nicht mehr erklärt werden konnten, das Interesse ernsthafter Forscher auf sich. So befasste sich z. B. der Amerikaner William James – von Haus aus Physiologe und Experimentalpsychologe – mit den religiösen Bekehrungen, die sich damals bei der protestantischen Erweckungsbewegung häuften. Bei der Untersuchung solcher Vorgänge stieß er auf die verblüffende Tatsache, dass Bekehrungserlebnisse ins Bewusstsein einbrechen: dass sie zwar plötzlich einbrechen, dass sie jedoch vorher während längerer Zeit in den davon betroffenen Menschen heranriffen, und zwar ohne dass diese sich dessen bewusst geworden waren.

Auf Grund solcher Erkenntnisse postulierte James – wie auch Forscher jener Zeit, die sich z. B. mit parapsychischen Phänomenen befassten – einen unterbewussten, d. h. unter der Bewusstseinsschwelle wirkenden, bzw. einen unbewussten, d. h. dem Bewusstsein nicht direkt zugänglichen Bereich der Psyche. Lange Zeit fehlte jedoch eine Methode, mit der man das Vorhandensein des Unbewussten empirisch nachweisen und dessen Funktion erforschen konnte. Wie allgemein bekannt, ist eine solche Methode dann um die Jahrhundertwende von Sigmund Freud gefunden worden.

Es ist nun bemerkenswert – und für das Verständnis der heutigen Zweigleisigkeit der Psychologie wichtig – zu sehen, dass Freud nicht aus der akademischen Psychologie, d. h. aus der experimentellen Labor-Psychologie, welche den gesunden Menschen untersucht, hervorgegangen ist. Freud kam von jener Forschungsrichtung her, welche sich mit psychisch kranken Menschen befasste: aus der klinischen Psychopathologie. Diese hatte gegen Ende des letzten Jahrhunderts in Frankreich unter Männern wie Janet, Dumas und Ribot eine hohe Blüte erreicht. Auf den Schultern solcher Männer stand Freud.

Seine bahnbrechende Methode bestand im freien Assoziieren und in der Analyse der Träume. Mit der freien Assoziation zog er psychische Inhalte (Erlebnisse, Gefühle, Wünsche usw.), die einst bewusst oder halbbewusst gewesen, dann jedoch durch Verdrängen oder Vergessen unbewusst geworden waren, wieder ins Bewusstsein. Durch die Analyse der Träume wies er nach, dass diese Aufschluss geben über Vorgänge im unbewussten Bereich der Psyche.

Das zweite Element der freudschen Methode – das Erforschen der Träume – müssen wir näher ins Auge fassen. Aus dem Weiterschreiten auf diesem Weg ergab sich nämlich – als Nebenwirkung – der entscheidende Impuls zum Wandel des Bewusstseins. Freud nannte den Traum die „via regia“ – den Königsweg – zum Unbewussten. Er tat einen genialen Griff, als er den im Gefolge der Aufklärung als „bloßen Schaum“ verachteten Traum ernst nahm und einer sorgfältigen Untersuchung für würdig hielt.

Als direkte Wirkung dieses „Griffs“ kann die Entdeckung bzw. der empirische Nachweis des Unbewussten betrachtet werden. Dies wollen wir hier lediglich festhalten, unser Augenmerk jedoch auf die indirekte Wirkung, die dieser „Griff“ hatte, richten. Durch die Erforschung des Traumes und der Vision, d. h. durch die Erforschung dessen, was der archaische Mensch als „Sehen mit den Augen der Seele“ bezeichnet hatte, wurden nämlich beide bisherigen Arten der Weltbetrachtung – die positivistische und die archaische – relativiert und gleichzeitig – auf höherer Bewusstseinsebene – zu einer einheitlichen Sicht integriert. Dabei hat die Arbeit Freuds zur Relativierung der positivistischen Weltsicht geführt, und die Arbeit C. G. Jungs – gut ein Jahrzehnt später – zur Relativierung der archaischen. Die Relativierung der archaischen Weltsicht bedeutete gleichzeitig den Durchbruch zum erwähnten integralen – wiederum unistischen Selbst- und Weltverständnis.

Erweiterung des Empirie-Begriffs

Als Freud den Nachweis erbrachte, dass Träume Aufschluss geben über Vorgänge im unbewussten, dem Ich nicht zugänglichen Bereich der Psyche, war erwiesen, dass Träume nicht, wie man in positivistischer Zeit angenommen hatte, vom Ich gemacht werden, sondern dass das Ich sie als fertige Gebilde wahrnimmt. Dies war gleichbedeutend mit der wahrhaft revolutionierenden Einsicht, dass das Ich auch Inhalte wahrnimmt, die ihm nicht über die sinnlichen Wahrnehmungssysteme zufließen (um Missverständnissen vorzubeugen: dies hat nichts zu tun mit dem Problem der außersinnlichen Wahrnehmung, mit dem sich Parapsychologen im Zusammenhang mit Telepathie und Hellsehen befassen; vgl. Abb. 2, S. 74).

Revolutionierend nenne ich diese Einsicht, weil damit erwiesen war, dass die erkenntnistheoretischen Voraussetzungen des Positivismus, welche die Wissenschaftler bis dahin so vehement verteidigt hatten (und gegenüber der Theologie verteidigen mussten) zu eng waren: dass der Empirie-Begriff, auf dem sowohl die positivistischen Wissenschaften wie auch der weltanschauliche Positivismus ruhten, erweitert werden musste.

Freud ist sich allerdings der Tatsache, dass durch seine Entdeckung die Enge des positivistischen Empirie-Begriffs gesprengt und das Dogma des weltanschaulichen Positivismus umgestoßen worden war, nie bewusst geworden. Er hat zwar de facto dem Positivismus den Todesstoß gegeben, blieb jedoch sein Leben lang Positivist. Daher ist ihm auch der Zugang zu einem tieferen Verständnis des Religiösen verschlossen geblieben.

Bevor wir verfolgen, wie es dazu kam, dass durch Weiterschreiten auf dem von Freud eingeschlagenen Weg der Zugang zum Religiösen wieder erschlossen – jedoch gleichzeitig die archaische Auffassung dieser Dimension überwunden – wurde, müssen wir einen Moment innehalten und uns darüber klar werden, was für Konsequenzen die Erweiterung des Empirie-Begriffs für das Verständnis von Wissenschaft und Wissenschaftlichkeit hatte.

Tiefenpsychologie: ein neuer Typus empirischer Wissenschaft

Mit Freud ist die Tiefenpsychologie entstanden: jene psychologische Forschungsrichtung, welche die Existenz eines unbewussten Bereichs der Psyche anerkennt. Wenn ich im Folgenden von Tiefenpsychologie rede, meine ich nicht die tiefenpsychologisch orientierten psychotherapeutischen Schulen (auf diese komme ich später zu sprechen), sondern die Tiefenpsychologie als Wissenschaft: eine psychologische Forschungsrichtung, die ihr Augenmerk nicht nur auf die Wechselwirkung des Individuums mit seiner Umwelt richtet, sondern ebenso sehr – oder sogar vorwiegend – auf die Wechselwirkung zwischen dem Unbewussten und dem Bewusstsein.

Die Tiefenpsychologie ist ebenso wie die experimentelle Laborpsychologie eine empirische Psychologie: eine Psychologie, die ihre Theorien auf beobachtete Fakten abstützt. Allerdings hat in ihr das Experiment keinen bzw. fast keinen Raum, da die Phänomene, die sie erforscht, fast ausschließlich Spontanphänomene sind: Phänomene, die sich nicht willkürlich beeinflussen und hervorrufen lassen. So muss sich der tiefenpsychologische Forscher – ebenso wie der Astronom – bei der Erhebung der Daten aufs Beobachten beschränken. Das ideale „Feld", auf dem die einschlägigen Beobachtungsdaten erhoben werden können, ist die analytische Sprechstunde. In der analytischen Situation wird das Unbewusste angeregt, sich dem Ich mitzuteilen. Seine „Botschaften" – z. B. Träume – können vom Analytiker gleichsam in statu nascendi (im Entstehungszustand), d. h. ohne spätere Überarbeitung und Verarbeitung, erfasst werden.

Da der Analytiker die Bildersprache des Unbewussten versteht und deshalb – zusammen mit dem Analysanden – den Bedeutungsgehalt des beim Träumen Wahrgenommenen erarbeiten kann, da er außerdem die äußere und innere Lebensgeschichte des Analysanden sowie dessen aktuelle Bewusstseinslage kennt, kann er die Wechselwirkung zwischen dem Unbewussten und dem Bewusstsein unter idealen Bedingungen beobachten. Und da sich eine tief greifende Analyse mit Selbstfindung über Jahre erstreckt, gewinnt er außerdem Einblick in den Verlauf psychischer Entwicklungs- bzw. Reifungsprozesse, in deren Dienst diese Wechselwirkung steht.

Nun ist die Tiefenpsychologie zwar eindeutig eine empirische Wissenschaft (eine empirische Wissenschaft allerdings, die sich – als „Freiwild", das die Psychologie nun einmal ist – ständig gegen Verfälschung und Vereinnahmung durch philosophische und theologische Spekulation wehren muss). Sie hat jedoch ein anderes Verständnis von Empirie als alle traditionellen Natur- und Geisteswissenschaften. Die Tiefenpsychologie ist durch die Erweiterung des positivistischen Empirie-Begriffs zustande gekommen. Sie stützt sich notwendigerweise gerade auf jenen Bereich des Wahrnehmbaren, um den der positivistische Empirie-Begriff erweitert worden ist: notwendigerweise, weil die Beeinflussung des Bewusstseins (des Ich) durch das Unbewusste (das Selbst) sich gerade nicht über den sinnlichen Wahrnehmungsstrom vollzieht. Weil die Tiefenpsychologie sich nicht auf den verengten positivistischen Empirie-

Begriff stützt wie die traditionellen Natur- und Geisteswissenschaften, ist mit ihr nicht einfach ein neuer Zweig am reich entfalteten Baum jener Wissenschaften entstanden, die ich bisher als neuzeitliche bezeichnet habe, sondern ein neuartiger Typus von empirischer Wissenschaft.

Dieser wird in Zukunft neben dem positivistischen sein Existenzrecht haben. Die traditionellen naturwissenschaftlichen Disziplinen werden sich zwar bei ihrem Forschen weiterhin streng an den Grundsatz des methodischen Positivismus halten müssen. Aber bei interdisziplinären humanwissenschaftlichen Gesprächen, die ja für die Erarbeitung eines zeitgemäßen erfahrungswissenschaftlichen Menschenbildes unabdingbar sind, werden Naturwissenschaftler offen sein müssen für die Tatsache, dass auch die Erforschung des inneren Wahrnehmungsstromes wesentliche Aufschlüsse über den Menschen gibt: dass sie einen unermesslich weiten und wesentlichen Bereich der menschlichen „Innerlichkeit" erschließt, der mit den positivistischen Methoden, an die sich z. B. Verhaltenswissenschaftler, Humanethologen und Neurobiologen halten müssen, nicht erschlossen werden kann. Inwieweit und inwiefern die Geisteswissenschaften sich selbst, bei der Arbeit auf ihrem eigenen Forschungsgebiet, für den neu entdeckten Erfahrungsbereich werden öffnen müssen, ist wohl noch nicht abzusehen. Wie sehr dies sie voranbringen könnte, lässt sich jedoch erahnen, wenn man zusehen muss, wie hilflos sie z. B. – trotz enormem Aufwand an Gelehrsamkeit – dem Phänomen „Mythos" gegenüberstehen (vgl. z. B. 72).

Dass die erkenntnistheoretischen Grundlagen des neuen Typus von Wissenschaft heute, bald ein Jahrhundert nach der Entdeckung des inneren Wahrnehmungsstromes, von vielen Wissenschaftlern noch nicht zur Kenntnis genommen worden sind, hat mehrere Gründe. Einer liegt darin, dass die an den Universitäten etablierte sogenannte akademische Psychologie den erkenntnistheoretischen Durchbruch Freuds nicht erkannt hat und bis heute eine positivistische Disziplin geblieben ist. Hier wirkte sich – als Folge der gegenseitigen Abschottung wissenschaftlicher Disziplinen – die Tatsache aus, dass Freud aus einer andern Forschungstradition (aus der klinischen Psychopathologie) hervorgegangen ist.

Dazu kommt, dass die Tiefenpsychologie in die Universitäten – bei deren gewachsener Struktur – nicht integriert werden konnte, weil die Ausbildung zum Tiefenpsychologen eine Lehranalyse voraussetzt: eine Schulung, die, wie noch zu zeigen sein wird, analog jener Schulung ist oder sein sollte, wie sie einst in den Schulen der Spiritualität, d. h. neben den Universitäten, gepflegt wurde. Andererseits – oder gerade deshalb – war das Bemühen der Tiefenpsychologen wohl zu einseitig auf die Praxis ausgerichtet und wurde der wissenschaftlichen Arbeit im Sinne der Theoriebildung nicht immer die nötige Aufmerksamkeit geschenkt (vgl. 103).

Da nun sowohl die Lehranalyse wie die Arbeit mit Analysanden – als existenzielles Bemühen – mit starken, oft erschütternden Erlebnissen verbunden sind, wirkte sich dieser Mangel an Bemühen um wissenschaftlich-kritische Vertiefung der Theorie dahin gehend aus, dass vielerorts Tendenzen zu einer Metaphysierung des Unbewussten bzw. des „Selbst" – Tendenzen zu einer eigentlichen Regression in archaische Denkkategorien – überhand nahmen. Diese „Anlaufschwierigkeiten" ändern jedoch nichts an der Tatsache, dass durch die Entdeckungen Freuds der positivistische Empirie-Begriff erweitert worden ist und dass sich mit der Tiefenpsychologie ein neuartiger, auf dem erweiterten Empirie-Begriff fußender Typus von Wissenschaft konstituiert hat.

Modellvorstellungen der Psyche

Wenn wir die Entwicklung der Tiefenpsychologie überblicken, können wir zwei Etappen unterscheiden. Die Erste ist mit dem Namen Freud verbunden, die Zweite mit dem Namen Jung. Freuds Traumtheorie, Freuds Theorie der Neurose sowie Freuds Modellvorstellung des Unbewussten sind zwar durch die Weiterentwicklung der Tiefenpsychologie überholt worden. Freuds bleibendes Verdienst – man kann wohl sagen, Freuds säkulare Bedeutung – besteht jedoch darin, nachgewiesen zu haben, dass es einen unbewussten Bereich der Psyche gibt und dass das Träumen ein Wahrnehmungsvorgang ist.

Freud fasste das Unbewusste als eine Art Behältnis auf, das unbewusst geworden, weil mit der bewussten Einstellung unverträgliche Inhalte enthält: Gedanken, Gefühle und Wünsche, die sich dort zu sogenannten Komplexen zusammengeballt haben und die mannigfache Störungen auf das Bewusstsein und den Körper ausüben. Die Träume verstand Freud als Mitteilungen ausschließlich über diese vergessenen und verdrängten Inhalte.

Diese Modellvorstellung des Unbewussten erwies sich als zu beschränkt. Sie ist – von 1913 an – von C. G. Jung um grundlegend neue Elemente erweitert worden (Abb. 1, folgende Seite). Damit begann die zweite Etappe in der Wissenschaftsgeschichte der Tiefenpsychologie. Durch eine neuartige Methode – durch gezieltes Assoziieren und durch Amplifizieren – erbrachte Jung den Nachweis, dass das Unbewusste viel umfangreicher und für den

71

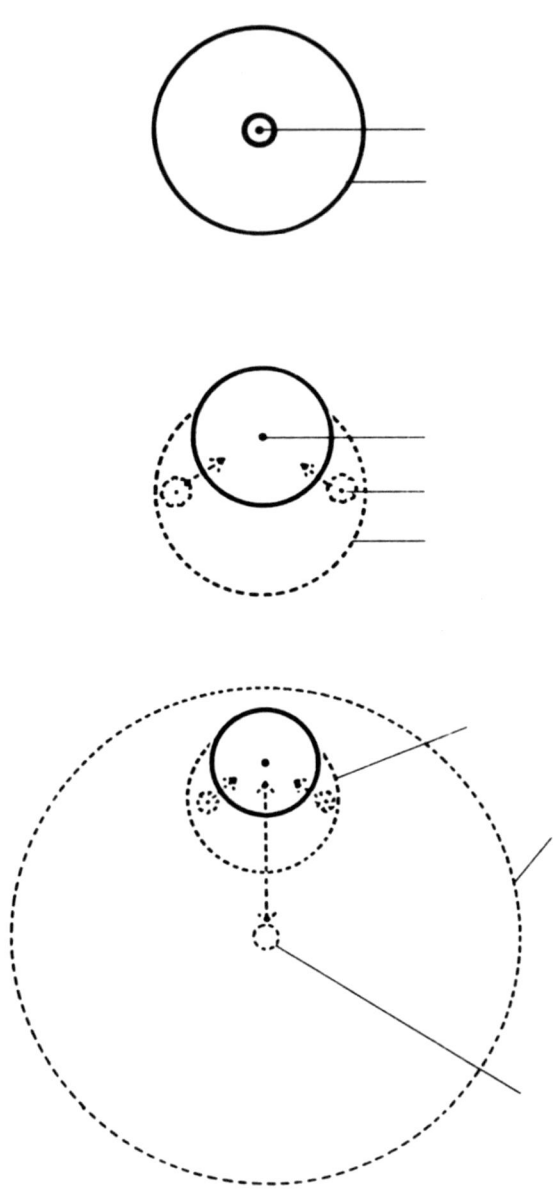

Abb. 1 Modellvorstellungen der Psyche ©Willy Obrist

psychischen Haushalt, d. h. für das Funktionieren der normalen Psyche, viel bedeutsamer ist, als Freud angenommen hatte.

Den von Freud beschriebenen Bereich des Unbewussten bezeichnete Jung als persönliches, d. h. im Verlauf eines individuellen Lebens – nach der Bildung von Bewusstsein bzw. eines Ich – entstandenes Unbewusstes. Bei dem größeren unbewussten Bereich, für den er den Nachweis erbrachte, handelt es sich um jenen Bereich der Psyche, der schon vor der Entstehung eines Ich da ist, d. h., bevor Vergessen und Verdrängen überhaupt möglich sind. Jung bezeichnete diesen von ihm nachgewiesenen Bereich als kollektives Unbewusstes. Der Ausdruck „kollektiv" war nicht glücklich gewählt, da er heute vorwiegend im Sinne von „allen gemeinsamer Besitz" verwendet wird. So stellen sich denn heute viele Menschen – sogar viele praktizierende Tiefenpsychologen – unter dem kollektiven Unbewussten so etwas wie einen „Äther" vor, der den ganzen Erdball umhüllt und an dem jedes Individuum irgendwie partizipiert.

Jung verstand jedoch unter dem kollektiven Unbewussten das, was heute in der biologischen Kognitionsforschung als arttypisches Repertoire von Erkenntnis- und Entscheidungsmustern verstanden wird: von Mustern, die sich in jedem Individuum einer Art während der Embryonalzeit ausformen, weil sie im Erbgut angelegt sind. Wenn dann – im Falle des Menschen – so etwas wie ein kollektives Beziehungsgefüge im Sinne einer „Volksseele" entsteht, dann lediglich sekundär: durch Interaktion von Individuen, von denen jedes ein „kollektives" (im Sinne von Jung) Unbewusstes in sich hat.

Eine weitere außerordentlich bedeutsame Entdeckung Jungs war, dass das Unbewusste ebenso wie das Bewusstsein ein „Führungszentrum" besitzt und dass dieses „Zentrum" die ganzheitliche Entfaltung und Transformation der Psyche, einschließlich des Bewusstseins dirigiert. Jung bezeichnete dieses Zentrum, um es vom Ich zu unterscheiden, als Selbst. Auch dieser Terminus war nicht gerade gut gewählt. Er gab Anlass zu viel Verwirrung der Geister, da – wenigstens in der deutschen Sprache – Ausdrücke wie „sich selber", „für sich selbst", „seiner selbst bewusst" usw. meistens für das Ich verwendet werden. Aus diesem Grund spreche ich oft lieber von „Führungsinstanz", „Ganzheitszentrum" oder – im Zusammenhang mit Spiritualität – vom „inneren Meister". Entscheidend ist jedoch nicht der Name, den man dafür verwendet, sondern das, was Jung über die Funktion dieses „Zentrums" nachgewiesen hat: dass es dem Ich korrigierende, sinngebende, erhellende und schöpferische Impulse zukommen lässt und dass diese „Botschaften" das Ich, je nach Bewusstseinszustand, als Wachfantasien, als Träume oder als Visionen erreichen. Den Wahrnehmungsstrom, der in so verschiedenem Gewand aus dem Unbewussten ins Bewusstsein fließt, fasste er unter dem Oberbegriff Fantasiestrom bzw. innere Wahrnehmung zusammen (Abb. 2).

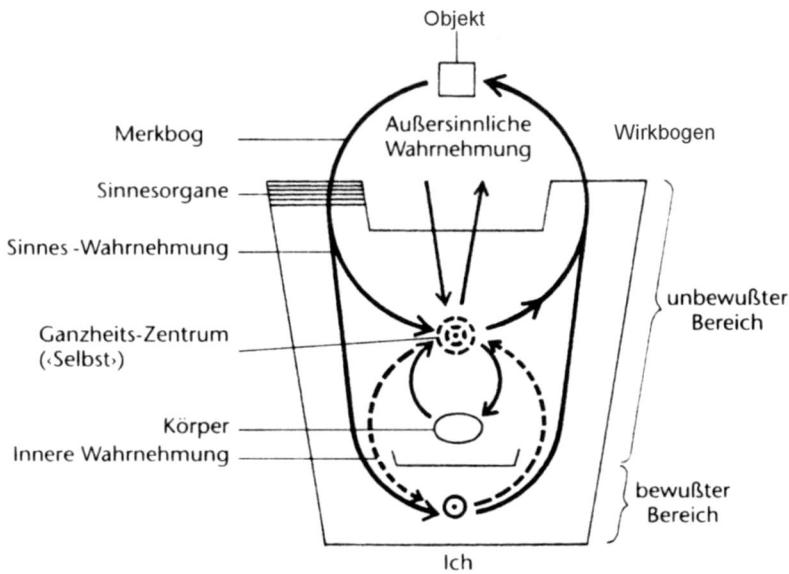

Abb. 2 Informationsfluss in der Psyche ©Willy Obrist

Auch bei der Vision trügt der spontane Eindruck

Für die „Nebenwirkung" wissenschaftlichen Forschens, um die es uns in diesem Kapitel geht – für die Einsicht, dass der spontane Eindruck auch bei jener Wahrnehmung trügt, die der archaische Mensch als „Sehen mit den Augen der Seele" bezeichnet hat –, war von entscheidender Bedeutung, dass sich Jung nicht nur mit Träumen, sondern sehr eingehend auch mit Visionen befasst hat. Visionen sind zwar seltener als Träume, sie kommen jedoch häufiger vor, als man gemeinhin glaubt. Meistens hüten sich die Betroffenen, davon zu reden, da sie – wegen der allgemeinen Verständnislosigkeit und der Ignoranz betreffs des visionären Geschehens – befürchten, sie würden für verrückt erklärt. Mitgeteilt werden Visionen jedoch in der analytischen

74

Sprechstunde. Dort hat der Tiefenpsychologe dann auch Gelegenheit, sich genau zu erkundigen, wie dieses Geschehen vor sich ging, und zu erkennen, welche Funktion ihm im Rahmen eines psychischen Entwicklungsprozesses zukam. Jung hatte einen ganz besonderen Zugang zur Vision, da ihm diese aus eigenem Erleben vertraut war.

Von einer Vision wird der Mensch – im Unterschied zum Traum – aus dem Wachsein heraus befallen. Äußerlich wird er dann unansprechbar. Oft fällt er sogar in einen tief komatösen (bewusstlosen) Zustand, wobei Atmung, Herzschlag und Körpertemperatur erheblich reduziert sein können. Trotzdem hat der Visionär das Gefühl, er sei wach, sogar wacher als sonst. Außerdem hat er den Eindruck (dies ist für unser Problem das Entscheidende!), er sehe und höre ein Geschehen, das sich außerhalb von ihm abspielt. Die Landschaft, die er sieht, erscheint ihm als reale Landschaft, die Person als reale Person und das Geschehen als reales Geschehen. Visionäre erzählen einhellig, dass sie sich in der Vision nicht nur wacher gefühlt haben als sonst, sondern, dass das Gesehene und Gehörte ihnen viel realer erschienen sei als alles, was sie sonst gesehen und gehört haben.

Durch die Untersuchungen Jungs ergab sich nun, dass dieser spontane Eindruck trügt: dass Visionen Gestaltungen des Unbewussten sind, d. h. dass sie im Prinzip das Gleiche sind wie Träume und Wachfantasien, nämlich „Mitteilungen" des Unbewussten ans Bewusstsein bzw. des Selbst an das Ich. Wann Visionen auftreten, was für eine besondere Funktion sie im psychischen Haushalt eines Individuums haben und welche Bedeutung gewisse „große" Visionen für die Bewusstseinsentwicklung eines Volkes oder gar eines Kulturkreises gehabt haben, soll hier nicht besprochen werden.

Wesentlich ist die Tatsache, dass durch die Untersuchungen Jungs der Nachweis erbracht wurde, dass bei der Vision der spontane Eindruck trügt: dass es sich bei den in der Vision geschauten Dingen und Personen nicht um außerhalb des Menschen befindliche, konkrete Dinge und Personen – und bei dem darin geschauten Geschehen nicht um tatsächliches, im historischen Sinn zu verstehendes Geschehen – handelt, sondern um bildhafte Veranschaulichungen an sich unanschaulicher (vorwiegend psychischer) Sachverhalte und Geschehensmuster. Mit anderen Worten: Es hat sich erwiesen, dass das in der Vision Geschaute als bildsprachliche Formulierung – als semantisch und syntaktisch strukturierter Text – aufzufassen ist.

Jenes Verständnis der Vision, welches auf dem spontanen Eindruck allein beruht und welches somit das in der Vision Geschaute als außerhalb des Menschen befindliche, konkrete Dinge und Personen auffasst, bezeichnen wir als konkretistisch. Das durch die tiefenpsychologische Forschung eröffnete Verständnis der Vision hingegen nennen wir symbolistisch. Dabei ist zu bemerken, dass der Ausdruck „Symbol" durch die tiefenpsychologische Forschung eine andere Bedeutung bekommen hat, als ihm die positivistisch denkenden Geisteswissenschaftler gegeben haben. Positivisten nehmen an – ebenso wie sie es von den Träumen annehmen –, Symbole würden vom Ich gemacht bzw. erdacht. Für tatsächlich vom Ich erdachte Bilder, z. B. für Firmensignets, verwendet man in der Tiefenpsychologie den Ausdruck „Zeichen" und reserviert den Ausdruck „Symbol" für Bilder und Bildabläufe, die dem Ich mit dem inneren Wahrnehmungsstrom zufließen und deren Bedeutungsgehalt vom Ich nicht unmittelbar verstanden werden kann. Symbole sind eine Art Rohstoff für die Bearbeitung durch das Bewusstsein und gleichzeitig – wegen der Faszination, die sie auf das Ich ausüben – Anreger der Bewusstseinstätigkeit. Sie sind die eigentlichen Triebkräfte der Bewusstseinsentwicklung: sowohl bei der Ontogenese, d. h. bei der Entwicklung einer individuellen Persönlichkeit, wie auch bei der Evolution des Bewusstseins. Infolgedessen unterscheidet man zwischen lebendigen, noch wirksamen Symbolen und toten. Tote Symbole sind Symbole, deren Bedeutungsgehalt vom Ich assimiliert ist und nunmehr in der Begriffssprache ausgedrückt werden kann und deren bewusstseinsfördernde Funktion somit erschöpft ist. Sie sind – wie z. B. das christliche Kreuz-Symbol heute – Raketenhülsen zu vergleichen, deren Triebladung verpufft ist.

Das „Hereinklappen der metaphysischen Welt"

Ziehen wir Bilanz. Ich habe gesagt, die Betrachtung der Geschichte der neuzeitlichen Wissenschaft gebe uns einen guten Einstieg in das Verständnis jenes Geschehens, das ich als Wandel bzw. als Mutation des abendländischen Bewusstseins bezeichne. Wir haben gesehen, dass die bewusste Absicht der Wissenschaftler einzig und allein darin bestand, das Wissen über Natur und Kultur zu vermehren, und dass ihnen dies auch in kaum vorstellbarem Ausmaß gelungen ist. Wir haben aber auch gesehen, dass sich dabei – als völlig unbeabsichtigte Nebenwirkung – die Einsicht ergab, dass der spontane Eindruck unserer Wahrnehmung trügt, und zwar bei der sinnlichen wie bei der inneren Wahrnehmung.

Geben wir uns nun Rechenschaft darüber, was für Konsequenzen diese Nebenwirkung für das Selbst- und Weltverständnis hatte. Betrachten wir zuerst die Konsequenzen für den sinnlich wahrnehmbaren Wirklichkeitsbereich. Die Einsicht, dass hier der spontane Eindruck trügt, hat zwar zu einer Bewusstseinserweiterung geführt. Sie hat zwar dazu geführt, dass wir an Unterscheidungsfähigkeit, die ja das Kennzeichen von Bewusstheit ist, gewonnen haben: dass wir das, was wir als raumzeitliche Wirklichkeit bzw. als raumzeitlichen Aspekt der Wirklichkeit bezeichnen, auf viel differenziertere Weise verstehen als der Mensch früherer Zeiten. Sie hat jedoch nichts geändert an der durch den spontanen Eindruck vermittelten Tatsache, dass wir mit den Sinnen etwas wahrnehmen, das sich – abgesehen von der Wahrnehmung des eigenen Körpers – außerhalb von uns befindet.

Ganz anders sind die Konsequenzen, die sich aus der Einsicht ergeben, dass der spontane Eindruck auch bei jener Wahrnehmung trügt, die der archaische Mensch als „Sehen mit den Augen der Seele" bezeichnet hat. Zwar hat auch diese Einsicht zu einer Zunahme an Bewusstheit – an Unterscheidungsfähigkeit – geführt. Mit dem Ausdruck „Bewusstseinserweiterung" wird jedoch in diesem Falle der Kern der Sache nicht mehr getroffen. Hier handelt es sich um einen Bewusstseinswandel im eigentlichen Sinn des Wortes.

Um zu verdeutlichen, was damit gemeint ist, ist der Rückgriff auf eine begriffliche Unterscheidung hilfreich, welche die klassische Bewusstseinspsychologie am Wahrnehmungsvorgang gemacht hat: auf die Unterscheidung zwischen Perzeption und Apperzeption. Als Perzeption bezeichnete die Bewusstseinspsychologie das Eindringen eines zu erkennenden Inhalts ins Bewusstsein, als Apperzeption hingegen das Eingeordnetwerden dieses Inhalts ins Bewusstseinsgefüge, d. h. ins Weltbild.

Auf Grund dieser Unterscheidung können wir sagen, die Apperzeption des sinnlich Wahrnehmbaren sei durch die Einsicht, dass der spontane Eindruck trügt, lediglich verfeinert, die Apperzeption des innerlich Wahrnehmbaren hingegen sei durch diese Einsicht umgedreht worden: der Schritt vom konkretistischen zum symbolistischen Verständnis auch der Vision sei gleichbedeutend mit einer Drehung der Apperzeption um 180 Grad.

Wenn ich sage: „auch der Vision", will ich darauf hinweisen, dass auf einer niedrigeren Evolutionsstufe des Bewusstseins auch Träume konkretistisch apperzipiert worden sind und auf sehr niederen Stufen sogar Wachfantasien. Die Erforschung der Bewusstseinsevolution hat ergeben, dass ursprünglich der gesamte unbewusst-psychische Prozess außen erlebt wurde, wobei man berücksichtigen muss, dass damals auch die Unterscheidung zwischen innen und außen noch sehr vage war. Mit zunehmendem Unterscheidungsvermögen zwischen Ich und Nicht-Ich, d. h. mit zunehmender Bewusstheit, nahm dann auch die Unterscheidung zwischen innen und außen zu. Hand in Hand damit ging das konkretistische Verständnis des innerlich Wahrgenommenen zurück: zuerst das der Wachfantasien, dann das der Träume. Die Vision hingegen wurde – dort, wo man sich überhaupt noch mit Visionen abgab, z. B. in der Theologie – konkretistisch apperzipiert.

Da nun bei der Apperzeption die perzipierten Inhalte in ein Weltbild eingeordnet bzw. zu einem Weltbild angeordnet werden, dürfte leicht ersichtlich sein, dass durch die Drehung der Apperzeption des innerlich Wahrgenommenen auch die Weltsicht, die frühere Zeiten auf Grund des spontanen Eindrucks von Visionen errichtet haben, um 180 Grad gedreht worden ist: dass die metaphysischen „Welten" der archaischen Menschen – im Falle des Christentums Himmel, Hölle und Fegefeuer samt dem sich offenbarenden Gott, den Engeln und dem Teufel – ins Innere der Seele hereingeklappt worden sind.

Dazu muss aber gleich bemerkt werden, dass die erfahrbaren psychischen Mächte, die durch diese bildhaften Vorstellungen veranschaulicht werden, durch die Drehung der Apperzeption weder an Wirklichkeit noch an Wirksamkeit eingebüßt haben. Im Gegenteil, wenn man lernt, sie als seelische Mächte anzuerkennen, wird man wieder gewahr, dass man mit ihnen – gerade weil das Ich sie nicht „im Griff" hat – religiös umgehen muss. Dieses Anerkennen fällt allerdings vielen heutigen, im Positivismus aufgewachsenen Menschen schwer. Da aber die Gewissheit über die Realität des innerlich Wahrgenommenen – des sogenannten objektiv Psychischen – Voraussetzung für das Verständnis dessen ist, was mit einer dem heutigen Bewusstseinsniveau entsprechenden Religiosität gemeint ist, soll das Hereinklappen der metaphysischen Welt noch von einer anderen Seite her beleuchtet werden.

Am Anfang „war" das Innere außen

Im vorigen Kapitel haben wir die Beziehung zwischen Wahrnehmung und Weltsicht in einer Richtung betrachtet: von der Veränderung der Apperzeption zur Veränderung der Weltsicht. Diese Art der Darstellung war erst möglich, nachdem der Prozess der Bewusstseinsmutation durchschaut war. Die geistige Suchwanderung, durch die ich diesem Prozess auf die Spur kam, verlief gerade in der entgegengesetzten Richtung: Sie ging von der Beobachtung aus, dass heute verschiedene, miteinander unverträgliche Weltbilder nebeneinander bestehen, und sie hat schließlich zur Einsicht geführt, dass diesem Sachverhalt ein evolutionärer Wandel der Apperzeption des innerlich Wahrgenommenen zugrunde liegt. Diesen Weg wollen wir jetzt noch einmal beschreiten, aus der Überlegung heraus, dass eine Aussage einsichtiger wird, wenn man den Gedankengang kennt, der zu ihr geführt hat.

Semantischer und theoretischer Zweig der Tiefenpsychologie

Kommen wir, bevor wir beginnen, auf die Tiefenpsychologie zurück. Ich habe oben dargelegt, dass sie eine empirische Wissenschaft ist und dass sie sich vor allem mit der Wechselwirkung zwischen dem Unbewussten und dem Bewusstsein befasst. Hier ist nun nachzuholen, dass diese Wissenschaft sich – wegen der Natur ihres Objektes – in zwei grundverschiedene Forschungsrichtungen aufgezweigt hat: in eine semantisch-hermeneutische und in eine theoretische.

Die semantisch-hermeneutische Richtung bemüht sich um die Erforschung der Sprache des Unbewussten. Sie ist primär auf die Praxis ausgerichtet. Sie liefert dem Analytiker das Wissen, das er benötigt, um die Träume, die Analysanden ihm vorlegen, zu verstehen, besonders jene Träume, welche sogenannte archetypische Bilder und Bildmotive enthalten: Symbole, deren Bedeutungsgehalt nicht einfach dadurch erschlossen werden kann, dass man den Träumer assoziieren lässt, sondern die amplifiziert werden müssen, indem man Vergleichsmaterial aus verschiedenen Kulturen heranzieht. Hierfür werden solche literarische Gebilde verwendet, die weitgehend als Gestaltungen des Unbewussten aufzufassen sind, wie z. B. Märchen, Sagen und Mythen. Bei der Erschließung des Bedeutungsgehalts dieser Gebilde werden ähnliche Methoden angewendet wie in der vergleichenden Sprachforschung, also Methoden, die in den Geisteswissenschaften entwickelt worden sind.

Im Unterschied dazu steht der theoretische Zweig der Tiefenpsychologie dem naturwissenschaftlichen Denken nahe. Theoretisch ist nicht etwa im Sinne von philosophisch-spekulativ zu verstehen, sondern in dem Sinn, wie man von theoretischer Physik spricht: als ein Bemühen, Beobachtungen „unter einen Hut" zu bringen. Theoretische Tiefenpsychologie ist also das Bemühen, auf der Grundlage von Beobachtungen über psychische Entwicklungs- und Wandlungsprozesse Modellvorstellungen über die Funktion der Psyche zu erarbeiten bzw. die in der Pionierzeit entworfenen Modelle zu überprüfen, zu vertiefen und zu differenzieren.

Der Prozess, den ich hier darstellen möchte – der Prozess, der zur Einsicht geführt hat, dass die metaphysische Welt des archaischen Menschen hereingeklappt worden ist – stützt sich zu einem beträchtlichen Teil auf Überlegungen, die zum Fragenkomplex der theoretischen Tiefenpsychologie gehören. Weil die Ergebnisse der semantischen Forschung für die analytische Praxis – wenigstens vordergründig gesehen – viel hilfreicher sind, wurde bis über die Mitte unseres Jahrhunderts hinaus vor allem auf diesem Zweig gearbeitet. Der Impuls, sich nun auch über die theoretischen Grundlagen der Tiefenpsychologie Rechenschaft zu geben, kam so recht erst in den Siebzigerjahren, und zwar weniger aus den Reihen der Tiefenpsychologen als von außen: durch die Konfrontation mit Vertretern der beiden eingesessenen Wissenschaftstypen, des archaischen und des positivistischen. Diese Auseinandersetzung, in die ich selber hineingezogen wurde, führte einerseits dazu, sich der erkenntnistheoretischen Grundlagen und der Modellvorstellungen der Tiefenpsychologie bewusst zu werden, andererseits zur Erkenntnis, welch weittragende Folgen die Entdeckung des Unbewussten für die tradierten Arten des Selbst- und Weltverstehens hat.

Anlass zur Auseinandersetzung mit positivistischen Wissenschaften gaben vor allem interdisziplinäre humanwissenschaftliche Gespräche: Gespräche, in denen man bemüht war, ein dem heutigen Bewusstseinsniveau entsprechendes erfahrungswissenschaftliches Menschenbild zu erarbeiten. Das immer noch verbreitete Vorurteil positivistischer Wissenschaftler, die Tiefenpsychologie sei unwissenschaftlich („mystisch"), zwang zum Nachdenken über deren erkenntnistheoretische Voraussetzungen. Erst daraus ergab sich die oben dargelegte Einsicht, dass der den positivistischen Wissenschaften zugrunde liegende Begriff von Empirie durch Freud erweitert worden und dass mit der Tiefenpsychologie ein neuer, vom positivistischen abzugrenzender Typus empirischer Wissenschaft entstanden war. Dies ließ zudem erkennen, dass mit der Entdeckung des Unbewussten auch der weltanschauliche Positivismus überwunden wurde.

Aus der Konfrontation mit positivistischen Disziplinen beim humanwissenschaftlichen Gespräch ergab sich ferner die Notwendigkeit, die theoretischen Vorstellungen der Tiefenpsychologie herauszuarbeiten und in einer auch Naturwissenschaftlern verständlichen Sprache zu formulieren. Dabei zeigte sich unter anderem, dass die Einsichten Jungs über den Informationsfluss zwischen Psyche und Außenwelt sowie zwischen Unbewusstem und Bewusstsein mithilfe des kybernetischen Modells viel einfacher und einleuchtender dargestellt werden können, als Jung es seinerzeit getan hat (vgl. Abb. 2, S. 74).

Auseinandersetzung zwischen Tiefenpsychologie und Theologie

Auch Einwände vonseiten der Theologie regten dazu an, sich über die erkenntnistheoretischen Voraussetzungen der Tiefenpsychologie Gedanken zu machen. Diese Anregung zog dann – was die Einsicht in Konsequenzen der Entdeckung des Unbewussten betrifft – bedeutend mehr nach sich als die vonseiten positivistischer Wissenschaftler. Der Anlass zu Einwänden von theologischer Seite war, dass die semantische Forschung sich nicht nur mit Märchen, mit gnostischem und alchemistischem Schrifttum sowie mit Mythen primitiver Völker befasste, sondern auch mit christlichen „Heilstatsachen“. So wurde ich von Theologen angegriffen, als ich 1969 eine symbolische Deutung des Dogmas von der leiblichen Aufnahme Mariens in den Himmel verfasste. Das Dogma sei wörtlich zu verstehen, wurde ich belehrt, und die Kompetenz zur Belehrung begründeten sie mit dem Hinweis, sie stützten sich auf die Offenbarung.

Damit lenkten sie die Aufmerksamkeit auf den Begriff, mittels dessen das schon so viel diskutierte Problem der Beziehung zwischen Tiefenpsychologie und Theologie von der Wurzel her angegangen werden konnte: auf den Begriff „Offenbarung“. Die Beschäftigung mit der Fundamentaltheologie – jener Disziplin, welche sich mit der Offenbarung als dem erkenntnistheoretischen Fundament der Theologie befasst – ließ denn auch bald erkennen, dass Offenbarung zwar ein von der Theologie für sich allein beanspruchter Begriff ist, dass aber die Tiefenpsychologie sich bei ihrer semantischen Arbeit ebenfalls mit „Offenbartem“ befasst: mit Inhalten, die der Mensch (das Ich) nicht willkürlich gewinnen kann, sondern die ihm „geschenkt“ werden, und zwar zu der Zeit und in der Form, die der „Urheber“ der Offenbarung bestimmt.

Es stach aber gleichzeitig die Tatsache ins Auge, dass die Vorstellungen, die man sich in Theologie und Tiefenpsychologie über diesen „Urheber“ – und damit über den Offenbarungsvorgang – macht, einander diametral entgegengesetzt sind. Verkürzt gesagt, geht die Theologie davon aus, Offenbarung komme als Mitteilung Gottes vom Himmel herab, die Tiefenpsychologie hingegen, sie komme aus dem Unbewussten bzw. vom „Selbst".

Es war dann auch nicht schwierig zu erkennen, dass die von christlichen Theologen vertretene Vorstellung vom Offenbarungsvorgang nicht nur dem Christentum eigen ist, sondern dass sie einem schon in primitiven Kulturen allgemein verbreiteten Denkmuster entspricht: dass jede Religion – von den primitiven Stammesreligionen bis hinauf zu den Hochreligionen – ihr „Glaubensgut" auf die Mitteilung durch göttliche Wesen zurückführt.

Aus dieser Einsicht ergab sich die Vermutung, dass hinter den Meinungsverschiedenheiten zwischen Theologen und Tiefenpsychologen nicht nur eine unterschiedliche Auffassung des Offenbarungsvorgangs steht, sondern eine kategoriale Verschiedenheit des Selbst- und Weltverstehens.

Da sich ferner herausgestellt hatte, dass die der Theologie zugrunde liegende Vorstellung des Offenbarungsvorgangs von der Steinzeit bis zum Ende unseres Mittelalters die allgemeingültige gewesen und dass die diametral entgegengesetzte Vorstellung der Tiefenpsychologie durch die neuzeitliche Art des Forschens zustande gekommen ist, lag die Vermutung nahe, dass in dem Konflikt zwischen Tiefenpsychologie und Theologie so etwas wie die berühmte Spitze des Eisbergs zum Vorschein gekommen sei: dass dieser Konflikt Symptom eines durch die empirische Forschung herbeigeführten Wandels des Selbst- und Weltverstehens sei, und zwar eines so tief greifenden Wandels, wie er bis dahin noch nie stattgefunden hat.

Weil schließlich der Schritt vom Naturverständnis des Mittelalters zum heutigen – und darin eingebettet der Schritt vom konkretistischen zum symbolistischen Verständnis des „Offenbarten" – ein Schritt von einer wenig differenzierten zu einer differenzierteren Weltsicht war, lag es nahe, diesen Schritt als Evolutionsschritt aufzufassen: als großen Entwicklungsschritt im Rahmen der Evolution des Bewusstseins.

Von dieser Annahme, die für einen mit der kosmischen und biologischen Evolution Vertrauten eigentlich eine Selbstverständlichkeit ist, bis zum schlüssigen Nachweis war jedoch, wie sich zeigen sollte, noch ein weiter Weg. Als ich nämlich in unserem interdisziplinären Arbeitskreis die Meinung äußerte, es habe ein evolutionärer Wandel des Bewusstseins stattgefunden, rief dies heftigen Protest vonseiten der Ethnologen und Religionswissenschaftler hervor: sie seien längst davon abgekommen, von kultureller Evolution zu reden, denn der „Evolutionistenstreit" habe mit der Einsicht geendet, dass es so etwas nicht gegeben habe.

So musste dann über die Möglichkeit nachgedacht werden, ob es nicht doch eine Methode gebe, mit der die Evolution des Bewusstseins nachgewiesen werden kann. Es war ja leicht ersichtlich, dass die „Evolutionisten" – es waren die früher erwähnten Kulturphilosophen – deshalb nicht zum Ziel gelangt waren, weil sie ihr Augenmerk nur auf die Kultur gerichtet haben und nicht auf jenes kognitive System, welches die Kultur hervorbringt: weil sie nicht von einer empirisch begründeten Definition von Bewusstsein ausgegangen waren und somit kein Maß in der Hand hatten, mit dem sie die Evolutionshöhe einer Kultur hätten bestimmen können. So setzte ich mich denn mit biologischen Kognitionsforschern zusammen und stellte die Frage, welche kognitive Fähigkeit beim Schritt vom tierischen Primaten zum Menschen erstmals in die Welt gekommen sei. Auf diese Weise wurde jener Ansatz gefunden, den ich früher geschildert habe.

Erschließung der archaischen Weltsicht

Als es dann darum ging, von diesem Ansatz her das von Ethnografen und Historikern erarbeitete Material zu sichten – dieses daraufhin zu untersuchen, ob darin eine fortschreitende Komplexitätszunahme der Fähigkeit zur Unterscheidung zwischen Ich und Nicht-Ich zum Ausdruck komme –, erwies sich die Andersartigkeit des frühen Selbst- und Weltverstehens als erste große Schwierigkeit. Nicht etwa, dass diese nicht bekannt gewesen wäre. Ethnografen und Religionswissenschaftler hatten oft genug darauf hingewiesen, wie sonderbar – für uns oft völlig uneinfühlbar – die von ihnen mit großer Sorgfalt beobachteten und beschriebenen Gedankengänge und Gebräuche der „Primitiven" häufig waren. Sie hatten auch Theorien darüber aufgestellt, doch vermochte keine zu überzeugen.

Für die Untersuchung, ob eine fortschreitende Komplexitätszunahme des Bewusstseins nachweisbar sei, war es jedoch unabdingbare Voraussetzung, jenes frühere Denken und Verhalten in seiner inneren Logik – gleichsam von innen her – zu verstehen. Dass Ethnologen und Historiker als positivistische Wissenschaftler dies gar nicht zu leisten vermochten, ließ sich leicht einsehen, nachdem die Enge des positivistischen Empiriebegriffs durchschaut war. Es ließ sich aber auch leicht erkennen, dass die Tiefenpsychologie mit ihrem erweiterten Empiriebegriff und der daraus resultierenden Modellvorstellung der Psyche dazu im Stande war. Den eigentlichen Schlüssel zum Erschließen des frühen Selbst- und Weltverstehens hielt die Tiefenpsychologie durch eine ihrer grundlegenden (in ihrer Bedeutung oft verkannten) Entdeckungen in der Hand: durch die Entdeckung des Projektionsvorgangs (Abb. 3; Abb. 4).

Wir sind auf diesen Vorgang schon bei der Betrachtung der Vision gestoßen, und zwar durch die Feststellung, dass der Visionär glaubt, ein äußeres Gesche-

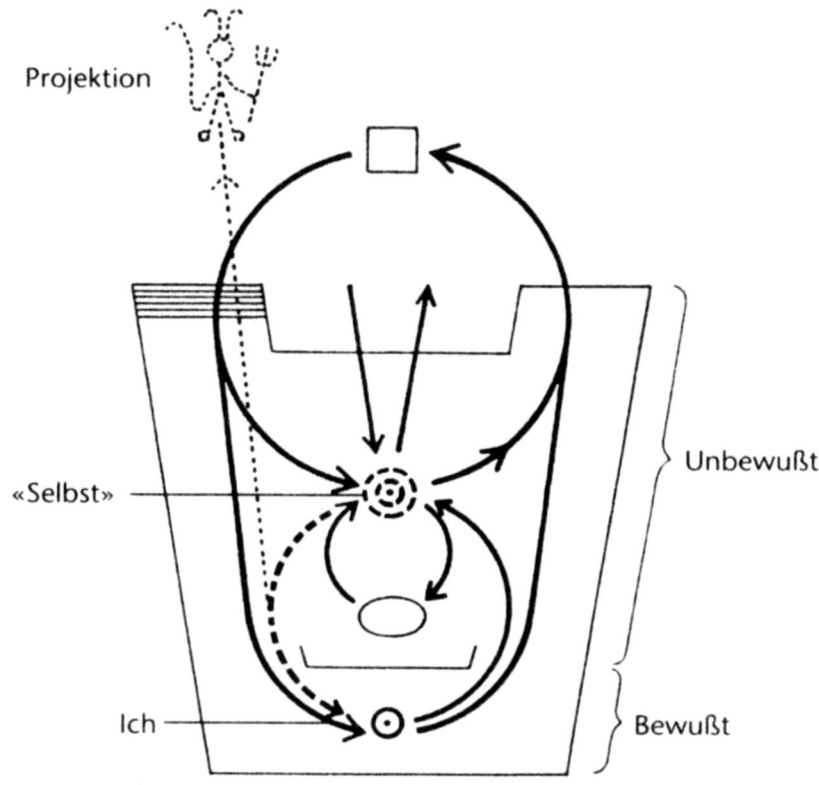

Abb. 3 Archaische Apperzeption des innerliche Wahrgenommenen ©Willy Obrist

hen zu schauen, während ihm diese Wahrnehmung in Tat und Wahrheit von innen her zufließt. Dass auf niedrigerem Bewusstseinsniveau auch Träume, ja sogar Wachfantasien diesen Eindruck erweckten, habe ich erwähnt. Das Wissen darüber schöpfen wir aus ethnografischen Berichten, und zwar aus Berichten aus verschiedensten Regionen und vor allem auch aus einer Zeit, da es noch intakte „eingeborene" Stämme gab.

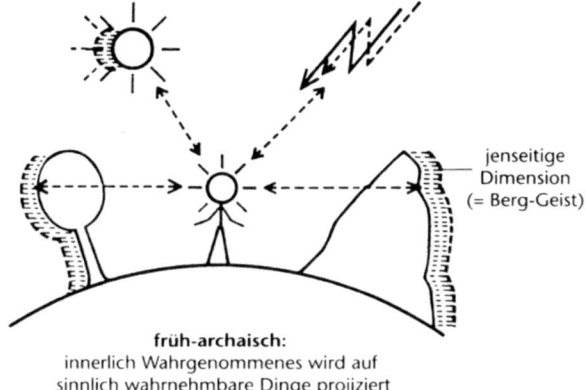

jenseitige
Dimension
(= Berg-Geist)

früh-archaisch:
innerlich Wahrgenommenes wird auf
sinnlich wahrnehmbare Dinge projiziert

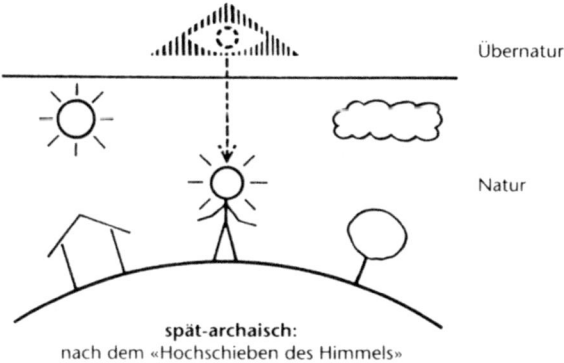

Übernatur

Natur

spät-archaisch:
nach dem «Hochschieben des Himmels»

Abb. 4. Archaisches Welt- und Selbstverständnis ©Willy Obrist

Versucht man nun, sich in Menschen hineinzuversetzen, die ihr innerlich Wahrgenommenes auf diese Weise außen erlebten, somit die inneren Bilder und Geschehensabläufe für reale Gestalten und reales Geschehen hielten – und wegen der geringen phylogenetischen Entwicklungshöhe ihres Bewusstseins gar nicht dahinter kommen konnten, dass dem nicht so war! –, dann werden für uns auf einmal die so eigenartig und oft abstrus erscheinenden Vorstellungen, Gedankengänge und Verhaltensformen dieser Menschen verstehbar. Man kann dann aus der ganzen Vielfalt kultureller Varianten eine einheitliche Grundstruktur herausarbeiten. Weil nun allen uns bekannten Kulturen von der Steinzeit bis ins abendländische Mittelalter das gleiche Muster zugrunde liegt, fasse ich dieses Selbst- und Weltverstehen unter einem Begriff zusammen. Ich nenne es das archaische. In meinem Buch „Die Mutation des Bewusstseins" habe ich das archaische Denken und Verhalten ausführlich dargestellt, sodass ich mich jetzt darauf beschränken möchte, lediglich das anzuführen, was im Zusammenhang mit unserem Problem wichtig ist.

Befassen wir uns vorerst noch einen Augenblick mit der Projektion. Es sei ausdrücklich festgehalten, dass dieser Begriff aus Beobachtungen abgeleitet wurde, also ein empirisch abgestützter, nicht ein philosophisch-spekulativer Begriff ist. Dies festzuhalten ist deshalb wichtig, weil von zwei Seiten her immer wieder versucht wird, ihn als null und nichtig wegzudiskutieren.

Die eine Infragestellung kommt von theologischer sowie von theologisch geprägter religionswissenschaftlicher Seite. Das Interesse, das diese Leute am Für-nichtig-Erklären der Projektion haben, ist leicht durchschaubar, wenn man bedenkt, dass die Projektion den archaischen Charakter auch jener Denkmuster erhellt, welche dem Christentum und der christlichen Theologie zugrunde liegen. Der andere Angriff gegen die Projektion kommt von positivistischer Seite, und zwar von solchen Positivisten (meist sind es positivistische akademische Psychologen), welche sich heute noch gegen die Annahme eines Unbewussten und gegen die Vorstellung unbewusster psychischer Wirkungen wehren. Es ist nämlich gerade das Charakteristikum des Projektionsvorgangs, dass er völlig unbewusst verläuft.

Der Projektionsvorgang ist einer der zentralen Forschungsobjekte der theoretischen Tiefenpsychologie. Seine krasseste und handgreiflichste Ausprägung kann, wie gesagt, bei der Vision beobachtet werden. Viel häufiger hat es der Tiefenpsychologe jedoch mit subtileren Projektionen zu tun, so z. B. dann, wenn ein Analysand seine negativen Eigenschaften – sei es seinen Ehrgeiz, seinen Machtanspruch oder seine Neigung zum Lügen – auf andere Menschen projiziert, sich selbst jedoch für integer hält. Wenn ich sagte, die Kunst des Analytikers bestehe weitgehend in der Kunst, mit Widerständen gegen die Bewusstwerdung umzugehen, kann dies jetzt dahin gehend präzisiert werden, dass es sich bei diesen Widerständen meistens um Widerstände gegen die Bewusstwerdung solcher Projektionen handelt. Ich habe auch schon jene kollektiven Projektionen erwähnt, bei denen eine Tendenz der Bewusstseinsevolution, welche wohl „gespürt", jedoch noch nicht klar erkannt und formuliert werden kann, auf eine frühere oder fremde Bewusstseinsform projiziert wird: auf eine Zeit oder Kultur, in der teilweise ähnliche Tendenzen zum Ausdruck kamen. Eine Projektion dieser Art ist in den zurzeit üblichen geistigen Pilgerfahrten nach Ostasien und zu indianischen Vorstellungswelten zu erkennen.

Die verschiedenen Arten und Grade von Projektion können beobachtet und beschrieben werden. Es kann auch festgestellt werden, dass sie unbewusst geschehen, und dass das Durchschauen der Tatsache, dass man projiziert hat, gleichbedeutend mit Bewusstwerdung ist. Es sei jedoch ausdrücklich festgehalten, dass mit dem Ausdruck „Projektion" ein Sachverhalt lediglich benannt wird. Erklärt wird er dadurch nicht, und er kann – wenigstens bis jetzt – nicht erklärt werden.

In einer Zeit wie der unsrigen, in der die Neigung besteht, etwas nur dann zu akzeptieren, wenn dafür eine Erklärung vorgelegt werden kann, mag dies bedauerlich sein. Es sei aber darauf hingewiesen, dass man heute, trotz der enormen Fortschritte, die die Neurobiologie gemacht hat, nicht einmal erklären kann, weshalb uns die Welt bei Tage hell erscheint. Sehen ist eine Sache des Gehirns, das steht fest. Aber im Gehirn ist es dunkel. Das Licht, das ins Auge dringt, bleibt in der Netzhaut stecken. Zwar kennen die Neurobiologen sehr genau das Netzwerk von Nervenzellen, das von der Netzhaut über Zwischenstationen bis in die Hirnrinde reicht und sich dort weiter ausbreitet. Zudem haben sie über die elektrischen und chemischen Vorgänge, die sich in diesem Netzwerk abspielen, mit den raffiniertesten Methoden Berge von Daten gesammelt. Aber wie es dazu kommt, dass wir Helligkeit erkennen und gar erleben, kann keiner von ihnen sagen. Nehmen wir also die Projektion des inneren Informationsstromes ebenso wie das Sehen von Helligkeit einfach als Tatsache hin. Fragen wir uns, inwiefern deren Feststellung uns beim Nachweis der Bewusstseinsevolution weiter geholfen habe.

Suche nach dem Ausgangspunkt der Bewusstseinsevolution

Die Kenntnis des Projektionsvorgangs hatte es möglich gemacht, die innere Logik archaischen Denkens und Tuns zu verstehen. Damit war zwar ein erstes Hindernis für die Erforschung der Bewusstseinsevolution aus dem Wege geräumt; für den Nachweis derselben war damit aber noch kaum etwas getan. Dieser war erst erbracht, als es gelang, am kulturhistorischen Material aufzuzeigen, dass und wie die Fähigkeit, zwischen Ich und Nicht-Ich zu unterscheiden, fortschreitend zugenommen hat.

Bis man dies tun konnte, musste noch einmal die Hürde genommen werden, eine Hürde, die sich daraus ergab, dass die Situation bezüglich des Ausgangspunktes bei der Bewusstseinsevolution in zweierlei Hinsicht ungünstiger war als bei der biologischen.

Die Bioevolution hat erstens mit ganz einfachen Gebilden – den kernlosen Einzellern – begonnen und ist dann in der Weise vorangeschritten, dass immer komplexere Lebewesen, d. h. in sich abgeschlossene raumzeitliche Gebilde entstanden sind. Die Evolution des Bewusstseins hingegen hat innerhalb eines mit hoch entwickelten Fähigkeiten zu bewusstem Erkennen und Tun ausgestatteten Lebewesens angefangen und sich auch innerhalb dieses Lebewesens vollzogen.

Zweitens hat von den vielen Arten, die die Bioevolution hervorgebracht hat, ein beträchtlicher Teil bis heute überlebt, und diese stehen – zusammen mit den vielen ausgegrabenen ausgestorbenen Arten – zur vergleichenden Erforschung gleichsam auf einer Palette ausgebreitet zur Verfügung. Bei den kulturellen Entwicklungslinien hingegen, in die sich die Spezies „Mensch" aufzweigte, hat immer wieder ein „aggiornamento" stattgefunden: wurden immer wieder – wenn auch oft mit großer zeitlicher Verzögerung – die Errungenschaften der Evolutionsspitze von den „Massen" übernommen und damit ältere Zustände ausgelöscht.

So musste denn, bevor man sich auf die Suche nach Zeichen von Zunahme des Unterscheidungsvermögens begeben konnte, erstens der Zustand der Welterfahrung, mit dem die Entwicklung angefangen hat, erschlossen werden; zweitens musste an jenem Zustand noch unterschieden werden zwischen dem, was von der Bioevolution her ererbtes unbewusstes Erkennen und Tun war, und dem, worin sich keimende Bewusstheit ausdrückte. Für das Erschließen des ursprünglichen Zustandes hatten die „Evolutionisten" beträchtliche Vorarbeit geleistet, indem sie die Kulturen – nach ihrem äußeren Erscheinungsbild – verschiedenen Entwicklungsstufen zuordneten.

Spätarchaische Kulturen wie die christliche des Mittelalters mit ihrer streng dualistischen Weltsicht von Diesseits und Jenseits, ihrer Vorstellung von der „rein geistigen Beschaffenheit" der jenseitigen Wesen, ihrem Dualismus von materiellem Menschenleib und Geist-Seele, ihrer Umformung des ursprünglichen Mythos durch theologische und philosophische Spekulation in ein rationales metaphysisches System und mit ihren hochgeistigen sakramentalen Riten zur Bewirkung von Seelenheil bezeichneten „Evolutionisten" als „metaphysische".

„Darunter" liegende Kulturen wurden „mythische" genannt: Kulturen, in denen relativ wenig bearbeitete, oft fantastische Mythen die Vorstellungswelt bestimmten; Kulturen mit Riten, die die Stabilisierung der noch zum Rückfall ins Chaos neigenden Welt sowie „Heil" bei Ackerbau und Jagd, bei Handwerk und Krieg bewirken sollten.

Die unterste Schicht wurde als magische bezeichnet. Ihr wurden Kulturen zugeordnet, in denen Menschen noch in den Dingen – in Bäumen, Quellen und Bergen, in besonderen Tieren sowie in Wind, Blitz und Donner – unsichtbare, noch kaum personifizierte Mächte „erkannten" und diesen Mächten durch magische Praktiken entgegentraten, sich vor diesen Mächten durch das Einhalten von Tabus glaubten schützen zu können und sich auch zur Bewältigung ihrer täglichen Verrichtungen magischer Praktiken bedienten (Abb. 4 S. 85).

Betrachtet man diese von „Evolutionisten" erarbeitete Stufenfolge von oben nach unten, so sieht man, dass Diesseits und Jenseits, die für den spätarchaischen Menschen sauber getrennt waren und weit auseinander lagen, umso mehr zusammenrücken, je mehr man in der Zeit zurückgeht; dass die Grenzen schließlich verschwimmen – indem die sinnlich wahrnehmbaren Dinge eine „jenseitige Dimension" haben – und dass auch der qualitative Unterschied zwischen den beiden Welten mehr und mehr verblasst.

Kommen wir nun auf die Projektion zurück. Bedenken wir, dass es ein bloßer Restzustand eines früher viel umfassenderen psychischen Geschehens ist, wenn der heutige Mensch in der Vision noch äußere Dinge und Ereignisse wahrzunehmen glaubt: dass in früheren Kulturen auch Träume, in sehr frühen auch Wachfantasien diesen Eindruck erweckten. Bedenken wir ferner, dass der Mensch früherer Zeiten das Trügerische dieses Eindrucks nicht durchschauen konnte.

Sehen wir uns jetzt, in Berücksichtigung dieser Tatsache, das eben erwähnte Zusammenrücken von Diesseits und Jenseits sowie die qualitative Annäherung der beiden Welten noch einmal an, dann wird ersichtlich, dass, je weiter wir in der Zeit zurückgehen, desto mehr Inneres außen erlebt wurde. Wir erkennen dann, dass jene Weltsicht, welche als magische bezeichnet wird, darauf beruhte, dass für den damaligen Menschen – etwas verkürzt gesagt – alles Innere außen „war". Verkürzt deshalb, weil der frühe Mensch noch nicht so klar wie wir zwischen innen und außen unterschied.

Natürlich erfassen wir in den uns erhaltenen Zeugnissen über sehr frühe Kulturen noch bei Weitem nicht jenen Zustand, bei dem die Fähigkeit zu Bewusstheit in die Welt gekommen ist. Aber wenn wir sehen, wie beim Rückwärtsschreiten in der durch historische Dokumente erwiesenen Reihenfolge der Kulturen immer mehr Inneres außen erlebt wird, ist der Schluss geradezu zwingend, dass dies „am Anfang" – als die ersten Funken von Bewusstheit aufleuchteten – noch viel mehr als in den uns erhaltenen frühesten Zeugnissen der Fall gewesen ist.

Partizipations-Erleben und archaische Identität

Jetzt ist der Zeitpunkt gekommen, am Außenerleben des innerlich Wahrgenommenen eine terminologische Unterscheidung vorzunehmen. Wir haben diesen Zustand bis jetzt einfach als Projektion bezeichnet. In der Tiefenpsychologie wird jedoch nur jenes Außenerleben des innerlich Wahrgenommenen, welches durchschaut werden kann, Projektion genannt. Das Außenerleben unbewusster Prozesse, welches wegen der zu geringen Evolutionshöhe des Bewusstseins noch nicht durchschaut werden konnte, nennt man hingegen archaische Identität: Identisch- bzw. Einssein des Individuums mit seiner Umgebung.

Das Erleben, das dieser archaischen Identität entspricht, nennt man Partizipationserleben: Erleben der Teilhabe, des Verbunden- bzw. Unabgelöstseins. Es ist dies ein Erleben, das für uns zwar im normalen Zustand nicht mehr nachvollziehbar ist, das man jedoch heute noch durch Einnahme halluzinogener Drogen unter kundiger Führung – z. B. unter Führung eines indianischen „Medizinmannes" – künstlich herbeiführen kann.

Bei unserem Zurück- bzw. Abwärtsschreiten anhand von kulturhistorischen Dokumenten bis in die magische Zeit haben wir uns jenem Punkt der Evolution genähert, zu dem die biologischen Kognitionsforscher sich von der anderen Seite her – der Evolutionsachse entlang aufwärts – herangearbeitet haben: jenem Punkt, an dem sie, bei unseren evolutionären „Vettern", den Schimpansen, nicht mehr nur vorbewusste (unbewusste) Zustände wie bei den übrigen höheren Tieren, sondern erste Anzeichen von so etwas wie Bewusstseinsfunken beobachten konnten.

Was für Beobachtungen dies waren, interessiert hier nicht. Für das Verständnis des Ausgangspunktes der Bewusstseinsevolution, um das es uns hier geht, ist hingegen Folgendes wichtig: Die biologische Kognitionsforschung hat ergeben, dass Tiere durch ihre Erkenntnis- und Verhaltensmuster in ihre Umwelt eingefügt bzw. „eingehängt" sind: dass sie – in der Sprache der Naturwissenschaft ausgedrückt – zusammen mit ihrer arttypischen Umwelt ein kybernetisches System bilden. Es ist wohl nicht schwierig zu sehen, dass die Denk- und Verhaltensmuster, die in den Kulturen der magischen Zeit zum Ausdruck kommen, Ausdruck eines psychischen Zustandes sind, der noch weitgehend diesem für unbewusste Lebewesen charakteristischen Eingefügtsein in die Umwelt entspricht: dass somit der durch Analyse kulturhistorischen Materials erarbeitete Ausdruck „archaische Identität" nur ein anderer Terminus für jenen Sachverhalt ist, den Biologen – aus ihrer Betrachtungsweise heraus – als Eingefügtsein in die arttypische Umwelt bezeichnen.

Inwiefern hilft uns die Kenntnis des Projektionsvorgangs beim Nachweis der Evolution weiter? Die Antwort ergibt sich aus dem eben Gesagten: Sie gibt uns ein zweites Maß in die Hand, mit dem wir die Entwicklungshöhe einer Kultur bestimmen können. Es ist dies allerdings ein indirektes Maß, denn aus den Anzeichen archaischer Identität, die in einer Kultur zum Ausdruck kommen, können wir nur erkennen, in welchem Grad noch phylogenetische Unbewusstheit vorhanden ist. Vor diesem Hintergrund von Unbewusstheit heben sich aber dann die Anzeichen von Unterscheidungsvermögen – als Indizien für Bewusstheit – deutlicher ab. Untersuchen wir die von den „Evolutionisten" aufgestellte Reihe der Kulturen durch das Anlegen dieser beiden Maßstäbe, können wir sehen, wie archaische Identität und Partizipationserleben fortlaufend zurückgehen, während – korrespondierend – die Unterscheidungsfähigkeit zunimmt.

Neurophysiologische Sicht der Bewusstwerdung

Bevor wir – im nächsten Kapitel – skizzieren, wie dieser Prozess verlaufen ist, wollen wir noch einen Moment innehalten. Nachdem wir eben bei jenem Punkt der Evolution verweilt haben, an dem die Fähigkeit zu Bewusstheit in die Welt gekommen ist, scheint es mir angezeigt, im Dienste der synoptischen Schau uns noch zu vergegenwärtigen, wie Neurobiologen dieses Ereignis sehen. Neurobiologen erforschen bekanntlich Anatomie und Physiologie jener Strukturen, in denen bzw. an denen oder durch die Erkennen, Erleben und Entscheiden sowie die Steuerung des Tuns geschieht. Aus dem Bereich dieser Strukturen haben wir früher schon jene zentralnervöse Superstruktur besprochen, welche Gesamtintegrator genannt wird. Neurophysiologen vertreten nun die Ansicht, das In-die-Welt-Kommen der Fähigkeit zu Bewusstheit beruhe darauf, dass dieser Integrator angefangen habe, spontanaktiv zu werden. Was soll dies heißen?

Spontanaktivität ist die grundlegende Eigenschaft aller Lebewesen. All jene Ereignisse, welche Gegenstand der Physik und Chemie sind, lassen sich – wenn man das Angeordnetsein der Gebilde, an denen sie sich abspielen, außer Acht lässt – letztlich auf einen Ausgleich von Energieniveaus zurückführen. Bei der Spontanaktivität gelingt dies nicht. Diese ist eben eine Eigenschaft, die als „Fulguration" beim Evolutionsschritt von den unbelebten zu den lebendigen raumzeitlichen Gebilden in die Welt gekommen ist.

Paradebeispiele für Spontanaktivität sind alle lebenden Zellen: sowohl die einzelligen Lebewesen als auch jene Zellen, aus denen ein Mehrzeller besteht.

Beim „echten" Mehrzeller – dort wo spezialisierte Gewebe, Organe und Organsysteme ausdifferenziert sind – hat jedoch nicht mehr jedes Element Spontanaktivität. So haben z. B. viele Strukturen des Bindegewebes – Sehnen, Bänder, Knochen, Knorpel usw. – rein passive Funktion. Muskeln sind zwar auf Aktivität hin gebaut, jedoch nicht auf spontane: ihre Kontraktion muss von außen her – durch einen Nervenimpuls – ausgelöst werden. Im Nervensystem finden wir beide Arten von Aktivität vor: spontane und solche, die ausgelöst werden muss. Eindrucksvolles Beispiel eines spontanaktiven Zentrums ist der Sinusknoten genannte natürliche Schrittmacher: jene evolutionsmäßig alte Gruppe von Nervenzellen, welche ein Leben lang, ohne von außen dazu angeregt zu werden, ununterbrochen Impulse zur Kontraktion des Herzmuskels von sich gibt.

Anders hingegen verhält es sich – auf tierischer Ebene – beim Gesamtintegrator. Bei dessen Beschreibung habe ich gesagt, seine Funktion bestehe darin, die ihm angebotenen konkurrierenden Instinktmotivationen zu einem einheitlichen Muster zu integrieren. Es scheint, dass bei Tieren die Spontanaktivität noch auf der Ebene der Instinkte liegt, und dass dort der Integrator jeweils erst dann in Gang kommt, wenn ihn Instinktmotivationen dazu anregen. Komplexitätszunahme mit Fulgurationen – das Kennzeichen des Evolutionsprozesses – bedeutet auf der Stufe des Lebendigen weitgehend Komplexitätszunahme des Nervensystems, verbunden mit dem Auftreten neuer Fähigkeiten zu Erkennen und Verhalten. So ist denn die Theorie einleuchtend, dass beim letzten großen Entwicklungsschritt einzelne Neurone des Integrators spontanaktiv geworden sind, und dass mit diesem Schritt jene kognitive Fähigkeit in die Welt gekommen ist, die wir Bewusstsein nennen. Die Evolution des Bewusstseins kann dann auch so gesehen werden, dass immer weitere Bereiche des Integrators spontanaktiv wurden und es weiterhin werden.

Die Einsicht, dass die Fulguration von Bewusstsein durch Spontanaktivwerden eines Teils des Integrators zustande kam, wirft auch neues Licht auf die Wechselwirkung zwischen Bewusstsein und Unbewusstem und damit auf die Modellvorstellungen der Tiefenpsychologie, die ja durch Beobachtung dieser Wechselwirkungen erarbeitet wurden. Wenn C. G. Jung bei diesem Approach auf das Vorhandensein einer im unbewussten Bereich gelegenen Führungsinstanz – des „Selbst" – schloss, drängt sich jetzt die Annahme auf, dass diese ihre physiologische Grundlage im Integrator hat: in jenem höchstdifferenzierten neuronalen Führungssystem, das seine staunenswerten Leistungen – nach Gino Gschwend – auch heute noch zu mindestens 90% unbewusst vollbringt.

92

Es ist sehr wichtig zu sehen, dass die Ergebnisse der tiefenpsychologischen und der biologischen Forschung derart konvergieren. Es vermittelt nicht nur das ästhetische Erlebnis der Einheit der Natur. Die Untermauerung der tiefenpsychologischen Modellvorstellungen durch die Neurobiologie wirkt auch der unseligen Tendenz entgegen, das Unbewusste und das Selbst zu metaphysieren: einer Tendenz, die gegenwärtig starken Auftrieb bekommt zum einen dadurch, dass viele Ex-Theologen sich der Tiefenpsychologie zuwenden und nun – unbekümmert um die Mutation des Bewusstseins – Theologie und Tiefenpsychologie miteinander verschmieren, zum andern durch die (später zu besprechende) New-Age-Bewegung.

Von der mythischen zur wissenschaftlichen Weltsicht

Die archaische Weltsicht wird oft auch die mythische genannt. Obwohl mit dem Ausdruck „mythisch" nur ein Charakteristikum der archaischen Weltsicht erfasst wird, ist dieser Ausdruck doch sehr handlich für das, was nun zu besprechen ist. Wir können dann nämlich die heutige Weltsicht der mythischen als die wissenschaftliche gegenüberstellen und uns fragen, wie sich der Übergang von der einen zur anderen vollzogen hat. Bei dieser Fragestellung kommt ein besonders erhellender Aspekt jenes Prozesses heraus, der schließlich zum Hereinklappen der metaphysischen Welt geführt hat.

Insbesondere wird dabei sichtbar, dass das „Hereinklappen" nicht ein abrupter Bruch mit der gesamten bisherigen Menschheitstradition war, sondern nur die letzte Szene – sozusagen die Lysis – in einem Drama, das schon in der Steinzeit begonnen hat. Wir dürfen jedoch die Ausdrücke „mythisch" und „wissenschaftlich" nicht unbesehen verwenden. Beide können nämlich – in der landläufigen, vom Positivismus geprägten Bedeutung gebraucht – zu Missverständnissen Anlass geben. „Mythisch" impliziert – von jener Prägung her – die Meinung, es handle sich um freie Erfindungen, zudem um Erfindungen von Menschen, die noch nicht zu richtigem Denken fähig waren. Es impliziert ferner die typisch positivistische Meinung, es handle sich um etwas in jeder Hinsicht von der Wissenschaft Überholtes.

Indessen ist ja der Mythos – Hand in Hand mit der Überwindung des positivistischen Wissenschaftsverständnisses – von der Wissenschaft rehabilitiert worden. Allerdings wird er jetzt anders aufgefasst als in archaischer Zeit. Er wird jetzt als Gestaltung des Unbewussten – als System kollektiv wirksamer Symbole – verstanden, und es werden ihm all die wichtigen Funktionen zuerkannt, die Symbole für die Bewusstseinsevolution und für ein sinnvoll gelebtes Leben hatten und auch heute noch haben.

Genau genommen müssten wir somit die archaische Weltsicht, wenn wir sie die mythische nennen wollen, als jene Weltsicht umschreiben, welche aus dem konkretistischen Verständnis des Mythos hervorgegangen ist. Das wäre jedoch eine umständliche Ausdrucksweise.

Die heutige Weltsicht können wir anderseits der archaischen nicht einfach als die wissenschaftliche" gegenüberstellen, denn auch die archaische Zeit hat ja – wenigstens in ihrer Spätphase – eine Wissenschaft im eigentlichen Sinn des Wortes hervorgebracht: die Theologie, im christlichen Raum die scholastische Theologie des Mittelalters. Die Theologie ist allerdings eine Wissenschaft vom archaischen Typus, da sie davon ausgeht, dass der Mythos im physischen Sinne wahr sei (in der Tiefenpsychologie erachtet man ihn als psychisch wahr!), und dass göttliche Wesen ihn den Menschen offenbart haben.

Im Gegensatz zu dieser Offenbarungswissenschaft (Offenbarung im archaischen Sinn verstanden) sind die beiden Typen neuzeitlicher Wissenschaft, wie gesagt, empirisch. Wir müssten somit die heutige Weltsicht, wenn wir uns präzis ausdrücken wollten, als erfahrungswissenschaftliche bezeichnen. Weil jedoch der Ausdruck „mythische und wissenschaftliche Weltsicht" so handlich ist, wollen wir ihn – nachdem wir uns über seine Ungenauigkeit Rechenschaft gegeben haben – weiterhin verwenden.

Bewusstseinsevolution auf dem metaphysischen Zweig

Betrachten wir zuerst die mythische Weltsicht. Wie wir gesehen haben, „erkannte" der frühe Mensch „jenseitige" Mächte noch in den Dingen seiner Umgebung. Die Dinge hatten deshalb für ihn sozusagen noch eine jenseitige Dimension (Abb. 4, S. 85). Mit seinen perfekt ausgebildeten Sinnen sah er die Dinge zwar so, wie wir sie heute sehen, wenn nicht gar präziser. Aber er „wusste" gleichzeitig, dass sie „in Wirklichkeit" denkende und wollende, den Menschen überlegene Wesen „waren". Die Dinge dienten ihm eben damals noch als Projektionsträger für innerlich wahrgenommene Bilder.

Natürlich beruhte das „Wissen" über die Jenseitigem nicht bei jedem Menschen auf eigener Erfahrung. Vielfach wurde es erlernt, so wie auch der christliche Mythos über all die Jahrhunderte hinweg von den meisten erlernt worden ist. Mit der Fähigkeit zur Bewusstheit hat der Mensch ja die Fähigkeit zur Wortsprache gewonnen und kann deshalb seine Erfahrungen äußern. So bildete sich – aus den geäußerten Erfahrungen von „Sehern" – in jedem Kulturbereich ein kollektives „Wissen", das von Generation zu Generation weitergegeben, reflektiert sowie durch neue „Offenbarungen" bereichert wurde und sich dabei ständig wandelte. Die Bewusstseinsevolution vollzieht sich eben über die Tradition, im Unterschied zur biologischen, die über das Genom erfolgt.

Wenn wir nun – gleichsam aus weiter Ferne, sodass alle Einzelheiten verblassen – den Verlauf dieser Evolution überblicken, sehen wir während der ganzen archaischen Phase eine große Bewegung: die „Wesen", die ursprünglich „in" den sichtbaren Dingen „erkannt" worden sind, wurden – in der Vorstellung – mehr und mehr von diesen abgelöst und in die Ferne gerückt. Dadurch bildete sich immer deutlicher der für die archaische Weltsicht charakteristische Dualismus von Diesseits und Jenseits heraus.

Da sich die Evolution des Bewusstseins durch Auseinandersetzung mit der Welt vollzieht, können wir mit zunehmender Trennung der „Welten" immer deutlicher zwischen einem physischen und einem metaphysischen Entwicklungszweig unterscheiden. Abgesehen davon, dass dabei vom Inhalt her unterschiedliche „Welten" entstanden, ist zu beobachten, dass die Auseinandersetzung mit den beiden „Welten" sich auf verschiedene Weise vollzog. Dies hängt damit zusammen, dass es sich bei der metaphysischen um Bilder des inneren Wahrnehmungsstromes handelte, bei der physischen um Sinneseindrücke von der Außenwelt.

Es ist nun kennzeichnend für die archaische Zeit, dass während ihrer ganzen Dauer die Bewusstseinsevolution vor allem auf dem metaphysischen Zweig geschah: durch Reflexion über die Eigenschaften und Fähigkeiten jenseitiger Wesen, über deren Taten im Jenseits, deren Einwirken auf das Diesseits sowie über deren Willenskundgebungen an den Menschen.

Aus heutiger Sicht können wir sagen, dies sei eine Auseinandersetzung mit dem Mythos gewesen; durch Reflexion über den Mythos seien wichtige Unterscheidungen (Begriffspaare) gewonnen worden, und dies wiederum habe das Hervorquellen immer neuer und immer differenzierterer Mythen aus dem Unbewussten angeregt: von Gottesbildern und anderen Symbolen, die wiederum Rohstoff und Antrieb zugleich für die weitere Evolution des Bewusstseins auf dem metaphysischen Zweig waren.

Ein bedeutsamer evolutionärer Gewinn dieser Auseinandersetzung mit dem Mythos war die Vorstellung des Geistigen im Unterschied zum Materiellen. Primitive Kulturen kannten diesen Unterschied noch nicht. Sie stellten sich das Jenseits noch als fruchtbares Land vor und die Jenseitigen als körperhafte Wesen, meistens von menschlicher Gestalt. Im Endstadium der archaischen Zeit hingegen fasste man – wenigstens in der Bewusstseinsspitze – die Jenseitigen als „rein geistige" Wesen auf und das Jenseits gleichsam als abstrakten Raum.

Über viele Stufen hinweg lässt sich verfolgen, wie der Begriff des Geistigen dadurch erarbeitet wurde, dass man – in der Vorstellung – schrittweise das Jenseits und die Jenseitigen entmaterialisierte.

Bewusstseinsevolution auf dem physischen Zweig

Lassen wir vorläufig das theologische Denken auf sich beruhen. Betrachten wir die Bewusstseinsevolution auf dem physischen Zweig. Wiederum ist es wichtig, sich den Ausgangspunkt vor Augen zu halten. Ich habe erwähnt, dass die Entfaltung der positivistischen Wissenschaften während der Neuzeit die völlige Entmythisierung von Natur und Geschichte zur Folge hatte. Hier gilt es nun noch zu sehen, worin das Mythisieren von Natur und Geschichte bestanden hatte, und weshalb diesem Mythischen unter dem „Himmel" ein anderes Schicksal widerfuhr als dem Mythischen im „Himmel".

Die Trennung der „Welten" führte nämlich – wie ein chemisches Analyseverfahren – zur Trennung von zwei verschiedenen Arten des Mythos. Jenes Mythische, das als „Himmel" abgehoben, verdichtet, gestrafft und vergeistigt wurde und im „Glaubensgut" der Hochreligionen seine höchste Vollendung fand, kann aus heutiger Sicht als immer differenzierteres Erfassen psychischer Sachverhalte – von innerlich Wahrnehmbaren – verstanden werden. Im Kern handelte es sich dabei um immer tiefgründigeres Erfassen der Beziehung zwischen dem Selbst und dem Ich.

Bei der Auseinandersetzung mit dem, was nach dem „Hochschieben des Himmels" „hier auf Erden" zurückblieb, ging es hingegen um zunehmende Bewusstwerdung über das sinnlich Wahrnehmbare: über die Außenwelt. Dieser Prozess vollzog sich auf zwei Ebenen: auf der praktischen und auf der theoretischen. Auf der praktischen Ebene war es im Grunde genommen die Fortsetzung dessen, was schon während der biologischen Evolution geschehen war: um immer besseren tatsächlichen Umgang mit der Umwelt.

Auf der theoretischen Ebene hingegen war es etwas grundlegend Neues. Es ist ja ein Kennzeichen des bewussten Lebewesens, dass es nicht nur feststellen kann, wie ihm die Dinge erscheinen, sondern dass es fortwährend fragen muss, was sie im Grunde genommen sind, weshalb sie so sind und wie die Veränderungen, die es beobachtet, zustandekommen. Dieses Streben nach Theoriebildung, das das praktische Denken immer wieder überlagert, ist charakteristisch für den Drang nach Bewusstheit.

Das Streben nach immer besserem Umgang mit der Außenwelt, das ein Charakteristikum der Bioevolution ist, geschah im Dienste des Überlebens der Art. Nach dem Erwerb der Fähigkeit zu Bewusstheit wurde dieses Ringen um das „nackte" Überleben zwar mehr und mehr überlagert von dem Streben nach Lebensqualität. Es entstand dabei all das, was wir als Komfort und Kunst bezeichnen. Aber das Streben, das zur Entwicklung der sogenannten materiellen Kultur geführt hat, kann doch im Grunde genommen als Fortsetzung jenes Strebens angesehen werden, das sich schon an der Evolution von der präkaryotischen (kernlosen) Zelle zum Primaten ablesen lässt. Auf der Ebene des Menschen äußerte es sich vorerst im Erlernen der Kunst, mit dem Feuer umzugehen, immer bessere Werkzeuge und Waffen herzustellen, durch Züchtung von Pflanzen und Tieren die Ernährung zu verbessern, komfortablere Häuser zu bauen, Erze zu verhütten, Metalle zu bearbeiten usw.

Diese ganze Entwicklung geschah praxisbezogen: nach dem schon in der Bioevolution angewandten Prinzip von Versuch und Irrtum. Der Irrtum konnte sich dabei korrigierend und weiterführend auswirken, da der Versuch hier – anders als bei der Entwicklung auf dem metaphysischen Zweig – auf die harte Realität der Dinge stieß.

Bei dieser Auseinandersetzung mit der dinglichen Realität wurde auch bewusst beobachtet und so die äußere Wirklichkeit in immer weiterem Umfang bewusst erkannt. Wesentlich dabei ist nun: Was schon in frühesten Zeiten beobachtet und in direktem Umgang mit den Dingen erlernt wurde, ist auch heute noch gültig. Die Theorien hingegen, die man sich darüber machte, wurden im Zug der Bewusstseinsevolution immer wieder überholt.

Mythische Theorien

Im Hinblick auf das, was uns in diesem Kapitel beschäftigt, ist es nun wichtig zu sehen, dass die Theoriebildung in archaischer Zeit nicht in der gleichen Weise geschah, wie wir es von den empirisch fundierten wissenschaftlichen Theorien her gewohnt sind, sondern durch Mythisieren. Archaische Theorien über das Geschehen „auf dieser Erde" waren mythische Theorien. Die archaische Weltsicht war somit nicht nur in dem Sinn mythisch, dass sie Mythen über das Geschehen im Himmel hervorbrachte, sondern, in viel umfassenderem Sinn, indem sie auch Mythen über das Geschehen unter dem Himmel schuf, und zwar sowohl naturerklärende als auch historische.

Auf welche Weise Theoriebildung überhaupt – vorwissenschaftliche wie wissenschaftliche – geschieht, ist wiederum verständlich geworden durch die Kenntnis der Wechselwirkung zwischen dem Ich und dem Unbewussten. Wenn der Mensch sich intensiv Fragen stellt nach dem Wie, dem Woher und Warum, wird die Fantasietätigkeit angeregt. Der Ausdruck „Fantasie" wird hier als Synonym für innere Wahrnehmung gebraucht: als Oberbegriff für das, was dem Ich in Visionen, Träumen und Wachfantasien zufließt. Durch die Einsicht, dass intensives Fragen die Fantasie anregt, ist der Empirismus überwunden worden: jene in positivistischer Zeit aufgekommene Meinung, das Wissen über die Zusammenhänge und Gesetzmäßigkeiten ergebe sich aus den Beobachtungen allein.

Beim heutigen Stand des kollektiven Wissens spielt die Fantasie beim Erklären von Zusammenhängen nur noch eine untergeordnete Rolle: untergeordnet im quantitativen Sinn, da im wissenschaftlichen Routinebetrieb die meisten Probleme durch rationale Überlegungen auf Grund des schon Bekannten gelöst werden können. In jenen seltenen Fällen jedoch, in denen es darum geht, grundlegend neue Einsichten zu gewinnen – Beobachtungen einzuordnen, die mit dem bisherigen Paradigma (= wissenschaftlichen Erklärungsmodell) nicht mehr erklärt werden können – ergibt sich die Lösung immer noch durch „Einfälle" aus dem Unbewussten. Die Geschichte der wissenschaftlichen Entdeckungen liefert da eine Fülle von Beispielen.

Wenn der Mensch hingegen bei niedrigem Entwicklungsstand des Bewusstseins – und somit bei geringem Sachwissen – Fragen stellt nach dem Wie, Woher und Warum, kommt seine Fantasietätigkeit ausgiebig und kräftig zum Fließen: da strömen Fantasien in das Wissensvakuum hinein. Während hingegen das „Wissen" des archaischen Menschen über das, was im Himmel geschah, sich in der Hauptsache auf Visionen und große Träume zurückführen lässt, kommt das theoretische „Wissen" über das Geschehen unter dem Himmel bei geringer Bewusstheit hauptsächlich durch Wachfantasien zustande.

Dies kann heute noch bei Menschen „mit einfachem Gemüt" beobachtet werden. In den frühen Stadien der Bewusstseinsevolution war dies hingegen auch bei den „großen Denkern" – bei der Evolutionsspitze einer Population – die Regel. Weil damals – wegen der Nichtdurchschaubarkeit des Projektionsvorgangs – Fantasien noch für physisch wahr gehalten wurden, galten die fantastischen Erklärungen – die mythischen Theorien – allgemein als Wissen. So gab es bis zu Beginn der Neuzeit mythisches „Wissen" über Entstehung und Struktur des Kosmos, über die Herkunft des Menschen, der Tiere und Pflanzen, über Bau und Funktion des menschlichen Organismus, über Krankheiten und Heilmittel usw.: mythische Kosmogonien und Kosmologien, mythische Abstammungslehren, mythische Anatomien, Physiologien und Pathologien sowie mythische Pharmakologien.

Ethnografen und Kulturhistoriker haben eine kaum überblickbare Menge solcher mythischer Theorien zusammengetragen. Wenn wir diese im Hinblick auf die darin vorkommenden Bilder untersuchen, sehen wir in seltenen Fällen solche, welche tatsächliche physische Zusammenhänge darstellen, zur Hauptsache jedoch solche, die das Unbewusste heute noch zur Veranschaulichung psychischer Zustände und Vorgänge verwendet. So sind z. B. die Schriften der Alchimisten – der noch weitgehend auf mythische Weise theoretisierenden Vorläufer der heutigen Chemiker – für die tiefenpsychologische semantische Forschung geradezu eine Fundgrube für Bilder und Geschehensmotive, mit denen das Unbewusste in Träumen heutiger Menschen psychische Wandlungsvorgänge und zwischenmenschliche Beziehungen veranschaulicht.

In reichem Ausmaß flossen jedoch auch Fantasiegestalten aus dem „Jenseits" in die naturerklärenden Mythen ein. Bei den Weltschöpfungs- und Ursprungsmythen ist dies geradezu die Regel. Häufig kommt auch das Motiv des Kulturheros vor: die Erzählung, ein Gott habe während seiner Erdenwanderung ein Naturgeschehen so und so geregelt und den Menschen dieses und jenes Wissen über den Umgang mit der Natur offenbart.

Es gab jedoch in archaischer Zeit über das Geschehen unter dem Himmel nicht nur naturerklärende Mythen, sondern, wie erwähnt, auch historische. Wenn der archaische Mensch über die Geschichte seines Volkes nachdachte, floss der Fantasiestrom in die Lücken zwischen überlieferten Tatsachen hinein, besonders ausgiebig natürlich beim Fragen über die Entstehung, die Herkunft und die frühen Schicksale. Auch hier wurden die Fantasien für Wissen über tatsächliche Ereignisse gehalten. Ein allgemein bekanntes Beispiel solch mythischer Geschichtsschreibung ist die jüdische Bibel bzw. das „Alte Testament" der christlichen Bibel, besonders die Bücher Genesis und Exodus.

Grenzen der Entmythisierung bei archaischer Weltsicht

Sehen wir nun, inwiefern dem Mythischen unter dem Himmel ein anderes Schicksal widerfuhr als dem Mythischen im Himmel. Vom Mythischen im Himmel haben wir gesehen, dass es – was die Evolution des Bewusstseins betraf – dazu diente, die Vorstellung bzw. den Begriff des Geistigen zu entwickeln. Dies geschah, wie gesagt, in der Weise, dass die Gestalten, die den Kern dieser „reinen", an keinem materiellen Substrat haftenden Mythen bildeten, in der Vorstellung immer mehr entmaterialisiert bzw. durch immer weniger materiell vorgestellte Gestalten ersetzt worden sind.

Beim Mythischen unter dem Himmel tendierte die Entwicklung in die entgegengesetzte Richtung. Da hier die materiellen Dinge sowie die Taten des Menschen das immer bewusster zu Erfassende waren, und da zudem die mythischen Theorien nur als erste Annäherung an echtes Wissen zu verstehen sind, wurde mit zunehmender Bewusstheit das Mythische immer mehr zurückgedrängt. Dieses Zurückdrängen des Mythischen geschah während der archaischen Zeit in der Weise, dass – mit zunehmendem Einblick in die natürlichen Zusammenhänge – die mythischen Theorien schrittweise durch weniger plumpe und weniger naive abgelöst und – zu einem kleinen Teil – sogar fallen gelassen wurden.

Man kann diese Entwicklung auf dem physischen Zweig, die während der ganzen Dauer der archaischen Phase voranschritt, als Entmythisierung oder doch wenigstens als Tendenz zur Entmythisierung bezeichnen. Jene Entmythisierung, die schließlich durch die Entfaltung der positivistischen Wissenschaften geschah, kann dann als Fortsetzung dieses Prozesses gesehen werden: als dessen Beschleunigung und Zuendeführung.

Es ist auf der einen Seite wichtig, diese Kontinuität zu sehen, denn damit erscheint das Hereinklappen der „Himmlischen" sozusagen als Abfallen einer Frucht, die während Jahrtausenden herangereift ist. Anderseits ist es aber auch wichtig zu sehen, dass das vollständige Abschälen des Mythischen von den Dingen und dem Geschehen „in dieser Welt" erst geschehen konnte, nachdem ein erster evolutionärer Durchbruch – eine erste Fulguration – innerhalb der Bewusstseinsevolution stattgefunden hatte.

Bei dieser ersten Fulguration ging es um ein neuartiges Verständnis der Allgemeinbegriffe bzw. dessen, was man mit Allgemeinbegriffen benannte. Ebenso wie die Evolution auf dem metaphysischen Zweig hatte nämlich auch die auf dem physischen Zweig einen bedeutsamen Gewinn gebracht. Dieser bestand in der Fähigkeit zu abstrahieren, das Abstrahierte durch Allgemeinbegriffe zu benennen und über den Inhalt der Allgemeinbegriffe wie über abstrakte Gegenstände nachzudenken. Wir werden sogleich auf diesen Prozess zu sprechen kommen. Hier sei vorläufig festgehalten, dass in der Beantwortung der Frage, was für eine Existenz dem Allgemeinen zukomme, ein evolutionärer Durchbruch geschehen musste, bevor der Übergang von der mythischen zur wissenschaftlichen Weltsicht stattfinden konnte.

Um deutlicher zu erkennen, was es mit evolutionären Durchbrüchen bzw. Fulgurationen innerhalb der Bewusstseinsevolution auf sich hat, müssen wir auf die Bioevolution zurückblenden. Dort werden die großen Entwicklungsschritte – die eigentlichen Systemsprünge – oft mit dem Überschreiten einer Barriere oder dem Durchstoßen eines Plafonds verglichen. So kann man z. B. sagen, der Evolutionsschritt von den Reptilien zu den Säugern sei erfolgt, als das Muster „Reptil" nach allen in ihm liegenden Möglichkeiten variiert war bzw. als die Evolution am Plafond des Musters „Reptil" angestoßen ist. Mit dem Durchstoßen desselben – mit dem Schritt zu dem komplexeren, neue Möglichkeiten in sich bergenden System „Säugetier" – ist die Bahn wiederum frei gewesen für die Höherentwicklung durch das Spiel von Variation und Selektion.

Etwas Analoges geschah bei der Evolution des Bewusstseins. Gegen Ende der archaischen Phase stieß die Entwicklung ebenfalls an. Weil die archaische

Weltsicht zwei „Welten" kannte, und weil deshalb die Bewusstseinsevolution während der archaischen Zeit auf zwei Wegen voranschritt, stieß die Entwicklung an zwei verschiedene Plafonds an. Beide bestanden in einem Konkretismus. Das Durchbrechen der beiden Grenzen geschah nun nicht zu gleicher Zeit. Zuerst wurde das konkretistische Verständnis der Allgemeinbegriffe überwunden. Dies ermöglichte die Entstehung und Entfaltung der positivistischen Wissenschaften und damit den ersten Schritt der Bewusstseins-Mutation. Von dem festen Boden der Naturkenntnis aus, der dabei gewonnen wurde, gelang es dann – wie schon dargelegt –, das konkretistische Verständnis des innerlich Wahrgenommenen zu überwinden, sodass die Bahn frei war für den Vollzug des zweiten Schritts des Bewusstseinswandels. Wir wollen uns aber mit dieser vorweggenommenen Erklärung nicht zufriedengeben. Wir wollen erfassen, weshalb die Evolution unter archaischen Vorzeichen am Plafond des Konkretismus anstieß.

Beschränktheit der archaischen Vorstellung vom Geist

Betrachten wir hierfür zuerst das Geschehen auf dem metaphysischen Entwicklungszweig. Wir haben schon festgestellt, dass der evolutionäre Ertrag hier im Gewinn des Begriffs des Geistigen – des objektiven, d. h. von unserem Bewusstsein unabhängigen Geistigen – gesehen werden kann. Wir haben auch festgestellt, dass dieser Begriff vom archaischen Menschen dadurch erarbeitet wurde, dass dieser das, was er für jenseitige Welt und jenseitige Wesen hielt, immer mehr seiner Stofflichkeit entkleidete: dass er dessen Körperlichkeit gleichsam verdünnte, bis er sich schließlich das Jenseits als „Raum ohne Wände" und die Jenseitigen als völlig unstoffliche, rein geistige Wesen dachte.

Oft wird geglaubt, mit dem Gewinn der Vorstellung des „rein geistigen" – des „transzendenten", d. h. alles menschliche Begreifen überschreitenden – Wesens sei der Konkretismus überwunden gewesen. Damit war aber nur der plumpe Konkretismus überwunden, nicht der Konkretismus an sich. Der auf archaische Weise erarbeitete Begriff des Geistigen war nämlich seiner Natur nach konkretistisch, denn was außen als selbstständige Wesenheit vorgestellt wird, kann gar nicht anders als konkret-dinglich vorgestellt werden, auch wenn es – in der Vorstellung – noch so sehr entmaterialisiert wird.

Man kann zwar sagen, so ein Wesen sei rein geistig, aber konsequent zu Ende denken kann man diese Aussage nicht. Der Prozess der Entkörperlichung metaphysischer Wesen war eben ein Annäherungsprozess, der – wie eine konvergierende Zahlenfolge – einem Grenzwert zustrebte. Ebenso wie eine mathematische Reihe den Grenzwert, dem sie zustrebt, nie erreichen kann – auch wenn der Abstand ihrer Glieder vom Grenzwert kleiner und kleiner wird –, ebenso konnte die Entkörperlichung der metaphysischen Wesen nie so weit getrieben werden, dass völlige Körperlosigkeit bzw. reine Geistigkeit erreicht worden wäre. Man mochte sich – im christlichen Bereich – die im Himmel weilenden Seligen und Heiligen, die Engel und insbesondere den dreieinigen Gott schließlich aus einem unendlich feinen, hauchartigen Stoff bestehend denken; doch ganz ohne Stoff ging es nicht.

Diese Unmöglichkeit, den Grenzwert des rein geistigen Wesens zu erreichen, bildete den Plafond auf dem metaphysischen Zweig. Solange eine weitere Entkörperlichung metaphysischer Wesen noch möglich gewesen war, hatte die Entwicklung auf dem archaischen Geleise weiter bergan fahren können. Als aber eine Annäherung an den Grenzwert des rein geistigen Wesens kaum noch möglich war, drohte die Entwicklung zum Stillstand zu kommen. Sie konnte nur weitergehen, wenn eine völlig neue Auffassung des objektiv Geistigen gefunden wurde. Diese wurde denn auch nach dem „Hereinklappen" der metaphysischen Welt und nach der Überwindung des weltanschaulichen Positivismus gefunden. Worin sie besteht, soll im nächsten Kapitel geschildert werden.

Überwindung des Begriffs-Konkretismus

Hier müssen wir uns noch mit dem Durchstoßen des Plafonds auf dem physischen Zweig beschäftigen: mit jenem ersten Durchstoß, durch den der zweite – der auf dem metaphysischen Zweig – erst möglich geworden ist. Das Verdienst, den Konkretismus der Allgemeinbegriffe definitiv überwunden – und so den Weg für die rasante Entwicklung auf dem physischen Zweig freigekämpft – zu haben, gebührt der mittelalterlichen Scholastik, und zwar nicht der offiziellen bzw. orthodoxen, sondern einer Oppositionsbewegung innerhalb derselben. Es geschah im sogenannten Universalienstreit: in einer gut zweihundert Jahre dauernden Auseinandersetzung, die selten in ihrer wahren Bedeutung erkannt und deshalb in der Philosophiegeschichte oft als Streit um des Kaisers Bart dargestellt wird.

Blenden wir vorerst zurück. Ich habe gesagt, der evolutionäre Gewinn der Entwicklung auf dem physischen Zweig sei die Fähigkeit gewesen, Allgemeinbegriffe zu bilden und mit diesen umzugehen. Das wenig entwickelte – noch wenig aus dem Eingefügtsein in die Umwelt herausgelöste – Bewusstsein haftete noch sehr stark am unmittelbaren Sinneseindruck: am einzelnen Ding und am einzelnen Geschehen. Der Primitive beobachtet zwar in der Regel viel genauer als wir, die wir durch eine Fülle erlernten Wissens vom unmittelbaren Wahrnehmen der Wirklichkeit abgeschirmt sind. Dafür sind wir ihm in der Fähigkeit, das „Gemeinsame im Vielerlei" zu sehen oder wenigstens zu denken, weit überlegen. Dies hat sich in den Sprachen niedergeschlagen. Während unsere Sprachen sehr abstrakt – und damit farblos – sind, vermögen primitive Sprachen – dank ihrer Fähigkeit zur Bildung ungemein farbiger Komposita – Sinneseindrücke in ihrer singulären Fülle prägnant auszudrücken. Zur Bildung von abstrakten Begriffen hingegen sind sie kaum im Stande.

Einen Ansatz, das Allgemeine in der Vielfalt der Erscheinungen zu erkennen, können wir in jenem primitiven Weltverständnis sehen, welches die Ethnologen als Totemismus bezeichnen. In totemistischen Kulturen – z. B. in derjenigen der Sioux-Indianer Nordamerikas – wurde das, was wir heute als tierische und pflanzliche Arten sowie als Klassifikationen wie „der Blitz", „der Donner" usw. bezeichnen, noch als unsichtbare, denkende und wollende Wesen aufgefasst.

Eine gewaltige Zunahme der Fähigkeit, Allgemeinheiten an den „Dingen dieser Welt" zu sehen, fand im alten Griechentum statt, hauptsächlich in dem Zeitraum von ca. 600-300 v. Chr. Zu Beginn jener Epoche hatten jonische Denker in Kleinasien programmatisch erklärt, sie wollten nicht mehr von Mythen (im Sinne von Göttergeschichten) ausgehen, sondern von den „Dingen, die da sind", d. h. vom sinnlich Wahrnehmbaren. Dadurch hat sich die Dynamik der Bewusstseinsevolution vorübergehend vom metaphysischen auf den physischen Zweig verlagert.

Wie rapid dabei die Fähigkeit, das Allgemeine zu sehen und zu benennen sowie über Allgemeinheiten nachzudenken zugenommen hat, kann anhand der Entwicklung der griechischen Sprache verfolgt werden. Dabei tritt auch sehr deutlich die Wechselwirkung zwischen Sprache und Bewusstsein hervor: die Tatsache, dass Sprache es dem Menschen nicht nur ermöglicht, sich zu äußern, sondern dass Fortschritte in der Sprache auf den menschlichen Geist zurückwirken, d. h. dass Sprache auch ein Instrument zur Evolution des Bewusstseins ist.

Sprachgeschichtler haben gezeigt, dass die plump konkretistische Vorstellung des Allgemeinen als eines denkenden und wollenden Wesens am Beginn des griechischen Evolutionsschubes noch vorhanden war. Wenn z. B. Homer von dem sprach, was allen sich fürchtenden Männern gemeinsam ist, verstand er das Wort „Phobos", das er dafür verwendete, noch als Eigennamen für einen Daimon. „Phobos" bedeutete bei Homer noch „der Scheucher". Erst später erhielt dieses Wort die Bedeutung „Furcht". Nun war das, was Angst machte, kein Dämon mehr, sondern ein seelischer Zustand des Menschen.

Echte Abstrakta wie „Furcht" enthielt die griechische Sprache am Ende der vorsokratischen Epoche in großer Fülle. Das frühe Griechische war jedoch nicht einfach mit Abstrakta aufgefüllt worden. Es war die Struktur der Sprache, die differenziert wurde. So war z. B. ein sehr wirksames Instrument zur Bildung von Abstrakta geschmiedet worden, indem man aus dem Demonstrativpronomen vorerst den speziellen und dann den allgemeinen Artikel entwickelte. Der allgemeine Artikel machte das, was ursprünglich nur Aussage gewesen war, nun zum Gegenstand der Aussage und damit des Denkens. Wie die Entwicklung der Sprache sich im Einzelnen vollzogen hat, soll hier nicht dargestellt werden. Jedenfalls hatten die Griechen in vorsokratischer Zeit nicht nur gelernt, Allgemeinheiten zu erkennen und zu benennen. Sie hatten in hohem Grad die Fähigkeit gewonnen, das Allgemeine zum Gegenstand des Denkens zu machen.

Was nun im Hinblick auf unser Problem wichtig ist: von dieser Fähigkeit machten sie nicht nur praktischen Gebrauch. Sie stellten auch Überlegungen darüber an, welche Art von Existenz das gedachte Allgemeine habe: Sie erarbeiteten eine Theorie der Allgemeinbegriffe. Die bedeutsamsten griechischen Theoretiker des Allgemeinen waren Plato und Aristoteles.

Betrachten wir zuerst Plato, den Älteren der beiden. Von den vielfältigen Einzeldingen, die wir mit den Sinnen wahrnehmen und die ständiger Veränderung unterworfen sind, unterschied er ein sich immer gleich bleibendes Seiendes, das wir durch das Denken wahrnehmen. Dieses gleich bleibende Seiende bezeichnete er als Ideen.

Registrieren wir, dass Plato das Denken als Wahrnehmungsvorgang auffasste. Er lehnt sich damit an eine für die Vorsokratiker noch charakteristische Vorstellung des Denkvorgangs an. Diese glaubten nämlich noch, der Kosmos selber erkenne und denke. Infolgedessen bestand für sie die geistige Tätigkeit des Menschen – eines unabgelösten Teils des Kosmos – darin, dass der Mensch am kosmischen Erkennen und Denken partizipierte.

Das Wissen um diese griechische Auffassung des Denkens erleichtert den Zugang zu Platos Vorstellung von der Existenzweise der Ideen. Er lehrte, diese hätten eine Existenz sowohl unabhängig von unserem Denken als auch unabhängig von den Dingen, in denen sie „wahrgenommen" werden: sie existierten an sich selbst, als „rein geistige" Gebilde, irgendwo in einem Ideenhimmel.

Platos Vorstellung von der Existenzweise des Allgemeinen – dessen, was wir mit den Allgemeinbegriffen benennen – war somit noch konkretistisch. Sie war zwar sublimer konkretistisch als die noch plumpe Vorstellung von denkenden und wollenden Totemwesen und auch sublimer konkretistisch als die noch bei Homer anzutreffende; sie war aber doch – da Plato die Ideen als etwas auffasste, das für sich allein existieren kann – konkretistisch.

Platos Vorstellung von den Allgemeinheiten war jedoch so sublim konkretistisch, dass man sagen kann, sie habe sich dem Grenzwert der archaischen Auffassung der Abstrakta – deren „rein geistigen Seinsweise" – bis auf unendlich geringe Distanz angenähert. Plato berührte somit gleichsam mit seinem Scheitel den Plafond der Entwicklungsmöglichkeit auf dem physischen Zweig unter archaischen Vorzeichen. Er hat sogar im Alter noch gemerkt, dass mit seiner Theorie etwas nicht stimmte: dass zwischen den Ideen und den sinnlich wahrnehmbaren Dingen ein „Abgrund" (Chorismos) klaffe, d. h., dass die Beziehung zwischen diesen beiden Wesenheiten auf herkömmliche (von heute aus gesehen dualistische) Weise nicht zu fassen sei. Aber er vermochte den Plafond nicht mehr zu durchstoßen.

Es wird zwar heute von vielen nicht gerne gehört, wenn man den archaischen Charakter von Platos Ideenlehre hervorhebt. Im Zug des gegenwärtigen Übergangs von der analytischen zur systemischen Betrachtung der Natur, die von vielen mehr gespürt als bewusst erfasst wird, findet nämlich zurzeit eine Rückprojektion des sich anbahnenden Neuen auf Plato statt bzw. eine Verlagerung der bisherigen Rückprojektion von Aristoteles auf Plato. Dadurch wird alles, was dieser gesagt hat, tabu. Natürlich hat Plato – wie jeder Projektionsträger – eine Seite, an die sich die Projektion anlagern kann. Dies soll uns aber nicht hindern, zu sehen und auszusprechen, dass seine Auffassung der Abstrakta noch konkretistisch war.

In der Philosophiegeschichte ist für Platos Ideenlehre der Ausdruck „Begriffs-Realismus" (von lat. res = Ding) gebräuchlich. Realismus mit diesem Bedeutungsfeld und Konkretismus sind synonym. Da ich zur Bezeichnung der dinglichen Vorstellung sowohl des innerlich Wahrgenommenen als auch des Abstrahierten bisher den Ausdruck „Konkretismus" verwendet habe, ziehe ich es – der Klarheit halber – vor, Platos Ideenlehre konkretistisch zu nennen.

Während nun die Bewusstseinsevolution auf dem physischen Zweig mit Platos Ideenlehre an dem durch den archaischen Konkretismus gebildeten Plafond anstieß, gelang es Platos Schüler, dem um 43 Jahre jüngeren Aristoteles, diese Schranke zu durchbrechen. Aristoteles verlagerte nämlich die „jenseitige" Ideenwelt seines Lehrers in die Natur hinein, indem er sagte, die

Allgemeinbegriffe hätten eine Existenz sowohl in unseren Köpfen, wo sie gedacht, als auch in den sinnlich wahrnehmbaren Dingen, aus denen sie abstrahiert werden.

Mit dieser Formulierung, die uns heute als das Selbstverständlichste der Welt erscheint, war etwas wahrhaft Revolutionäres geschehen. Mit ihr war die konkretistische Auffassung der Abstrakta überwunden worden. Mit ihr war auf dem physischen Zweig der Bewusstseinsevolution das geschehen, was auf dem metaphysischen Zweig erst mehr als zwei Jahrtausende später geschehen konnte: Die Ideen waren naturalisiert, d. h. von der Übernatur in die Natur heruntergeholt worden. Der Ideen-Himmel war hereingeklappt in die Dinge „dieser" Welt.

Weichenstellung durch Universalienstreit

Mit Aristoteles hatte sich jedoch das Hereinklappen des Ideen-Himmels erst im Prinzip vollzogen. Obwohl seine Bücher – vor allem wegen der aristotelischen Logik – immer wieder abgeschrieben und studiert wurden, wurde seine Theorie der Abstrakta vom allgemeinen Bewusstsein nicht rezipiert. Nach der griechischen Klassik verlagerte sich nämlich der Schwerpunkt der Bewusstseinsevolution wieder auf den metaphysischen Zweig. Philosophie wurde mehr und mehr zu Religion und zu Theologie. Dabei wurde Plato Aristoteles vorgezogen und sein ursprünglich physischer Konkretismus mehr und mehr an den von jeher metaphysischen Konkretismus der Theologen assimiliert.

Erst nach lang dauernder Rearchaisierung des Bewusstseins wurde – im abendländischen Hochmittelalter nach der Wiederentdeckung des Aristoteles – die Auseinandersetzung um die platonische und die aristotelische Auffassung von der Existenzweise der Allgemeinbegriffe wieder aufgenommen. Da man in der Scholastik die Allgemeinbegriffe „Universalia" nannte, ist diese Auseinandersetzung, die von ca. 1100-1300 dauerte, unter dem Namen Universalienstreit in die Geschichte eingegangen.

Obwohl es beim Universalienstreit im Grunde genommen um eine Problematik des physischen Zweigs der Bewusstseinsevolution ging, wurde er erstaunlicherweise im Schoße der scholastischen Theologie und Philosophie ausgetragen, also innerhalb einer Wissenschaft, die über das „Jenseitige" spekulierte, und die das „Diesseitige" nur im Hinblick darauf betrachtete, wie es dem Jenseitigen wohlgefällig sein könne.

Der Grund, weshalb er damals an so ungeeignet erscheinendem Ort losbrach und zudem mit so großer Hartnäckigkeit zu Ende geführt wurde, ist wohl darin zu sehen, dass die Bewusstseinsevolution zu jener Zeit auch auf dem metaphysischen Zweig an eine Grenze stieß. Im Denken der großen mittelalterlichen Theologen hatte sich nämlich die Vorstellung von der Seinsweise der metaphysischen Wesen ihrem Grenzwert – dem „rein geistigen" Wesen – auf unendlich geringe Distanz genähert.

Nun musste etwas geschehen, und es geschah in der Art, die dem damaligen Stand der Bewusstseinsevolution entsprach und, wie wir noch sehen werden, auch der Gesetzmäßigkeit psychischer Wandlungsvorgänge: Es geschah in Form einer Weichenstellung, die bis auf weiteres den metaphysischen Konkretismus noch ungeschoren ließ, der Evolution auf dem physischen Zweig jedoch nunmehr die Bahn freigab. Wilhelm von Occam (1289-1349), einer der letzten großen Kämpfer im Universalienstreit, lehrte, die platonische Auffassung der Universalien solle zwar für den Bereich des Übernatürlichen unangetastet bleiben, für den Bereich des sinnlich Wahrnehmbaren hingegen komme nur die Auffassung des Aristoteles infrage.

Damit waren die Weichen so gestellt, dass nunmehr zwei wissenschaftliche Züge – jeder auf seinem Geleise – freie Fahrt hatten. Um bei diesem Bild zu bleiben, können wir sagen, der theologische Zug hat somit bis in unsere Zeit hinein auf seinem alten Geleise gemächlich durch die Talsohle der mythischen Weltsicht dahinrollen können; der andere – der der neuzeitlichen Wissenschaft – musste erst gebaut werden; doch dann hat er er nicht nur eine völlig neuartige, sondern auch eine viel kräftigere Maschine gehabt, sodass er mit zunehmender Beschleunigung immer steiler bergan fahren und dabei seinen Insassen immer weitere Horizonte einer neuen, nunmehr erfahrungswissenschaftlichen Weltsicht erschließen konnte.

Neue Art des Forschens: ein „operantes Schema"

Damit kommen wir nun schließlich zu dem, was in der Überschrift zu diesem Kapitel angekündigt war: zum Übergang von der mythischen zur wissenschaftlichen Weltsicht. Im Kapitel „Die Überwindung des naiven Realismus" habe ich skizziert, wie die erfahrungswissenschaftliche Weltsicht sich entfaltet hat. Jetzt haben wir gesehen, worin die mythische Art, die Welt zu sehen, bestand, wie die Bewusstseinsevolution während dieser mythischen Phase voranschritt und wie sie schließlich – auf ihren beiden Zweigen – an einem „Plafond" anstieß.

Nun können wir also den eigentlichen Übergang von der einen zur andern Weltsicht ins Auge fassen und damit das Verständnis für die geistige Krise der

Gegenwart noch einmal vertiefen. Vor allem werden wir noch klarer erkennen, dass es eine heilsame Krise ist: eine Krise des Übergangs zu höherer Bewusstheit.

Wie gesagt, gelang der große Schritt bei der Evolution des abendländischen Bewusstseins durch eine völlig neue Art des Forschens. Sie ergab sich aus einer Bündelung mehrerer Faktoren, von denen jeder Einzelne für sich allein wohl keine große Wirkung gehabt hätte. Außer der Überwindung des Begriffs-Konkretismus und der ebenfalls noch im Mittelalter geschehenen Einübung des gerichteten (logischen) Denkens waren dies die radikale Hinwendung der Bewusstseinsspitze zum „Diesseits" sowie das Streben nach Empirie mit allen seinen Implikationen.

Das logische Denken ist uns so zur Selbstverständlichkeit geworden, dass wir kaum noch begreifen können, welch unerhörte Neuerung es seinerzeit bedeutete. Das frühe Denken war vorwiegend assoziierend und kreisend. Jenes kreisende Denken, bei dem man einen Gegenstand in der Weise ans Bewusstsein assimiliert, dass man ihn gleichsam umkreist und mit Bildern und Zitaten anreichert, wird oft als weibliches Denken bezeichnet. Das gerichtete Denken, bei dem man den Gegenstand durch eine geradlinige Folge logischer Schritte gleichsam seziert, wird jenem „weiblichen" Denken als „männliches" gegenübergestellt. Bei objektivierender Einstellung – der Einstellung, aus der Wissenschaft hervorgeht – ist das „männliche" Denken richtig und weiterführend. Wo es allerdings um existenzielle Belange geht, ist die „weibliche" Art des Denkens der „männlichen" überlegen.

Aus diesem Grund wird heute, wo der existenzielle Bereich wieder in den Brennpunkt des Interesses rückt – und rücken muss –, das gerichtete, logische Denken von vielen verpönt und beschimpft. Im Mittelalter dagegen, als Wissenschaft im eigentlichen Sinn des Wortes – in Gestalt der scholastischen Theologie – erstmals entstand, war die Einübung des logischen Denkens eine Notwendigkeit. Als dann zu Beginn der Neuzeit das Interesse der Bewusstseinsspitze sich vom „Jenseits" zum „Diesseits" verlagerte und es darum ging, das Sosein des „Diesseits" zu erforschen, erwies sich die Fähigkeit zum logischen Denken als kostbare Errungenschaft.

Das Streben nach Empirie, das jetzt zum zweiten Anlauf ansetzte, war dieses Mal echt und wurde konsequent durchgeführt. Im Unterschied zu den Vorsokratikern nahm man sich nun nicht nur vor, von den „Dingen dieser Welt" auszugehen, um dann einfach darüber zu spekulieren. Man machte sich daran, diese wirklich anzuschauen.

Dies hieß zuerst einmal, die freie Spekulation, d. h. das unkontrollierte Fantasieren, aufzugeben. Instinktiv unterzog man sich einer Radikalkur, indem man den Empiriebegriff sehr eng fasste und den methodischen Positivismus zum Ethos des Forschers erklärte. Da man damals das innerlich Wahrgenommene noch nicht als solches erkennen konnte, bewahrte zu jener Zeit einzig und allein die strikte Ablehnung des „mit den Augen der Seele" Gesehenen vor dem Rückfall ins mythische Theoretisieren.

Deshalb schadete es damals nicht nur nichts, sondern war es der Durchschlagskraft des neuen Forschens sogar förderlich, wenn die frühen Theoretiker der Empirie – z. B. John Locke und David Hume – die Ansicht vertraten, die Erkenntnis der Zusammenhänge und Gesetzmäßigkeiten ergebe sich allein aus dem Beobachten (= Empirismus).

Der methodische Positivismus hatte verschiedene Gesichter, je nach dem Forschungsbereich, auf den er angewendet wurde. Die Natur, welche der archaische Mensch der Übernatur gegenübergestellt hatte, umfasste ja zwei grundverschiedene Bereiche: einerseits das, was wir beim heutigen Sprachgebrauch unter Natur verstehen, andererseits die Werke und Taten des Menschen, d. h. die Kultur. So gliederten sich auch die neuzeitlichen Wissenschaften während ihrer ersten, bis in unser Jahrhundert hinein dauernden Entwicklungsphase in die zwei großen Ströme der Natur- und Kultur-Wissenschaften auf.

Im Bereich der Kulturwissenschaften hieß Beschränkung auf das sinnlich Wahrnehmbare, zurückzugehen auf die Quellen, diese immer und immer wieder kritisch zu prüfen und bloße Fantasien daraus auszuscheiden.

Im Bereich der Naturwissenschaften hieß methodischer Positivismus vorerst einmal, die Natur wirklich zu beobachten und nicht nur aus der Bibel und anderen „ehrwürdigen" Schriften zu „beweisen", wie die Dinge sich verhielten. Mit dem einfachen Beobachten war es jedoch nicht getan. Hier drängte sich die Frage nach den Ursachen und Gesetzmäßigkeiten auf. Wesentlich war dabei, wie schon erwähnt, die Einsicht, dass immer nur nach den nächsten, unmittelbaren Ursachen des jeweils Beobachteten zu suchen sei: die Einsicht, dass man Schritt für Schritt hinter die Fassade des Augenscheins vordringen müsse.

Bei diesem Vorgehen bildete sich – in einem mühsamen Prozess – der neuzeitliche Kausalitätsbegriff heraus. Zwar hat sich die Auffassung der Kausalität mit dem Voranschreiten der Naturerkenntnis mehrmals gewandelt, doch muss der neuzeitliche Kausalitätsbegriff dem archaischen als etwas völlig anderes gegenübergestellt werden. Das Neue und Weiterführende daran war, dass er das Bewirktsein von Veränderungen in der Natur sowohl durch metaphysische Wesen wie auch durch magische Praktiken ausschloss.

Das Suchen nach den unmittelbaren natürlichen Ursachen brachte eine immer umfangreichere Anwendung des Experiments mit sich und führte auch – Hand in Hand damit – zur Entwicklung von immer leistungsfähigeren Instrumenten und indirekten Untersuchungsmethoden.

Das Bemühen um Empirie wäre jedoch niemals so erfolgreich gewesen – es wäre wahrscheinlich gar nicht aufgekommen –, wenn nicht die Scholastik den Universalienstreit so hartnäckig und gründlich ausgetragen hätte. Erst die Verankerung der Universalien in den „Dingen dieser Welt" ließ Empirie sinnvoll erscheinen. Wollte man nun gültige Aussagen über „diese" Welt machen, durfte man nicht mehr einfach von einem durch Spekulation bzw. durch Fantasieren gewonnenen Allgemeinen zum Besonderen deduzieren. Nun erschien es richtig, zuerst die konkrete Wirklichkeit zu beobachten und dann erst das Allgemeine aus den Beobachtungen abzuleiten.

Die Verankerung der Universalien in den Dingen machte es außerdem möglich, sie als etwas Vorläufiges aufzufassen. Nachdem man von der Vorstellung losgekommen war, Universalien seien selbstständig existierende Geist-Dinge, die unveränderlich und ewig irgendwo über dem sichtbaren Sein schwebten, konnte man sie als Denkmodelle auffassen: als Modelle, die für eine gewisse Zeit heuristischen Wert haben, indem sie dem gezielten Beobachten den Weg weisen, die man aber auch wie zu klein gewordene Schneckenhäuser wieder verlassen und durch passendere ersetzen darf, sobald sich Beobachtungen ergeben, die mit ihnen nicht mehr erklärt werden können.

Dadurch verlor das Welterleben seinen statischen Charakter. Wir können uns heute nur schwer mehr vorstellen, wie statisch es bis dahin gewesen war. Ebenso schwer fällt es uns zu begreifen, dass die ungeheure Dynamik des wissenschaftlichen Fortschritts erst mit dem so unscheinbaren Übergang von der platonischen zur aristotelischen Auffassung über Allgemeinbegriffe „in die Welt gekommen" ist.

Durch die Überwindung des Begriffs-Konkretismus wurde das Denken dynamisch wie nie zuvor. Jetzt erst wurde die Bahn frei für das Schicht-um-Schicht-Vordringen hinter die Fassade des Augenscheins: für ein Voranschreiten in immer neue, bisher unbekannte Gefilde. Dies geschah mit unaufhaltsamer Gewalt, man kann fast sagen mit Naturgewalt.

Die Unaufhaltsamkeit dieses Voranschreitens ergab sich jedoch nicht aus der Überwindung des Begriffs-Konkretismus allein. Sie ergab sich erst durch das Zusammentreffen der erwähnten Faktoren, außerdem dadurch, dass diese sich nicht einfach kumulierten, sondern dass durch ihre Integration etwas völlig Neues entstand: ein sogenanntes operantes Schema, eine Art geistige

Maschinerie, die sozusagen von selbst immer tiefer und tiefer gräbt – bzw. den Zug der Bewusstseinsevolution auf dem physischen Zweig immer weiter vorantreibt –, sobald ihr psychische Energie zufließt. Und diese floss ihr durch die Neugier der Forscher unaufhaltsam und in immer größerem Ausmaß zu.

Erst durch das Zustandekommen dieses operanten Schemas wurde Naturkunde zu Naturwissenschaft, wurde Historiographie zu historischer Wissenschaft. Nun erst entstand – erstmals seit Beginn der Bewusstseinsevolution – echte Erfahrungswissenschaft: ein weitgehend „spontanaktives", überindividuelles Gebilde, das viel eher die einzelnen Forscher in seinen Dienst nimmt, als dass es von diesen gelenkt und gesteuert wird.

Heute besteht zwar im Zeichen des Ethnologie-Booms der Trend, Naturerkenntnisse, Messverfahren, metallurgisches Können usw. früherer Kulturen als Wissenschaft zu bezeichnen. Es muss aber gesehen werden, dass dies – bei aller Hochachtung vor den geistigen Leistungen jener Völker – keine Erfahrungswissenschaft im neuzeitlichen Sinne war, und zwar deshalb nicht, weil die neuzeitliche Art des Forschens – das, was ich als operantes Schema bezeichne – damals noch nicht erfunden war. Die Erfindung dieses Schemas war ein evolutionärer Durchbruch: die Erweiterung jenes „Lochs im Plafond", das durch die Überwindung des Begriffs-Konkretismus geschlagen wurde.

Mutation des Bewusstseins in zwei Schritten

Wenden wir uns jetzt den Auswirkungen dieses Durchbruchs zu. Wir können dies auf zwei Ebenen tun: auf der geistesgeschichtlichen und auf der evolutionären. Betrachten wir die Auswirkungen mit Blick auf die Geistesgeschichte – wie wir es im Kapitel „Die Überwindung des naiven Realismus" getan haben –, dann sehen wir eine Reihe von Entdeckungen, welche fortschreitend die Sicht „dieser Welt" erweiterten: zuerst jenes Aspekts „dieser Welt", welcher sich beim Forschen nach dem Prinzip des methodischen Positivismus erschließt; hierauf – nach der Entdeckung des Unbewussten – auch jenes Aspekts, der sich bei Berücksichtigung des innerlich Wahrgenommenen eröffnet. Worauf es mir hier ankommt: bei dieser geistesgeschichtlichen Betrachtung erscheint der Übergang von der durch die positivistische Wissenschaft eröffneten „Sicht der Dinge" zu jener erweiterten, die seit der Entdeckung des Unbewussten möglich geworden ist, als linearer Übergang: als geradlinige Fortsetzung erfahrungswissenschaftlichen Welterschließens.

Betrachten wir die Folge der Entdeckungen hingegen unter dem Blickwinkel der Bewusstseinsevolution, dann treten – wie immer beim Wechsel von der geistesgeschichtlichen zur evolutionären Betrachtungsweise – die Konturen eines größeren, umfangreicheren Geschehens hervor. Außerdem zeichnet sich dann eine Gesetzmäßigkeit der Entwicklung ab, die bei geistesgeschichtlicher Betrachtung nicht in Erscheinung tritt. Was für das Verständnis des Übergangs von der mythischen zur wissenschaftlichen Weltsicht besonders wichtig ist: Der vorhin erwähnte Übergang erscheint dann nicht mehr geradlinig bzw. linear. Er erscheint vielmehr in ganz neuem Licht.

Ich habe schon mehrmals erwähnt, dass die Mutation des Bewusstseins – der Übergang vom mythischen zum wissenschaftlichen Selbst- und Weltverständnis – in zwei Schritten vor sich gegangen ist: dass der erste Schritt gleichbedeutend ist mit der Entfaltung der positivistischen Wissenschaften, und dass der Zweite eingeleitet wurde durch die Entdeckung des Unbewussten. Nun sind aber diese beiden Schritte, unter dem Blickwinkel der Bewusstseinsevolution betrachtet, nicht von gleicher Qualität. Diese unterschiedliche Qualität müssen wir nun zu erfassen versuchen.

Blicken wir noch einmal auf die Evolution während der archaischen Zeit zurück. Wir haben festgestellt, dass sich damals eine große Bewegung vollzog: das „Hochschieben des Himmels". Wir haben auch festgehalten, dass die Bewusstseinsevolution damals fast ausschließlich auf dem metaphysischen Zweig vor sich ging: durch Auseinandersetzung mit den „Himmlischen". Deshalb sehen wir am Ende der Zeit, in der die archaische Weltsicht noch allgemeine Gültigkeit hatte – am Ausgang des Mittelalters –, auf der einen Seite ein hoch differenziertes metaphysisches System, auf der anderen eine sehr rudimentäre Kenntnis der „physischen" Welt. Dazu kommt, dass die Sicht des „Physischen" nicht nur arm an echten Erkenntnissen war; sie war auch noch weitgehend von der archaischen Auffassung des Geschehens – von dessen Bewirktsein durch metaphysische Personen – bestimmt.

Trotz dieser unterschiedlichen Kenntnis der beiden „Welten" war am Ende des Mittelalters, wie wir gesehen haben, sowohl die Vorstellung von den Geist-Wesen wie auch die von den Abstracta am Plafond der Entwicklungsmöglichkeit unter archaischen Vorzeichen angestoßen. Nun stehen wir aber vor der erstaunlichen Tatsache, dass der Durchbruch durch diesen Plafond damals nur auf dem physischen Zweig geschah, auf dem metaphysischen jedoch erst ein halbes Jahrtausend danach. Wie lässt sich das erklären?

Bei der Beantwortung dieser Frage ist wiederum eine Einsicht hilfreich, die sich aus der tiefenpsychologischen Praxis ergibt. Dort zeigt sich bei der Begleitung psychischer Reifungsprozesse – sogenannter Individuationsprozesse –, dass Entwicklungsschritte zu höherer Bewusstheit nicht linear vor sich gehen, sondern dialektisch: nach der Gesetzmäßigkeit von Gegensatzspannung und transzendierender Funktion.

C. G. Jung hat beobachtet, dass immer dann, wenn eine bewusste Einstellung ungenügend geworden ist, sich zunächst eine extrem gegensätzliche, mit dieser unvereinbare Position ausbildet. Nimmt der Analysand nun einfach die neue, der bisherigen entgegengesetzte Position ein – um ein „handgreifliches" Beispiel zu nennen, nach einer extrem religionsgebundenen eine extrem atheistische –, so ist er einfach von einem Extrem ins andere gefallen und hat keinen wirklichen Entwicklungsschritt getan. Hält er hingegen die schmerzhafte Spannung zwischen den Gegensätzen aus, dann fällt ihm mit der Zeit eine „mittlere" Lösung ein: eine Einstellung, die die wertvollen Elemente beider Positionen – auf höherer Bewusstseinsebene – vereint. Entscheidend ist dabei, dass die Lösung nicht durch rationale Überlegungen gefunden wird, sondern dass sie aus dem Unbewussten „einfällt": dass sie das Ergebnis der informationsverarbeitenden Fähigkeit des Unbewussten ist. Die Fähigkeit des Unbewussten, die Gegensätze zu vereinen, indem es sie übersteigt, nannte Jung die „transzendente Funktion". Da der Ausdruck „transzendent" zu Missverständnissen geführt hat, sage ich stattdessen „transzendierend".

Dass Individuationsprozesse nach der Gesetzmäßigkeit von Gegensatzspannung und transzendierender Funktion geschehen, wurde durch die analytische Praxis tausendfach bestätigt. Überlegen wir nun, ob in der zeitlichen Staffelung der beiden Durchbrüche – bzw. in den beiden Schritten der Bewusstseins-Mutation – nicht auch diese Gesetzmäßigkeit zum Ausdruck kommt. Am Ende des Mittelalters war die archaische Weltsicht zwar überfällig geworden, es bestand jedoch damals noch keine entgegengesetzte Position. Diese musste erst noch geschaffen werden, und sie kam dadurch zustande, dass – auf dem Boden der durch die positivistischen Wissenschaften erarbeiteten Kenntnis „dieser" Welt – sich mehr und mehr ein weltanschaulicher Positivismus profilierte. So bestand denn erst am Ende des 19. Jahrhunderts eine echte Gegensatzspannung: das sogenannte Dilemma zwischen Wissenschaft und Glaube.

Nun wird klar, dass die Weichenstellung, die Wilhelm von Occam am Ausgang des Universalienstreites initiierte, richtig war. Durch sie wurde erreicht, dass der „Himmel" in Wartestellung ging, während andererseits der Rückstand der Evolution auf dem physischen Zweig aufgeholt werden konnte. Entscheidend für das spätere Gelingen des „Herunterholens des Himmels" war jedoch, dass dieses Nachholen in der oben beschriebenen völlig neuen Art geschah, und dass zudem bei der neuen Art des Forschens vorübergehend das Gesichtsfeld auf das sinnlich Wahrnehmbare eingeengt wurde.

Wir haben früher festgehalten, dass die Einengung des Gesichtsfeldes durch das Prinzip des methodischen Positivismus die Forscher vor dem Rückfall ins mythische Theoretisieren bewahrte. Nun können wir auch sehen, dass diese Einengung noch eine andere, im Dienst der Bewusstseinevolution viel bedeutsamere Funktion hatte: sie schuf die Voraussetzung für die noch fehlende Gegenposition, für den weltanschaulichen Positivismus. Gegen Ende des 19. Jahrhunderts war es so weit. Nun standen sich zwei miteinander völlig unvereinbare Arten des Selbst- und Weltverstehens gegenüber: zwei Arten, von denen jede Anspruch auf absolute Gültigkeit erhob. Nun bestand in den Seelen vieler wacher Geister, die unter dem „Dilemma zwischen Wissenschaft und Glauben" litten, eine echte Gegensatzspannung.

Dass dadurch die transzendierende Funktion des Unbewussten konstelliert wurde, ist daran ersichtlich, dass damals verschiedene geistige Strömungen aufkamen, welche im Rückblick als Ansätze zu einer neuen, das „Dilemma" beseitigenden Lösung verstanden werden können. Als einen dieser Ansätze können wir das damals aufgekommene Postulat nach einem unbewussten Bereich der Psyche sehen. Wie die spätere Entwicklung zeigte, lag dieses nämlich völlig abseits der Denkrichtung des damals gültigen positivistischen Forschens. So kann wohl auch das Gelingen des empirischen Nachweises des Unbewussten eher aus dem Ingangkommen der durch die Gegensatzspannung konstellierten transzendierenden Funktion verstanden werden, denn als lineare Fortsetzung bisherigen naturwissenschaftlichen Forschens, als welche es sich bei der geistesgeschichtlichen Betrachtung darstellt (Abb. 5).

Es ist aber doch bemerkenswert, dass von all den Ansätzen zu einer die Gegensätze übersteigenden Weltsicht ausgerechnet jener zur Überwindung des „Dilemmas" geführt hat, der sich auf das solide Fundament der naturwissenschaftlich untermauerten Medizin stützte. Durch die neue Art des Forschens war eben – wie ich es weiter oben bereits formuliert habe – gleichsam ein archimedischer Punkt geschaffen worden, von dem aus die metaphysische Welt des archaischen Menschen hereingehebelt werden konnte. Dass und wie bei diesem Hereinhebeln jede der beiden gegensätzlichen Positionen in ihrem Absolutheitsanspruch relativiert worden ist, wurde früher schon beschrieben. Erinnern wir uns kurz: die positivistische wurde erweitert, die archaische hingegen als das Ergebnis einer Projektion durchschaut. Die Integration der relativierten Positionen zu einer neuen, einheitlichen Sicht besteht darin, dass es nunmehr möglich ist, nicht nur das sinnlich, sondern auch das inner-

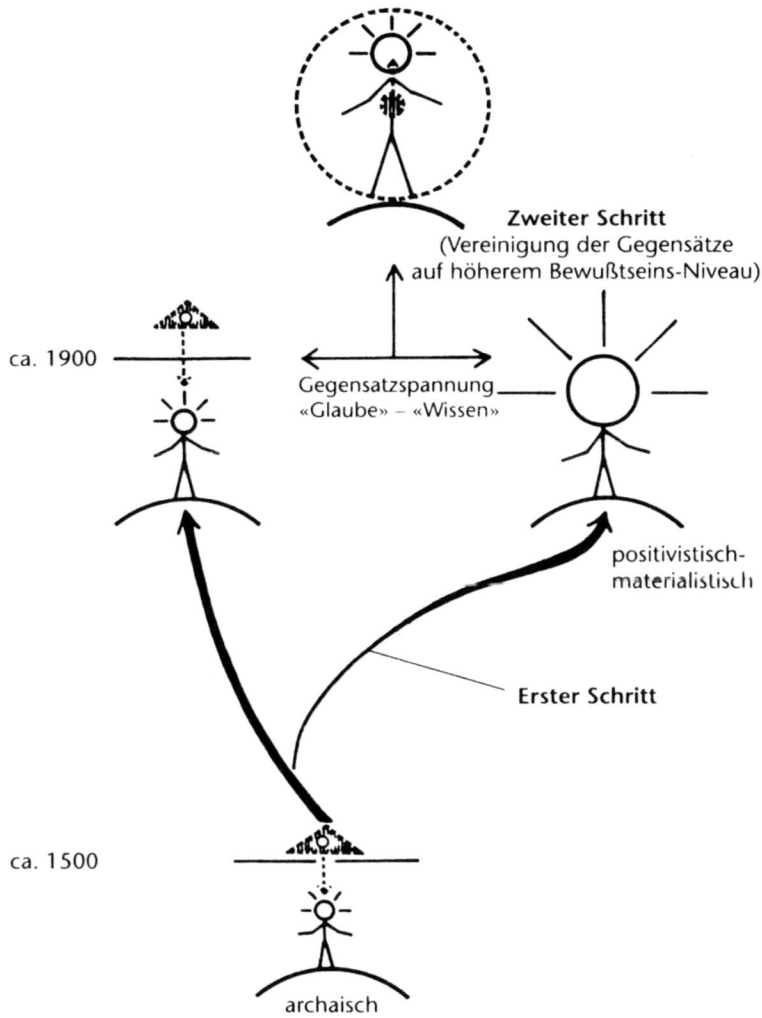

ca. 1900

Zweiter Schritt
(Vereinigung der Gegensätze
auf höherem Bewußtseins-Niveau)

Gegensatzspannung
«Glaube» – «Wissen»

positivistisch-
materialistisch

Erster Schritt

ca. 1500

archaisch

Abb. 5 Die zwei Schritte der Bewusstseins-Mutation ©Willy Obrist

lich Wahrgenommene empirisch – im Sinne neuzeitlicher Empirie – zu erforschen: dass nun der Dualismus von Diesseits und Jenseits überwunden ist
und die gesamte erfahrbare Wirklichkeit in einheitlicher Sicht gesehen werden kann. Nun erst, mit diesem zweiten Schritt der Bewusstseins-Mutation,
war der Übergang von der mythischen zur wissenschaftlichen Weltsicht voll-
umfänglich vollzogen.

Vom Heiligen Geist zum inneren Meister

In diesem Buch geht es um Religiosität: um jene existenzielle Haltung, bei der der Mensch sich bemüht, bei seinen Entscheidungen außer dem eigenen Willen auch noch den einer unsichtbaren, jedoch erfahrbaren, ihm überlegenen Macht zu berücksichtigen. Religiös existenzielle Haltung setzt die Gewissheit voraus, dass eine solche Macht existiert, dass sie dem Menschen wohlgesinnt ist, dass sie ihn aber auch zur Verantwortung ziehen und bestrafen kann.

Zu dieser Gewissheit zu gelangen, ist nicht Sache des Intellekts. Sie kann deshalb auch nicht durch Belehrung vermittelt werden, sondern ergibt sich durch Erfahrung. Dabei handelt es sich allerdings um eine besondere Art von Erfahrung. Sie kann nicht durch bewusstes Wollen erworben werden wie z. B. ärztliche Erfahrung oder Erfahrung im Gartenbau. Jene Erfahrung, die zu Glaubensgewissheit führt, geschieht. Dass sie geschieht, beruht auf der Wirkung jenes dem Willen völlig unzugänglichen innerseelischen Dynamismus, den die Theologie als Gnade bezeichnet hat. Wenn der Mensch auch das „Gnadengeschehen" nicht im Griff hat, so kann er doch seine Seele für das Wirksamwerden der Gnade vorbereiten. Dies war in archaischer Zeit Sache der spirituellen Schulen. Das Know-how der Meister der Spiritualität bestand weitgehend im Wissen um das Vorgehen bei dieser Vorbereitung der Seele auf das Gnadengeschehen.

Mit der Frage, wie man dieses vor dem Hintergrund der archaischen Weltsicht gewonnene Erfahrungswissen dem Menschen der heutigen Zeit – beim Bemühen um die der heutigen Bewusstseinsebene entsprechende Art von Religiosität – erschließen kann, werden wir uns im zweiten Teil ausführlich befassen. Vorerst muss jedoch noch etwas anderes aufgearbeitet werden: etwas, das den Wandel der Weltsicht betrifft. Zu allen Zeiten hat sich der Mensch beim Bemühen um religiöse existenzielle Einstellung auch gefragt, wie er sich die dem Ich überlegene Macht vorzustellen habe. Der Zwang zu objektivierender Einstellung – zur Frage nach dem Wie und Was – ist ja dem bewussten Lebewesen inhärent.

Dass man sich während der archaischen Phase der Bewusstseinsevolution die dem Ich überlegene Macht als ein zu Denken und Wollen fähiges metaphysisches Wesen – gleichgültig ob mehr personhaft oder mehr abstrakt – vorgestellt hat, haben wir gesehen. Wie aber sollen wir uns heute diese Macht vorstellen: jetzt, nachdem beim zweiten Schritt der Mutation die metaphysische Welt des archaischen Menschen hereingeklappt worden ist? Die Beantwortung dieser Frage ist unabdingbare Voraussetzung für alles Reden über eine unserer Zeit entsprechende Religiosität. Die Antwort kann nicht mit wenigen Sätzen gegeben werden. Sie ergibt sich schrittweise, indem man eine Reihe von Überlegungen anstellt.

Nehmen wir als Erstes den Ausdruck „Hereinklappen der metaphysischen Welt" unter die Lupe. Dieser Ausdruck ist zwar – im Sinne eines Denkanstoßes – recht gut dazu geeignet, die Aufmerksamkeit auf die Tatsache hinzulenken, dass die Weltsicht um 180 Grad gedreht worden ist. Wir müssen uns jedoch vor Augen halten, dass bei der Bewusstseinsmutation nicht etwas hereingeklappt worden ist, das sich vorher außen befunden hätte, sondern dass lediglich die Apperzeption der immer schon innerlich wahrgenommenen Bilder um 180 Grad gedreht worden ist. Durch die Einsicht, dass der spontane Eindruck auch bei jener Wahrnehmung trügt, die der archaische Mensch als Sehen mit den Augen der Seele bezeichnet hat, ist ja klar geworden, dass die dabei geschauten (perzipierten) – und auf Grund des spontanen Eindrucks (hauptsächlich der Vision) als konkrete Wesen apperzipierten – Gestalten in Wirklichkeit bildhafte Veranschaulichungen psychischer Mächte sind: dass es sich bei den vom Ich als ihm überlegen erfahrenen Mächten immer schon um unbewusste psychische Mächte gehandelt hat.

Dank der Entdeckung des Projektionsvorgangs – bzw. der archaischen Identität – können wir nun auch verstehen, wie einst die Vorstellung einer metaphysischen Welt zustande kam. Dank der Einsicht in den Prozess der Bewusstseinsevolution ist zudem deutlich geworden, dass der archaische Mensch gar nicht anders konnte, als entweder die jeweils gültige Lehre vom Jenseits und den Jenseitigen für absolute Wahrheit zu halten oder, wenn eine solche Lehre überfällig geworden war, diese durch eine neue differenziertere Sicht der Jenseitigen zu ersetzen.

Zwei verschiedene Bedeutungen des Ausdrucks „Gott"

Bleiben wir noch einen Augenblick bei den metaphysischen Welten. Sehen wir uns die christliche näher an. Wie alle metaphysischen Welten war auch sie bevölkert von zwei Kategorien metaphysischer Wesen: von den autochthonen und von den weiterlebenden Toten. Als autochthone enthielt sie den trinitarischen Gott und – diesem untergeordnet – die Engel und die Teufel. Die weiterlebenden Toten waren aufgeteilt in die Verdammten, die in der Hölle „schmachteten", und in die für gut Befundenen, welche entweder noch im Fegefeuer für ihre lässlichen Sünden büßten oder schon in den

Himmel eingegangen waren. Die in den Himmel Eingegangenen bildeten gemäß einem weit verbreiteten archaischen Muster – wenigstens im Bereich des „alten Glaubens" – zwei weitere Kategorien: die Kategorie der gewöhnlichen, d. h. in der Erinnerung „derer hienieden" verblassenden, und in die Kategorie der erhabenen, in der Erinnerung „derer hienieden" wachsenden Toten: der Heiligen, von denen angenommen wurde, dass sie wirkmächtig in das „diesseitige" Geschehen eingreifen, insbesondere den Menschen in ihren Nöten beistehen.

Es wäre faszinierend, zu untersuchen, inwiefern die Struktur der christlichen metaphysischen Gemeinschaft tatsächliche Erfahrungen von unbewussten, seelischen Mächten widerspiegelt: die weiterlebenden Toten z. B. das, was man heute als kulturelle Prägungen bezeichnet, die Engel Tendenzen des Unbewussten, welche sowohl die Entwicklung des Ich fördern als auch dieses vor unbedachten Entscheidungen und Fehlhandlungen bewahren. Ganz besonders faszinierend – weil ambivalent – wäre die Figur des Teufels.

Wir müssen uns jedoch auf die Hauptgestalt der christlichen metaphysischen Welt beschränken: auf den trinitarischen Gott. Dabei wollen wir unser Augenmerk nicht auf die theologische Lehre von der innertrinitarischen Ökonomie – der Beziehung der drei göttlichen Personen zueinander – richten, obwohl sich dabei ergäbe, dass auch darin sehr tiefgründige – wenn auch in der Projektion „geschaute" – Einsichten in psychische Dynamismen formuliert sind.

Wir müssen deshalb auf die trinitarische Gottesvorstellung eingehen, weil durch die Bewusstseinsmutation nicht der ganze „Gott" hereingeklappt worden ist. Der Ausdruck „Gott", so wie er heute gebraucht wird, impliziert nämlich zwei verschiedene Bedeutungsgehalte: einerseits den Weltenschöpfer, andererseits das Wesen, das sich um die Sorgen und um das Tun des einzelnen Menschen kümmert.

Die Vorstellung des Schöpfergottes kann verstanden werden als Antwort auf die Frage, wie die Welt entstanden ist. Schöpfungsmythen gibt es unzählige, und die Art, wie darin das weltschöpferische Tun geschildert wird, gibt Auskunft über die Evolutionshöhe des Bewusstseins jener Menschen, für die der betreffende Mythos ein „lebendiger" Mythos war. So drückt sich z. B. im jüdischen Mythos von der Schöpfung durch das Wort höhere Bewusstheit aus als im Schöpfungsmythos der Osage-Sioux, der erzählt, dass „am Anfang der Zeiten" der große Wapiti-Hirsch sich in die Mitte der vier Winde warf und dadurch das Urmeer verdrängte, wonach aus seinen Haaren die Gräser hervorgingen, aus seinen Hintermuskeln die Hügel, aus seiner rechten Seite das ebene Land, aus seinem Rückgrat die Gebirge und so fort.

Schöpfungsmythen sind nicht im eigentlichen Sinn religiöse Mythen, sondern naturerklärende. Sie sind mythische Theorien über die Entstehung der Welt. So wurde denn auch beim Übergang von der mythischen zur wissenschaftlichen Weltsicht der jüdische Schöpfungsmythos vom Wissen über die Evolution abgelöst. Die Vorstellung eines Weltenschöpfers – besser gesagt eines weltschöpferischen Seins – ist dadurch aber nicht, wie oft heute noch behauptet wird, ad absurdum geführt worden.

Vom Atheismus zum Agnostizismus

Wenn wir von Evolution sprechen, müssen wir nämlich unterscheiden zwischen dem Wissen über deren Verlauf und der Theorie, mit der dieses Geschehen erklärt wird. Durch neuzeitliches Forschen gesichertes Wissen über die Natur hat Bestand und wird fortlaufend erweitert und vertieft. Naturwissenschaftliche Theorien hingegen – und somit auch Evolutions-Theorien – sind immer nur vorläufige Erklärungen. Beim Voranschreiten des Wissens werden die jeweils gültigen Theorien durch differenziertere abgelöst, welche noch hintergründigere Zusammenhänge mit einbeziehen.

Zur Zeit der mechanistischen Betrachtung des Lebendigen glaubte man noch, den Evolutionsprozess mittels der neodarwinistischen Theorie – durch die „Mechanismen" Mutation und Selektion – völlig erklären zu können. Damals schien der Atheismus, d. h. die Negation auch des Schöpfergottes, die Einzige mit dem Ethos eines redlichen Naturwissenschaftlers vereinbare Haltung zu sein – eines Naturwissenschaftlers, der nicht am Sonntag oder am Sabbat auf archaische Weltsicht umschaltete.

Heute ist die Situation anders. Auf der einen Seite hat sich in den letzten Jahrzehnten unser Wissen über die Struktur und das Funktionieren des Lebendigen – und noch viel mehr das Wissen über die Struktur und das Gewordensein des Universums – vervielfacht. Diese Wissensvermehrung wurde zudem begleitet vom Wandel zur systemischen und prozesshaften Betrachtung der Natur. Mehr und mehr wird nun die darwinistische Theorie und deren Geschwister (z. B. die sog. synthetische) sowie auch die prigoginistische, siehe Prigogine (vgl. 149), als ungenügend empfunden. Die Zeit ist heute überreif dafür, dass eine grundlegend neue, umfassendere Evolutionstheorie zum Durchbruch kommt. Auf der andern Seite hat das Wissen um die Evolution den naiven Glauben der Aufklärung an die Allmächtigkeit der menschlichen Vernunft in mindestens zweifacher Hinsicht gedämpft. Erstens gewannen wir Einsicht in die Tatsache, dass unser Erkenntnisvermögen im Verlauf der Evolution durch Auseinandersetzung mit der Umwelt im Dienste des Überlebens Schritt um Schritt herangewachsen ist. Zweitens mussten wir einsehen, dass der zeitliche „Punkt Null" unseres Universums – der sogenannte Urknall – eine Schranke ist, hinter die wir nicht weiter vordringen können.

Wegen der zunehmenden Einsicht in die Komplexität der Natur auf der einen und in die Beschränktheit unseres Erkenntnisvermögens auf der andern Seite wird gegenwärtig – wenigstens in der Bewusstseinsspitze der naturwissenschaftlich Gebildeten – der Atheismus mehr und mehr von einem Agnostizismus abgelöst (vgl. 122-124): von einer Haltung, die die Existenz eines weltschöpferischen Seins zumindest nicht ausschließt, aber sich auch bewusst ist, dass sich eine solche nie wird beweisen lassen.

Falls es nun ein weltschöpferisches Sein gäbe – ein Sein, das vor aller raumzeitlichen Wirklichkeit da war und diese hervorgebracht hat – müsste man selbstverständlich auch weiterhin annehmen, dass es sich außerhalb des Menschen befände. Dies war gemeint, als ich sagte, durch die Mutation sei nicht der ganze Gott hereingeklappt worden.

Wandel der Vorstellung vom Offenbarungsvorgang

Hereingeklappt wurde „Gott" jedoch in der Bedeutung von „menschennaher Gott": im Sinn jener in „Gotteserlebnissen" unmittelbar erfahrbaren Macht, welche dem Menschen „ihren Willen kundgibt".

Für diese „Kundgabe des göttlichen Willens" an den Menschen wird im theologischen Sprachgebrauch der Ausdruck Offenbarung gebraucht. Offenbarung ist der fundamentale Begriff jeglicher Theologie. Er ist ihr erkenntnistheoretisches Fundament, denn jegliches Wissen über das Jenseits und die Jenseitigen wird auf Offenbarung zurückgeführt. Dies allein ist schon Grund genug, diesen Begriff hier näher anzusehen. Dazu kommt, dass der Ausdruck Offenbarung von christlichen Theologen in zwei unterschiedlichen Bedeutungen verwendet wird.

Die abendländische Theologie unterschied zwischen natürlicher und übernatürlicher Offenbarung. Unter natürlicher verstand sie die Tatsache, dass der Mensch oft, wenn er „mit dem Licht des natürlichen Verstandes" über die „Herrlichkeit der sichtbaren Welt" nachdenkt, zum Schluss kommt, es müsse einen Gott geben, der all dies geschaffen hat. Diese „natürliche" Offenbarung, die im Grunde genommen ein Schlussfolgern aus sinnlich Wahrnehmbarem ist, galt jedoch den Theologen (mit Recht) nicht als „eigentliche" Offenbarung. Als solche galt ihnen vielmehr die „übernatürliche": die direkte, unmittelbare Kundgabe des göttlichen Willens an den Menschen. „Natürliche" Offenbarung galt den Theologen aus dem Grund nicht als „eigentliche" Offenbarung, weil sie „nur" zur Vorstellung des Schöpfergottes führt: zu jenem Gott, den Theologen – meist etwas herablassend – als Gott der Philosophen (vgl. 162) bezeichnen.

Diesem stellen sie – als „wahren", „lebendigen" Gott – den „Gott der Bibel" gegenüber. Dieser gilt ihnen deshalb als wahrer Gott, weil die Bibel nach theologischer Lehre durch übernatürliche Offenbarung zustande gekommen ist. Im Hinblick auf das Hereinklappen des „menschennahen Gottes" ist es nun wichtig zu wissen, wie sich die Theologen den übernatürlichen Offenbarungsvorgang vorstellen.

Auskunft darüber sollte man eigentlich von der Fundamentaltheologie bekommen: von jener theologischen Disziplin, welche das erkenntnistheoretische Fundament der Theologie – den Begriff Offenbarung – abhandelt. In den fundamental-theologischen Werken wird jedoch lediglich mittels Bibelzitaten „bewiesen", wann und wo Gott sich dem Menschen offenbart „hat". Über das Wie des übernatürlichem Offenbarungsvorgangs schweigen sie sich aus. Vielleicht einfach deshalb, weil dies für Archaiker etwas so Selbstverständliches ist, dass man es gar nicht zu hinterfragen braucht, vielleicht aber auch deshalb, weil Theologen – wenigstens unterschwellig – wissen, dass sie sich durch solches Hinterfragen den Ast absägen würden, auf dem sie (noch) sitzen.

Wollen wir erfahren, wie der archaische Mensch sich den „übernatürlichen" Offenbarungsvorgang vorstellte, müssen wir religionswissenschaftlich vorgehen: müssen wir das Feld verschiedenartiger und verschieden hoch entwickelter Religionen überblicken. Wir können dann drei Orte ausmachen, an denen der archaische Mensch direkte Mitteilungen Gottes zu empfangen glaubte: das Gesicht, die Natur und das Geschick.

Als Gesichte bezeichnete man früher Träume und Visionen, bei niedriger Bewusstheit auch Wachfantasien. Diese „übernatürliche" Offenbarungsart haben wir schon besprochen. Ergänzend sei hier noch erwähnt, dass bei höher entwickeltem Bewusstsein zwischen bildhaften und bildlosen bzw. intellektuellen Gesichten unterschieden wurde. Als intellektuelle Gesichte bezeichnete man das, was wir heute Intuitionen bzw. Einfälle nennen. Auch diese verstand man als Offenbarungen Gottes, im christlichen Bereich vor allem als Inspirationen durch den Heiligen Geist. – Weiter sei hier daran erinnert, dass für das

Selbstverständnis des archaischen Menschen der Leib-Seele-Dualismus charakteristisch war: dass man sich vorstellte, Leib und Seele seien zwei gesonderte Wesenheiten, die sich vereinen und wieder trennen können. Dies führte zur Vorstellung, im Schlaf und bei schlafähnlichen Zuständen begebe sich die Seele ins Jenseits und schaue und vernehme dort übernatürliche Dinge, oder sie werde von metaphysischen Wesen besucht. Gesichte waren die wichtigsten Quellen des „Wissens" über Götter, deren Taten und deren Willen. Der Kern des „Glaubensgutes" aller Religionen lässt sich – sofern man gründlich genug bohrt und sofern die Quellenlage es erlaubt – auf Gesichte zurückführen.

Der archaische Mensch brauchte jedoch nicht nur durch die Tradition übermitteltes Wissen über den allgemeinen „Willen" der Götter. Da es ihm ratsam erschien, sich nicht deren Zorn zuzuziehen, war er bestrebt, bevor er etwas unternahm, sich zu vergewissern, ob diese mit seinem Vorhaben einverstanden seien oder nicht. Dazu benötigte er jeweils nur ein Ja oder Nein. Dieses glaubte er – namentlich bei wenig entwickelter Bewusstheit – in gewissen Zeichen der Natur zu erkennen: in den sogenannten Vorzeichen oder Omina, z. B. in der Flugrichtung oder im Schrei gewisser Vögel. Jeder Stamm und jedes Volk hatte – bis weit in die historische Zeit hinein – sein eigenes Set an Vorzeichen. Hinter dem Glauben an diese „übernatürliche" Offenbarung in der Natur stand die Vorstellung, die jenseitigen Wesen würden dem Menschen – da sie ja seiner Meinung nach durch bloßes Wollen Naturvorgänge steuern können – auf diese Art ihr Einverständnis oder ihre Missbilligung kundgeben.

Wir wollen hier nicht auf die „Höherentwicklung" des Vorzeichenglaubens – z. B. Kundgabe des göttlichen Willens nur noch durch außergewöhnliche Naturereignisse wie Erdbeben, Sonnenfinsternisse, Kometen usw. – eingehen, ebenso wenig auf die Derivate des Vorzeichenglaubens: auf die Orakeltechniken. Es sei lediglich festgehalten, dass sich in diesem Glauben an die Kundgabe des göttlichen Willens durch Naturvorgänge ein archaisches Denkmuster manifestiert: dass dieser Glaube zur Kategorie der „übernatürlichen" Offenbarung gehört und nicht – wie z. B. das Schlussfolgern auf einen Schöpfergott aus der „Herrlichkeit der Natur" – zur Kategorie der natürlichen.

Der übernatürlichen Offenbarung zuzuordnen ist auch die „Offenbarung im Geschick". Sie beruht auf der Vorstellung, Gott lasse einem „gerechtem Menschen" – früher oder später – ein günstiges Geschick widerfahren, dem „Frevler" hingegen schicke er Unglück, und man könne somit am Geschick, das einem Menschen widerfährt, die Zufriedenheit bzw. Unzufriedenheit Gottes mit dessen Tun erkennen. Dieses Denkmuster ist auch auf das Schicksal von Völkern angewendet worden. Ein Musterbeispiel dafür ist das Alte Testament. Aus dieser archaischen Betrachtung der Geschichte entstand der theologische Ausdruck Heilsgeschichte.

Die Kenntnis dieses archaischen Denkschemas ist wichtig für die Auseinandersetzung mit der heutigen Theologie. Bis vor relativ kurzer Zeit galt in der christlichen Theologie die Bibel noch als „Wortoffenbarung". Man nahm an, die Evangelisten hätten ihre Schriften unter Inspiration durch den Heiligen Geist geschrieben – dieser habe ihnen sozusagen die Feder geführt –, und außerdem hätten sie getreu berichtet, was aus dem Munde Jesu Christi, des „inkarnierten, wesensgleichen Sohnes Gottes" kam.

Als diese naive Auffassung durch die Ergebnisse der historisch-kritischen Bibelforschung sowie der Tiefenpsychologie mehr und mehr infrage gestellt wurde, wichen die Theologen auf den Ausdruck Geschichtsoffenbarung aus. Der Ausdruck Geschichte hat ja heute einen guten wissenschaftlichen Klang. Man sollte sich aber damit nicht Sand in die Augen streuen lassen. Bei dem, was sie als Heilsgeschichte bezeichnen, handelt es sich um mythische Geschichtsschreibung. Hinter den Ausdrücken Geschichtsoffenbarung und Heilsgeschichte steht das archaische Denkmuster vom direkten Einwirken metaphysischer Wesen auf das Geschick des Menschen.

Dem Ausweichen auf „Geschichtsoffenbarung" kam noch die Tatsache entgegen, dass der christliche Mythos kein „reiner" Mythos ist, sondern ein historisierter: dass er auf eine historische Person – auf den Juden Jesus – projiziert worden ist. So stellt man denn – als letzte Rückzugsposition – die Historizität des Menschen Jesus in den Vordergrund und übergeht die Tatsache, dass es sich bei dem „Heilsgeschehen", das die Evangelisten über diesen Menschen aussagten – und ihm sogar als Aussagen in den Mund legten –, um einen religiösen Mythos handelt.

Von den drei Kanälen, über die der archaische Mensch übernatürliche Offenbarung zu empfangen glaubte, war das „Gesicht" mit Abstand der wichtigste. Sowohl die – von Kultur zu Kultur verschiedene – Interpretation der Vorzeichen als auch die Interpretation des Geschicks lässt sich auf „Gesichte" – seien dies bildhafte oder bildlose – zurückführen.

Aus der konkretistischen Apperzeption der „Gesichte" – des innerlich Wahrgenommenen – war die Vorstellung des menschennahen Gottes hervorgegangen, und aus der Reflexion der Art und Weise, wie dieser nach archaischer Vorstellung sich und seinen Willen den Menschen kundtat, ging der Begriff der übernatürlichen Offenbarung hervor. So wurde dieser aus archaischer Apperzeption des innerlich Wahrgenommenen hervorgegangene Begriff zum erkenntnistheoretischen Fundament der Theologie. Als dann beim zweiten Schritt der Bewusstseinsmutation die Apperzeption des innerlich Wahrgenommenen um 180 Grad gedreht worden ist, ist dieses Fundament verdampft.

Ebenso wie man sagen kann, bei diesem Entwicklungsschritt des Bewusstseins sei die metaphysische Welt des archaischen Menschen – und mit ihr der menschennahe „Gott" – hereingeklappt worden, kann man sagen, bei diesem Schritt sei die übernatürliche Offenbarung der Theologie zu einer natürlichen geworden: habe man erkannt, dass das, was der archaische Mensch als übernatürliches Geschehen verstand, ein natürlicher Vorgang ist, ein Vorgang, den man heute als innere Wahrnehmung bezeichnet.

Nur der „menschennahe Gott" wurde internalisiert

Kommen wir nun, nachdem wir gesehen haben, auf welch verschiedenen Wegen der Mensch zum „Wissen" über den Weltenschöpfer und den menschennahen Gott gekommen ist, auf den trinitarischen Gott des Christentums zurück. In unserem Bemühen um eine zeitgemäße Vorstellung der dem Ich überlegenen Macht ist noch zu klären, inwiefern die beiden Bedeutungen des Ausdrucks Gott im Trinitätssymbol zu einer Einheit verschmolzen waren. Erst dann können wir sehen, welches Element dieses Symbols auch nach der Mutation draußen geblieben und welches hereingeklappt ist.

Zu einem Verständnis der trinitarischen Gottesvorstellung gelangen wir am ehesten, wenn wir deren Vorgeschichte betrachten. Sie erscheint dann als geglückter Abschluss eines geistigen Prozesses: eines Abschnitts der Bewusstseinsevolution, dessen Anfänge schon in der Theologie des altägyptischen Reiches beobachtet werden können. Ich habe diesen Prozess schon im Zusammenhang mit der Aufklärung erwähnt. Die Spekulation über das Wesen Gottes, welche zuerst bei den Ägyptern, später wieder bei den Griechen zur Vorstellung von der Transzendenz Gottes geführt hat, vollzog sich an der Gestalt des Weltenschöpfers: als Spekulation über jenes metaphysische „Wesen, welches der Ursprung von allem ist, selber jedoch keinen Ursprung hat".

Die Erarbeitung des Transzendenzbegriffs zog die Frage nach sich, wie denn solch ein Wesen auf „diese" Welt einwirken und dem Menschen seinen Willen kundtun könne. Wir haben gesehen, dass die Theologen dieses Dilemma durch die Gestalt des wesensgleichen Mittlers überbrückten: eines Mittlers, der einerseits mit dem transzendenten Gott wesensgleich ist, paradoxerweise aber auch die Fähigkeit hat, auf „diese" Welt einzuwirken und sich zu offenbaren. Im hellenistischen Raum wurde der bedeutendste dieser Mittler Logos genannt. In christlichen Texten wird Logos meistens mit „Wort" übersetzt; „Wort" im Sinne des gesprochenen Wortes war die ursprüngliche Bedeutung dieses Ausdrucks. Im Zug der philosophischen Spekulation der Griechen – jener Philosophie, die in der nachklassischen Zeit mehr und mehr zu Theologie wurde – erhielt Logos jedoch einen gewaltigen Bedeutungszuwachs. Wenn hellenistische Philosophen vom Logos als dem göttlichen Mittler sprachen, implizierte dieser Begriff „Weltordnung" (im Sinne des Angeordnetseins der Dinge), „Weltgesetz" (im Sinne einer Rechtsnorm, der auch die Dinge zu gehorchen hatten) sowie „denkende Instanz im Kosmos".

Noch in vorchristlicher Zeit führten in Alexandrien, der geistigen Metropole der damaligen Welt, Vertreter verschiedener Religionen Gespräche über die Transzendenz Gottes und die damit zusammenhängenden Probleme. Dabei zeigte sich die Jahwe-Vorstellung als unzeitgemäßes, primitives Gottesbild und wurde von den jüdischen Theologen in Alexandrien auf den damaligen Stand der Bewusstseinsevolution angehoben. Auch dem Jahwe wurden Mittler zugewiesen: zuerst, von J. Sirach (ca. 130 v. Chr.), Sophia (= Weisheit) als wesensgleiche Tochter, dann, von Philo – ungefähr ein Menschenalter vor Jesus – der Logos als Gottes Sohn.

Im folgenden Jahrhundert wurde dann Jesus, nachdem er im Zug der Entstehung des christlichen Mythos in der Vorstellung seiner Anhänger zum metaphysischen Wesen „Christus" herangewachsen war, nach dem Übergreifen der Mission auf die hellenistischen „Heiden" mit deren Logos identifiziert.

In der Folge haben die frühchristlichen Theologen diese spontan entstandene Verschmelzung von christlichem Mythos und hellenistischer Philosophie-Theologie in einem langwierigen und an Auseinandersetzungen reichen Denkprozess zu Ende geführt. In einer ersten Etappe wurde Jahwe, der Gott des Juden Jesus, zum transzendenten göttlichen Vater, Jesus-Christus-Logos zu dessen wesensgleichem Sohn. In einem nächsten Schritt wurde dieses Vater-Sohn-Symbol um eine zweite Mittler-Gestalt erweitert: den Heiligen Geist. – Die große denkerische Leistung der „Kirchenväter" – ihre Bedeutung für die Bewusstseinsevolution des Abendlandes kann erst heute erkannt werden – war, dass sie diese zweite Mittlergestalt nicht einfach neben die Erste stellten, sondern das Paradox formulierten und verteidigten, der Heilige Geist gehe aus dem Vater und dem Sohn hervor.

Damit war das trinitarische Gottessymbol in die Welt gekommen. Inwiefern sich in dieser neuen Aussage über die Beziehung der drei göttlichen Personen zueinander eine höhere Evolutionsstufe des Bewusstseins ausdrückt als in den Vater-Sohn-Symbolen, und eine noch viel höhere als in den einfachen Götter-Triaden, soll hier nicht besprochen werden.

Es geht jetzt darum, inwiefern die zwei divergierenden Bedeutungen des Ausdrucks „Gott" in dieses Symbol integriert wurden, und welch unterschiedliche Konsequenzen somit die Mutation für die verschiedenen Personen der Trinität hatte. Aus dem Einblick in das Entstehen der trinitarischen Gottesvorstellung wird klar, dass Christus und der Heilige Geist als Symbole des menschennahen Gottes zu verstehen sind. Sie galten denn auch als Offenbarer, lösten sich jedoch – nach katholischer Lehre – in dieser Funktion ab: Die „Offenbarung in Jesus Christus" galt mit dem Tode der Apostel als abgeschlossen und sollte erst wieder bei der Wiederkunft Christi am Ende der Zeiten geschehen. Nach dem Tod der Apostel soll die Rolle des Offenbarers vom Heiligen Geist übernommen worden sein. Er soll die Kirchenführer, die Theologen, die Mystiker und Mystikerinnen, die Meister der Spiritualität und ihre Schüler, wie auch die gewöhnlichen Frommen auf übernatürliche Weise erleuchtet haben.

Christus und der Heilige Geist sind also – um bei unserer Ausdrucksweise zu bleiben – hereingeklappt worden. Beim Vater der Trinität ist die Situation nicht ganz so einfach. Wir haben gesehen, dass die hellenistische Vorstellung des transzendenten Weltenschöpfers in ihn eingegangen ist; insofern er diese enthält, ist er „draußen geblieben" und zum „Gott der Philosophen" geworden. Ursprünglich ist Gottvater aber aus dem menschennahen Jahwe des Alten Testaments hervorgegangen: aus jenem Gott der Juden, den Jesus beim Gebet als Vater angeredet haben soll. Dieses Element des trinitarischen Vaters wurde hereingeklappt.

Es ist wichtig, diese Doppelgesichtigkeit der trinitarischen Vatergestalt zu sehen. So kann man erkennen, dass kein Widerspruch in der Aussage liegt: als Weltenschöpfer ist die trinitarische Vatergestalt draußen geblieben, und trotzdem ist die Trinität als Ganzes – mit allen drei Personen – hereingeklappt worden. Die Richtigkeit des zweiten Teils dieser Aussage ist insofern von Bedeutung, als sich daraus die Möglichkeit ergibt, die tiefgründigen Einsichten über die seelische Führungsmacht, die im Trinitätssymbol formuliert sind, zu sehen.

Entdeckung der innerseelischen Führungsinstanz („Selbst")

Dieser innerseelischen Macht wollen wir uns nun voll zuwenden. Dabei wollen wir uns nicht mit der Deutung des Sinngehalts des Trinitätssymbols befassen; es geht uns darum, wie wir uns die seelische Führungsmacht heute – beim heutigen Stand des Wissens über die Natur – vorstellen müssen. Zuerst wollen wir uns vor Augen führen, wie sie entdeckt worden ist, dann, inwiefern seither die naturwissenschaftliche Forschung das Wissen über sie erweitert hat, und schließlich, wie sich dies alles im heutigen – bzw. im heute möglichen – Gesamtbild der Natur ausnimmt.

Entdeckt wurde die innerseelische Führungsmacht von C. G. Jung. Schon als er auf Grund der Analyse sogenannter archetypischer Träume die Modellvorstellung eines „kollektiven" Unbewussten entwarf, gelangte er zur Einsicht, dass dieses „zentriert" ist. Die Träume erwiesen sich als sinnvolle, syntaktisch strukturierte Gestaltungen des Unbewussten, die jeweils auf die aktuelle Gesamtsituation der Psyche Bezug nehmen. Daraus schloss er, dass im Unbewussten so etwas wie ein informationsverarbeitendes Zentrum vorhanden ist. Im Zug der Erforschung der Traumsprache stellte er fest, dass dieses „Zentrum", wenn es sich selbst veranschaulicht, dies in Form von Bildern tut, die uns von der Religionsgeschichte her als Gottesbilder bekannt sind. Er stellte auch fest, dass Träume, in denen dies geschieht, von intensiven Emotionen begleitet sind: dass sie als erschreckend, als erschütternd oder als beglückend erlebt werden. Bei der Begleitung von Individuationsprozessen über lange Zeiträume hinweg fiel ihm auch auf, dass die Reifung der Persönlichkeit vom Unbewussten her weitsichtig und souverän geleitet, oft sogar machtvoll und entgegen den Absichten des Ich erzwungen wird.

Jung nannte die dem Ich überlegene Macht, die er da am Werke sah, „Selbst". Jungs methodischer Approach war, im Unterschied zu den späteren positivistischen, die seine Schlussfolgerungen bestätigten, ein tiefenpsychologischer. Aus den Impulsen, die das Unbewusste über Träume, Imaginationen usw. dem Ich zukommen lässt, schloss er auf die Struktur und Arbeitsweise des Unbewussten, und gelangte so zur Vorstellung des „Selbst".

Für die Vertreter des archaischen Blocks war Jungs Vorstellung eines „Selbst" eigentlich nichts grundlegend Neues. In den Schulen der Spiritualität kannte man seit Langem die Vorstellung einer „weisen Macht", die „aus den Tiefen der Seele" auf den Menschen einwirkt und ihn führt. Schon im Mittelalter haben Mystiker von „Christus in uns" und vom „Heiligen Geist in uns" gesprochen. Solche Formulierungen waren – ebenso wie Jungs Ausdruck

„das Selbst" – aus Beobachtungen bei seelischen Reifungsprozessen hervorgegangen. Trotz scheinbarer Ähnlichkeit der Vorstellungen muss jedoch gesehen werden, dass in den Schulen der Spiritualität die Beobachtungen noch auf archaische Weise interpretiert wurden. Wegen des archaischen Denkmusters der Omnipräsenz (Allgegenwart) metaphysischer Wesen bereitete es ihnen keine Schwierigkeit, sich vorzustellen, Christus und der Heilige Geist befänden sich zu gleicher Zeit in den Seelen vieler einzelner Menschen und „droben im Himmel".

Die Idee einer „aus den Tiefen der Seele" wirkenden, das Ich leitenden Macht war den Vertretern der spirituellen Tradition zur Zeit Jungs immerhin vertraut. Für die damalige Wissenschaft von der Psyche allerdings war sie etwas unerhört Neues, geradezu Inakzeptables. Bedenken wir, dass die experimentelle Psychologie auf dem Boden der positivistischen Vorstellung der Psyche stand. Für sie war das Bewusstsein die ganze Psyche. Aber auch für die damals gerade entstandene Tiefenpsychologie war die Entdeckung Jungs etwas völlig Neues, vertrat doch Freud die Ansicht, das Unbewusste enthalte nur verdrängte und vergessene – eigentlich bewusstseinsfähige – Inhalte (Abb. 1, S. 72).

Konnte Freud schon das Vorhandensein des „kollektiven" (arteigenen) Unbewussten bis an sein Lebensende nicht akzeptieren, so noch viel weniger das Vorhandensein eines „Selbst". Aus diesem Grund blieb ihm auch die religiöse Dimension des Menschen prinzipiell verschlossen. Verschlossen blieb sie bis heute auch seinen Jüngern, den Orthodoxen wie den sogenannten Neopsychoanalytikern, die sich zwar in manchen Punkten von Freud absetzten, jedoch an dessen Modellvorstellung der Psyche festhalten. Eine Folge dieses Festhaltens an einem längst überholten Modell war, dass einige von Ihnen sogar eine Synthese von Psychoanalyse und Marxismus anstrebten, und so auf die gerade durch die Entdeckungen Freuds überwundene Stufe der Bewusstseinsevolution regredierten.

Die Vorstellung des „Selbst" im Licht der Biologie

Mit zunehmendem Einbeziehen des evolutionären Gesichtspunkts haben sich allerdings die Wissenschaften vom Lebewesen weiterentwickelt. Die Biowissenschaftler haben dabei, wie gezeigt, – ohne die geringste Absicht – Jungs Modellvorstellung der menschlichen Psyche bestätigt. Es sei hier ausdrücklich darauf hingewiesen, dass dabei nicht nur das Vorhandensein eines arteigenen Unbewussten bestätigt wurde, sondern auch das Vorhandensein eines in diesem gelegenen informationsverarbeitenden Aktivitätszentrums, das die Ganzheit der Psyche – einschließlich des bewussten Anteils – dirigiert.

Dass dem so ist, ist bisher kaum ins allgemeine Bewusstsein eingedrungen. Dies hängt – ebenso wie das fehlende Wissen um die Evolution des Bewusstseins – mit der Abschottung der Einzeldisziplinen und der entsprechend geringen Entwicklung interdisziplinären Denkens zusammen. Ernsthafte interdisziplinäre Forschung, bei der die Ergebnisse der Einzeldisziplinen zu einer einheitlichen erfahrungswissenschaftlichen Schau des Menschen integriert werden, gibt es erst an wenigen Orten und findet zudem meist in aller Stille statt, abseits vom offiziellen Wissenschaftsbetrieb mit seinem Kongress- und Publikationsrummel.

Interdisziplinäre humanwissenschaftliche Arbeit ist im Übrigen schon allein deshalb eine sehr mühsame Sache, weil die Ergebnisse der Einzeldisziplinen mit verschiedenartigen Methoden und unter verschiedenen Blickwinkeln erarbeitet wurden und dies zu unterschiedlichen Begriffssystemen und Terminologien geführt hat. Bei dieser geradezu babylonischen Sprachverwirrung muss man sich erst einmal darüber klar werden, was für Sachverhalte hinter den verschiedenen Begriffen stehen: eine Art vergleichende Sprachforschung, jedoch eine solche, die viel Sachkenntnis auf unterschiedlichen Gebieten verlangt. Wenn man sich jedoch diesem Bemühen ernsthaft unterzieht, kann man klar erkennen, wie sehr die jüngere biologische Forschung die Vorstellung eines zentrierten, arteigenen Unbewussten untermauert hat.

Erinnern wir uns, dass das Bewusstsein erst vor kurzem aus einem in mehr als drei Milliarden Jahren zu immer höherer Komplexität herangewachsenen Unbewussten hervorgegangen ist. Die meisten Funktionen, die zum Leben und zum Sich-Zurechtfinden in der Umwelt – einschließlich unseres sozialen Verhaltens – nötig sind, werden beim Menschen immer noch vom Unbewussten gesteuert: von jenem Führungssystem, das neurobiologisch schon bei höheren Tieren als Gesamtintegrator fassbar geworden ist.

Erinnern wir uns ferner, dass das Hervorgehen des Bewusstseins aus dem Unbewussten als Spontanaktivwerden eines kleinen Bereichs des Integrators verstanden werden kann. Das Bewusstsein hat andere Fähigkeiten und Aufgaben als der nicht spontanaktive Integrator. Sie betreffen vor allem den „Merkbogen": jenen „Bogen", mit dem wir die Welt und unsere eigene unbewusste „Innerlichkeit" erkennen. Hier haben sich uns durch die Bewusstwerdung ungeahnte Möglichkeiten aufgetan. Beschränkter sind hingegen die Möglichkeiten auf dem „Wirkbogen". Sie sind nicht beschränkt im Sinn jenes Wirkens, das unter dem Begriff „Eroberung und Beherrschung der Umwelt" zusammengefasst werden kann, sondern im Sinn dessen, was man als ethisches Tun oder auch als Menschlichkeit bezeichnet. Hier sind dem Ich durch die arteigene Struktur relativ enge Grenzen gesetzt. Diese Grenzen zu finden und einzuhalten, ist dem Ich als lebenslange, schwer zu bewältigende Aufgabe gestellt. Die kognitiven Möglichkeiten, die die Bewusstwerdung eröffnet hat, können als Geschenk gesehen werden, die Aufgabe des ethischen Tuns eher als Bürde.

Ich, Selbst und Ganzwerdung

Da sich das Ich in seinem ethischen Tun innerhalb der durch die arteigene und zudem die individuelle Struktur gegebenen Bandbreite bewegen muss und ihm gleichzeitig von Natur aus der Drang – innewohnt, diese Grenzen zu überschreiten (Erbsündenlehre), fließen ihm über den inneren Wahrnehmungsstrom Korrekturimpulse zu: Impulse, die einen Gleichschritt des Ich mit dem Selbst ermöglichen, oft sogar erzwingen. Das Finden dieses Gleichschritts bezeichnet man als Ganzwerdung. Religiöses Bemühen ist das Bemühen um diesen Gleichschritt; Religiosität ist – in der Sprache unserer Zeit – das Bemühen um Ganzheit.

Der größte Teil der Information, die dem Ich über die Träume, an die es sich nach dem Erwachen erinnert, zufließt, sind „Meinungen" des Selbst zur Einstellung und zum Tun des Ich. Es sind jedoch nicht nur informierende Mitteilungen. Es sind – kybernetisch gesprochen – eigentliche Wirk-Impulse. Geht das Ich allzu sehr eigene Wege und verschließt es sich allzu sehr den Mitteilungen des Selbst, kann dieses es mit sanfter oder auch weniger sanfter Gewalt auf die richtige Bahn zurückführen. Oft geschieht dies über Neurosen oder über psychosomatische Krankheiten. So wird das Selbst vom Ich im eigentlichen Sinn des Wortes als überlegene Macht erlebt. Fälle, in denen es in Träumen oder Visionen sich selbst veranschaulicht, sind, wie erwähnt, mit außerordentlich intensivem Erleben verbunden. Da die Gestalten, in denen das Selbst „auftritt", mit den Gottesgestalten der Religionen identisch sind, wurden solche Erlebnisse in archaischer Zeit als Gotteserlebnisse bezeichnet.

Das Selbst lässt dem Ich jedoch nicht nur korrigierende und richtungsweisende Impulse zukommen, sondern auch schöpferische und „erhellende". Die großen, Jahrhunderte überdauernden Schöpfungen auf allen Gebieten der Kunst sind aus unbewussten Quellen hervorgegangen. Ebenso erweisen sich viele große Entdeckungen und Einsichten bei genauem Zusehen als Antworten des Selbst auf Fragen, die zu lösen das Ich sich bemühte.

Subjektiver und objektiver Geist

Woher aber bezieht das Selbst sein Wissen? Diese Frage wird von Archaikern gerne als Schlupfloch für die Wiedereinführung des sich offenbarenden Gottes benützt; der Heilige Geist erleuchte eben das Selbst, und dieses gebe dann die übernatürliche Erleuchtung (Offenbarung) an das Ich weiter.

Man kann allerdings die Frage, woher das Selbst sein offensichtlich vorhandenes Wissen – was ja nach überliefertem Sprachgebrauch mit Geist zu tun hat – bezieht, auch als Ansporn auffassen, nach weiteren Manifestationen von Geist in unserer Welt suchen.

Auf den ersten Blick scheint dies zwar aussichtslos, ist doch das sogenannte naturwissenschaftliche Weltbild – für viele noch zwingende Folgerung aus den Ergebnissen naturwissenschaftlichen Forschens – durch und durch materialistisch. Wir haben aber schon gesehen, dass der wissenschaftliche Materialismus bzw. weltanschauliche Positivismus das Ergebnis der analytischen Phase der Naturwissenschaft war, und dass seit dem Übergang von der nur analytischen zur auch synthetischen Betrachtung der raumzeitlichen Gebilde ein Wandel des naturwissenschaftlichen Weltbildes wenigstens vorbereitet wurde: ein Wandel, der die Voraussetzungen für das Verständnis lange Zeit unverstandener Begriffe wie „kollektives Unbewusstes" und „Selbst" schuf. Sind damit nicht auch die Voraussetzungen für eine umfassendere Sicht des Geistigen in der Natur geschaffen?

Halten wir uns, bevor wir nach diesem Geistigen suchen, vor Augen, dass es sich dabei um das objektiv Geistige handelt: um jenes Geistige, das unabhängig vom Bewusstsein – dem subjektiv Geistigen – existiert und wirkt. Der begrifflichen Klarheit halber muss gesagt werden, dass der Ausdruck „objektiver Geist" heute häufig für Schöpfungen des Menschengeistes – des subjektiven Geistes – gebraucht wird: für die Kultur einschließlich Wissenschaft und Technologie. Wir verstehen aber hier unter objektiv Geistigem etwas ganz anderes: das Geistige, aus dem das Bewusstsein hervorgegangen ist.

Archaische und heutige Metaphysik

Blenden wir wieder einen Moment auf die spätarchaische Weltsicht zurück: eine Weltsicht, in der die Vorstellung des objektiv Geistigen einen sehr weiten Raum eingenommen hat. Damals hat man sich das Geistige konkretistisch vorgestellt. Der Prozess, durch den die archaische Geist-Vorstellung erarbeitet worden war – die Entkörperlichung metaphysischer Wesen – strebte einem nicht überschreitbaren Grenzwert zu. Die Evolution des Bewusstseins stieß deshalb auf dem metaphysischen Zweig im Hochmittelalter an einen Plafond, und die Entwicklung konnte nur dann weitergehen, wenn eine völlig neue Auffassung des Geistigen gefunden wurde.

Ich sagte, diese neue Auffassung des Geistigen sei unterdessen gefunden worden. Vielleicht würde man besser sagen, heute sind die Voraussetzungen dafür gegeben, dass sie formuliert werden kann. Die Voraussetzungen wurden durch die neuzeitliche Art des Forschens geschaffen. Natürlich war dies nicht das bewusst angestrebte Ziel der Forschung, sondern eine unbeabsichtigte Nebenwirkung – genauso wie die Entmythisierung der Natur und die Einsicht, dass der spontane Eindruck der Wahrnehmung trügt.

Interessant ist, dass der Entwicklungsschritt von der archaischen zur heutigen Geist-Vorstellung sich trotzdem nach einer Gesetzmäßigkeit vollzogen hat, die für Bewusstwerdungsschritte charakteristisch ist: einer Gesetzmäßigkeit, die in vielen Wandlungsmythen (auch im christlichen!) unter dem Geschehensmuster (Mythologem) von Tod und Auferstehung veranschaulicht worden ist. Ich meine damit die Tatsache, dass die Naturwissenschaft zuerst durch ihr analytisches Vorgehen die alte Auffassung des Geistigen „tötete" und erst dann – nach der „Grabesruhe" einer geistfreien (materialistischen) Zwischenphase – die Voraussetzungen für eine neue Auffassung des Geistigen schuf.

Die Voraussetzungen, von denen ich hier spreche, liegen in den Forschungsergebnissen der Naturwissenschaft. Der neue Geist-Begriff liegt heute sozusagen auf der Straße, er muss nur noch aufgehoben werden. Dies ist jedoch nicht Sache der Wissenschaft, sondern der Philosophie. Anders gesagt: Es ist nicht Sache der Physik, sondern der Metaphysik. Für viele sicher ein Reizwort, wird doch die große Leistung der neuzeitlichen Philosophie gerade darin gesehen, dass sie mit der Metaphysik „aufgeräumt" hat. Sie hat allerdings, meine ich, nicht mit der Metaphysik als solcher aufgeräumt, sondern nur mit der archaischen Metaphysik: mit jenen Gedankengebäuden, die auf dem Fundament der archaischen Weltsicht errichtet worden sind. Die neuzeitlichen Philosophen haben da Aufräumarbeit geleistet, die mit der Entmythisierung von Natur und Geschichte Hand in Hand ging.

Versteht man unter Metaphysik jenen Teil der Philosophie, der nach den Grundlagen des Seienden und des Geschehens fragt, dann ist Metaphysik zu treiben heute nicht nur legitim, sondern geradezu notwendig. In den Ergebnissen der naturwissenschaftlichen Grundlagenforschung liegt ein ungeheures philosophisches Potenzial. Eine der bedeutendsten philosophischen „Potenzen", die darin schlummert, ist die neue Auffassung des Geistigen. Wenn man diese herausarbeitet, legt man einen Grundstein zu einer neuen Metaphysik: einer Metaphysik, die dem Entwicklungsstand des Bewusstseins nach der Mutation entspricht.

Um einem Missverständnis vorzubeugen, muss an dieser Stelle etwas zum Ausdruck Metaphysik gesagt werden. Ich habe immer wieder vom Hereinklappen der metaphysischen Welt gesprochen. Gemeint ist damit die Vorstellung einer jenseitigen, übernatürlichen Welt] die von wirkungsmächtigen, zu Offenbarung und Inkarnation befähigten, aus „geistigem Stoff" bestehenden personhaften Wesen bewohnt ist. Wenn ich von Metaphysik spreche, meine ich einen Zweig der Philosophie, der sich mit den Grundlagen des Seienden und des Geschehens befasst: mit dem, „was die Welt im Innersten zusammenhält".

Wenn ich nun, um dem Bemühen um eine neue Auffassung des Geistigen einen Namen zu geben, auf den verpönten und, bei nicht genauem Hinschauen, zu Missverständnis Anlass gebenden Ausdruck „Metaphysik" zurückgreife, tue ich es mit Absicht. Erstens, weil ich bewusst machen möchte, dass es bei diesem Bemühen darum geht, einen wertvollen Ertrag der archaischen Phase der Bewusstseinsevolution wieder zu aktualisieren: einen Ertrag, der, wie gesagt, vorübergehend verloren gehen musste, ohne den jedoch ein Weltbild nur auf einem Bein steht. Zweitens greife ich auf den Ausdruck „Metaphysik" zurück, weil ich bewusst machen möchte, dass die Aktualisierung dieses Ertrags nicht Sache der Wissenschaft ist, sondern der Philosophie.

Präzisieren wir noch kurz, was wir in diesem Zusammenhang unter Philosophie zu verstehen haben. Wenn wir die Geschichte der Philosophie überblicken, können wir zwei Grundrichtungen unterscheiden, von denen bald die eine, bald die andere vorherrschte: die sokratische bzw. Lebensphilosophie und jene Philosophie, die sich als Grundlagenwissenschaft verstand. Die sokratische Richtung entspricht dem, was ich in diesem Buch als Spiritualität bezeichne. Wenn ich jedoch oben sagte, bis in die Neuzeit habe es keine Naturwissenschaft gegeben, sondern nur – neben etwas Naturkunde – Naturphilosophie, meinte ich mit Philosophie die „grundwissenschaftliche" Richtung. Als dann die neuzeitliche Art des Forschens erfunden war und sich eine naturwissenschaftliche Disziplin nach der andern konstituierte, wurde dem Fach „Philosophie", das sich an den Universitäten im Mittelalter etabliert hatte, ein Gebiet nach dem andern weggenommen, zuletzt, wie wir gesehen haben, auch die Psychologie. Schließlich blieb, als letzte Domäne, nur noch die Erkenntnistheorie, und auch diese wird der

Philosophie gegenwärtig durch die evolutionäre biologische Kognitionsforschung entwunden.

Bemerkenswert ist nun, dass gerade in dem Moment, da die Naturwissenschaften daran gehen, der Philosophie ihr letztes Gebiet zu entreißen, ausgerechnet Spitzenvertreter der Naturwissenschaft darauf hinweisen, dass bei dieser Ablösung der Naturphilosophie durch die Naturwissenschaft etwas „durch die Maschen gefallen" ist: etwas, das die Philosophie früher besaß, das die Naturwissenschaft jedoch nicht erbringen kann. Fragt man, was sie damit meinen, stellt sich heraus, dass sie an den Ergebnissen der Wissenschaft das vermissen, was früher Inhalt der Metaphysik im engeren Sinne gewesen ist: Aussagen über das, „was die Welt im Innersten zusammenhält".

Wird somit heute von Spitzenvertretern der Naturwissenschaft der Philosophie – als nur von ihr zu lösende Aufgabe – das Betreiben von Metaphysik zugewiesen, muss man sich allerdings darüber Rechenschaft geben, dass sich die Voraussetzungen für alles Denken über die Grundlagen des Seienden durch die Veränderung des menschlichen Selbstverständnisses auf Grund der Bewusstseins-Mutation verändert haben. Diese Veränderungen müssen wir vor Augen haben, wenn wir nach der heutigen Auffassung des Geistes fragen.

Von der dualistischen zur unistischen Weltsicht

So ist z. B. die neue Weltsicht nicht mehr dualistisch, sondern unistisch. Sie kennt nicht mehr zwei verschiedene Welten, sondern nur noch eine: die raumzeitliche Wirklichkeit bzw. die „Dinge", die unser Universum ausmachen. Die unistische Weltsicht ist jedoch etwas anderes als die monistische, z. B. der Materialismus und der Spiritualismus bzw. Idealismus, die jeweils nur ein Element des Begriffspaares von Materie und Geist gelten ließen.

Bei unistischer Weltsicht erscheinen Materie und Geist – ebenso wie Leib und Seele – als die beiden Seiten einer Sache. Das wurde in den letzten Jahrzehnten schon von vielen gesagt, z. B. von Denkern so verschiedener Herkunft wie Jean Gebser (vgl. 42), Pierre Teilhard de Chardin (vgl. 133), Carl Friedrich von Weizsäcker (vgl. 164) sowie jener Gruppe von Physikern, die sich Gnostiker von Princeton nennen. Diese Entwürfe waren aber zum Teil spekulativ, zum Teil panpsychistisch (= „Alle Energie ist im Grunde genommen psychisch"). Was noch fehlt, ist der Nachweis, dass das von den Grundlagenwissenschaften erarbeitete Wissen über die raumzeitlichen Gebilde und die zwischen diesen herrschenden Wechselwirkungen schon alle Elemente enthält, die zu einer zeitgemäßen Theorie des Geistigen zusammengefügt werden können: zu einer Theorie, die sich mit dem heutigen Wissen über die „Materie" verträgt.

Dabei müssen wir vom Wissen über die Funktionsweise des menschlichen Bewusstseins ausgehen: vom Wissen, dass der Mensch die objektive Wirklichkeit nur mithilfe von Begriffs-Paaren erfassen kann. Wir haben Bewusstsein umschrieben als Fähigkeit, zwischen Ich und Nicht-Ich zu unterscheiden – einerseits sich seiner selbst als etwas von der Außenwelt Verschiedenem bewusst zu werden, andererseits am Nicht-Ich immer mehr und immer hintergründigere Unterscheidungen zu treffen. Dieses Erfassen der Umwelt mittels Unterscheidungen geschieht durch das Bilden von Begriffspaaren. Die Bedeutung von „hell" kann z. B. nur bewusst werden, wenn man gleichzeitig versteht, was „dunkel" bedeutet, die Bedeutung von „groß" nur, wenn man gleichzeitig weiß, was „klein" heißt. Ein solches Begriffspaar – allerdings ein ganz besonderes – ist auch das von Materie und Geist. Ohne dieses Begriffspaar kommen auch der Materialismus und der Spiritualismus nicht aus. Sie können ihre Identität nur finden, indem sie das nicht in ihr System passende Element negieren: der Materialismus den Geist, der Spiritualismus die Materie.

Die Begriffe Materie und Geist sind späte Erwerbungen der Bewusstseinsevolution. Wir haben gesehen, dass ein differenzierter Geist-Begriff einer der wesentlichsten Gewinne der Evolution unter archaischen Vorzeichen war. Ein differenzierter Begriff der Materie ist zwar erst während der Neuzeit – im Zug des Nachholens der Evolution auf dem physischen Zweig – gewonnen worden, doch hat auch schon die archaische Zeit den Geist von der Materie unterschieden. Die Archaiker konnten den Begriff „Geist" nur erarbeiten, indem sie auch den Begriff „Materie" schufen.

Materie und Geist sind abstrakte Begriffe. Sie setzen viele Abstraktionsstufen – die schrittweise Bildung einer langen Reihe immer allgemeinerer Begriffe – voraus. Wir wissen, dass die Fähigkeit, Allgemeinbegriffe zu bilden, im Laufe der Bewusstseinsevolution erworben wurde. Wir haben auch gesehen, dass die archaische Auffassung von der Seinsweise der Allgemeinbegriffe konkretistisch war: dass der archaische Mensch glaubte, das, was er abstrahiere, könne für sich allein existieren. So glaubte er auch, Materie und Geist seien zwei verschiedene Wesenheiten, die sich zwar vereinen, aber auch wieder trennen können: dass z. B. eine präexistente Geist-Seele sich bei der Geburt mit einem Leib vereint und nach dem Tod diesen wieder verlässt, oder dass ein metaphysisches Wesen sich inkarnieren – vorübergehend einen tierischen oder menschlichen Leib „annehmen" – dann aber wieder als Geist-Wesen ins Jenseits hinüberwechseln kann.

Komplementäres Denken: Grundlage der unistischen Weltsicht

Die konkretistische Auffassung der Allgemeinbegriffe ist, wie gesagt, erstmals von Aristoteles überwunden worden, und die Rezeption dieser Einsicht ins allgemeine Bewusstsein war eine der wichtigsten Voraussetzungen für die neuzeitliche Art des Forschens. Wir haben festgehalten, dass dadurch ein Voranschreiten zu immer differenzierteren Paradigmen eröffnet wurde. Eine zweite Möglichkeit, die durch die Überwindung des Begriffs-Konkretismus eröffnet worden ist, kam erst in neuester Zeit zum Zug: die Möglichkeit des komplementären Denkens. Dieses ist nun ein grundlegendes Element der neuen Weltsicht. Erst der evolutionäre Gewinn des komplementären Denkens hat die unistische Weltsicht möglich gemacht: hat möglich gemacht, Materie und Geist nicht mehr als zwei getrennte Wesenheiten aufzufassen wie zur Zeit der dualistischen Weltsicht, sondern als zwei durch die Struktur unseres Bewusstseins bedingte Aspekte einer im Grunde genommen einheitlichen raumzeitlichen Wirklichkeit.

Dem komplementären Denken hatte die philosophische Erkenntniskritik schon seit Langem den Weg geebnet. Schon Kant hatte festgestellt, dass es dem Menschen unmöglich ist, das „Ding an sich" – was die scholastische Philosophie als Substantia (= Wesen) bezeichnet hat – zu erkennen. Mehr und mehr setzte sich die Einsicht durch, dass wir nur sagen können: die Dinge erscheinen uns so oder so. Natürlich ist mit Erscheinen nicht nur der Eindruck des bloßen Augenscheins gemeint, sondern auch jenes Erscheinungsbild der Dinge, das sich darbietet, wenn wir mit indirekten Methoden unter diese Oberfläche vordringen.

Auf die Arbeit der Naturwissenschaftler hatte die philosophische Erkenntniskritik jedoch lange keinen großen Einfluss. Während der analytischen Phase der Naturwissenschaft nahmen diese – beflügelt vom Glauben an die Allmacht der menschlichen Vernunft – noch in naiver Weise an, man könne das Wesen der Dinge erfassen, wenn man nur weit genug hinter die Fassade des Augenscheins vordringe: die Vielfalt der Erscheinungen auf immer allgemeinere Seinsweisen reduziere. Als Albert Einstein schließlich den Nachweis erbrachte, dass Masse und Energie äquivalent sind, glaubte man, mit dem Begriff „Energie" das Wesen des raumzeitlich Seienden erfasst zu haben. Die materialistische Weltsicht schien die einzig wissenschaftlich vertretbare zu sein.

Mit der Fragwürdigkeit dieses naiven Glaubens, das Wesen der Dinge erfassen zu können, wurden als erste Naturwissenschaftler die Physiker konfrontiert. Sie stellten fest, dass die Elektronen – die einzigen Elementarteilchen, die man damals „handhaben" konnte – nicht nur Korpuskel „waren", wie man zuerst angenommen hatte, sondern zugleich auch Wellen. Für beides gab es eindeutige experimentelle Resultate.

Niels Bohr hat dann bekanntlich dieses Dilemma gelöst, indem er es „überstieg" (transzendierte), indem er eine völlig neue Betrachtungsweise einführte. Er sagte, man solle nicht mehr fragen, ob Elektronen Korpuskel oder Wellen seien. Man müsse sich bewusst werden, dass sie uns – je nach Versuchsanordnung – einmal als Korpuskel, das andere Mal als Wellen erscheinen. Diese neue Betrachtungsweise bezeichnete er als die komplementäre.

In der „Teilchen"-Physik war die Einführung des komplementären Denkens deshalb nötig geworden, weil man durch die unterschiedliche Versuchsanordnung die „Teilchen" zwingen musste, dem Experimentator ein je verschiedenes Gesicht zu zeigen, da man sie – wegen ihrer Kleinheit – auf andere Weise gar nicht sichtbar machen – nicht unseren für die mittleren Dimensionen „konstruierten" Wahrnehmungssystemen zuführen – konnte. Durch das große Ansehen der Pioniere der neuen Physik und auch durch das Aufsehen, das deren Entdeckungen erregten, wurde der Komplementaritätsbegriff innerhalb kurzer Zeit vom allgemeinen Bewusstsein rezipiert. Dabei wurde er als fruchtbar erkannt auch für Probleme, bei denen es nicht nötig ist, das Untersuchungsobjekt durch massive Zuführung von Energie zu einem bestimmten Verhalten zu zwingen, um es überhaupt wahrnehmen zu können.

Nachdem die Physiker bei der Konfrontation mit den „harten Tatsachen" der raumzeitlichen Wirklichkeit hatten einsehen müssen, dass wir mit unserem nur beschränkt leistungsfähigen Bewusstsein das „Wesen der Dinge" letztendlich doch nicht erfassen können, gewannen auch Überlegungen der lange Zeit für wirklichkeitsfremd gehaltenen philosophischen Erkenntniskritiker an Gewicht: dass man sich damit bescheiden muss festzustellen, dass einem die „Dinge" so und so erscheinen.

Ansatz für eine zeitgemäße Theorie des Geistes

Nachdem wir nun wissen, wie sich die Voraussetzungen alles Denkens über die Grundlagen des Seienden und des Geschehens infolge der Bewusstseinsmutation verändert haben, wollen wir uns auf die Frage nach der neuen Auffassung des Geistigen konzentrieren. Es dürfte jetzt klar sein, dass man nicht mehr fragen darf, was das Geistige ist, sondern inwiefern sich an der raumzeitlichen Wirklichkeit – beim heutigen Stand des Wissens – ein Aspekt erkennen lässt, der dem entspricht, was in unserer sprachlichen Tradition mit dem Ausdruck „Geist" benannt wird. Nachdem wir auch wissen, dass wir die objektive Wirklichkeit nur mittels Begriffspaaren erfassen können, dürfen wir zudem nicht nur nach dem geistigen Aspekt der raumzeitlichen Wirklichkeit fragen. Wir müssen fragen, inwiefern sich an ihr ein geistiger und ein materieller Aspekt erkennen lässt.

Für das Erkennen eines Aspekts benötigt man einen Gesichtspunkt. Somit stellt sich die Frage, von welchem Gesichtspunkt aus sich ein geistiger, und von welchem sich ein materieller Aspekt der Wirklichkeit erfassen lässt. Das Finden des geeigneten Gesichtspunkts erweist sich somit als der springende Punkt.

Mir persönlich hat es sich als fruchtbar erwiesen, so vorzugehen, dass man zwei grundlegende Begriffe der Naturwissenschaft – den Materie-Begriff der Physik und den Begriff „Evolution" – auswählt, und sich überlegt, was für Aussagen diese Begriffe enthalten. Beide sind ja das Ergebnis empirischen Vordringens weit hinter die Fassade des Augenscheins.

Materie

Beginnen wir mit dem Materie-Begriff. Halten wir fest, dass Materie im Licht der neuen Physik nicht mehr das ist, was sie zur Zeit der klassischen war. Durch die Quantenphysik ist sie sozusagen entmaterialisiert worden. Wenn ich Physiker fragte, wie sie Materie auf die kürzeste Art definieren würden, erhielt ich die Antwort (oder die Zustimmung zur Formulierung): als eine bestimmte Form von Energie. Stellen wir zunächst fest, dass diese Definition zwei Aussagen enthält: die Aussage, dass Materie aus Energie „besteht", und die Aussage, dass in diesem Fall Energie auf eine bestimmte Weise geformt oder – was auf das Gleiche herauskommt – angeordnet ist. Man kann somit das, was im heutigen Sprachgebrauch als Materie bezeichnet wird, von zwei völlig verschiedenen Gesichtspunkten aus betrachten. Man kann entweder das ins Auge fassen, was angeordnet ist, oder wie dieses angeordnet ist.

Fragt man, was in einem beliebigen materiellen Gebilde – sei dies ein Kristall oder ein Lebewesen – angeordnet ist, gibt es nur eine Antwort: Energie.

Nun ist zwar Energie (im Sinne der Physik) heute ein sehr gängiger Ausdruck, doch ist zu bedenken, dass er relativ jung ist. Lange Zeit sprachen Physiker von Kräften, zuerst von mechanischen, zuletzt von elektrischen. Noch 1847 konnte Lord Kelvin, einer der großen Physiker jener Zeit, sagen, die Physik sei die Wissenschaft von Kräften. Erst in der zweiten Hälfte des 19.

Jahrhunderts wurde der Begriff „Energie" als einheitliches Konzept eingeführt: als Oberbegriff für das, was man bis dahin als mechanische, chemische,
thermische und elektrische Kräfte bezeichnet hatte. Von dort an galt Physik
als Wissenschaft von der Energie, doch kannte man neben der Energie noch
die Masse. Dieser Begriff war – über mehrere Verständnisstufen hinweg entwickelt worden zur Benennung des „materiellen Substrats", an dem die Energie „ansetzt". Als dann A. Einstein die Theorie aufstellte, dass Masse als eine
Form der Energie zu verstehen sei, wurde Physik vollends zur Wissenschaft
von der Energie.

Was Energie ist, kann niemand sagen, doch kann man deren Verhalten
beschreiben. Das Kennzeichnendste an der Energie ist, dass sie eine naturgegebene Richtung hat: dass ihr die Tendenz innewohnt, sich in irreversibler
Weise zu verteilen bzw. auf ein niedrigeres Niveau abzufallen. Heiße Körper
kühlen sich ab, ein Ball, der auf den Boden prallt, kommt nach einer gewissen Zeit zur Ruhe, und ein elektrisches Potenzial hat die Tendenz, auf null
abzusinken. Je mehr die Energie, ihrer natürlichen Richtung folgend, „in die
Senke fällt", umso weniger kann sie dazu benützt werden, Arbeit zu leisten.

Ein weiteres Charakteristikum der Energie ist, dass sie gemessen bzw.
quantifiziert werden kann. Stand im Zeitalter der klassischen Physik der Energie – der potenziellen wie der kinetischen – noch die träge Masse als etwas
von dieser zu Unterscheidendes gegenüber, ist seit Einsteins Theorem – und
besonders seitdem der Nachweis gelang, dass Teilchen und Antiteilchen,
wenn sie zusammengebracht werden, zerstrahlen – Energie zu einem absoluten Quantum geworden: zu einem Quantum, das nach dem zurzeit noch gültigen Paradigma der Naturwissenschaft, die ganze raumzeitliche Wirklichkeit
„ausmacht".

In der neuen Physik wurde zwar der Energie-Begriff der Klassik differenziert. So erkannte man z. B. Eigenschaften, die nicht weiter reduziert werden
können: Quantelung, Ladung und Spin. Ferner ging die Entwicklung dahin,
das, was man bisher Energie genannt hatte, immer mehr als vier Grundkräfte
der Natur – Gravitation, elektromagnetische, schwache und starke Kraft – zu
sehen, und es stellte sich die Gewohnheit ein, diese Kräfte als Teilchen zu
beschreiben. Heute bemüht man sich, die vier Grundkräfte als Ergebnis von
Symmetriebrüchen einer einst – zu Zeiten des Urknalls – einheitlichen Kraft
nachzuweisen. Das Energie-Paradigma – die Erklärung der Natur allein mithilfe des Energie-Begriffs – ist damit jedoch nicht durchbrochen worden.

Fragt man nun, wie die Masse – die Energie in ihrer Kompaktform – in
einem materiellen Gebilde angeordnet ist, gibt es nicht mehr nur eine Ant-

wort, sondern sozusagen unendlich viele, je nachdem es sich dabei um eines der natürlichen Elemente handelt, um eine der ungezählten chemischen Verbindungen oder gar um ein Lebewesen. Das Wie des Angeordnetseins kann zwar beschrieben, eventuell – bei sehr niedrigen Komplexitätsgraden – durch mathematische Formeln ausgedrückt werden; quantitativ jedoch kann es – im Gegensatz zur Energie – nicht erfasst werden. Dies ist auch der Grund, weshalb bei der Berechnung der in einem materiellen Gebilde eingeschlossenen Energie deren Angeordnetsein durch die Maschen fällt. Die Energie ist also quantitativ nicht erfassbar angeordnet.

Evolution

Verlassen wir vorläufig die Überlegungen zum Materie-Begriff und betrachten wir den Begriff „Evolution". Gemeint ist natürlich die Evolution der raumzeitlichen Wirklichkeit: die Evolution vom Urknall bis heute. Dass sie stattgefunden hat, ist seit Langem eine erwiesene Tatsache. Man kennt heute auch weitgehend ihren Verlauf.

Als erstes Charakteristikum der Evolution sei festgehalten, dass dabei ein „körniges" Universum entstand: ein Universum, das gebildet wird von in sich geschlossenen, von der Außenwelt durch eine „Oberfläche rundherum" abgegrenzten „Körnern". Die Einsicht in diese Körnigkeit dient bei den folgenden Überlegungen als so etwas wie ein Ariadnefaden. Deshalb möchte ich zur Bezeichnung raumzeitlicher Gebilde auch den Ausdruck „Korn" verwenden. Bei dieser Bedeutung des Wortes können Protonen und Elektronen als einfachste stabile Körner bezeichnet werden, und der Mensch als bisher komplexestes Korn. Obwohl die einzelnen Körner auf mannigfaltigste Weise miteinander in Interaktion treten – miteinander vernetzt sind –, und obwohl die Berücksichtigung dieser Interaktionen für das Verständnis der Evolution – als Revolution – sehr wichtig ist, möchte ich vorerst nur das Gekörntsein ins Auge fassen.

Wie wohl allgemein bekannt ist, sind – als das junge, extrem heiße Universum ein wenig abgekühlt und das thermische Gleichgewicht zwischen Teilchen und Strahlung gebrochen war – als erste „Sorte" der Körnerklasse „Atom" die Wasserstoffatome entstanden, dann, in heißen Sternen und bei der Explosion von solchen, im Verlauf von mehr als 10 Milliarden Jahren alle übrigen Sorten der atomaren Körnerklasse: die 92 „natürlichen" Elemente. Obwohl einfache Vertreter der nächsten Körnerklasse – der Moleküle – schon sehr früh aufgetreten sind, fand die eigentliche Evolution der Moleküle erst auf den kühlen Planeten statt. Beim nächsten Systemsprung entstand dann die Klasse der lebendigen Körner: zuerst die einzelligen, dann – ziemlich spät – die mehrzelligen. Letztere nahmen in der relativ kurzen Zeit von einer halben Milliarde Jahren an Komplexität und Vielfalt enorm zu. Zuletzt entstand – als seiner selbst bewusstes Korn – der Mensch.

Wir sehen somit während der Dauer von vielleicht 15 Milliarden Jahren eine unaufhaltsam fortschreitende Zunahme des Angeordnetseins. Angeordnet wurde, wie schon gesagt, Energie. Die Zunahme des Angeordnetseins wird als Zunahme der Komplexität bezeichnet. Für Komplexität gibt es, wie gesagt, kein Maß. Man kann zwar von geringerer und größerer – niedrigerer und höherer – Komplexität sprechen, quantitativ erfassen kann man sie nicht. Es handelt sich beim Angeordnetsein eben um etwas Qualitatives, und Qualität kann nicht quantifiziert werden. Das ist ja der Grund, weshalb die Besonderheit des Angeordnetseins den um Quantifizierung bemühten „exakten" Naturwissenschaften durch die Maschen gefallen ist.

Ins Auge gefasst wurde das Angeordnetsein der raumzeitlichen Körner sowie die fortschreitende Zunahme der Komplexität derselben erst im Zug des Wandels der Naturbetrachtung, als man anfing, die Körner als Systeme zu sehen, und dabei entdeckte, dass auf jedem Entwicklungszweig beim Schritt zu einem neuartigen – komplexeren bzw. höheren – System neue Eigenschaften aufgetreten sind. Konrad Lorenz hat für dieses erstmalige Auftreten von Eigenschaften den handlichen Ausdruck „Fulguration" geschaffen.

Dass die raumzeitlichen Körner sich auf Grund ihrer Eigenschaften in eine Ordnung bringen lassen, in der zwischen höheren und niedrigeren unterschieden wird, wurde schon im Zeitalter der Naturkundler festgestellt, und diese Einteilung wurde auch während der analytischen Phase der Naturwissenschaft beibehalten. Man sprach dabei von Schichten des Seienden bzw. von Seinsstufen.

Die unterste Schicht wurde als anorganische bezeichnet, über dieser sah man eine vegetative, eine animalische, eine psychische und eine geistige. Die vegetative Schicht sah man charakterisiert durch die Fähigkeit zu Fortpflanzung, zu Wachstum im Sinne der Entfaltung vom Keim zur vollen Form, ferner als Fähigkeit zu Ernährung und Ausscheidung. Zur animalischen Schicht rechnete man das „Instinkthafte" wie z. B. Brunstverhalten und Rangordnungskämpfe, als psychisch bezeichnete man Eigenschaften, die man als Ausdruck des Erlebens auffasste: Freude, Furcht, Zuneigung, Anhänglichkeit usw. Als geistig bezeichnete man das, was wir heute als bewusstes Erkennen, Denken und Wollen verstehen: den subjektiven Geist.

Heute, im Zeitalter der systemischen und evolutionären Betrachtung der Natur, wo der Blick mehr auf das erstmalige Auftreten von Eigenschaften gerichtet ist – auf die Fulguration von grundlegenden Eigenschaften, aus denen sich dann jeweils eine Fülle von sekundären herausdifferenzieren –, hat sich die Einteilung etwas verändert.

So sieht man jetzt, dass spätestens mit der Bildung der ersten Atome die Festigkeit der Körner in die Welt kam und dass die Vielfalt der Formen, der äußeren wie der inneren, schon für die Stufe der Moleküle charakteristisch ist. Als grundlegende Eigenschaft, die beim Schritt von der leblosen zur lebendigen Substanz in Erscheinung trat, wird die Spontanaktivität gesehen.

Ebenfalls etwas grundlegend Neues, das erst auf der Stufe des Lebendigen auftrat, und das vielleicht nur ein anderer Aspekt der Spontanaktivität ist, ist die Fähigkeit, einer Sache „inne zu werden". Man kann diese Fähigkeit als Innerlichkeit bezeichnen. Unter diesem Allgemeinbegriff kann all das zusammengefasst werden, was Lebewesen wissen und „wollen", was sie zu erkennen und zu tun vermögen, was sie erleben, wie sie gestimmt, getrieben und emotional geladen sind. Die „alten" Ausdrücke vegetativ, animalisch, psychisch und geistig (bewusst) können dann als Bezeichnungen für aufeinander folgende Komplexitätsgrade der Innerlichkeit verstanden werden.

Innerlichkeit kommt dem traditionellen Begriff des Geistigen schon recht nahe. Was hier jedoch bemerkenswert ist, ist die Tatsache, dass Innerlichkeit sich, ebenso wie die anderen Fulgurationen, aus dem Angeordnetsein der Energie ergibt: dass sie zwar erst bei einem sehr hohen Grad des Angeordnetseins in die Welt getreten ist, dass sie sich jedoch nahtlos anfügt an die Reihe all der Eigenschaften, die sich aus der Zunahme der Komplexität ergeben haben, d. h., dass sie als letztes Glied in der Reihe: „Festigkeit, Form, Spontanaktivität zu verstehen ist.

Was bringt dieser Ansatz?

Halten wir einen Moment inne. Überlegen wir uns, was wir durch die Betrachtung des Materie- und des Evolutionsbegriffs gewonnen haben: als Erstes die Einsicht, dass man das, was diese beiden Begriffe beinhalten, von zwei verschiedenen Gesichtspunkten aus betrachten kann, und dass sich dabei zwei völlig verschiedene Aspekte der raumzeitlichen Wirklichkeit ergeben.

Bei der Betrachtung der Materie erwies sich zwar das, was angeordnet ist, als etwas sehr Dynamisches, ist doch Energie der Inbegriff dessen, was antreibt oder antreiben kann. Das Angeordnetem hingegen erweckte noch den Ein-

144

druck von etwas Statischem. Bei der Betrachtung der Evolution hat sich die Situation verändert: Was bei Betrachtung des Materiebegriffs als statisches Angeordnetsein erschien, erwies sich jetzt als etwas außerordentlich Dynamisches: als ein seit Beginn unseres Universums zu beobachtendes unaufhaltsames Fortschreiten zu immer komplexerer Anordnung.

Halten wir fest, dass man von dieser gewaltigen Dynamik vor der Erforschung der Evolution gar nichts wusste. Naturkunde und Naturwissenschaft waren seit ihren Anfängen nur mit einer Wirklichkeit, die da ist, konfrontiert. Aus der Beobachtung dessen, was in dieser vorgefundenen Wirklichkeit an Naturvorgängen geschieht, haben die Naturwissenschaften – sozusagen als Quintessenz – den Begriff „Energie" herausdestilliert. Sogar noch während des ersten Jahrhunderts der Evolutionsforschung – bei der Rekonstruktion der Bioevolution – sah man weniger auf das Dynamische dieses Geschehens als auf die Art und Weise, wie es sich vollzogen hat. Der dynamische Charakter des Evolutionsprozesses ist erst in den letzten Jahrzehnten, als die kosmische Evolution erkennbar wurde, voll ins Blickfeld getreten.

Es gibt nun zwei Möglichkeiten, auf diesen Zuwachs an Wissen zu reagieren. Man kann versuchen, das evolutionäre Geschehen mithilfe des traditionellen Energiebegriffs zu erklären, oder man kann sich fragen, ob in dem Streben nach immer komplexeren Zuständen sich eventuell eine „Dynamik" manifestiere, die von anderer Art ist als die, aus der man den Energiebegriff gewonnen hat. Üblicherweise wird das Erstere versucht. Ich bin jedoch der Meinung, dass die zweite Art der Betrachtung ergiebiger und dem heutigen Stand der Entwicklung angemessener ist: dass sie weiterführt zu einer neuen, differenzierteren Sicht der Dinge.

Von Physikern, die nur in gewohnten Bahnen denken können, wird dagegen gewöhnlich eingewendet, der zweite Hauptsatz der Energetik gelte nur für geschlossene Systeme, für offene hingegen nicht. In offenen Systemen komme es auf naturgesetzliche Weise zur Umkehr des spontanen Energieflusses; dadurch nehme die Entropie lokal ab und es komme spontan zur Bildung von Strukturen. Dies sind zwar erwiesene Fakten, doch sind der Nachweis von Fakten und die Interpretation derselben zwei verschiedene Paar Schuhe. Wenn gesagt wird, durch obige Feststellung sei die Evolution nach den Gesetzen der Energetik allein erklärt, dann hat man an diesen Fakten etwas übersehen, vielleicht auch verdrängt. Der Begriff „offenes System" impliziert nämlich etwas, das ein geschlossenes System nicht hat, und das mit den Gesetzen der Energetik nicht erklärt werden kann: Anordnung. Dabei handelt es sich um Anordnung in einer ganz bestimmten Bedeutung: um sinnvolle Anordnung von Teilchen.

Das einzige geschlossene System, das wir kennen, ist das Universum. Dieses können wir beobachten, weil wir in ihm drin stehen. Gäbe es noch andere geschlossene Systeme, könnten wir über diese nichts wissen, denn definitionsgemäß gäben sie keine Energie an die Umgebung ab und somit nichts, das uns Information über sie vermitteln könnte. Denken wir uns nun – im Sinne eines Gedankenexperiments – aus dem Universum alle offenen Systeme weg: die Galaxien mit all den verschiedenen offenen Systemen, die sie enthalten. In diesem Fall hätten wir nur – wie es der zweite Hauptsatz formuliert – ein Quantum freier Energie, die sich unaufhaltsam ausbreitet und dabei an Dichte bzw. Qualität verliert. Wir hätten 7nur Zunahme von Entropie.

Ein offenes System beliebigen Komplexitätsgrades – vom Stern über unseren Planeten samt Atmosphäre, über die Biosphäre als Ganzes bis zum einzelnen Lebewesen – ist hingegen definiert durch eine Abgrenzung nach außen sowie durch eine innere räumliche und funktionelle Struktur. Die Teilchen, die in einer solchen Insel (einem solchen „Korn") angeordnet sein müssen, damit in ihr eine lokale Abnahme der Entropie geschehen kann, sind im einfachsten Fall – in einem Stern – Atome. In einem Lebewesen – selbst im einfachsten – sind es Moleküle – oft sogar sehr komplexe – sowie auch Gebilde noch höherer Ordnung wie z. B. äußere und innere Membranen, Ribosomen, Atmungsketten usw.

Wenn an diesen räumlichen Strukturen (Anordnungen) eine Umkehr der natürlichen Umwandlungsrichtung der Energie stattfindet, geschieht dies durch Koppelung unterschiedlicher – abbauender und aufbauender – chemischer Reaktionen. Diese Koppelung geschieht nach dem gleichen Prinzip, nach dem z. B. in einem mechanischen System ein Gewicht über eine Rolle mit einem schwereren so verbunden ist, dass durch das Hinabfallen des schwereren das leichtere in die Höhe gezogen wird. Wie bei einem derartigen mechanischen System kann auch bei einem chemischen der aufbauende – Entropie-Abnahme fördernde – Prozess nur so lange ablaufen, als der abbauende so viel Chaos erzeugt, dass insgesamt ein Entropiezuwachs resultiert. Mit anderen Worten: Eine Reaktion, durch die sich in einem offenen System die Entropie um einen bestimmten Betrag verringert, kann nur dann spontan ablaufen, wenn dabei die Entropie der Umgebung mindestens um den gleichen Betrag zunimmt und wenn dadurch gleichzeitig die Entropie des Universums vermehrt wird.

So viel zur energetischen Beschreibung der Entropieabnahme in offenen Systemen. Wie steht es nun mit deren entscheidender Erzeugungsregel: mit der Koppelung der beiden Prozesse? Hier handelt es sich doch offensichtlich – ebenso wie beim offenen System als Ganzem – um eine Anordnung: um etwas, das mit dem Energiebegriff gerade nicht erfasst wird.

Jetzt noch ein Wort zu den Begriffen Entropie und Ordnung. Die undifferenzierte Verwendung dieser Begriffe im Sinne eines Gegensatzpaares führt nämlich – gerade im Zusammenhang mit dem Ausdruck Evolution – häufig zu falschen Schlüssen. Entropie – ein noch in der klassischen Physik erarbeiteter Ausdruck zur Bezeichnung der Energiequalität – wird oft synonym mit Unordnung bzw. Chaos gebraucht. Dies kommt daher, dass man Wärme als ein Phänomen der ungeordneten Bewegungen der Moleküle erkannt hat und dass man dies im Experiment demonstrieren kann, indem man ein mit Gas gefülltes Gefäß mit einem evakuierten zusammenschließt, wobei die Regellosigkeit der Molekülbewegung bzw. die „Unordnung" zunimmt.

Geht nun die Diskussion darum, dass in einem offenen System eine Abnahme der Entropie stattfindet, ist man berechtigt, auch von einer Zunahme von Ordnung zu sprechen. Dabei sollte man sich aber bewusst sein, dass es sich in diesem Fall um eine andere Art von Ordnung handelt als bei jener, die mit dem Ausdruck Komplexität bezeichnet wird. Lokale Abnahme der Entropie ist gleichbedeutend mit Verbesserung der Energiequalität, mit Hinaufheben der Energie auf ein höheres Potenzial bzw. mit Verdichtung der Energie. Wenn man dafür „Zunahme von Ordnung" sagt, wird der Ausdruck Ordnung in anderer Bedeutung verwendet als bei den oben erwähnten räumlichen und funktionellen Anordnungen von Teilchen, durch die ein offenes System zustande kommt, und durch die erst die Möglichkeit geschaffen wird, Energie auf ein höheres Niveau zu heben.

Wird dieser Unterschied nicht beachtet, kann es – selbst aus dem Munde kompetenter Physiker – zu unhaltbaren Schlagworten kommen wie: „Die schöpferische Macht des Chaos" oder „Kohärenzgewinnung durch das Chaos" (vgl. 4). Kohärenz als Anordnung von Teilchen zu offenen und in offenen Systemen wird zwar aus dem Chaos gewonnen, jedoch nur durch Steuerung von Prozessen, und Steuerung ist synonym mit anordnender „Dynamis".

Wie und unter welchen Bedingungen in offenen anorganischen Systemen das Energiegefälle dazu dienen kann, einfache Anordnungen von Teilchen hervorzubringen, hat Ilja Prigogine gezeigt. Wenn er nun daraus sein Schlagwort „Selbstorganisation der Materie" abgeleitet hat, und wenn – nach Extrapolation seiner Theorie – geglaubt wird, damit sei der Evolutionsprozess nach den Gesetzen der Physik bzw. der Energetik erklärt, muss auch hier festgehalten werden, dass der Nachweis von Vorgängen und die Interpretation derselben zwei verschiedene Dinge sind. Prigogine ließ die Tatsache außer Acht, dass er selbst – in seiner Eigenschaft als geistbegabtes Wesen – die dissipativen Systeme angeordnet hat: dass er selbst die Ausgangsbedingungen schuf, unter denen dann – durch Ausnützung des natürlichen Energiegefälles – gesteuerte Prozesse ablaufen, die zu Formbildung führen.

Im Prinzip tat Prigogine das Gleiche, was – mit komplexeren Systemen – Biotechniker tun, wenn sie selbst zurechtgeschneiderte Klone von Mikroorganismen in technischen, d. h. vom Menschen gefertigten, Systemen dazu bringen, gewünschte Enzyme zu produzieren. Es würde wohl keinem von ihnen einfallen zu sagen, sie hätten damit nachgewiesen, wie Enzyme im Lauf der Evolution entstanden sind.

Da im Bereich des Lebendigen die Bauanweisungen für die Struktur des einzelnen Lebewesens von Generation zu Generation weitergereicht werden, wird – um das Energieparadigma zu retten – auf die Versuche von Manfred Eigen (vgl. 34) hingewiesen: dass es diesem gelungen ist, durch Computerspiele die Anreicherung von Information in den Genen zu simulieren. Die Ergebnisse solcher Versuche sind faszinierend. Wer jedoch glaubt, dadurch sei die Entstehung des Lebens erklärt worden, erliegt dem gleichen Trugschluss wie I. Prigogine: Er übersieht die Tatsache, dass M. Eigen selbst – als zum Denken fähiges Wesen – die Regeln (= Anordnungen) festlegte, an die sich sein Computer beim Spielen halten musste.

Betrachten wir nun jene andere Dynamis, die erst durch die Rekonstruktion des Evolutionsprozesses sichtbar wurde. Halten wir fest, dass sie nur einen Teil der gesamten Energiemenge unseres Universums „in Griff genommen" hat: nur jenen Teil, der beim Bruch des thermischen Gleichgewichts zwischen Teilchen und Strahlung in Gestalt einfacher Atome – in Gestalt von Wasserstoff und etwas Helium – „verfestigt" bzw. in eine äußerst kompakte Form gebracht wurde.

An dieser damals verfestigten Energiemenge hat sich dann die fortschreitende Zunahme von Komplexität vollzogen. Auf Inseln innerhalb eines zerstrahlenden Universums sind dabei Körner von immer höherer Komplexität entstanden, und mit diesem Voranschreiten der Komplexität sind der Reihe nach jene Eigenschaften aufgetreten, die wir vorhin benannt haben. Wollen wir dieser Dynamis, die immer höhere Ordnung schafft, einen Namen geben, können wir sie, um sie von der mit dem Energiebegriff erfassten, „nach unten" (griech. kata) strebenden katagenetischen zu unterscheiden, als aufwärts strebende bzw. anagenetische (griech. ana = aufwärts) bezeichnen.

Mit der Unterscheidung zwischen katagenetischer und anagenetischer Dynamis sind allerdings nicht zwei Wesenheiten gemeint, von denen jede für sich existieren kann. Wir stehen hier vor einer ähnlichen Situation wie seinerzeit die Physiker, als sie feststellen mussten, dass Teilchen sowohl Korpuskel als auch Wellen „sind". Ebenso wie damals kann auch jetzt die Lösung nur in der Anwendung des Komplementaritätsbegriffs gefunden werden.

Ein gewisser Unterschied zur damaligen Situation besteht jedoch. In der Teilchenphysik entstanden die Fragen dadurch, dass die Teilchen durch „Hineinpumpen" von Energie bei unterschiedlicher Versuchsanordnung zu unterschiedlichem Verhalten gezwungen wurden; dieses Mal entstanden die Fragen allein dadurch, dass man ein bisher unbekanntes Naturgeschehen durch bloßes Beobachten entdeckte: dadurch, dass man aus Spuren, die der Evolutionsprozess hinterließ, diesen rekonstruierte.

Unter Anwendung des Komplementaritätsbegriffs kann man sagen: die Dynamik des raumzeitlichen Geschehens erscheint uns unter einem anderen Aspekt, je nachdem, ob wir es unter dem Blickwinkel der Physik, Chemie und Physiologie betrachten, oder unter dem Blickwinkel der Evolutionsforschung. Je nach Wahl des Gesichtspunktes enthüllt es sich uns unter dem katagenetischen oder unter dem anagenetischen Aspekt.

Was das raumzeitliche Geschehen an sich ist, können wir auch bei der komplementären Betrachtung nicht sagen. Wir wissen ja noch nicht einmal, wohin die Evolution des Universums führt. Gegenwärtig konkurrieren zwei kosmologische Theorien miteinander. Nach der einen soll die Expansion und die Abkühlung unaufhaltsam weitergehen, bis die gesamte Energie auf ihr tiefstes Niveau abgesunken ist, nach der anderen soll der Prozess, wenn die Gravitationskräfte anfangen überhand zu nehmen, sich umkehren, und das Universum soll sich wieder zurückentwickeln zu dem Zustand, den es unmittelbar vor dem Urknall hatte. Welche Theorie die Richtige ist, kann erst entschieden werden, wenn man weiß, wie viel Materie das Universum enthält. Sollte die „Umkehrtheorie" sich als richtige erweisen, würde sich die wohl nie beantwortbare Frage stellen, ob das, was wir als Evolution bezeichnen, etwa nur der aufsteigende Ast einer Schwingung innerhalb einer endlosen Folge von Schwingungen ist, wobei jedes Mal beim Ansteigen der Schwingung eine vollständige Evolution, und bei deren Abklingen eine Rückbildung derselben stattfände. Das, was wir Urknall nennen, müsste man sich dann als Durchgang durch einen Schwingungsknoten vorstellen.

Ich erwähne dies nur, um zu zeigen, dass die durch naturwissenschaftliches Forschen erschlossene Auffassung der Wirklichkeit eine Perspektive eröffnet, die um nichts weniger großartig ist als jene, die durch Mythisieren entworfen worden sind. Ich möchte damit auch zeigen, dass als Antwort auf die Frage nach einem weltschöpferischen Sein heute der Agnostizismus die Einzige mit geistiger Redlichkeit vereinbare Haltung ist, und dass mit der neuen Sicht der Wirklichkeit wiederum ein Transzendenzbegriff zustande kommt. Transzendent heißt heute allerdings bewusstseins-transzendent in dem Sinn, dass das, was wir als Unbewusstes, als Leben, als Materie sowie als anagenetischen und katagenetischen Aspekt des raumzeitlichen Geschehens bezeichnen, das Verständnisvermögen unseres Bewusstseins letztlich übersteigt (transzendiert).

Keine Materie ohne Geist

Was haben wir mit der komplementären Betrachtung des raumzeitlichen Geschehens gewonnen? Gewonnen haben wir damit gewiss den Ansatz zu einer neuen, dem heutigen Stand der Naturkenntnis entsprechenden Theorie der Evolution. Um diese geht es uns hier jedoch nicht. Wir wollten einen zeitgemäßen Begriff des Geistigen suchen. Dabei sind wir davon ausgegangen, dass es der heutigen Bewusstheitsebene entspricht, nicht mehr danach zu fragen, was Materie und was Geist sei, sondern ob sich am raumzeitlichen Geschehen ein materieller und ein geistiger Aspekt erkennen lasse. Wir sind dann darauf gekommen, dass die raumzeitliche Entfaltung sich bei geeigneter Wahl der Gesichtspunkte – bei der Frage, was und der Frage, wie es angeordnet wurde – unter zwei komplementären Aspekten zu erkennen gibt.

Nun gilt es zu überlegen, ob das so gewonnene Begriffspaar von katagenetischem und anagenetischem Aspekt als synonym aufgefasst werden kann mit dem ebenfalls komplementär zu verstehenden Begriffspaar von Materie und Geist: ob der katagenetische Aspekt dem materiellen Aspekt, und der anagenetische dem geistigen gleichgesetzt werden kann. Ich bin der Meinung, dass dem nichts im Wege steht, und dass man der traditionellen Bedeutung der Ausdrücke Materie und Geist keinen Zwang antut, wenn man sagt: Auf die Frage, was angeordnet ist, enthüllt sich uns die raumzeitliche Entfaltung unter dem materiellen Aspekt, und auf die Frage, wie angeordnet ist, unter dem geistigen.

Allerdings wird dabei das beim heutigen Sprachgebrauch gewohnte Bedeutungsfeld des Ausdrucks „Geist" erweitert. Heute werden mit Geist üblicherweise die Bedeutungen „Erkennen" und „Wissen" assoziiert. Dies entspricht der durch die Aufklärung bewirkten Einengung des Geistbegriffs auf den Menschengeist: auf das Subjektiv-Geistige. Der archaische Geist-Begriff war, wie wir gesehen haben, umfassender. Er umfasste erstens auch – bzw. in erster Linie – das Objektiv-Geistige; zweitens implizierte er neben den Bedeutungen „Erkennen" und „Wissen" vor allem die Bedeutungen „Wirkungs-mächtigkeit" und „weltschöpferische" Potenz jene Bedeutungen, die auch der aus der Betrachtung der Evolution abgeleitete Begriff „anagenetische Dynamis" enthält.

Im neuen Geistbegriff ist somit das während der positivistischen Übergangsphase „abgetötete" Geistige wieder erstanden. Der neue Geistbegriff ist also wieder ebenso umfassend wie der in archaischer Zeit erarbeitete, jedoch befreit von dem, was damals die Evolution des Bewusstseins am Plafond anstoßen ließ: er ist befreit vom Konkretismus.

Das Ersetzen des archaischen Geistbegriffs durch den heutigen ist sozusagen die andere Seite jenes Vorgangs, den ich als Hereinklappen der metaphysischen Welt bezeichnet habe. Aus dem übernatürlichen Geist ist ein natürlicher geworden, und zwar, ohne dass dadurch etwas verloren gegangen wäre. Vertieft man sich in das heutige Wissen über jenes gewaltige, jegliches Begreifen übersteigende Geschehen, das mit dem knappen Ausdruck „Evolution der raumzeitlichen Wirklichkeit benannt wird, kann man erkennen, dass mit dem Hereinklappen der metaphysischen Welt kein unersetzlicher Schatz der Menschheit zerstört, sondern dass lediglich eine naive Sicht der Welt durch eine reifere abgelöst worden ist.

Der neue Geist-Begriff unterscheidet sich vom archaischen darin, dass Geist, sowohl subjektiver wie objektiver, nicht mehr von der Übernatur her begründet werden muss. Vom positivistischen unterscheidet er sich – abgesehen von dem viel größeren Bedeutungsfeld – darin, dass Geist nun nicht mehr als Epiphänomen der Materie angesehen werden muss: als etwas, das sozusagen als Nebenwirkung aus der allein wirklichen, sich selbst organisierenden Materie hervorging und das infolgedessen auf physikalisch-chemische Prozesse zurückgeführt werden kann. Nach der neu gewonnenen Auffassung ist Geist etwas, das die ganze Natur durchzieht und erfüllt. Im Lichte des Wissens von der Evolution kann er als etwas gesehen werden, das seit Beginn der raumzeitlichen Entfaltung unseres Universums „am Werke" war: eine Dynamik, die durch Anordnung von Energie zu immer komplexeren Systemen der Reihe nach die Systemeigenschaften Festigkeit, Form, Spontanaktivität und Innerlichkeit in die Existenz hat treten lassen.

Damit wird jedoch kein Primat des Geistigen gegenüber der Materie ausgesagt, da ja das Geistige und das Materielle lediglich als komplementäre – nur wegen der Struktur unseres bewussten Erkennens zu unterscheidende – Aspekte einer seit „unserer" Stunde Null, seit dem Urknall, vorhandenen raumzeitlichen Dynamik aufgefasst werden.

Um den Unterschied der neuen Auffassung gegenüber der positivistischen hervorzuheben, kann man jetzt sagen, es gebe keine Materie ohne Geist: Spuren des Geistigen seien schon in den Atomen erkennbar. Damit sollen aber nicht jene Physiker ermuntert werden, welche – wie das heute oft geschieht – Fantasien entwickeln über eine direkte Beziehung zwischen Elementarteilchen und östlicher Mystik, also zwischen Teilchen und Gestaltungen des menschlichen Unbewussten (vgl. z. B. 23). Teilchen und Unbewusstes sind zwei völlig inkommensurable Dinge. Das eine ist das Allereinfachste, das andere das Allerkomplexeste, und dazwischen liegt die ganze Skala von Entwicklungsschritten samt den dazugehörenden Fulgurationen. Diese Zwischenstufen sollten bei Spekulationen „über Gott und die Welt“, die bei manchen Physikern in Mode gekommen sind, nicht außer Acht gelassen werden.

Wie kam das Selbst zu seinem Wissen?

Jetzt, da die Frage nach einer zeitgemäßen Theorie des Geistes geklärt ist, können wir uns auf die Frage konzentrieren, woher das Selbst sein Wissen bezieht. Dazu müssen wir uns die Eigenschaft vor Augen halten, die beim Systemsprung von den unbelebten zu den belebten Körnern fulgurierte: die Innerlichkeit.

Der Begriff „Innerlichkeit“ umfasst, wie erwähnt, bei höheren Lebewesen eine Fülle von Eigenschaften: all das, was Lebewesen wissen und „wollen“, was sie zu erkennen und zu tun vermögen, was sie erleben, wie sie gestimmt, getrieben und emotional geladen sind. Das meiste davon ist erst im Verlauf der Bioevolution – im Zug der Evolution der Innerlichkeit – in die Welt getreten.

Eine Möglichkeit hingegen war seit der Fulguration der Fähigkeit, etwas inne zu werden, gegeben: etwas zu erkennen und auf das Erkannte situationsgerecht zu reagieren. Dazu sind schon die ältesten heute noch vorhandenen Lebewesen – die Arche-Bakterien – in der Lage.

Durch die Entwicklung der Regeltechnik wurde ersichtlich, dass situationsgerechtes Reagieren Informationsverarbeitung voraussetzt: das Vergleichen eingehender Information mit gespeicherter, d. h. mit Wissen. Bei diesem Wissen eines Lebewesens handelt es sich um „angeborenes“ Wissen: um Wissen, das – im Genom verpackt – von Generation zu Generation über die Keimbahn weitergegeben wird und auf Grund dessen jeweils Organismen sich selbst aufbauen einschließlich jener zentralnervösen Strukturen, in denen bzw. an denen dann jene „höhere" Innerlichkeit sich abspielt, auf die aus deren Äußerungen von Kognitionsforschern zurückgeschlossen wird.

Mit der Höherentwicklung der Arten nahm dieses im Genom gespeicherte Wissen unaufhaltsam zu. Aus diesem Grund wird die Evolution – insbesondere die Bio-Evolution – oft als Information gewinnender Prozess bezeichnet. Dieser Informationsgewinn geschieht nicht isoliert innerhalb jedes einzelnen Entwicklungszweiges. Hier spielt die Interaktion der Körner eine entscheidende Rolle. Betrachtet man die Evolution mit Blick auf diese Interaktion, spricht man von Koevolution.

Jeder Organismus muss sich mit den Gegebenheiten der Wirklichkeit, in der er lebt, auseinandersetzen. An dieser Auseinandersetzung wächst – im Sinne der Koevolution – der Erkenntnisapparat jeder einzelnen Art zu der Form und Funktion heran, die ihr das Überleben in einer ihr eher feindlich „gesinnten" Umgebung ermöglicht. Dabei entsteht in den Organismen eine Art Abbild der Außenwelt: nicht der gesamten Außenwelt, sondern nur der Faktoren, deren Kenntnis ein Organismus zum Überleben benötigt. Dieser für jede Art typische erkennbare Ausschnitt aus der Umgebung wird in der Biologie als Umwelt bezeichnet.

Auf diese Umwelt sind schon die körperlichen Strukturen – im Sinne einer Passform – abgestimmt, z. B. die Struktur der Bewegungs-, Fang-, Fress- und Verdauungsorgane sowie des sogenannten kognitiven Apparates: der Sinnesorgane und des Zentralnervensystems.

Ein Abbild anderer Art der arttypischen Umwelt – ein morphologisch-physiologisch nicht fassbares Abbild – ist das, was man zentralnervöse Repräsentation nennt: die im Zentralnervensystem gespeicherte Information über die Umwelt, d. h. das gespeicherte Wissen im engeren Sinn. Bei niedrigen Organismen ist die zentrale Repräsentation der Umwelt „angeboren" und starr. Auch bei höheren Lebewesen ist weitaus der größte Teil angeboren, doch kann er im Verlauf des Lebens durch Lernen modifiziert und erweitert werden. Der Rahmen, innerhalb dessen Modifikation und Erweiterung möglich ist, ist aber auch schon im Genom festgelegt. Kein Lebewesen kann über den durch sein arttypisches Muster festgeschriebenen Rahmen des Erkennens und Verhaltens hinaussteigen. Die im Zentralnervensystem repräsentierte Information ist gleichbedeutend mit dem oben erwähnten Wissen, mit dem die über die Sinnesorgane einfließende Information verglichen und dabei verarbeitet wird.

Bei der heute mehr und mehr sich durchsetzenden systemischen Betrachtungsweise der Natur ist Ganzheit ein zentraler Begriff.

Erstrangige Bedeutung erlangt er bei den lebendigen Systemen, insbesondere bei den höheren. Da müssen nicht nur ungezählte gleichwertige Teile und Prozesse ganzheitlich reguliert werden, sondern eine Hierarchie von Sub- und Subsubsystemen. Zudem muss die im arttypischen Muster formulierte Ganzheit aufrechterhalten werden, sowohl gegenüber ständig wechselnder Bedingungen der Außenwelt als auch gegenüber ständiger Transformation des Lebewesens selbst. Innerhalb eines Lebewesens findet ständige Transformation statt, erstens in dem Sinn, dass die hochkomplexen Substanzen, aus denen ein Körper aufgebaut ist und welche die physiologischen Funktionen ermöglichen, fortlaufend erneuert werden, zweitens auch in dem Sinn, dass sich die Struktur eines Lebewesens, dem zeitlichen Muster von Jugend-, Reife- und Altersform folgend, ständig verändert.

Bewältigt wird diese ungeheure Aufgabe der Aufrechterhaltung der Ganzheit mittels Selbstregulation. Im Unterschied zu technischen Regelsystemen, welche von Menschen – durch Exteriorisation von Menschengeist – konstruiert und in Gang gesetzt werden, beruht jedoch die Selbstregulation bei lebendigen Systemen auf Spontanaktivität: auf einem Antrieb, der nicht mit den Gesetzen der Thermodynamik erklärt werden kann. Spontanaktivität gehört in die Reihe der Fulgurationen, die im Zug der Evolution aufgetreten sind. Sie ist Ausdruck der anagenetischen Dynamis: Ausdruck des Strebens nach höherer Komplexität.

Wenn wir von Aufrechterhaltung der Ganzheit mittels Informationsverarbeitung sprechen sowie von der Evolution als Information gewinnendem Prozess, müssen wir uns vor Augen halten, dass auch mit dem Ausdruck „Information" differenziert umzugehen ist. Information kann und muss nämlich ebenfalls komplementär unter zwei Aspekten betrachtet werden: mit Blick auf den Bedeutungs-Träger und mit Blick auf den Bedeutungs-Gehalt. Zurzeit ist keine Informationsbedeutung ohne Bedeutungsträger bekannt. Wie sich dies bei der sogenannten außersinnlichen Wahrnehmung (Gedankenlesen und Hellsehen) verhält, kann zurzeit noch nicht erkannt werden.

Nun ist der Bedeutungsträger immer eine Form von Energie, sei dies Druckerschwärze, ein neuronaler Vorgang, eine Luftschwingung oder eine chemische Verbindung wie bei der Erbsubstanz und bei Enzymen. Der Bedeutungsgehalt hingegen – das, was erkannt werden kann und was Wissen ausmacht – ergibt sich jeweils erst aus dem Angeordnetsein der Trägerelemente. Information kann und muss somit sowohl unter dem katagenetischen als auch unter dem anagenetischen – dem materiellen und dem geistigen – Aspekt betrachtet werden, und wenn man von Information spricht, sollte man sich darüber im Klaren sein, unter welchem Aspekt man es tut.

Bei der Informationstheorie, die ja im Zusammenhang mit technischen Regel- und Nachrichtenübermittlungs-Systemen erarbeitet wurde, wird Information unter dem Träger-Aspekt ins Auge gefasst. Deshalb kann dort Information auch quantifiziert und sogar als Maß für die Entropie genommen werden.

Spricht man hingegen von der Evolution als einem Information gewinnenden Prozess und von Informationsverarbeitung zur Aufrechterhaltung der Ganzheit, steht der Bedeutungs-Aspekt im Vordergrund: dann erscheint Information als etwas Geistiges.

Auch Pflanzen und Tiere haben ein „Selbst"

Die „Instanz", die im Organismus die Ganzheit aufrechterhält, können wir als Ganzheitszentrum bezeichnen. Jedes Lebewesen besitzt ein solches. Für das im unbewussten Bereich der menschlichen Psyche befindliche hat Jung den Ausdruck „Selbst" verwendet. Unter Anwendung der Terminologie von Jung könnte man sagen, jedes Lebewesen – jede Pflanze und jedes Tier – habe ein Selbst.

Bei niedrigen Lebewesen ist dieses „Selbst" natürlich erst mit wenigen und zudem geringen Fähigkeiten ausgestattet: ihre Innerlichkeit ist noch „arm". Je höher wir auf der Evolutionsskala hinaufsteigen, umso „reichere" und leistungsfähigere „Selbste" können wir beobachten. Bei höheren Tieren ist die Leistungsfähigkeit des „Selbst" enorm. Sie übersteigt jedes Begreifen. Konrad Lorenz wies darauf hin, dass da schon die Sinnesanalysatoren – jene zentralnervösen Strukturen, welche die eingehende Information für die Verarbeitung aufbereiten – mathematische, stereometrische, statistische und sonstige Operationen von solcher Komplexität durchführen, dass sogar begabte Forscher sie rational nur sehr unvollkommen nachvollziehen können (vgl. 83). Die Tatsache, dass die Leistungen tierischer „Selbste" in vieler Hinsicht denen des Ich (der Ratio) ähnlich sind, hat E. Brunswik veranlasst, für sie den (unschönen) Ausdruck „ratiomorpher Apparat" einzuführen.

Es sei daran erinnert, dass es sich bei der von der biologischen Kognitionsforschung ins Auge gefassten Fähigkeit des „Selbst", etwas zu erkennen und situationsgerecht auf das Erkannte zu reagieren, nur um eine „Dimension" der Innerlichkeit handelt: dass mit zunehmender Evolutionshöhe noch all jene Fähigkeiten dazugekommen sind, die ich aufgezählt habe. In Hinblick auf die Innerlichkeit des Menschen sei hier vor allem an die Fähigkeit zum Erleben erinnert: an eine Fähigkeit, die mit den Methoden der Biologie nicht erfasst und die daher bei der Erforschung der Evolution der Innerlichkeit nicht berücksichtigt werden kann.

Leider wird mit dem Ausdruck „das Selbst" der gleiche Missbrauch getrieben wie mit dem Ausdruck „das kollektive Unbewusste". Empirisch nachgewiesen wurde einzig und allein – mittels der tiefenpsychologischen Methode –, dass sich im unbewussten Bereich der menschlichen Psyche ein Ganzheitszentrum befindet. Mit dem Nachweis des Integrators wurde – mittels neurophysiologischer Methode – dessen zentralnervöse Struktur erkannt. Durch die Ergebnisse der allgemeinen Biologie wurde zudem ersichtlich, dass alle Lebewesen ein Ganzheitszentrum besitzen, ein Zentrum, das die Ganzheit des betreffenden Individuums regelt.

Wenn nun von einem Gruppen-Selbst, einem Menschheits-Selbst, einem Gesamt-Selbst oder kosmischen Selbst geredet wird und man Letzteres mit „Gott" gleichsetzt, ist dies eine unzulässige Verschmierung eines zur Benennung beobachteter Fakten gebildeten Begriffs. Hinter dieser Verschmierung lässt sich meistens die (vielleicht unbewusste) Absicht erkennen, archaische Denkstrukturen – insbesondere archaische Metaphysik – beizubehalten.

Im Zuge der systemischen Betrachtung der Natur ergab sich, dass überindividuelle Systeme durch Interaktion der „Körner", die ein System bilden, zustande kommen. Dafür wurde eine eigene, nicht mehr archaisierende Terminologie erarbeitet. Zentrale Ausdrücke dieser Terminologie sind „Vernetzung" und – wenn man auf den Evolutionsprozess blickt – „Ko-Evolution". Dass das heutige Wissen über die Evolution die Vorstellung eines weltschöpferischen Seins nicht mehr ausschließt, wurde erwähnt. Für dieses hypothetische Sein den Ausdruck „Selbst" zu verwenden, halte ich jedoch nicht nur für unzulässig, sondern für irreführend.

Komplementäres Denken beseitigt das „Leib-Seele-Problem"

Halten wir, bevor wir zum Schluss kommen, noch einmal fest, dass die Innerlichkeit der Lebewesen an morphologische Strukturen und physiologische Prozesse gebunden ist: dass ohne Vorhandensein eines Gehirns bis heute weder ein Unbewusstes noch ein Bewusstsein beobachtet worden ist. In diesem Zusammenhang sei darauf hingewiesen, dass durch die komplementäre Betrachtung der lebendigen Systeme das so viel besprochene psychosomatische Problem – das Problem der Beziehung zwischen „Körper" und

„Seele" – sich sozusagen von selbst löst: dass es sich ebenso wie das Korpuskel-Welle-Problem der „alten" Physik als überholtes Problem erweist.

Das Begriffspaar von Körper und Seele kann – als komplementäres Begriffspaar verstanden – als synonym angesehen werden mit dem Begriffspaar von katagenetischem und anagenetischem bzw. materiellem und geistigem Aspekt eines lebendigen Korns. Ich sage absichtlich nicht „des Menschen", denn bei dieser Betrachtungsweise erlangt sogar die frührarchaische Auffassung wieder Sinn, dass auch Tiere und Pflanzen eine Seele haben.

Allerdings muss man sich bewusst werden, dass mit den Ausdrücken Körper und Seele eine Unterscheidung mitgeschleppt wird, die in archaischer Zeit „richtig" war, heute aber in den meisten Kontexten nicht mehr recht passt.

Den „Körper" sehen wir heute als Hierarchie von Systemen, von der Zell-Organelle bis hinauf zum Gesamtorganismus: eine Hierarchie von Systemen, deren jedes einerseits eine gewisse Selbstständigkeit hat bzw. behalten hat, andererseits aber auch in den Dienst des nächsthöheren Systems gestellt wurde. Auch die „Seele" ist infolgedessen als hierarchisches „Gebilde" zu sehen: als Hierarchie von Systemeigenschaften, deren Rangordnung mit den ebenfalls „alten" Ausdrücken vegetativ, animalisch, psychisch und geistig gar nicht so schlecht benannt worden ist.

Der „innere Meister"

Kommen wir auf die Frage zurück, woher das menschliche Selbst sein Wissen beziehe. Nach all dem Gesagten können wir diese Frage jetzt relativ knapp beantworten: Das Wissen des Selbst ist das Ergebnis einer Bio-Evolution von ca. 3 Milliarden Jahren: es ist ihm durch einen Information gewinnenden Prozess zugewachsen.

Auf dem Boden jener unbewussten Innerlichkeit höchster Komplexität, die unsere unmittelbaren tierischen Primaten-Vorfahren hatten, ist – beim letzten großen Schritt der Evolution – die Fähigkeit zu Bewusstheit fulguriert. Gemessen an der bisherigen Dauer der Evolution hat dieser Schritt erst vor verschwindend kurzer Zeit stattgefunden.

Wenn nun das uralte, in Sachen Leben, Überleben und Zusammenleben sehr erfahrene Selbst dem jungen, unerfahrenen und außerdem nur zu segmentärer Sichtweise befähigten Ich korrigierende und weiterhelfende Hinweise zukommen lässt, tut es dies in seiner Funktion als Ganzheitszentrum: als „Instanz", die für die Ganzheit der Psyche – ihren unbewussten und ihren bewussten Bereich – zu sorgen hat. Wenn nun das Ich, das seiner Natur nach den Drang zum „Ausscheren" in sich hat, auf diese Hinweise achtet, tut es nichts anderes, als sich „dem Wesen des Menschen entsprechend" zu verhalten. Dann hat es auch die größte Aussicht, zu echter Menschlichkeit zu gelangen bzw. Menschlichkeit zu bewahren.

Dabei spielt es prinzipiell keine Rolle, ob das Ich – bei noch niedriger Bewusstheit – glaubt, diese Hinweise kämen vom Himmel herab, z. B. als Wirken des Heiligen Geistes, oder ob es – dem heutigen Stand der Bewusstseinsevolution entsprechend – dies tut im vollen Wissen, dass diese Impulse „aus den Tiefen der Seele" kommen: dass es der innere „Meister" ist, der dabei – auf völlig natürliche Weise – „seinen Willen offenbart".

Zweiter Teil

Religiosität nach dem Wandel der Weltsicht

Der neue Mythos impliziert Religiosität

Nach all dem, was über den Evolutionsschritt von der mythischen zur wissenschaftlichen Weltsicht gesagt worden ist, mag es eigenartig erscheinen, wenn jetzt von einem neuen Mythos die Rede ist, und wenn wir zudem noch sagen, dass es für das Nachholen der Menschlichkeit unerlässlich ist, den Inhalt des neuen Mythos zu erkennen, zu assimilieren und in gelebtes Leben umzusetzen.

Erinnern wir uns jedoch daran, dass das Charakteristische der mythischen Weltsicht nicht darin bestand, dass der Mensch sich vom Mythos tragen ließ und dass der Mythos sein Leben mit Sinn erfüllte. Charakteristisch für die mythische Weltsicht war einzig das konkretistische Verständnis des Mythos: wenn der christliche Mythos erzählte, Gottvater habe seinen Sohn Mensch werden lassen, dieser habe durch seinen Opfertod die Menschheit von ihren Sünden erlöst, sei wieder auferstanden und in den Himmel zurückgekehrt, dann galt dies den Christen als Bericht über ein tatsächliches Geschehen. Gottvater, Christus und der Heilige Geist galten den Christen als konkrete Personen, die man um Hilfe anrufen konnte und die einem vom Himmel herab in den Nöten des Lebens halfen. Als ebenso konkrete, wirkungsmächtige personale Wesen galten die Engel, die Heiligen und die Teufel.

Einzig dieses konkretistische Verständnis des Mythos und der mythischen Gestalten ist bei der Mutation des Bewusstseins überwunden und durch das symbolische abgelöst worden. Die Wirksamkeit des Mythos wurde dadurch nicht infrage gestellt. Im Gegenteil: Es ist inzwischen wissenschaftlich nachgewiesen, dass und weshalb das „Leben aus dem Mythos" für die Entfaltung der Menschlichkeit unabdingbar ist.

Mythos auch bei symbolischem Verständnis wirksam

Im ersten Teil dieses Buches, in dem es darum ging, den Wandel des Bewusstseins zu erfassen, wurde vor allem dargelegt, dass die „Wiederauferstehung" des Mythos von der Einsicht begleitet war, dass dieser symbolisch – als Veranschaulichung an sich unanschaulicher psychischer Dynamismen – zu verstehen ist. Jetzt, wo wir uns der Frage zuwenden, wie die Nachentwicklung der Menschlichkeit geschehen könne, ist es vor allem wichtig zu sehen, dass der Mythos auch bei symbolischem Verständnis wirksam ist.

Wichtig ist dies vor allem deshalb, weil die Einsicht in die Wirksamkeit des Mythos bei denen, die heute die Verfügungsgewalt über die Informationskanäle besitzen, noch kaum vorhanden ist. Wir haben ja gesehen, dass sich der Positivismus – und damit der Glaube an den „Tod" des Mythos – erst in unserem Jahrhundert, also nachdem er von der Evolution schon überholt war, im allgemeinen Bewusstsein ausgebreitet hat.

Der neue Zugang zum Mythos – und damit die Möglichkeit, dass dieser seine Wirkung wieder voll entfalten kann – wurde, wie erwähnt, mit dem Aufkommen der Tiefenpsychologie erschlossen, und zwar in dreifacher Hinsicht. Erstens wurde durch die Entdeckung des arteigenen Unbewussten die Quelle gefunden, aus der der Mythos hervorgeht und immer schon hervorgegangen ist.

Zweitens ergab sich durch die Entschlüsselung der Sprache des Unbewussten das Verständnis des Bedeutungsgehalts der mythischen Erzählungen und Gestalten.

Drittens wurde durch die Erforschung der Wechselwirkung zwischen Unbewusstem und Bewusstsein erkannt, wie wichtig – wie unabdingbar – ein lebendiger Mythos für die psychische Reifung des Einzelnen und auch für die Evolution des Bewusstseins ist.

Wenn der weltanschauliche Positivismus auch die Wirksamkeit des Mythos verkannte, so haben positivistische Wissenschaftler doch wertvolle Vorarbeit für die Erschließung der Funktion und des Sinngehalts geleistet, indem sie mit großem Fleiß Mythen aus allen Breiten und Zeiten zusammentrugen. Genauso wie sich die Allgemeine Biologie und die Evolutionslehre erst entfalten konnten, nachdem durch die Vorarbeit der Naturkundler eine große Vielfalt tierischer und pflanzlicher Arten bekannt geworden war, schufen Kulturhistoriker und Ethnologen durch das Sammeln von Mythen die Basis für ein tieferes Verständnis und für eine griffige Theorie des Mythos. Aber erst durch den Nachweis des arteigenen Unbewussten konnte erkannt werden, dass Mythen aus der gleichen Quelle hervorströmen wie Träume, Visionen und Wachfantasien: dass auch sie Gestaltungen des Unbewussten sind.

Die überwiegende Mehrzahl der Gestaltungen des Unbewussten ist für die seelische Entwicklung des Einzelnen bedeutsam. Sie helfen ihm, seinen Weg – den für seine individuelle Veranlagung und in seiner konkreten Lebenssituation „richtigen" Weg – zu finden. Zu gewissen Zeiten entströmen jedoch dem Unbewussten so etwas wie kollektive Träume: jene Gebilde, die wir heute Mythen nennen. Sie entstehen dann, wenn der bis dahin allgemeingültige Mythos „ausgedient" hat: wenn die durch ihn formulierten Zielvorstellungen und Sinngehalte ins allgemeine Bewusstsein assimiliert und in Kultur umgesetzt sind und das geistige Leben zu stocken beginnt.

Ein Mythos kann zwar als kollektiver Traum bezeichnet werden, doch wird er nicht vom Kollektiv geträumt, sondern von einzelnen: von einzelnen unter denen, die am Ungenügen des „Zeitgeistes" in besonderem Maße leiden. Diese werden dann zu Verkündern einer „neuen Wahrheit".

Der neue Mythos meint ganzheitliches Menschsein

Bei dem neuen Mythos, der den Ausweg aus der geistigen Krise unserer Zeit weist, handelt es sich nicht mehr um Erzählungen von Geschehnissen im Himmel, auch nicht mehr um Berichte vom „Erdenleben" jenseitiger Wesen. Es handelt sich um das, was als Kernelement auch vergangener Mythen gesehen werden kann: um die in mythischer Sprache formulierte Zielvorstellung eines neuen Menschseins.

Wir bezeichnen solche Zielvorstellungen als Symbole. Es sei daran erinnert, dass der Ausdruck „Symbol" seit der Entdeckung des Unbewussten in einer anderen Bedeutung verwendet wird als in positivistischer Zeit: dass man jetzt damit etwas meint, das – ebenso wie die Träume – nicht vom Ich gemacht werden kann.

Den frühen Christen wies das Symbol des pneumatischen Menschen den Weg: des „erlösten", vom göttlichen Geist (Pneuma) erfüllten, getragenen und geleiteten. Die Zielvorstellung des christlichen Abendlandes kann wohl als die des vollkommenen – sich an der biblischen Darstellung Jesu orientierenden – Menschseins bezeichnet werden: eines Menschseins, das beim damals vorherrschenden Jenseitsglauben Gewähr gab, ins Himmelreich aufgenommen zu werden.

Der Mythos der Neuzeit war demgegenüber ausgesprochen diesseitig. Man kann ihn den Mythos vom Homo faber nennen: vom ichzentrierten Macher, der aus eigener Kraft – ohne Beihilfe aus dem Jenseits (oder aus dem Unbewussten) – die Welt vollständig in den Griff bekommen kann, im Wissen und im Tun. Anfänglich diente der Mensch der Antike als Projektionsträger für die zuerst nur als unbestimmte Sehnsucht verspürte neue Einstellung. In seiner ganzen Dynamik – nun losgelöst vom antiken Projektionsträger – kam das Ideal eines Menschen, der ohne Rücksicht auf soziale Bindungen und Verpflichtungen alles tun kann und darf, erst zur Zeit der Industrialisierung Europas, der kolonialen Expansion sowie der Besiedlung Amerikas zum Tragen.

Was für ein Mythos löst gegenwärtig den vom Homo faber ab? Nach literarischen Ausformungen eines solchen zu suchen, bringt uns nicht weiter, denn es ist ja nicht so, dass der Mensch zuerst den Mythos sprachlich formuliert und sich dann entschließt, ihn in Leben umzusetzen. Wie alle Gestaltungen des Unbewussten wohnt einem lebendigen Mythos (Symbol) eine Trieb- und Wirkkraft inne. Von einem lebendigen Symbol wird der Mensch erfasst und in seiner Bewusstwerdung vorangetrieben, schon lange bevor es in Worten ausgedrückt werden kann.

Symbole sind sozusagen der Treibstoff der Bewusstseinsevolution, und die Evolution des Bewusstseins ist nun einmal kein intellektueller Prozess in dem Sinn, dass sie vom Ich beschlossen und geplant würde. Sie wird vom Unbewussten angetrieben und gelenkt. Wir haben ja bei der Beschreibung der Mutation des abendländischen Bewusstseins gesehen, dass die neuzeitlichen Forscher, durch deren Arbeit der Plafond der archaischen Weltsicht durchstoßen worden ist, alles andere im Sinne hatten, als das Selbst- und Weltverständnis zu überwinden. Die Einsicht, dass dieses sich de facto verändert hat, ergab sich erst nachträglich, als Philosophen sich überlegten, was für Konsequenzen die von Wissenschaftlern gemachten Entdeckungen für die Weltsicht hatten.

Nun darf man aber hier den Einfluss der Philosophen nicht überschätzen. Philosophische Einsichten können auf fragende Menschen zwar klärend wirken, doch sind nicht sie es, die im eigentlichen Sinn des Wortes die Seelen bewegen. Bewegt werden die Menschen durch unbewusste Kräfte, und zwar ohne dass sie bewusst erfassen, wie und wohin es sie treibt.

So kommen wir bei der Suche nach dem neuen Mythos eher ans Ziel, wenn wir Ausschau halten nach Zeichen solchen Getriebenseins: nach Bewegungen, in denen sich ein Tasten nach dem noch weitgehend unbekannten Neuen äußert. Ein solches Tasten scheinen mir die Frauenbewegung, die Ökologie-, die Friedens- und Dritte-Welt-Bewegung, der Psychoboom und die New-Age-Bewegung zu sein. In jeder dieser Bewegungen lässt sich ein Fasziniertsein von etwas bisher zu kurz Gekommenem erkennen: vom Frau-Sein, insbesondere vom weiblichen Denken und Empfinden, von Gefühlswerten und innerer Erfahrung, vom rücksichtnehmenden Verbundensein mit Mensch und Natur sowie von der Idee, dass in der Natur etwas Geistiges wirkt.

Ein Fasziniertsein von etwas ist für den Tiefenpsychologen ein Zeichen dafür, dass im Unbewussten des betreffenden Menschen etwas „konstelliert" ist: dass die unbewusste Führungsinstanz eine Einstellung des Ich korrigieren oder bereichern „will".

Sehen wir uns die Faszinationen an, von denen diese Bewegungen getragen werden, so erkennen wir, dass es bei allen darum geht, Einseitigkeiten, zu denen das Homo-faber-Symbol geführt hat, auszugleichen: die Hypertrophie der objektivierenden Einstellung auf Kosten der existenziellen und – damit zusammenhängend – die allgemeine Verkopfung bei gleichzeitiger Verarmung des Gefühlslebens; die Entfremdung von der Natur, von den Mitmenschen sowie von der eigenen unbewussten Innerlichkeit und – als Folge dieses Abgeschnittenseins von allen lebenserhaltenden Beziehungen – das so weit verbreitete Gefühl der Vereinsamung. Eine Einseitigkeit ist schließlich auch das wegen der erwähnten „Grabesruhe" der Vorstellung des Geistigen nur noch materialistische Verständnis des Daseins, das jedes höheren Sinnes entleert ist und in dem das Streben nach Lebensstandard und Konsum als das einzig Sinnvolle erscheint.

All diese Fehlentwicklungen lassen sich auf die Tatsache zurückführen, dass das positivistische Menschenbild auf das Bewusstsein eingeengt und damit fragmentarisch war. Hinter all den partiellen Zielen der Such- und Tastbewegungen lässt sich als übergeordnetes Ziel das Streben nach einem vollständigeren, wiederum ganzheitlichen Verständnis des Menschseins erkennen. So kann man das Symbol, das durch all dieses Suchen lebendige Gestalt annehmen will, als Symbol des ganzheitlichen Menschen bezeichnen.

Etwas grundlegend Neues ist das Symbol des ganzheitlichen Menschen allerdings nicht. Symbolgeschichtlich lässt es sich der Kategorie der Anthropos-Symbole zuordnen: jenen mythischen Gestalten des „größeren Menschen, die in vielen archaischen Kulturen als Leitbilder dienten. In China z. B. war dies P'an Ku, in Indien Purusha in seiner ursprünglichen Form und im alten Iran der kosmische Riese Gayomart.

Mit diesen mythischen Gestalten war ein Menschenbild dargestellt, das mehr umfasst als das Bewusstsein bzw. das Ich. Mit ihnen war ein Menschsein gemeint, bei dem letztlich nicht das Ich, sondern etwas Größeres, ihm Überlegenes als normgebende Instanz erfahren wird: ein Menschsein, zu dem die religiöse existenzielle Einstellung unabdingbar gehört.

Anthropos-Symbole waren in archaischer Zeit die Regel, weil sie, wie wir heute erfahrungswissenschaftlich begründen können, der menschlichen Natur entsprechen. Das ichzentrierte, areligiöse Homo-faber-Symbol fiel als erstes „großes", für ein ganzes Zeitalter richtungsweisendes Symbol des Menschseins aus dieser Reihe heraus. Die evolutionäre Betrachtungsweise lässt uns heute erkennen, dass es – im Dienst der Bewusstseinsevolution – aus der Reihe herausfallen musste und dass die verheerenden Folgen, die es für das Menschsein hatte, der Preis dafür war, dass der Durchbruch durch den archaischen Plafond gelingen konnte.

Jetzt, da dieser Plafond durchstoßen ist, müssen wir alles daran setzen, den Gehalt des neuen, die negativen Folgen der Homo-faber-Phase korrigierenden Symbols des ganzheitlichen Menschen zu erkennen und in Leben umzusetzen. Lebendige Symbole wirken zwar, wie gesagt, durch sich selbst, d. h., ohne dass sie klar erkannt werden. Dies darf jedoch nicht so missverstanden werden, dass man die Hände in den Schoß legen und sich ihrer Wirkung passiv überlassen kann. Symbole wirken zwar bewusstheitsfordernd, aber Bewusstheit wächst vor allem durch die Wechselwirkung zwischen Bewusstsein und Unbewusstem heran. Symbole sind, so gesehen, eine Art Rohstoff, der dem Ich vom Selbst dargeboten wird, damit es ihn assimiliert und durch diese Assimilation sich entwickelt.

Assimilation des neuen Symbols und Umsetzen ins Leben

Beim Bemühen, den Gehalt des heutigen Symbols des ganzheitlichen Menschen zu erkennen, müssen wir zuallererst die Tatsache berücksichtigen, dass der große Evolutionsschritt des abendländischen Bewusstseins stattgefunden hat. Obwohl Anthropos-Symbole seit eh und je den Menschen als Leitbilder für ganzheitliches Menschsein dienten, müssen wir beachten, dass das Anthropos-Symbol unserer Zeit sich von denen der archaischen Evolutionsphase grundlegend unterscheidet: dass es nämlich ein mutiertes Anthropos-Symbol ist.

Wichtig scheint es mir aber, sich vor Augen zu halten, dass es sich beim Ausdruck „ganzheitliches Menschsein" um ein Symbol im Sinne der Tiefenpsychologie handelt: um den zurzeit bestmöglichen Ausdruck für etwas, das zum größten Teil noch unbekannt ist. Das ist deshalb so wichtig, weil dieser Ausdruck – besonders im Bereich des Psychobooms und der New-Age-Bewegung – schon wie eine gängige Münze verwendet wird, jedoch mit recht geringem gedanklichem Gehalt. Bis wir wissen, was mit dem Symbol des ganzheitlichen Menschseins tatsächlich gemeint ist, müssen wir noch ein beträchtliches Maß an Anstrengung auf uns nehmen.

Um was für eine Art von Wissen müssen wir uns dabei bemühen? Erinnern wir uns an die Unterscheidung zwischen objektivierender und existenzieller Einstellung, insbesondere an die unterschiedlichen Arten von Wissenserwerb, um die es bei diesen beiden Haltungen geht: an die Unterscheidung zwischen Sachwissen und Bewusstheit.

Erfahrungswissenschaftlich erarbeitetes Sachwissen über die Ganzheitlichkeit des Menschen ist heute schon jedem zugänglich, der die Mühe auf sich nimmt, sich mit den Ergebnissen der Biowissenschaften, der Tiefenpsychologie und der systemischen evolutionären Betrachtungsweise der Natur vertraut zu machen. Im ersten Teil dieses Buches habe ich dies in groben Zügen umrissen. Wie früher gezeigt, vollzieht sich die existenzielle Einstellung immer vor dem Hintergrund einer durch objektivierende Einstellung gewonnenen Sicht der Welt und des Menschen. Um eine dem heutigen Stand der Bewusstseinsevolution entsprechende religiöse Haltung zu leben, ist somit die Assimilation des eben angesprochenen Sachwissens Voraussetzung.

Diese Assimilation ist allerdings nur Voraussetzung. Wenn sie geschafft ist, fängt das Bemühen, das Symbol des ganzheitlichen Menschseins in gelebtes Leben umzusetzen, erst an. Es ist dies das Bemühen um das Begehen des Weges zur Ganzheit: zu bewusstem Sein und zu bewusstem (= ethischem) Tun.

Bei der individuellen Bewusstheit, die beim Begehen des „Weges" gewonnen wird, handelt es sich um etwas anderes als bei der Evolution (Phylogenese) des Bewusstseins. Schon in früheren Phasen der Bewusstseinsevolution ist hohe individuelle Bewusstheit von einzelnen immer wieder erreicht worden. Davon zeugen Berichte von Menschen, die als Weise, als Erleuchtete (Buddha) oder als Heilige in die Geschichte eingegangen sind. Worin die Bewusstheit, die diese Menschen erlangt haben, im Kern besteht, kann, meine ich, nicht beschrieben werden. Nur wer selbst den Weg zur Ganzheit mit einigem Erfolg beschritten hat, weiß, worum es sich dabei handelt. Aber auch er kann dieses Wissen nicht verbal mitteilen. Die durch religiöses existenzielles Bemühen erworbene Bewusstheit äußert sich auf averbale Weise: einfach durch das Sein solcher Menschen, in ihrer „segensreichen" Wirkung auf die Umwelt. Sie ist das, was zu echtem Frieden führt.

Wenn wir auch das Wesen der individuellen Bewusstheit nicht beschreiben können, so können wir uns doch mit den „Wegen" befassen, die zu ihr führen: mit den Wegen, die von den Schulen der Spiritualität erkundet und gepflegt worden sind. Worum es sich bei diesen Wegen handelt, ist ja infolge der areligiösen positivistischen Zwischenphase fast völlig in Vergessenheit geraten. Auf diesem Gebiet sind wir – trotz der enormen Zunahme des Sachwissens – im ursprünglichen Sinn des Wortes Barbaren (= Ungebildete) geworden.

Die religiösen Aufbrüche der Gegenwart

Während noch vor wenigen Jahrzehnten Religiosität in weiten Teilen der westlichen Welt als etwas Überholtes und Hinterwäldlerisches galt, ist heute überall ein Suchen nach religiöser Haltung festzustellen. Dieses Suchen äußert sich zwar vielfach nur indirekt in den Postulaten der Frauen-, der Ökologie- und Dritte-Welt-Bewegung. An ungezählten Orten wird auch allerdings ganz bewusst nach Wegen der Spiritualität gesucht. Dieses Phänomen ist so augenfällig, dass unter Religionswissenschaftlern der Ausdruck „Religiöse Aufbrüche der Gegenwart" schon zum gängigen Ausdruck geworden ist.

Nun sind aber diese Aufbrüche in ihrer Erscheinungsform sehr mannigfaltig. Dies ist nicht allein Ausdruck jenes gesunden Pluralismus der Meinungen, der zu einer geistig wachen Gesellschaft gehört; es äußert sich darin ebenso die Desorientiertheit in Bezug auf das Sein und das Sollen, die wir eingangs besprochen haben.

Unsere nächste Aufgabe wird somit sein zu fragen, „wes Geistes Kind" die verschiedenen Aufbrüche sind: welche der heute angepriesenen Wege zur Ganzheit sich noch vor dem Hintergrund archaischer Vorstellungen bewegen und welche tatsächlich Wege im Sinne des mutierten, ganzheitlich orientierten Anthropos-Symbols sind. Für diese „Unterscheidung der Geister" erweist sich wiederum die historische Perspektive als hilfreich: die Untersuchung, wie die verschiedenen Wege zustande gekommen sind.

Aufbrüche im archaischen und im positivistischen Block

Historisch deutlich manifest geworden sind die Ansätze dazu erstmals in der Rebellion der Sechzigerjahre. Damals ist eine Rebellion in beiden der bis dahin noch weitgehend gegeneinander abgeschotteten Blöcke ausgebrochen: im archaischen wie im positivistischen. Begonnen hat sie im archaischen Block, und zwar in dessen archaischstem Bereich: in der katholischen Kirche. Ausgelöst wurde sie dort durch die Einberufung des Zweiten Vatikanischen Konzils. Ein paar Jahre danach brach sie im positivistischen Block aus. Dort begann sie als Aufstand der Studenten und als Hippiebewegung.

Erstmal wurde gegen etwas rebelliert: im positivistischen Block gegen technokratischen Totalitarismus, gegen die ausschließlich wissenschaftliche Weltsicht mit ihrem Hang zu Expertokratie und rationaler Kontrolle aller Lebensbereiche, ferner gegen den Leistungsfetischismus und die Reduktion des Lebens auf Lebensstandard und Konsum. Im archaischen Blick wurde rebelliert gegen überholte Denk- und Verhaltensmuster wie z. B. theologische Dogmatik, Ritualismus und Klerikalismus.

Obwohl die Revolte für die meisten „Etablierten" völlig unerwartet kam, hatte sie sich doch schon seit Langem angebahnt: in jenen enantiodromischen (gegenläufigen) Prozessen, die sich während der ersten Hälfte unseres Jahrhunderts in den beiden Blöcken vollzogen. Im Verlauf dieser Aufweichungsprozesse hatte das Unbehagen am überholten Alten ständig zugenommen, bis schließlich der Druck so groß war, dass er die unterdessen brüchig gewordenen Wände sprengte.

Wie immer bei solchen Aufbrüchen richtete sich die Rebellion nicht nur gegen etwas. Im Grunde genommen war es der „neue Geist", der sich in ihr Bahn brach. Worin der neue Geist bestand, konnte allerdings zu Beginn nur von den wenigsten formuliert werden. Es war eben mehr ein Gedrängtsein zu etwas noch nicht klar Erkennbarem. Es war, wie wir heute zu sehen vermögen, ein Gedrängtsein durch den neuen Mythos.

Nachdem die lauten, zum Teil politisch revolutionären Töne der Rebellion der Sechzigerjahre verklungen sind und nachdem auch die exzentrischen Ausformungen des Protests nachgelassen haben, tritt immer mehr das Vorwärtsweisende ins Blickfeld. Es lässt sich immer deutlicher erkennen, dass die Rebellion im Grunde genommen der Aufbruch zum Wiedergewinn der religiösen Dimension war, zu einer Religiosität, die unserer Zeit entspricht.

Dies gilt auch für die religiösen Aufbrüche im archaischen Lager.

Bei diesen handelte es sich zwar noch um Aufbrüche zu Religiosität mit Religion. Sie vollzogen sich jedoch unter dem Motto des Aggiornamento: der Anpassung an ein entwickeltes Bewusstsein. Schon dieser Anspruch rechtfertigt es, hier auf sie einzugehen. Aber noch aus einem anderen Grund wollen wir uns mit ihnen befassen. Wenn wir nämlich verstehen wollen, worin Religiosität ohne Religion besteht, müssen wir uns zuerst darüber klar werden, welches die Kennzeichen von Religion sind.

Kennzeichen von Religion

Religionen habe ich eingangs umschrieben als soziokulturelle Gebilde, die aus dem archaischen Selbst- und Weltverständnis hervorgegangen sind und denen demzufolge Vorstellungen, Verhaltensformen sowie Muster der Gemeinschaftsbildung zugrunde liegen, die für die archaische Weltsicht typisch sind.

Die für eine Religion charakteristischen Vorstellungen haben wir schon eingehend besprochen. Es sind jene Vorstellungen von einer jenseitigen Welt und von jenseitigen Wesen, welche aus dem konkretistischen Verständnis innerlich wahrgenommener Bilder hervorgegangen sind. Die Verhaltensformen, die sich beim Umgang des Menschen mit der jenseitigen Welt herausgebildet haben, sind Magie, Ritus und Gebet.

Magie entspricht dem früharchaischen Welterleben: der Erlebensweise jener niedrigen Evolutionsstufe des Bewusstseins, auf der das Jenseits noch in den Dingen erfahren wurde: als die Dinge noch eine jenseitige Dimension „hatten". Damals überwog noch das dynamistische Erleben des Raumes und das Partizipationserleben.

Ein Verlust der psychischen Ganzheit wurde damals erlebt als Zerfall der Ordnung der Welt. Die Ordnung glaubte man wieder herstellen zu können durch magische Praktiken: indem man den Dingen durch Gebärden, Haltungen oder Handlungen vormachte – oder durch Sprüche vorsagte –, wie sie sein sollten. Magie kann somit als Bewirken durch Vormachen oder Vorsagen umschrieben werden.

Mit der Höherentwicklung des Bewusstseins wurden magische Praktiken mehr und mehr durch Riten – durch das Bewirken mithilfe metaphysischer Wesen – verdrängt. Sie nehmen aber trotzdem innerhalb heutiger Hochreligionen – vor allem in der Volksreligion – noch einen beträchtlichen Platz ein. Riten setzen voll ausgebildete Mythen und somit die Vorstellung eines von den Dingen abgehobenen „Himmels" voraus. Beim Ritus werden Szenen aus einem Mythos dramatisch aufgeführt. Die Aufführung kann sehr abstrakt bzw. zeichenhaft sein, da die Teilnehmer ja mit dem Mythos vertraut sind. Der archaische Mensch glaubt, durch das Aufführen des Mythos werde bewirkt, dass das, was im Mythos erzählt wird, wieder geschieht. Auf niedriger Evolutionsstufe des Bewusstseins wurde, meist zu Beginn des Jahres, der Schöpfungsmythos aufgeführt, um den Weiterbestand der zum Rückfall ins Chaos neigenden Welt zu gewährleisten. Vor Beginn eines Unternehmens – der Aussaat, der Jagd oder eines Kriegszuges – wurde dessen Gelingen „bewirkt", indem man die Taten des mythischen Kulturheros aufführte.

Mit dem Fortschreiten der Bewusstseinsevolution wurden die Weltschöpfungs- und zivilisatorischen Riten verdrängt durch Riten, welche Seelen-Heil „bewirkten". Solche Riten formten sich zu besonders reicher Fülle in der Kirche des Mittelalters aus. Von diesen Seelenheil „bewirkenden" Riten überlebten in der katholischen Kirche bis in unser Jahrhundert hinein vor allem die sieben sakramentalen. In jüngster Zeit verblassten auch diese zum größten Teil. Lebendig geblieben sind davon fast nur noch der Ritus der Taufe, der Eucharistie und der Priesterweihe.

Das dritte archaische Verhaltensmuster – das Gebet – wurde verstanden als Sprechen des Menschen mit bzw. zu metaphysischen Wesen. Auch ihm lag somit die Vorstellung einer jenseitigen Welt zugrunde. Während jedoch magische Praktiken und Riten durch das Hereinklappen der metaphysischen Welt definitiv hinfällig geworden sind, hat das Gebet auch in der neuen Weltsicht noch seinen Sinn, und zwar einen ganz beträchtlichen. Nur wird es jetzt nicht mehr verstanden als Sprechen des Menschen zu einem metaphysischen Wesen, sondern als Sprechen des Ich zum Selbst. Wir werden darauf zurückkommen.

Zu betrachten bleibt noch das Selbstverständnis der archaischen Gemeinschaftsbildungen: jener Gemeinschaften, die man heute Kirchen nennt. Charakteristisch für diese sogenannten geistlichen Gemeinschaften ist, dass man in sie durch einen Ritus aufgenommen wird. Durch diesen Initiationsritus – z. B. durch die Taufe oder die Beschneidung – glaubt man zu bewirken, dass der Aufgenommene ein anderer wird: in ein anderes Verhältnis zur Gottheit der betreffenden Religion eingeht. Dass diese Vorstellung des (ontologisch gemeinten) Andwerswerdens des Menschen durch den Initiationsritus auch heute noch – wenigstens in der Theorie – vertreten wird, beweisen die Ekklesiologien (Traktate über die Kirche) der katholischen Theologie (vgl. z. B. 31). Da wird die Kirche – als Gemeinschaft der Getauften – immer noch als mystischer Leib Christi verstanden.

Hinter dem Verständnis des Eucharistie-Ritus und dem Selbstverständnis der katholischen Kirche steht noch die heute kaum mehr nachvollziehbare archaische Vorstellung von der dreifachen Seinsweise des Leibes Christi: die Vorstellung eines einst von der Jungfrau Maria geborenen, jetzt im Himmel weilenden verklärtem Leibes Christi, eines durch den Eucharistie-Ritus bewirkten „mystischen" Leibes Christi in den sichtbaren Gestalten von Brot und Wein, sowie eines ebenfalls „mystischen" (d. h. dem menschlichen Verständnis ein Mysterium bleibenden) Leibes Christi, der in der Gemeinschaft der Getauften besteht. Die Reformation, die erste ernsthafte Absetzbewegung von archaischen Vorstellungen und Verhaltensmustern, hat zwar den Ritualismus weitgehend über Bord geworfen. Sie vermochte jedoch die archaische Weltsicht nicht zu übersteigen, da sie an der Vorstellung festhielt, die Bibel sei das offenbarte Wort Gottes.

Aufbrüche in der christlichen Religion

In jenen religiösen Aufbrüchen innerhalb der christlichen Religion, die uns in Hinblick auf das Wirksamwerden des neuen Anthropos-Symbols interessieren, versucht man, vom übrig gebliebenen Rest archaischer Denk- und Verhaltensmuster loszukommen. Dabei lassen sich mindestens zwei divergierende Strömungen unterscheiden: die symbolistische und die charismatische.

Die symbolistische Strömung bemüht sich um ein zeitgemäßes Verständnis der biblischen Texte. Sie steht in diametralem Gegensatz zur ebenfalls aufkommenden fundamentalistischen. Während diese ins archaische Weltverständnis regrediert, indem sie die biblischen Texte wörtlich versteht, bemüht sich die symbolistische, diese im Sinne der Tiefenpsychologie zu interpretieren. Eine besonders bemerkenswerte Leistung vollbrachte da der Theologe und Psychotherapeut Eugen Drewermann (vgl. 32).

Verglichen mit der bisherigen Exegese ist dieses Vorgehen tatsächlich revolutionär. Es bedeutet einen gewaltigen Schritt hin zu einer zeitgemäßen Sicht der Dinge, allerdings nur einen Schritt auf diese hin. Erreicht wird die neue Weltsicht dabei nicht. Wir dürfen nämlich nicht übersehen, dass bei den tiefenpsychologisch orientierten Exegeten die (unbewusste) Tendenz besteht, die Tiefenpsychologie für die Theologie zu vereinnahmen. Die Konsequenzen, die sich aus den Entdeckungen Jungs für das Selbstverständnis von Theologie, Kirche und Religion zwangsläufig ergeben, wenn man sie zu Ende denkt, sind von ihnen bisher nicht gezogen worden. Spätestens bei der Frage „War Jesus Gott? Existiert Christus?" stößt das symbolische Verständnis des christlichen Mythos an seine Grenzen. Vor allem die Frage, inwiefern die Vorstellung vom Offenbarungsvorgang durch die Entdeckung des Unbewussten verändert worden sei, wird hartnäckig ausgeklammert oder – wenn in Betracht gezogen – nicht konsequent zu Ende gedacht. So ist es denn den symbolistischen Exegeten noch nicht gelungen, ihren archaischen Schatten zu überspringen. Trotz allen Bemühens um ein Aggiornamento bleibt ihre Religiosität eine Religiosität mit Religion.

Während die symbolistische Strömung zum großen Teil von Theologen vorangetragen wird, ist die charismatische Bewegung weitgehend eine Sache von Laien. Wie bei früheren charismatischen Bewegungen innerhalb des Christentums wird dabei die Reflexion – auch die theologische – zurückgedrängt. Stattdessen wird das Erleben, das Gefühl, das Erfülltsein vom Geist betont. Fragt man aber christliche Charismatiker, was sie unter dem Geist, der sie erfüllt, verstehen, stößt man auf die Vorstellung eines erfahrbaren göttlichen Geistes. Ob sie diesen Christus nennen (oft sagen sie stattdessen Jesus) oder Heiligen Geist: jedenfalls ist er für sie ein metaphysisches Geistwesen nach archaischer Manier. Auch sie können nicht über den archaischen Schatten springen. Auch ihre Religiosität bleibt Religiosität mit Religion.

Religiöse Aufbrüche im positivistischen Block

Wenden wir uns nun jenen religiösen Aufbrüchen zu, in die die Rebellion gegen den Positivismus ausmündete. Es sind Aufbrüche, die sich um eine Religiosität ohne Religion bemühen. Zu finden sind sie heute vor allem in jenem bunten Strauß verschiedenartigster Gruppen und Bewegungen, die sich selbst New-Age-Bewegung nennen (vgl. 130).

Ihren zündenden Impuls empfing diese Bewegung, wie gesagt, von der Studenten- und Jugendrevolte der späten Sechzigerjahre. In Europa war allerdings damals in jenen Kreisen von Spiritualität noch nichts zu hören. Dort artikulierte sich die Revolte gegen den Positivismus – in Anlehnung an die europäische revolutionäre Tradition – in neomarxistischer, somit ausgesprochen areligiöser Ideologie. In den USA hingegen war von Anfang an zu hören, dass die zu erstrebende Erneuerung nicht im Rahmen einer Klasse, einer Partei oder Institution geschehen könne, sondern nur in der Seele des Einzelnen.

Die Einsicht, dass sich zuerst der Einzelne im Innersten seiner Seele verändern muss und dass sich daraus dann die Erneuerung der Gesellschaft und der Institutionen wie von selbst ergibt, hat sich als die eigentlich zündende Idee erwiesen. Sie hat sich kontinuierlich weiter ausgebreitet und – nach ihrem Übergreifen auf Europa – die neomarxistischen Ideologien ins Abseits gedrängt.

Die New-Age-Bewegung, die dabei schließlich entstand, ist ein neuartiger religiöser Aufbruch im eigentlichen Sinne des Wortes: ein Bemühen um Religiosität ohne Religion. Der Ausdruck Religiosität wird von ihren Vertretern zwar kaum verwendet. Da diese in der Regel die Unterscheidung zwischen Religion und Religiosität nicht kennen und sich zudem bewusst von der (christlichen) Religion als von etwas Überholtem absetzen, sprechen sie stattdessen von Spiritualität. Obwohl die New-Age-Bewegung nach Aussage von Stanislav Grof, einem ihrer Wortführer, „ein dicker Sack voll unterschiedlicher Glaubensrichtungen und Methoden, einige vernünftig, andere verrückt" ist, weist sie doch einige allen Richtungen gemeinsame Züge auf. Ich möchte diese aber nicht einfach aufzählen, sondern aus dem Werdegang der Bewegung heraus verständlich machen.

Die New-Age-Bewegung hat sich nicht geradlinig aus der antipositivistischen Revolte heraus entwickelt. Diese wirkte vielmehr als Katalysator für einen Prozess, bei dem sich zwei Strömungen vereinten, die bis dahin in gesonderten Bahnen dahingeflossen waren: die psychotherapeutische Bewegung und die gnostische Unterströmung des westlichen Bewusstseins. Aus dieser Synthese entstand jener Versuch zu einer Religiosität ohne Religion, der sich als Weg zu einem neuen Zeitalter (dem Wassermann-Zeitalter) bzw. zu einem neuen Bewusstsein versteht. Das Ergebnis der Synthese wird besser verständlich, wenn wir zuerst jede der beiden Strömungen, die zu ihr verschmolzen sind, für sich betrachten.

Von der Psychotherapie zur Psychagogik

Der psychotherapeutischen Bewegung sind wir schon begegnet, als wir die Entdeckung des Unbewussten verfolgten. Wie dabei innerhalb kurzer Zeit der paradigmatische Durchbruch zu einer erfahrungswissenschaftlich abgesicherten Modellvorstellung der Psyche gelang, haben wir gesehen. Hier interessiert uns jedoch nicht die Tiefenpsychologie als Wissenschaft, sondern die tiefenpsychologisch orientierte Praxis (vgl. 73), welche darin besteht, Unbewusstes durch analytische Einsicht bewusst zu machen.

Die Anwendung der analytischen Methode führte zur ersten großen „Revolution" in der psychotherapeutischen Praxis. Bald entstand dabei eine Vielzahl von „Schülern. Dieser Prozess begann schon in der Pionier-Generation. Während Sigmund Freud sich auf Störungen des Sexual-Instinkts konzentrierte, richtete Alfred Adler sein Augenmerk auf Störungen des Kumpan-Instinkts. C. G. Jung, der die Wichtigkeit sowohl der sexuellen wie der sozialen Anpassungsstörungen anerkannte und in der Praxis berücksichtigte, interessierte sich zudem noch für jene Neurosen, in denen sich eine Störung des Bewusstwerdungstriebes äußert.

Von den drei therapeutischen Schulen der Pionier-Generation breitete sich diejenige von Freud – die sogenannte Psychoanalyse – innerhalb kurzer Zeit über die ganze westliche Welt aus. Dabei fächerte sie sich gleichzeitig in zahlreiche neopsychoanalytische Schulen auf. Die wichtigsten „Väter" dieser neopsychoanalytischen Richtungen waren Stack Sullivan, Harald Schultz-Hencke sowie Karen Horney.

Bei dieser Auffächerung der Psychoanalyse erfolgte schon früh eine Verflachung des eigentlich tiefenpsychologischen Impulses. Dies hing damit zusammen, dass, wie wir gesehen haben, das Interesse zu ausschließlich auf therapeutische Methoden gerichtet war, die Pflege der theoretischen Tiefenpsychologie dagegen mehr und mehr vernachlässigt wurde (vgl. 103) und man sich bei theoretischen Überlegungen fast nur noch mit Neurosen theorie – der Theorie krankhafter Zustände – befasste. Einer Verflachung unterlag auch die durch Adler initiierte Richtung der Tiefenpsychologie, weil sie weitgehend in Pädagogik und Sozialbewegung versickerte.

Die eigentliche Rückkehr zu der durch die Entdeckung des Unbewussten überholten positivistischen Psychologie vollzog sich mit der zweiten psychotherapeutischen „Revolution" unseres Jahrhunderts.

Diese Regression ging von den USA aus. Sie begann mit der sogenannten Gesprächstherapie von Carl Rogers und gipfelte – in den Fünfzigerjahren – in der Verhaltenstherapie. Neurotische Symptome wurden von dieser Schule als falsche und schädliche Gewohnheiten verstanden, die durch Umgewöhnung beseitigt werden können. Der lebensgeschichtliche Hintergrund, die einmalige persönliche Entwicklungsgeschichte und die ganze Theorie des Unbewussten interessierten dabei nicht mehr.

Im darauf folgenden Jahrzehnt – dem Jahrzehnt der Rebellionen – ereignete sich die dritte „Revolution" der Psychotherapie. Dabei gewann ein neuartiges Verständnis psychotherapeutischen Bemühens die Oberhand. Das bisher fast ausschließlich gültige sogenannte medizinische Modell wurde durch das Modell der Persönlichkeitsentfaltung abgelöst. Psychotherapie wurde zu Psychagogik.

Bis dahin hatte man Psychotherapie fast ausschließlich als Therapie im Sinne der Medizin verstanden: als Methode zur Besserung krankhafter psychischer Zustände. Wie die gesamte Medizin jener Zeit, folgte man dabei der kausalen Denkweise. Man suchte nach den krankmachenden Ursachen und bemühte sich, diese zu eliminieren.

Dieses kausalanalytische medizinische Modell hatte zwar bis zur dritten „Revolution" im Vordergrund gestanden, war jedoch nicht das einzig praktizierte. Schon in der Pionierzeit der Tiefenpsychologie hatte C. G. Jung – als Komplement zur kausalanalytischen – die final-synthetische Betrachtungsweise eingeführt. Er fasste gewisse Neurosen – vor allem die der Lebensmitte – als Selbstheilungsversuche der Psyche auf und suchte herauszufinden, inwiefern sich in ihnen eine „Absicht" des Unbewussten ausdrückt, die bewusste Einstellung zu korrigieren. So mündete denn bei ihm die Behandlung von Neurosen häufig in Individuationsprozesse: in eigentliche Reifungsprozesse der Persönlichkeit. Wir werden ausführlich darauf zurückkommen.

Die dritte Revolution vollzog zwar die Wende von der Therapie zur Persönlichkeitsreifung. Sie knüpfte jedoch nicht an die von Jung initiierte – von den „lauten" Schulen allerdings überdeckte – tiefenpsychologische Betrachtungsweise an. Die Initianten der dritten Revolution verstanden sich als Begründer einer grundlegend neuen Psychologie. Die Humanistische Psychologie, wie sie sie nannten, war wirklich neu. Sie verließ nämlich den soliden Boden wissenschaftlicher Empirie und öffnete sich weit für philosophisches und religiöses Gedankengut. Dies war eine folgenschwere Wende.

Folgenschwer war nicht die Tatsache, dass die Humanistischen Psychologen derartiges Gedankengut in ihre Betrachtungen miteinbezogen, sondern dass sie es unkritisch übernahmen: dass sie sich des Wandels der Apperzeption des innerlich Wahrgenommenen nicht bewusst waren und sich somit nicht bemühten, die aus archaischem Weltverständnis heraus formulierten Aussagen in die heutige Ausdrucksweise zu übersetzen. So war denn die Voraussetzung dafür gegeben, dass jene „Synthese" aus neuzeitlicher empirischer Psychologie und mythischen Theorien über psychische Zustände zustande kam, aus der schließlich die Weltsicht der New-Age-Bewegung hervorging.

Gnosis und Neognosis

Das mythische Gedankengut, das seit der dritten Revolution in die Psychotherapie bzw. Psychagogik einfloss, kann gesamthaft als neognostisch bezeichnet werden. Neognosis hatte sich seit dem 19. Jahrhundert – als kaum beachtete Unterströmung des westlichen Bewusstseins – entfaltet. Sie war zustande gekommen durch das Zusammenfließen zweier gnostischer Strömungen verschiedener Herkunft: der abendländischen und der fernöstlichen.

Die gnostische Tradition des Abendlandes hatte ihren Ursprung in den gnostischen Systemen der hellenistischen Kultur. Gnostische Systeme, von denen es damals eine bunte Palette gab, hatten sich alle vor dem Hintergrund eines bestimmten Typus von Weltschöpfungs-Mythos entfaltet: eines Schöpfungs-Mythos, der sich vom jüdischen radikal unterschied. Nach jüdischer Vorstellung war die Welt eine Schöpfung durch das Wort Gottes: das Werk der willentlichen Gestaltung (= Bewirkung) durch ein personales göttliches Wesen. Nach gnostischer Vorstellung hingegen war die Welt eine Emanation aus einer unpersönlichen „göttlichen Fülle" (Pleroma). Sie war dadurch zustande gekommen, dass aus der Fülle des göttlichen Geistes etwas „hinabfloss": dass bei diesem Hinabfließen immer niedrigere Sphären entstanden sowie immer niedrigere Wesen, zuerst verschiedene Kategorien von Geist-

Wesen, zuletzt der mit Materie behaftete Mensch. Aber auch der Mensch trug nach dieser Vorstellung noch etwas von der ursprünglichen göttlichen Geist-Substanz in sich.

Entsprechend der jüdisch-christlichen Vorstellung von der Weltentstehung war der Mensch hier, Gott dort, und Gott war etwas völlig anderes als der Mensch. Der Mensch war völlig abhängig vom Willen Gottes bzw. von der göttlichen Gnade. Nach gnostischer Vorstellung vom Werden der Welt hingegen partizipierte der Mensch an der „göttlichen Substanz". Diesen göttlichen Rest in sich konnte er nun – durch eigenes Bemühen – entfalten.

Das Entfalten des göttlichen Rests bzw. das Sich-wieder-Annähern an das göttliche Pleroma „geschah" durch Gnosis (= Erkenntnis). Gnosis zu erreichen glaubte man vor allem in jenen außergewöhnlichen Bewusstseinszuständen, die man früher Ekstase nannte. Von Plotin, dem Begründer des Neuplatonismus (vgl. 172), der bekanntesten und einflussreichsten antiken gnostischen Richtung, berichtet denn auch sein Schüler Porphyrius, dass er ekstatische Erlebnisse hatte. Gnosis wird zwar mit Erkenntnis übersetzt. Unter jener Erkenntnis, von der man annahm, dass sie den Menschen wieder näher zum göttlichen Pleroma bringt, verstand man jedoch nicht das, was wir heute als Wissen bezeichnen, sondern Bewusstheit. Dies ist ein Grund, weshalb das Gedankengut der gnostischen Systeme heute einen solchen Aufschwung erlebt. Pflege der individuellen Bewusstheit ist ja, wie gezeigt, der eigentliche Kern des neuen Anthropos-Symbols.

Bewusstwerdung war allerdings das Anliegen aller spirituellen Traditionen, auch der christlichen und der islamischen. Während jedoch letztere Bewusstwerdung als Erleuchtung des menschlichen Geistes durch einen personalen Gott auffassen, verstanden die Gnostiker Bewusstwerdung als menschliche Leistung. Gnosis konnte nach ihrer Meinung erlangt werden durch die Anwendung von Psychotechniken: durch Meditation, eventuell kombiniert mit der Einnahme von Drogen.

Dieses Selber-machen-Können war wohl ein weiterer Grund dafür, dass bei der Wende von der Psychotherapie zur Psychagogik das gnostische Gedankengut bevorzugt wurde. Es entspricht dem noch weitgehend unter dem Einfluss des Homo-faber-Symbols stehenden Menschen unserer Zeit weit mehr als die christliche Vorstellung vom Angewiesensein auf das Gnadenwirken Gottes und auch mehr als die tiefenpsychologische Auffassung vom Angewiesensein des Ich auf das „Gnadenwirken" des Selbst.

Während der ganzen Dauer der abendländischen Kultur wurde gnostisches Schrifttum – unter der christlichen Oberfläche – von Generation zu

Generation weitergereicht. Gelegentlich drang es ins „offizielle" Bewusstsein ein: dann, wenn Mystiker sich Gedanken darüber machten, wie die Erlebnisse, die ihnen in (meistens spontanen) ekstatischen Zuständen widerfuhren, zustande gekommen seien. Da bot sich die gnostische Vorstellung vom göttlichen Funkern in der Seele des Menschen als geeignetstes Erklärungsmodell an (vgl. 10). Dies führte dann auch meistens zu Konflikten mit dem orthodoxiebewahrenden Apparat – dem sogenannten kirchlichen Lehramt – wie z. B. im Fall des Meister Eckehart.

Nicht nur von Mystikern wurde gnostisches Gedankengut verwendet. In verschiedenen – wohlweislich geheimen – Zirkeln wurde es gepflegt und zum Teil schöpferisch weiter verarbeitet. Solche geheime (okkulte bzw. esoterische) Zirkel waren die der Alchemisten, der Rosenkreuzer und der (jüdischen) Kabbalisten.

Seit der Kolonisation Ostasiens bereicherte eine zweite Quelle gnostischen Gedankenguts die europäische Unterströmung. Es entstammt vor allem hinduistischen, buddhistischen und taoistischen Philosophien, die damals den Menschen des Westens durch Übersetzungen fernöstlichen Schrifttums bekannt wurden.

Als zu Beginn des 19. Jahrhunderts die Opposition gegen die Aufklärung – in Gang gebracht durch die Denker der Frühromantik – immer mehr um sich griff, nahm die Zahl jener, welche weder für die positivistische Weltsicht noch für die kirchliche etwas übrig hatten, beträchtlich zu. Unter diesem „Volk zwischen den Blöcken" befanden sich wohl nur wenige wache Geister, die an der wachsenden Spannung zwischen Wissenschaft und Glauben litten und so das Einfallen einer vereinigenden, die Gegensätze übersteigenden Weltsicht vorbereiteten.

In das so entstehende geistige „Niemandsland" ergoss sich nun gnostisches Gedankengut aus beiden Strömen, vorwiegend jedoch aus dem fernöstlichen. Dabei entstand – als neognostische Bewegung – die Theosophie. 1875 wurde in New York die Theosophische Gesellschaft gegründet. Diese verlegte 1882 ihren Hauptsitz nach Adyar bei Madras in Indien. Von dieser Madyar-Gesellschaft spalteten sich dann zahlreiche konkurrierende Bewegungen ab, unter denen die Anthroposophische Gesellschaft wohl die bekannteste ist.

All diesen theosophischen Glaubensgemeinschaften gemeinsam ist die alte gnostische Vorstellung, dass der Mensch einst aus einer Lichtregion herabgestiegen sei, und dass er – durch Anwendung geeigneter Techniken – wieder dorthin aufsteigen könne. Zur Bezeichnung der Lichtregion werden in der Neognosis Ausdrücke wie „kosmischer universeller Logos", „grenzenloses Licht", „selbstleuchtende intelligente Substanz" verwendet. Für das Wiederaufsteigen wird oft das Bild vom Bau einer geistigen Brücke gebraucht: einer Licht- oder Regenbogenbrücke. Auf dieser soll der Aufstieg vom niedrigeren Denken zum höheren – zur Gnosis – geschehen.

Schon zu Beginn unseres Jahrhunderts hat Sigmund Freud mit Entsetzen vom Anschwellen einer okkulten Flut gesprochen. Nach dem ersten Weltkrieg stieg diese „Flut" beträchtlich an; insbesondere drang sie nun vermehrt in intellektuelle Kreise vor.

Die New-Age-Bewegung

Als in den Sechzigerjahren die Rebellion gegen den Positivismus ausbrach, und diese dann in den USA in den Ruf nach einem neuen Menschsein ausmündete, setzte eine intensive Suche nach Zugängen zu bisher verschütteten Bereichen der Erfahrung ein: sowohl nach unmittelbarer sinnlicher Erfahrung – in Kontakt mit der Natur, in Erotik und Sex –, als auch nach innerer Erfahrung. Letzteres führte zu einer großen Nachfrage nach Psychotechniken, welche die Herbeiführung außergewöhnlicher Bewusstseinszustände ermöglichen: von Zuständen, die den inneren Wahrnehmungsstrom zum Fließen bringen.

Gefunden wurde derartiges Know-how sowohl bei Indianern als auch bei fernöstlichen Kulturen. Indianer hatten vor allem durch Drogen und durch Tanzen herbeigeführte Ekstasetechniken hoch entwickelt (Schamanismus), und im fernen Osten waren Meditationsmethoden zu hoher Meisterschaft gelangt. Das Know-how der Indianer fanden die „sanften Rebellen" der USA in ihrer unmittelbaren Umgebung, den Zugang zum fernöstlichen erschloss ihnen vor allem das neognostische Schrifttum.

So strömte die Neognosis ungehindert in die aus der Jugendrevolte hervorgegangene Alternativszene ein. Sie wurde von dieser geradezu aufgesogen. Dabei strömte nicht nur Wissen um die Art und Weise ein, wie man sich Meditationstechniken aneignen kann, sondern auch mythische Theorien darüber, zu was für einer Wirklichkeit man in den außergewöhnlichen Bewusstseinszuständen Zugang gewinne.

Zur selben Zeit ereignete sich in der Psychotherapie die dritte Revolution: der Übergang vom medizinischen Modell zu dem der Persönlichkeitsreifung. Mit diesem Schritt kamen die Humanistischen Psychologen dem Ruf der Jugend nach einem neuen Menschsein sehr entgegen. Da sie aber nicht nur die Selbstverwirklichung auf ihre Fahnen schrieben, sondern gleichzeitig bereit waren, archaisches Gedankengut in sich aufzunehmen, war die Voraussetzung gegeben für das Zusammenfließen der beiden verschiedenartigen Ströme: der wissenschaftlichen Psychotherapie und der Gnosis.

Die durch diesen Zusammenfluss entstandene New-Age-Bewegung breitete sich innerhalb weniger Jahre über die westliche Welt aus, wobei viele seit Langem bestehende neognostische Glaubensgemeinschaften in ihr aufgingen. Hatte die Psychotherapie sich seinerzeit, ausgehend von Wien, nach Westen hin ausgebreitet, nahm die New-Age-Bewegung ihren Ausgang in Kalifornien und flutete von dort her nach Osten. Heute besteht ein Netzwerk von Zirkeln, Gesellschaften und Kommunen, in denen auf verschiedenste Weise der „neue Geist" gelebt wird.

Es geht hier nicht darum, diese Bewegung in all ihren Facetten zu schildern. Uns interessiert einzig und allein, inwiefern sie als religiöser Aufbruch zu betrachten ist, und was für eine Art von Religiosität sie zu verwirklichen sucht. Dies können wir wohl am ehesten erkennen, wenn wir uns der jüngsten und differenziertesten Blüte der New-Age-Bewegung zuwenden: der Transpersonalen Psychologie. Abgesehen von der New-Age-Praxis hat diese nämlich auch eine Theorie ihres Tuns erarbeitet, und zwar eine Theorie mit Anspruch auf Wissenschaftlichkeit.

Durch die Wahl des Ausdrucks „transpersonal" will diese „vierte" Psychologie signalisieren, dass ihr Ziel darin besteht, die Grenzen der Person (hier verstanden als Ich-Persönlichkeit) zu überschreiten: die Ich-zentrierte Haltung zu überwinden und sich auf etwas dem Ich Überlegenes auszurichten. Ihr Ziel besteht, anders gesagt, darin, den Menschen zu einer religiösen Haltung hinzuführen. Die Transpersonale Psychologie stellt sich in bewussten Gegensatz zu der pauschal als areligiös bzw. materialistisch abgelehnten bisherigen Psychologie. Sie versteht sich als Heilsweg. Das Heil, das durch Begehen dieses Weges erreicht werden kann, wird beschrieben als „Zustand, der in verschiedenen Traditionen als Gewissheit, Befreiung, Erleuchtung oder Gnosis bekannt ist" (James Fadiman, in: 156).

Es wird somit das angestrebt, was das Kernelement der archaischen Schulen der Spiritualität war: jener schwer beschreibbare Seelenzustand, den wir heute individuelle Bewusstheit nennen, und der etwas kategorial anderes ist als Gelehrtheit. Wie im übrigen Bereich der New-Age-Bewegung soll auch die „transpersonale" Bewusstheit durch Schulung in Meditationspraktiken – eventuell kombiniert mit gezieltem Einsatz von Drogen – erreicht werden.

Wie dies im Einzelnen praktiziert wird, steht hier nicht zur Diskussion. Im Rahmen unserer Untersuchung kann uns nur die Frage beschäftigen, um was für eine Art von Religiosität es sich dabei handelt, genauer gesagt, ob es dabei tatsächlich um Religiosität vor dem Hintergrund der heute möglichen Weltsicht geht. Wir haben gesehen, dass das Kriterium dafür, ob eine religiöse Haltung der archaischen oder der heutigen Entwicklungsstufe des Bewusstseins zuzuordnen ist, darin besteht, wie man sich dabei die dem Ich überlegene Instanz vorstellt: ob als etwas außerhalb oder innerhalb des Menschen Befindliches.

Wie die transpersonalen Psychologen sich diese Instanz vorstellen, ergibt sich schon aus der programmatischen Erklärung Abraham Maslows, des Gründers dieser Schule. Er schreibt im Vorwort zu seiner „Psychologie des Seins" (1973): „Ich sollte auch sagen, dass ich die Humanistische Psychologie als vorübergehend betrachte, als Vorbereitung für eine noch „höhere" vierte Psychologie, die transpersonal, transhuman ist, die ihren Mittelpunkt mehr im Kosmos hat als in menschlichen Bedürfnissen und Interessen."

Wie dies gemeint ist, wird klarer, wenn Ken Wilber, ein neuerer Theoretiker der Transpersonalen Psychologie, erklärt, diese sei der Psychologia perennis (= der seit Urzeiten bestehenden Psychologie im Unterschied zur irregeleiteten westlichen, d. Vf.) zuzuordnen, und dann schreibt, die zentrale Einsicht der Psychologia perennis bestehe darin, „dass das innerste Bewusstsein des Menschen identisch ist mit der absoluten letzten Wirklichkeit des Universums, die mit Namen wie Brahman, Tao, Dharmakaya, Allah oder Gottheit benannt wird, und die ich hier der Einfachheit halber GEIST nennen will (um GEIST = letzte Wirklichkeit, Kosmisches Bewusstsein usw., von Geist = Verstand, Intellekt, mentale Prozesse usw. zu unterscheiden) ... Auf dieser Ebene ist der Mensch mit dem Universum identifiziert, mit dem All – vielmehr, er ist das All." Ferner: „Kurz gesagt, das innerste Bewusstsein des Menschen – genannt Atman, der Christus, Tatha-gatagarbha usw. – ist identisch mit der Höchsten Wirklichkeit des Universums" (in 156: S. 384f).

Dies ist gnostisches Selbst- und Weltverständnis in Reinkultur. Obwohl die Transpersonale Psychologie mit dem Anspruch auftritt, eine Spiritualität zu lehren, die an die Stelle von Religion tritt, kann diese nicht als Religiosität ohne Religion bezeichnet werden, denn sie ist eindeutig einer archaischen Weltsicht verpflichtet.

Mit dieser Feststellung soll aber keineswegs bestritten – oder auch nur bezweifelt – werden, dass das spirituelle Bemühen der New-Age-Leute echtes religiöses Bemühen ist, und dass es zu echter religiöser Haltung führen kann.

Ebenso wenig soll dies bestritten werden für die erwähnten religiösen Aufbrüche innerhalb der christlichen Religion; denn die Echtheit von Religiosität ist keineswegs abhängig davon, vor welcher Weltsicht sie sich vollzieht.

Ein Gemenge von wissenschaftlichen und mythischen Theorien

Unsere Absicht ist jedoch herauszufinden, ob unter den religiösen Aufbrüchen einer ist, der sich vor dem Hintergrund der heutigen Weltsicht entfaltet. Bevor wir nun auf den dritten religiösen Aufbruch der Gegenwart – den tiefenpsychologischen – zu sprechen kommen, wollen wir noch zu verstehen suchen, wie es dazu kam, dass eine aus der Tradition neuzeitlicher Wissenschaft hervorgegangene Psychologie in den Siebzigerjahren unseres Jahrhunderts derart tief ins archaische Weltbild regredierte.

Halten wir fest, dass schon die Humanistische Psychologie – noch mehr aber die transpersonale – einem ausgesprochen antipositivistischen Impuls entsprang und dass deren Vertreter bei der Suche nach den vom Positivismus-Rationalismus ausgeschlossenen Erfahrungsbereichen auf die innere Erfahrung kamen. Dabei kamen sie – im Zuge der damals aufkommenden Drogenwelle – insbesondere auf die in den sogenannten außergewöhnlichen Bewusstseinszuständen zu machende Erfahrung. Diese lernten sie nicht nur aus Büchern kennen, sondern sie bemühten – und bemühen – sich ernsthaft, solche Zustände zu erreichen und derartige Erfahrungen zu machen.

In die Kurve, die zurück in die archaische Weltsicht führte, gerieten sie erst bei der Theoriebildung: als sie sich fragten, was für eine Wirklichkeit sich ihnen in den außergewöhnlichen Bewusstseinszuständen erschließt, und als sie dabei die mythischen Theorien jener hinduistischen, buddhistischen und taoistischen Archaiker übernahmen, welche die Meditationstechniken zu so hoher Blüte gebracht hatten.

Eine erfahrungswissenschaftlich fundierte Theorie außergewöhnlicher Bewusstseinszustände wäre zwar vorhanden gewesen. C. G. Jung hat sich mit diesen schon vor dem ersten Weltkrieg befasst und dabei die archaische Apperzeption des innerlich Wahrgenommenen überwunden. Er hat nachgewiesen, dass in außergewöhnlichen Bewusstseinszuständen das Bewusstsein nicht, wie die archaischen Gnostiker glaubten, gegen die Außenwelt hin erweitert wird. Im Gegenteil: die Wahrnehmung der Außenwelt wird dabei abgestellt, und dem Ich erschließt sich der innerpsychische „Raum“. Das Ich erfährt in diesen Zuständen unmittelbar den ihm sonst unzugänglichen (= unbewussten) psychischen Prozess. Dabei wird es reduziert: seine im Verlauf der Phylogenese gewonnene Unterscheidungsfähigkeit nimmt ab, und es sinkt auf die Stufe der Identität zurück. Auf dieser Stufe stellt sich das sonst längst überwundene Partizipationserleben wieder ein: das Erleben des Allverbundenseins, in dem die Grenze zwischen Ich und Nicht-Ich – zwischen Subjekt und Objekt – aufgehoben ist.

Nun kennen zwar die transpersonalen Psychologen die Schriften Jungs und nehmen viele seiner Aussprüche – in dem Sinn, der ihnen passt – zur Unterstützung ihrer gnostischen Sicht in Anspruch. Insbesondere benützen sie dabei seinen Begriff des kollektiven Unbewussten. Ich habe erwähnt, dass dieser Begriff seit jeher zu Missverständnissen Anlass gab: dass viele glaubten und glauben, Jung habe darunter so etwas wie einen den Erdball umhüllenden („kosmischen") Geist verstanden, an dem jeder Mensch partizipiere. In eben dieser missverstandenen Bedeutung verwenden die transpersonalen Psychologen den Begriff des kollektiven Unbewussten und assimilieren ihn an ihre Vorstellung eines zum Denken fähigen Kosmos. Damit regredieren sie auf eine auf unserem Entwicklungszweig längst überholte Evolutionsstufe.

Jung ist an den Missverständnissen bezüglich des „kollektiven" Unbewussten nicht ganz unschuldig, weil er seine Theorie nie systematisch, in allen ihren Aspekten, dargestellt hat und sich zudem oft recht orakelhaft ausdrückte. Zu seinem neuartigen Verständnis des innerlich Wahrgenommenen – einschließlich des in Visionen Geschauten – gelangte er durch die Beobachtung, dass es sich bei jenen Bildern und Geschehensabläufen, zu denen seine Analysanden keine Assoziationen beibringen konnten, um die gleichen Bilder und Bildfolgen handelte, die in der „großen" Literatur aller Zeiten und Breiten vorkamen, und zwar auch in Werken, die seinen Analysanden nachweislich unbekannt waren.

Im Bemühen, derartige Parallelen aufzuzeigen und gleichzeitig die Bildersprache des Unbewussten zu entschlüsseln, vollzog sich in der Folge fast das gesamte wissenschaftliche Schaffen Jungs auf dem semantisch-hermeneutischen Zweig der Tiefenpsychologie. Bemerkungen über seine Modellvorstellung der Psyche und des Informationsflusses zwischen Psyche und Außenwelt (vgl. Abb. 1 u. 2, S. 72 und S. 74) flossen ihm sozusagen unter der Hand in die semantischen Arbeiten ein. Um Jungs theoretische Vorstellungen klar und umfassend herauszuarbeiten, war es nötig, all die über sein umfangreiches Werk verstreuten – und in unterschiedlichem Kontext gemachten – diesbezüglichen Bemerkungen zusammenzutragen, miteinander zu vergleichen und wie bei einem Puzzlespiel zusammenzufügen. Dies wurde, wie erwähnt, erst in den Siebzigerjahren ernsthaft in Angriff genommen (vgl. 102), und zwar auf Druck von außen.

Damals erst war es auch möglich, Jungs Theorie in einer in den übrigen Naturwissenschaften gebräuchlichen Terminologie zu formulieren. Diese hatten ja unterdessen nachgezogen und dabei Jungs Modell de facto untermauert. Damals erst war auch die Zeit reif dafür, die Entdeckungen der Tiefenpsychologie zusammen mit den Ergebnissen der übrigen Grundlagenwissenschaften in Beziehung zu setzen und auf diese Weise eine konsistente, erfahrungswissenschaftlich fundierte Sicht des Menschen, der Welt sowie der Befindlichkeit des Menschen in dieser zu erarbeiten.

Dies konnte nur in interdisziplinärer humanwissenschaftlicher Zusammenarbeit geschafft werden. Bevor jedoch diese Arbeit fruchtbar werden konnte, musste man sich darüber klar werden, dass die Wissenschaftler, die zu solchen Gesprächen zusammenkamen, drei verschiedenen Typen von Wissenschaft angehören: dass sie drei verschiedene Sprachen sprechen, weil die erkenntnistheoretischen Voraussetzungen dieser Typen von Wissenschaft Ausfluss dreier aufeinander folgender Etappen der Bewusstseinsevolution sind. Dies zu durchschauen, setzte wiederum voraus, dass ein griffiger erfahrungswissenschaftlicher Ansatz zur Erforschung der Bewusstseinsevolution gefunden wurde.

Berücksichtigt man, dass alle diese Unternehmungen erst in den Siebzigerjahren in Angriff genommen wurden – genommen werden konnten – und dass deren Ergebnisse auch heute noch kaum Publizität genießen, wird ersichtlich, dass die antipositivistische Rebellion – ebenso wie die antiarchaische – zu früh gekommen ist: dass vor allem die dritte und vierte „Revolution" in der Psychotherapie stattfand, bevor man klar sehen konnte, was beim Schritt von der mittelalterlichen Weltsicht zur heutigen geschehen war. So ist es verständlich, dass nicht nur die ganze New-Age-Bewegung, sondern auch deren aus der Wissenschaft hervorgegangener Exponent – die Transpersonale Psychologie – bei ihrem Bemühen, den Positivismus zu überwinden, in die archaische Sicht der „anderen" Wirklichkeit abgeschwenkt ist.

Es wäre nicht gerechtfertigt, hier so ausführlich auf all das einzugehen, wenn die New-Age-Bewegung heute nicht dermaßen Anspruch erheben würde, eine wissenschaftlich abgestützte Weltsicht zu vertreten, und wenn dieser Anspruch heute nicht in zunehmendem Maße von „unbefriedigten" Naturwissenschaftlern unterstützt würde.

Unter den vom Positivismus unbefriedigten Naturwissenschaftlern, die in den Sog der Neognosis geraten, finden sich kaum Biologen, wenigstens nicht solche, die sich mit „ganzen" Lebewesen befassen: deren Forschungsobjekt im Bereich der dem menschlichen Erkennen adäquaten mittleren Dimensionen liegt. Diese stehen im Allgemeinen zu sehr auf dem Boden der Realität. Anfälliger sind da schon Vertreter jener biologischen Disziplinen, die nur subzelluläre Strukturen auf molekularer Ebene untersuchen. In erster Linie neigen jedoch Physiker zu gnostischer Weltsicht, und zwar solche, die das Geschehen im subatomaren Bereich erforschen: in jenem Bereich, der, weil er nur mit roher Gewalt – durch Zufuhr ungeheurer Energiemengen – indirekt erschließbar ist, uns so „glitschig" erscheint. Nun glauben gnostisierende Physiker, in östlichen mythischen Welttheorien eine Beschreibung des Geschehens im Innern des Atoms zu erkennen. Da sie zudem fälschlicherweise das Geschehen im Atom mit dem Geschehen in der gesamten Natur gleichsetzen, sind sie der Meinung, die östlichen Weisen hätten – im Gegensatz zur westlichen Wissenschaft – das „wahre Sein der Welt" schon seit Langem erkannt (vgl. z. B. 23).

Um dies nachzuweisen, extrapolieren sie das, was sie in dem auf die kleinsten und evolutionsmäßig niedrigsten Körner eingestellten Gesichtsfeld ihres Fachbereichs erblicken, auf die ganze Welt: nicht nur auf das „primitive" Universum, sondern auch auf die Bio- und Noosphäre. Dabei lassen sie die Tatsache außer Acht, dass diese durch Überformung der atomaren Körner – unter schrittweiser Komplexitätszunahme mit einer langen Reihe von Fulgurationen – zustande gekommen ist.

Bei ihren Extrapolationen gehen die gnostisierenden Physiker nicht rational vor. Sie lassen sich vielmehr von ihrer mythenbildenden Fantasie davontragen. Wie irrational sie vorgehen, zeigt sich z. B. daran, dass sie die für die Hochenergiephysik charakteristische Problematik, inwiefern der Beobachter das Beobachtete durch Zufuhr von Energie verändert – unbelastet von den Erkenntnissen der evolutionären biologischen Kognitionsforschung –, auf das gesamte menschliche Erkennen extrapolieren und erklären, die Unterscheidung zwischen Subjekt und Objekt sei durch die neue Physik aufgehoben worden.

Dieses unkontrollierte Sich-davontragen-Lassen von Fantasien wird verständlich, wenn man bedenkt, dass gnostisierende Physiker in der Regel praktizierende New-Age-Leute sind und sich demzufolge im Erreichen außergewöhnlicher Bewusstseinszustände üben. So ist z. B. F. Capra auch in Esalen (Kalifornien), einem geistigen Zentrum der New-Age-Bewegung, tätig.

Wenn die New-Age-Bewegung auch als verfrühter Versuch, das neue Anthropos-Symbol ins Leben umzusetzen, zu bezeichnen ist, so kam sie doch nur in gewisser Hinsicht verfrüht. Sie hat auch einen vorwärts weisenden Aspekt. Wegen der emotionalen Dynamik, die ihr aus der Erschließung bisher verschütteter Erfahrungsbereiche zuwächst, fegt sie wie ein Frühlingssturm viel dürres Geäst positivistischer Denkstrukturen hinweg und schafft damit Raum für das Wiedererwachen der Religiosität.

Tiefenpsychologie als religiöser Aufbruch

Nun, da man in der Lage ist, die Lehren des New-Age als Gemisch von wissenschaftlichen und mythischen Theorien zu durchschauen, ist wohl die Zeit gekommen, sich darauf zu besinnen, wo in der wissenschaftlichen Tradition unseres Jahrhunderts Ansätze vorhanden sind zu einer Religiosität, die voll und ganz der heutigen Evolutionsstufe des Bewusstseins entspricht. Dazu müssen wir auf die eigentliche und echte Tiefenpsychologie zurückgreifen: auf jene Psychologie, die sowohl in ihrer Praxis wie auch in ihrer Theorie die bahnbrechenden Entdeckungen des 20. Jahrhunderts – die Entdeckung des arteigenen Unbewussten, des Selbst sowie des inneren Wahrnehmungsstromes – berücksichtigt.

Das Charakteristische der tiefenpsychologischen Praxis besteht darin, Unbewusstes durch analytische Einsicht bewusst zu machen. Als durch die Entdeckung Jungs der paradigmatische Durchbruch in der Tiefenpsychologie geschehen war und als sich – Hand in Hand damit – die Wende von der ausschließlich kausalanalytischen zur final-synthetischen Auffassung der Neurosen vollzogen hatte, mündete die Behandlung von Neurosen, wie gesagt, häufig in eigentliche Reifungs-Prozesse der Persönlichkeit ein.

Jung war – ebenso wie Freud – ein ausgesprochener Empiriker, allerdings im Sinne der durch die Entdeckung des Unbewussten erweiterten Auffassung von Empirie. So beobachtete er denn, welchen Weg die Entwicklung bei diesen Reifungsprozessen einschlug, wenn er sich selber jedes Eingriffs in das Geschehen enthielt. Dabei stellte er fest, dass die Reifung der bewussten Persönlichkeit – bei aller individuellen Variation – einem sich im Wesentlichen gleich bleibenden Muster folgt. Er schloss daraus, dass es sich dabei um ein arttypisches – im Erbgut „programmiertes" – Muster handelt.

Lassen wir vorläufig die Etappen dieses Geschehens beiseite. Im Hinblick auf unsere Fragestellung ist in erster Linie die Beobachtung Jungs von Bedeutung, dass im Verlauf eines solchen Reifungsprozesses früher oder später aus dem Unbewussten Impulse auf das Ich einwirken, die auf die Ausbildung einer religiösen Haltung hin tendieren.

In welcher Form sich diese religiöse Haltung ausprägt, hängt – in unserer Zeit des Übergangs – vom phylogenetischen Entwicklungsstand des betreffenden Menschen ab. Ist einer noch fest im archaischen Weltbild verwurzelt, findet er zu einer archaischen Religiosität zurück, wobei er eventuell wieder in den Schoß einer christlichen Kirche, der jüdischen oder einer anderen Glaubensgemeinschaft zurückkehrt.

Zur Zeit Jungs, als der enantiodromische (gegenläufige) Prozess im archaischen Block noch nicht weit fortgeschritten war, kam dies relativ häufig vor. Heute, da der archaische Block so stark aufgeweicht ist, dass spontan eine massenhafte äußere und innere Emigration eingesetzt hat, sind derartige Fälle seltener geworden. Heute geht das Gedrängtsein zu religiöser Haltung meistens einher mit ehrlichem Suchen nach einer Antwort auf die Frage, wie man sich die überlegene Macht, deren Führung man erfährt, im Lichte des heutigen Wissens über den Menschen und die Welt vorzustellen hat. Die religiöse Haltung, zu der diese Menschen sich durchringen, ist dann meistens eine Religiosität ohne Religion. In den vergangenen Jahrzehnten ist dieser tiefenpsychologische Weg zur Ganzheit von sehr vielen Menschen begangen worden. Auch dies kann als religiöser Aufbruch unserer Zeit bezeichnet werden. Es ist allerdings einer, der sich – neben den lautstarken Aufbrüchen innerhalb der christlichen Religion und im Zeichen des New-Age – in aller Stille vollzogen hat. Da er aber der Aufbruch ist, der zur Verwirklichung des mutierten Symbols des ganzheitlichen Menschseins führt, soll er – im nächsten Kapitel – ausführlich dargestellt werden.

Individuation

C. G. Jung nannte den Prozess, bei dem das arttypische Muster der menschlichen Person zur Gestaltwerdung drängt, Individuationsprozess.

Die Individuation des Menschen ist zwar etwas ganz Besonderes, da der Mensch wegen seiner Fähigkeit zu Bewusstheit ein Lebewesen ganz besonderer Art ist. Individuation trat jedoch nicht erst mit dem Menschen in die Welt, auch nicht erst mit den höheren Lebewesen, die uns ja oft wie eigenständige Persönlichkeiten erscheinen. Sie kam in die Welt, als die ersten Mehrzeller entstanden und als die geschlechtliche Fortpflanzung diejenige durch Teilung und Knospung ablöste. Seit jener Zeit gibt es Individuen: Lebewesen, die sich erstens wegen der immer wieder erfolgenden Vermischung des Erbguts – bei aller artgemäßen Gleichheit – voneinander unterscheiden und die sich über verschiedene charakteristische Stadien – einem arteigenen zeitlichen Muster gemäß – zu jenen ausgewachsenen Individuen entfalten, zu denen sie in ihrem Erbgut angelegt sind. Mit dem Auftreten von Individuen trat aber auch der Tod in die Welt. Individuation ist ein Leben zum Tode. Mit fortschreiten der Komplexitätszunahme der Arten nahm auch die individuelle Variationsbreite zu. Mehr und mehr wurden auch die Einflüsse der Umwelt, in die ein Individuum hineinwächst, mitbestimmend für dessen endgültige – physische wie psychische – Form. Für diese Variantenbildung durch Umwelteinflüsse war das Auftreten der Fähigkeit zu individuellem Lernen von großer Bedeutung. Dank dieser Fähigkeit konnte der im Genom angelegte Spielraum zu individueller Variation des arttypischen Verhaltens auf besonders vielfältige Weise ausgefüllt werden.

Bei frei lebenden Tieren vollzieht sich die Individuation – verglichen mit der des Menschen – problemlos. Tiere erwecken in uns den Eindruck, ganz das zu sein, wozu sie von der Natur „gewollt" sind. Erst mit dem In-die-Welt-Treten von Bewusstsein ist Individuation störungsanfällig geworden: wurde es zu einer schwer zu bewältigenden Aufgabe, der zu werden, zu dem man angelegt ist.

Unterschiedliche Aspekte der Individuation

Die Individuation des Menschen kann unter verschiedenen Aspekten betrachtet werden: unter dem körperlichen, dem geistig-intellektuellen und dem seelischen. Die körperliche Individuation vollzieht sich auch beim Menschen sozusagen von selbst, die geistig-intellektuelle sowie die seelische hingegen weitgehend unter dem Einfluss der sozialen Gruppe, in die der Einzelne hineinwächst.

Seit Urzeiten hat man erkannt, dass die biologische Individuation nach einem typischen Muster geschieht: nach einem Muster, das nicht einer geraden Linie zu vergleichen ist, sondern dem Bogen, dem entlang die Sonne im Verlauf eines Tages am Himmel „wandert". Die erste Hälfte eines Lebens vollzieht sich als Entfaltung zu voller Kraft, die Zweite hingegen als Abstieg: als langsame Rückbildung körperlicher Leistungsfähigkeit.

Immer schon ist auch gesehen worden, dass parallel zu dieser biologischen eine personale Entwicklung stattfindet, mit den Phasen von Kindheit, Pubertät, Erwachsensein und Alter. Im Verlauf der Kulturgeschichte ist eine unübersehbare Literatur entstanden, in der die Eigenart, die Freuden und Leiden sowie die Aufgaben der verschiedenen Lebensphasen dargestellt wurden.

Seit dem Aufkommen der empirischen Psychologie wurde das Verhältnis zwischen dem Verlauf der biologischen Lebenskurve und dem der geistigen wissenschaftlich untersucht. Erwähnenswert von vielen Arbeiten auf diesem Gebiet ist besonders die von Charlotte Bühler (vgl. 20). Diese schälte durch Verarbeiten von biografischen Daten und von Antworten auf Umfragen eine Reihe von Lebenslauf-Typen heraus. Dabei zeigte sich, dass die geistige Entwicklung nicht immer parallel zur biologischen verläuft: dass die Kulmination der geistigen Leistungsfähigkeit zwar normalerweise mit der der biologischen zusammenfällt, dass sie aber auch schon in der Pubertät erreicht werden kann, um dann entweder abzusinken oder – in seltenen Fällen – bis in die letzte Lebensphase anzuhalten, dass sie gelegentlich auch erst im späten Alter eintritt. Diese Untersuchungen entstanden unter dem Paradigma der Bewusstseinspsychologie und waren dementsprechend vordergründig.

Eine hintergründigere Sicht der Dinge hatte sich – schon lange vor Charlotte Bühler – ergeben durch die Entdeckung des Unbewussten, insbesondere des arttypischen. Nachdem man erkannt hatte, dass das Bewusstsein sich nicht nur in Auseinandersetzung mit der Umwelt entfaltet, sondern dass es vom Unbewussten, aus dem es im Verlauf des individuellen Lebens hervorgeht, dauernd fördernde und korrigierende Impulse empfängt, stellte sich die Frage nach dem Zusammenspiel dieser unterschiedlichen, auf das Ich einwirkenden Faktoren und nach der Art und Weise, wie das Ich auf diese reagiert.

In der tiefenpsychologischen Methode besaß man nun erstmals ein Instrumentarium, mit dem man empirisch-wissenschaftlich die Wechselwirkung zwischen dem Ich und dem Unbewussten erforschen konnte. Dank dieses Instrumentariums war es möglich zu erkennen, dass und wie der Verlauf der psychischen Entwicklung im Bauplan der Spezies Mensch „festgeschrieben" ist. C. G. Jung hat als Erster dieses „Programm" mithilfe der tiefenpsychologischen Methode erforscht.

Dabei ergab sich, dass die arttypische psychische Lebenskurve zwar ebenso wie die biologische und normalerweise auch die geistig-intellektuelle dem scheinbaren Lauf der Sonne verglichen werden kann, dass aber der Unterschied zwischen aufsteigendem und absteigendem Ast nicht mehr in erster Linie in einer quantitativen Zu- oder Abnahme der Leistungsfähigkeit besteht, sondern dass er ein ausgesprochen qualitativer ist: dass die „Natur" vom Menschen in der ersten und in der zweiten Lebenshälfte die Entfaltung ganz unterschiedlicher Fähigkeiten, Eigenschaften und Einstellungen verlangt.

Für die erste Lebenshälfte sieht das „Programm" Expansion vor: ein Hineinwachsen bzw. Hinausschreiten in die äußere Welt. Ebenso wie die biologische Aufgabe während dieser Zeit darin besteht, Nachkommen zu zeugen oder zu gebären, besteht die psychische Aufgabe darin, ein starkes Ich aufzubauen und Aufgaben „in der Welt" zu lösen: einen Beruf zu erlernen, für sich und die Familie eine Existenz aufzubauen und zu sichern, Aufgaben und Verantwortung im Heim, im Beruf und in der Gesellschaft zu übernehmen. In der Lebensmitte – zwischen dem 35. und dem 45. Lebensjahr – bahnt sich dann eine Wende an. Nun drängt das Unbewusste dazu, sich aus der äußeren Welt zurückzunehmen: wenn nicht de facto, so doch vom Verhaftetsein in ihr. Nun geht es darum, die „andere Seite", die beim Drang nach Expansion vernachlässigt werden musste, nachzuentwickeln.

Spontane und begleitete Individuation

Jung gewann seine Einblicke in den Verlauf der Individuation bei der analytischen Arbeit, also bei sogenannten begleiteten Individuationsprozessen. Dies führte oft zur irrigen Annahme, Individuation sei – ebenso wie die Erziehung – etwas von außen Aufgepfropftes. Diese Annahme beruht auf einem Missverständnis über die Rolle des Analytikers. Wenn dieser seine Aufgabe richtig versteht und ausführt, verhält er sich wie ein Geburtshelfer oder wie ein Gärtner. Der Gärtner räumt hindernde Steine weg, lockert die Erde, sorgt für genügend Licht, für Bewässerung und Düngung, damit die Pflanze sich entfalten kann. Diese entfaltet sich jedoch – dank der ihr immanenten Spontanaktivität – von selbst zu der im Genom festgelegten und durch die Umwelteinflüsse modifizierten „naturgewollten" Form.

Viele Menschen gelangen zu voller Individuation ohne analytische Begleitung. In allen sozialen Schichten und in allen Bildungsschichten findet man voll individuierte Menschen: Menschen, die sich ohne Betreuung durch einen „Seelengärtner" zu ihrer vollen Form entfaltet haben.

Oft wird die Frage diskutiert, ob der Individuationsprozess eine Sache der zweiten Lebenshälfte ist, oder ob er sich über das ganze Leben erstreckt. Die Antwort hängt davon ab, ob man den spontan verlaufenden oder den (z. B. durch Therapie) begleiteten Individuationsprozess ins Auge fasst. Der spontane beginnt schon früh. Nach dem, was man heute über psychische Äußerungen des Fötus weiß, könnte man darüber diskutieren, ob die Individuation schon in der Embryonalzeit beginnt. Mit Sicherheit beginnt sie dann, wenn die ersten Funken eines Ichs auftreten. Dabei ist es nicht so, dass Ganzheit erst am Ende des Lebens erreicht würde. Jede Lebensphase hat ihre eigene Ganzheit. Die seelische Entwicklung kann mit einer Spirale verglichen werden: Sie kreist aufsteigend um ein Zentrum, und mit jeder Windung wird von der „Natur" eine höhere bzw. komplexere – einen größeren Bewusstseinsbereich integrierende – Ganzheit „gewollt".

Umfasst die spontane Individuation das ganze Leben, ist die begleitete eine Sache der zweiten Lebenshälfte. Während der Expansionsphase ist der Aufbau eines gefestigten Ich sowie dessen Bewährung in der Auseinandersetzung mit der Umwelt „gewollt". Da sich das Ich während seines Heranwachsens gegen den Sog des Unbewussten – gegen das bequeme Zurücksinken in den paradiesischen Zustand der Unbewusstheit – wehren muss, ist es während dieser Zeit gar nicht empfehlenswert, dass es sich zu intensiv mit den Mächten des Unbewussten auseinandersetzt. Außerdem erfordert das Hinausschreiten in die (vorwiegend als feindlich erlebte) Außenwelt den vollen Einsatz der dem Ich zur Verfügung stehenden Energie. Erst wenn die Wende der Lebensmitte sich bemerkbar macht, wird es nötig, dass das (nun erstarkte) Ich den Mächten des Unbewussten „ins Auge blickt".

Worin besteht die Begleitung eines Individuationsprozesses? Dies dürfte am ehesten klar werden, wenn wir die fundamentalen Überlegungen, auf die sie sich stützt, noch einmal nachvollziehen. Die Psyche als Ganzes ist ein lernfähiges, selbstregulierendes System. Da sie mit der Außenwelt in Verbindung steht, modifiziert sie laufend das ererbte Programm unter dem Einfluss der Umwelterfahrung. Nun besitzt aber die Psyche zwei spontanaktive informationsverarbeitende Zentren, wobei das „Selbst" einer Generaldirektion, das „Ich" dem Leiter einer Filiale verglichen werden kann. Der evolutionäre Gewinn, der sich aus der Entstehung des Ich ergab, betrifft vor allem den

„Merkbogen". In Bezug auf den „Wirkbogen" ist die Situation problematischer als zuvor. Aus diesem Grund muss das Selbst, um die Ganzheit der Psyche zu gewährleisten, laufend situationsgerechte Wirkimpulse ans Ich abgeben: Korrekturimpulse sowie ziel- und sinngebende Impulse.

Anthropomorph ausgedrückt heißt dies: das Selbst als der „innere Meister", der die Gesamtsituation viel besser überblickt als das Ich und der immer auch „weiß", was das Ich tut oder im Schilde führt, lässt diesem laufend weiterführende Botschaften in Form von Träumen, Fantasien und Einfällen oder – wenn dies alles nichts nützt – in Form erschütternder Visionen zukommen. Diese Botschaften sind aber zum größten Teil in einer Bildersprache abgefasst, die dem heutigen, an eine Begriffssprache gewöhnten Menschen kaum mehr unmittelbar verständlich ist. Deshalb müssen sie entschlüsselt werden. Zwar wirken Träume auch, ohne dass sie verstanden werden. An die meisten Träume erinnert man sich nach dem Erwachen gar nicht mehr. Ist einem Menschen jedoch daran gelegen, sich auf die bestmögliche Art zu entwickeln – insbesondere seine in der ersten Lebenshälfte vernachlässigten Seiten bestmöglich nachzuentwickeln –, muss er sich bemühen, die Botschaften des Unbewussten zu verstehen. Hierbei kann ihm der Analytiker behilflich sein, denn dessen Berufsausbildung besteht weitgehend darin, dass er die Bildersprache des Unbewussten verstehen lernt.

Nun hat aber das Übersetzen der Traumsprache in die Begriffssprache einen Haken. Die Bilder und Geschehensabläufe der Träume sind nämlich prinzipiell polysemisch (= vieldeutig). Das gleiche Traumbild hat – je nachdem, von wem es geträumt wird – unterschiedliche Bedeutung. Ein Traum kann deshalb nur in Zusammenarbeit des Analytikers mit dem Träumer richtig verstanden werden.

Der Analytiker bzw. Begleiter muss sich also stets in zweifacher Hinsicht seines Nichtwissens bewusst sein. Erstens weiß nicht er, was für einen Analysanden das Richtige ist, sondern nur dessen Unbewusstes. Zweitens weiß er nie von vornherein, was ein Traum bedeutet, sondern erst, wenn er diesen zusammen mit dem Analysanden verarbeitet hat. Dies geschieht auf folgende Weise:

Zuerst sollte der Analytiker hören, was für Probleme den Analysanden beschäftigen. Dann muss der sogenannte Kontext zum Traum erarbeitet werden, indem man vom Analysanden gezielte Assoziationen sammelt: zu jedem Traumelement – zu jedem Schauplatz, zu jeder Figur, zu jedem Geschehen – werden Assoziationen notiert. Sind es „gewöhnliche" Träume, ergibt sich nach dieser Vorarbeit in der Regel die Deutung. Sind verschiedene Deutungen möglich, kann der Analysand meistens sagen, welche für ihn zutrifft. Hat man einen Traum falsch gedeutet und ist die darin verschlüsselte Botschaft existenziell wichtig, kommt ein weiterer Traum, der die Botschaft – eventuell in anderer Form – wiederholt.

Kommen in einem Traum Figuren und Motive vor, zu denen der Analysand keine Assoziationen aus seinem persönlichen Leben geben kann – handelt es sich somit um einen sogenannten archetypischen Traum –, muss amplifiziert werden. Dies geschieht in der Weise, dass der Analytiker gleichartige Bilder und Bildabläufe aus der Literatur – aus Mythen, Märchen, Sagen, aus alchimistischen Traktaten usw. – zusammenträgt: Bilder, deren Bedeutungsgehalt durch die Forschung auf dem semantisch-hermeneutischen Zweig der Tiefenpsychologie schon erschlossen worden ist. Aus der Erarbeitung dieses erweiterten Kontextes ergibt sich dann meistens die Deutung.

Eine weitere Hilfe, die der Analytiker geben kann (und muss), ist die, zu kontrollieren, ob der Analysand die Weisungen des „inneren Meisters" befolgt. C. G. Jung hat beobachtet, dass bei derartiger Begleitung die Individuation nach einem charakteristischen „Programm" geschieht: dass es – in der Terminologie Jungs ausgedrückt – zuerst um die Integration des „Schattens" und die Modifikation der „Persona" geht, dann um die Differenzierung von „Anima" oder „Animus" und zuletzt um die Auseinandersetzung mit dem „Selbst". Mit diesen Ausdrücken hat Jung, der eine außergewöhnliche Fähigkeit zur Mustererkennung besaß, sehr komplexe beobachtbare psychische Sachverhalte herausgehoben und „etikettiert". Damit hat er eine Terminologie geschaffen, die dem Analytiker die Orientierung sehr erleichtert. Es muss aber im Auge behalten werden, dass es sich dabei nur um Begriffe handelt: um Namen im Sinne des Nominalismus (vgl. die Auffassung des Aristoteles), nicht um „Dinge": dass man sich z. B. die Anima und das Selbst nicht nach archaischer Manier als dinghafte Geist-Wesen vorzustellen hat. Dies zu betonen ist angesichts der immer wieder zu beobachtenden Tendenz zur Metaphysizierung des Unbewussten wohl nicht unangebracht.

Die erwähnten Stadien der Individuation sind nicht scharf voneinander abgrenzbar. Meistens überlappen sie sich, und es kommen auch Elemente eines späteren Stadiums schon früh – wenigstens andeutungsweise – vor. Trotz all dieser Variationen tritt jedoch – mit naturhafter Gesetzmäßigkeit – im Prinzip immer wieder das gleiche „Programm" in Erscheinung.

Individuation und Glaube

Betrachten wir zuerst das letzte Stadium: das, was Jung als Auseinandersetzung mit dem Selbst bezeichnet hat. Hier geht es um die eigentliche Abrundung der Person: um die letzte und höchste Reifung. Es ist das Stadium, in dem die aus dem Unbewussten kommenden Impulse auf die Ausbildung einer religiösen Haltung hin tendieren. Ist eine religiöse Haltung in gewissem Grade schon vorhanden, soll sie in diesem Stadium echter und tiefer werden. Ist sie bis dahin noch nicht da, wird jetzt ihre Entwicklung existenziell wichtig und dringend.

Ich habe erwähnt, dass heute das Bemühen um eine religiöse Haltung bei vielen Menschen mit der Frage einhergeht, wie man sich die dem Ich überlegene Macht vorzustellen hat. Bei der allgemeinen Desorientiertheit unserer Zeit ist das Auftauchen dieser Frage verständlich. Sie kann aber auch eine Gefahr für das Gelingen der Individuation bedeuten. Bei der Verkopfung des heutigen Menschen wird die Beschäftigung mit dieser Frage oft zu einem Alibi dafür, sich vor dem zu drücken, worauf es in diesem Stadium ankommt. Bei der vom Unbewussten intendierten Auseinandersetzung mit der religiösen Frage geht es ja nicht um etwas intellektuell zu Bewältigendes, sondern um die Erlangung jenes Seelenzustandes, der in traditioneller Ausdrucksweise als Glaube bezeichnet wird. Der Ausdruck „Glaube" ist recht gut geeignet, um zu klären, worauf es ankommt. Schon in archaischer spiritueller Tradition war man nämlich mit dem Problem konfrontiert, dass Glaube oft nur „mit dem Kopf", nicht aber „mit ganzer Seele" vollzogen wurde. Deshalb schuf die Theologie die Unterscheidung zwischen Glaube an etwas (fides, quae creditur) und Glaubensgewissheit (fides, qua creditur).

Worauf es bei der Individuation des heutigen Menschen ankommt, ist einzig und allein das, was die Theologie Glaubensgewissheit nannte. Zwar war auch in archaischer Zeit die Glaubensgewissheit das Entscheidende, doch „war" dort auch der Glaube an bestimmte, von der Religion vorgegebene Glaubensinhalte bzw. zu glaubende übernatürliche Tatsachen) nötig zur Erlangung des „Heils".

Diese Art des Glaubens ist heute nicht mehr erforderlich. Sie ist beim Übergang vom mythischen zum wissenschaftlichen Weltverständnis durch Wissen ersetzt worden. Allerdings hielt auch der Primitive seine religiösen Mythen und seine mythischen Theorien für Wissen, und zwar für unbezweifelbares. Sie waren für ihn unmittelbar „einleuchtend". Das Problem des Glaubenmüssens an übernatürliche Tatsachen unter Hintanstellung des natürlichen Verstandes" ergab sich erst, als die kognitiven Mittel zur Erforschung „dieser" Welt und ihrer Gesetzmäßigkeiten beträchtlich zugenommen hatten. Wie erwähnt, spitzte es sich erst im 19. Jahrhundert – als „Dilemma zwischen Glauben und Wissen" – zum unüberbrückbaren Gegensatz zwischen Theologie und neuzeitlichen Wissenschaften zu.

Seit der Drehung der Apperzeption des innerlich Wahrgenommenen um 180 Grad ist das, was der archaische Mensch als Glaubensinhalte im Sinn der fides quae creditur auffasste und durch göttliche Offenbarung empfangen zu haben glaubte, Gegenstand des Wissens geworden. Es gehört heute für Menschen, die die Bewusstseinsmutation vollzogen haben, nicht mehr zu jener Auseinandersetzung mit der religiösen Frage, die sich im Verlauf des Individuationsprozesses aufdrängt.

Das Mysterium im Sinne des dem Menschen nicht verfügbaren Wissens ist jedoch trotz des Hereinklappens der metaphysischen Welt nicht verschwunden. Die neuzeitliche Wissenschaft erhebt nicht den Anspruch, ein Wissen über alles zu besitzen. Es war gerade die evolutionäre biologische Kognitionsforschung, die uns die Beschränktheit menschlichen Erkennens drastisch vor Augen führte. Alle wissenschaftlichen Theorien erheben nur den Anspruch, das zurzeit bestmögliche Wissen über einen Bereich der objektiven Wirklichkeit zu formulieren. Die Einsicht in die Evolution des Bewusstseins hat aber auf der andern Seite auch gezeigt, dass der Wissenschaft der Fortschritt immanent ist: das Fortschreiten in immer größere Weiten und in immer größere Tiefen hinter die Fassade des Augenscheins.

Glaubensgewissheit und Gnade

Bei der Auseinandersetzung des Ich mit dem Selbst geht es, wie gesagt, um das, was die Theologie unter Glaubensgewissheit – unter fides qua creditur – verstand. So sieht man denn bei der Begleitung von Individuationsprozessen immer wieder, dass die Sache in dem Moment „gelaufen" ist, in dem sich beim Analysanden die Gewissheit einstellt, dass auf den inneren Meister unbedingter Verlass ist, aber auch die Gewissheit, dass man dessen „Willen" auf die Dauer nicht ausweichen kann. – Es handelt sich dabei um jenes ambivalente Erleben, das Rudolf Otto (vgl. 107) – noch aus archaischer Sicht – in seinem berühmten Ausspruch als „fascinosum et tremendum" des Gotteserlebnisses formuliert hat.

Glaubensgewissheit ist jener Seelenzustand, nach dessen Erlangung einst Augustinus seine noch berühmtere Aussage machte: „Unruhig ist unser

Herz, bis es ruht in dir, Gott." Es ist der Zustand, aus dem heraus Paulus im Galaterbrief schrieb: „Ich lebe, aber nicht mehr ich, sondern Christus lebt in mir".

Die Formulierung des Paulus zeigt besonders deutlich, dass es sich bei der Glaubensgewissheit nicht nur um einen intellektuellen Zustand handelt, sondern um etwas, das den Menschen, „bis in die Tiefen der Seele hinein" erfasst. Die Wandlung der Persönlichkeit, die bei Erlangung der Glaubensgewissheit geschieht, äußert sich denn auch weniger im Reden als im Tun: in der „Ausstrahlung" jener Menschen, die „aus ihrer Mitte heraus" leben.

Der Seelenzustand der Glaubensgewissheit ist identisch mit dem, was ich als religiöse existenzielle Haltung bezeichnet und der Homo-faber-Haltung gegenübergestellt habe. Er ist identisch mit dem, was ich Gleichschritt des Ich mit dem Selbst bzw. psychische Ganzheit im Sinne individueller Bewusstheit nenne.

Bis dieser Seelenzustand sich eingestellt hat, handelt es sich bei der religiösen Einstellung nur um ein Bemühen um Religiosität. Ohne dieses Bemühen geht es zwar nicht; ob sich aber Glaubensgewissheit einstellt, liegt nicht im Belieben des Ich bzw. des bewussten Wollens. Bei der Begleitung von Individuationsprozessen kann man deutlich erkennen, dass Glaubensgewissheit eines Tages – meistens völlig unerwartet – geschieht. Der Dynamismus, der dieses Geschehen bewirkt, wurde in der Theologie als Gnade bezeichnet, und mir scheint, dass es dafür bis heute keinen besseren Ausdruck gibt.

Die theologischen Traktate über das Gnadengeschehen enthalten viele scharfsinnige Beobachtungen über seelische Reifungsvorgänge. Dies hängt damit zusammen, dass viele große Theologen gleichzeitig Meister der Spiritualität waren. Zwar liegt den theologischen Formulierungen über das Gnadengeschehen noch das archaische Modell der Beziehung zwischen Gott und Mensch zugrunde. Wenn man sie aber in das Modell der Beziehung zwischen dem Selbst und dem Ich zu transponieren vermag, erschließt sich uns ein reicher Schatz von Wissen über das, was im Verlauf eines Individuationsprozesses vor sich geht.

Ein zentrales Problem der Individuation ist z. B. die Frage, inwieweit das Sich-Einstellen der Glaubensgewissheit vom Bemühen des Ich abhängt und inwieweit es ein „Gnadengeschenk des Selbst" ist. Darüber wurden in der katholischen Theologie nach Beginn der Neuzeit endlose Debatten geführt. Dabei standen sich die Schulen der Thomisten und der Molinisten gegenüber, wobei die einen mehr für den Anteil „göttlichen Gnadenwirkens", die anderen mehr für den „freien Willen des Menschen" eintraten. Eine mittlere

Position, die – wie die tiefenpsychologische Beobachtung heute bestätigen kann – am ehesten der tatsächlichen Wechselwirkung zwischen Selbst und Ich entspricht, wurde schließlich gefunden mit der Unterscheidung zwischen geschaffener und ungeschaffener Gnade (gratia creata et increata).

Interessant ist dabei der Begriff der geschaffenen Gnade. Dieser besagt, dass schon das Sich-Aufraffen des Ich zum Bemühen um religiöse existenzielle Haltung eines „Gnadenaktes" – d. h. eines Impulses aus dem Unbewussten – bedarf. Es ist immer wieder erstaunlich zu sehen, wie ein Mensch z. B. durch neurotische Symptome, durch eine psychosomatische Störung, durch einen Unfall oder einen sonstigen „Schicksalsschlag" – durch ein Ereignis, das vom Unbewussten arrangiert worden ist – zum Nachdenken über seine bisherige Einstellung geführt wird. Die gleiche Beobachtung, welche die Theologen mit dem Ausdruck „geschaffene Gnade" benannt haben, hat C. G. Jung – etwas drastisch – formuliert, indem er sagte, Individuation (nach der Lebensmitte) beginne als Vergewaltigung des Ich durch das Selbst.

Ziel der Individuation ist Menschlichkeit

Das Gesagte könnte vielleicht den Eindruck erwecken, das Ziel der Individuation sei religiöses Virtuosentum in dem Sinn, wie die traditionelle Hagiographie es oft dargestellt hat. Das Ergebnis der Individuation ist jedoch nichts Auffälliges, nichts, das Schlagzeilen macht. Man kann es umschreiben als stilles Leben in Aufrichtigkeit, in humorvoller Gelassenheit, in „Selbst"- und „Gott"vertrauen (= Ich- und Selbstvertrauen) und liebevoller Zuwendung zu aller Kreatur. Es ist, mit einem Wort gesagt, Menschlichkeit. Menschlichkeit im Sinne ganzheitlichen Menschseins ist gleichbedeutend mit Einfachheit im Denken und im Tun. Diese Einfachheit ist jedoch das Allerschwierigste. Sie stellt sich in der Regel erst nach mühsamem Gang durchs Komplizierte – eventuell erst nach einem Gang durch Dunkelheit und Desorientiertheit – ein. Dies gilt für Einfachheit sowohl bei objektivierender als auch bei existenzieller Einstellung.

So ist es z. B. beeindruckend zu sehen, wie große Forscher, wenn sie am Ziel angekommen sind, ihre Einsichten und Entdeckungen auf sehr einfache, allgemein verständliche Weise darstellen können. Ebenso beeindruckend ist es aber auch zu sehen, wie sie zu ihren Ergebnissen gekommen sind: wie viel Zeit, Geduld und Durchhaltewillen dazu nötig war, wie sie sich über weite Strecken durchs Dunkel vorantasten mussten, mit wie vielen Irrwegen, Misserfolgen und Zweifeln an sich selbst dieser Weg verbunden war.

Das Gleiche gilt für die Individuation. Die Einfachheit und Gelassenheit, die wir an psychisch reifen Menschen wahrnehmen, ist Ausdruck einer Bewusstheit, die wir mit der Rundsicht vom Gipfel eines hohen Berges vergleichen können sowie mit der Sicht von dort oben hinab in die Täler: mit einer Sicht, bei der vieles, das man dort unten übermäßig wichtig nimmt, klein und unbedeutend erscheint. Aber ebenso wie man die Sicht, die der Gipfel bietet, erst nach einem langen, mühseligen und oft auch gefahrvollen Aufstieg gewinnt, wird das Leben aus der seelischen Mitte erst nach jahrelanger Arbeit an sich selber erreicht.

In der spirituellen Tradition ist für das Bemühen um Ganzheit immer schon das Bild vom Beschreiten eines Weges verwendet worden, meistens das Bild eines Weges, der bergan führt. So beschrieb z. B. der Karmeliterpater Johannes vom Kreuz (1542-91) den „Weg der Seele zu Gott" als Aufstieg auf den Berg Karmel (vgl. 141).

Wir wollen uns von jetzt an vorwiegend mit dem Weg, der zum „Gipfel" führt, befassen. Das Bild des Aufstiegs auf einen Berg impliziert zweierlei: erstens die lange Dauer sowie die Mühseligkeit des Weges, zweitens die Tatsache, dass der Weg über verschiedene Stufen oder Etappen führt, von denen keine übersprungen werden kann.

Fassen wir zuerst die Länge des Weges ins Auge. Erinnern wir uns: Außer der Orientierungslosigkeit ist für unsere Zeit charakteristisch, dass ein Wissen nicht mehr vorhanden ist, das in archaischer Zeit selbstverständlich war: das Wissen, dass das Bemühen um Menschlichkeit von jedem Einzelnen ebenso viel Zeit und Mühe erfordert wie die Aneignung von Sachwissen. Uns ist es selbstverständlich, dass die Schulung, die zu einem qualifizierten Beruf führt, fast einen Drittel der Lebenszeit in Anspruch nimmt und dass sie – im Sinne der education permanente – sogar bis zur Pensionierung weitergeführt werden muss. Die Zeit, die wir für die Entfaltung der Menschlichkeit aufwenden, nimmt sich vergleichsweise geradezu kläglich aus. Wir glauben, dies so nebenbei schaffen zu können.

Nicht nur die Individuation nach der Lebensmitte ist mit einem langen und mühsamen Aufstieg zu vergleichen, sondern auch die während der ersten Hälfte des Lebens. Wie erwähnt, hat jede Lebensphase – schon die Kindheit – ihre für sie charakteristische Ganzheit. Jede dieser verschiedenen Arten von Ganzheit ist ein Postulat, das zu seiner Zeit erfüllt werden muss: ein von der Natur angestrebtes Ziel, das zu erreichen, immer ein beträchtliches Maß an Aufmerksamkeit und Mühe erfordert, ein Ziel, das sowohl erreicht als auch verfehlt werden kann.

Je mehr dieses Ziel in den frühen Lebensphasen verfehlt wird bzw. je weniger die in den frühen Lebensphasen anstehenden Aufgaben seelischer Entwicklung erfüllt werden, umso mehr psychische Störungen werden im Erwachsenenalter manifest: vom Versagen in Beruf und Familie über Neurosen, über Süchte und Kriminalität bis hin zu eigentlichen Psychosen. Diese Störungen sind heute so verbreitet, dass die meisten Menschen, bevor sie an die Individuations-Aufgabe der zweiten Lebenshälfte herangehen können, zunächst einmal eine Therapie benötigen. Die Entwicklung der „anderen Seite" sowie das Reifen einer religiösen existenziellen Einstellung kann nämlich erst einsetzen, wenn wenigstens die gröbsten Fehlentwicklungen der ersten Lebenshälfte behoben, wenn die während jener Zeit von der Natur geforderten Entwicklungsaufgaben einigermaßen gelöst sind. Man kann sich kaum vorstellen, wie viele Menschen es heute versäumen, seelisch erwachsen zu werden, was allerdings nicht ausschließt, dass sie Kinder erziehen, dass sie in der Wissenschaft, in Politik und Wirtschaft in ranghohe Stellungen aufsteigen.

Psychotherapie und Individuation sind zwei verschiedene Dinge. Jedes hat seine Indikation und Funktion. Die Entdeckung des Unbewussten ereignete sich beim Bemühen um die Behandlung seelischer Störungen, und die damit verbundene Erfindung der tiefenpsychologischen Methode bewirkte einen Aufschwung der Therapie. Als dann, ein halbes Jahrhundert danach, die Humanistischen Psychologen die Persönlichkeitsreifung auf ihre Fahnen schrieben, bedeutete dies noch lange nicht, dass nun Psychotherapie überflüssig geworden ist. Im Gegenteil, sie ist heute nötiger denn je. Uns geht es jedoch nicht um Therapie, sondern um Individuation, insbesondere um die begleitete: um die Verwirklichung des Symbols ganzheitlichen Menschseins.

Die Kunst des Geschehen-Lassen-Könnens

Lassen wir für einen Moment den Vergleich mit dem Aufstieg auf einen Berg beiseite. Betrachten wir jenes Bild, welches die Alchimisten für die Individuation verwendeten: das Opus (= Werk).

Die Alchimisten waren ja nicht nur vorwissenschaftliche Chemiker, die durch Herumprobieren allerhand Einsichten über Eigenschaften der Naturstoffe gewannen sowie über die Kunst, mit Naturstoffen umzugehen. Viele unter ihnen bemühten sich gleichzeitig oder sogar vorwiegend um Individuation vor dem Hintergrund einer gnostischen Weltsicht. Dabei dienten ihnen die beim Hantieren im „Labor" gewonnenen Beobachtungen über Veränderungen der Stoffe als Projektionsträger, über die sie sich der Gesetzmäßigkeiten seelischer Wandlungsprozesse bewusst wurden. So beschrieben sie in ihren Traktaten die Etappen, Gesetzmäßigkeiten und Tücken der Individuation mit dem Bild eines chemischen Fertigungsprozesses, den sie als Opus bezeichneten: als Herstellung des kostbaren Steins (lapis) und von Gold (aurum) aus materia prima (= aus „Dreck").

Dass sie den Stein lapis philosophorum (= Stein der Weisen) nannten, zeigt, dass es nicht um Materielles ging. Im Falle des herzustellenden Goldes sagten sie sogar ausdrücklich, es handle sich um aurum non vulgi: es sei nicht das, was das „gewöhnliche Volk" unter Gold versteht. Mit anderen Worten: es ging ihnen um die Herstellung von seelischem Gold.

C. G. Jung, der die Symbolik der alchimistischen Literatur erschlossen hat und dabei alchimistische Termini zur Bezeichnung psychischer Sachverhalte übernahm, nannte den Individuationsprozess mehrmals ein opus contra naturam: ein Werken gegen die Natur. Steht dies nun nicht im Widerspruch zu seiner Aussage, Individuation sei ein Naturprozess?

Der Widerspruch ist nur scheinbar. Er ist zu verstehen als Paradox und weist auf etwas hin, das dem um Individuation Ringenden oft große Schwierigkeiten bereitet: die Tatsache, dass das Ich zwar spontanaktiv ist, dass aber diese Aktivität, so weit sie den Wirkbogen betrifft, sich nur innerhalb der durch das arttypische Muster gegebenen Grenzen bewegen darf. Weil das Charakteristikum des Ich gerade in dessen Spontanaktivität besteht, wohnt ihm „von Natur aus" der Drang inne, nach allen Richtungen vorzustoßen und auszugreifen. Sofern es nun – beim Bemühen um Ganzheit – diesen „in seiner Natur" liegenden Drang zum Ausgreifen und Ausscheren immer wieder zügeln muss, muss es gegen seine Natur arbeiten: darum kann Individuation, obwohl sich in ihr ein naturgegebenes zeitliches Muster entfaltet, als opus contra naturam bezeichnet werden.

Dieser Tatsache im Leben Rechnung zu tragen, ist außerordentlich schwierig. Es geht dabei um das sogenannte Geschehen-lassen-Können: um die Kunst, erst einmal mit allen Kräften des Bewusstseins sich zu bemühen, die richtige Entscheidung zu finden, und dann, bevor man den Entschluss in die Tat umsetzt, noch gleichsam über die Schulter zurückzuschauen, um zu vernehmen, was das Unbewusste „dazu meint". Dies beinhaltet die Bereitschaft, die „Meinung" des Unbewussten auch dann zu befolgen, wenn sie unserem bewussten Entschluss – dem von unseren „Neigungen" beeinflussten Entschluss – widerspricht. Schwierig ist dies für uns westliche Menschen deshalb, weil wir noch sehr stark von der Homo-faber-Haltung – dem Gegenteil der Haltung des Geschehen-lassen-Könnens – geprägt sind.

Schulen der Spiritualität und Individuation

Nicht nur das Geschehen-lassen-Können, die ganze Individuation ist eine Kunst: Kunst im Sinne von Können bzw. von Wissen um das richtige Vorgehen und Tun. Dieser Aspekt des Prozesses tritt in der alchimistischen Terminologie besonders deutlich hervor. Dort wurde nämlich der Ausdruck ars (= Kunst) sozusagen synonym mit dem Ausdruck opus gebraucht.

Das Gleiche war der Fall in jener spirituellen Tradition Chinas, in der ebenfalls das Motiv des Fertigungsprozesses als Bild für die Individuation verwendet wurde. In jene Tradition gehört z. B. die in der Tangzeit im 8. Jh. entstandene „Religion" des goldenen Lebenselixiers (Gin Dan Giau). Eine Beschreibung der Kunst, dieses goldene Lebenselixier bzw. die Goldblüte durch Meditation „herzustellen", ist uns erhalten geblieben in der heute besonders in New-Age-Kreisen weit verbreiteten Schrift „Das Geheimnis der goldenen Blüte" (vgl. 167). Der Ausdruck „Geheimnis" ist zu verstehen als esoterisches (nur den Eingeweihten bekanntes) Wissen über die richtigen Techniken der Meditation sowie über die Stufen und Schwierigkeiten der Individuation: als Wissen im Sinne des Know-how.

Dieser Art von Wissen kam auch in jenen spirituellen Traditionen, in denen für die Individuation das Bild vom Beschreiten des Weges üblich war, große Bedeutung zu. Man sprach dort von der Kenntnis der Wege. In diesem Sinn ist der Titel des Hauptwerks der Benediktinerin Hildegard von Bingen (1098-1179) „Sci vias" (= Kenne die Wege) zu verstehen.

Wie viel von diesem Know-how ist heute noch vorhanden? Wenn wir ehrlich sind, müssen wir sagen: „So viel wie nichts." Verloren gegangen ist es aus den gleichen Gründen wie das Wissen um die Tatsache, dass die Entfaltung der Menschlichkeit ebenso viel Zeit und Mühe erfordert wie die Aneignung von Sachwissen und technischem Können: erstens weil unter der Wirkung des Homo-faber-Symbols die areligiöse Auffassung existenziellen Bemühens die religiöse verdrängte, zweitens weil uns die archaische Weltsicht, aus der heraus das Wissen der spirituellen Tradition formuliert war, fremd und uneinfühlbar geworden ist.

Wegen der Entfremdung von der archaischen Weltsicht und dem Unverständnis gegenüber dem, was in den christlichen Klöstern und Orden getan wurde, wird heute nur von wenigen erkannt, dass es sich beim Bemühen um Individuation, wie es in der Tiefenpsychologie üblich ist, um das Gleiche handelt, worum es in den Schulen der Spiritualität seit eh und je ging. Aus diesem Grund glauben viele, die mit den Entdeckungen Jungs über den Individuationsprozess bekannt werden, Jung habe für die Menschheit das Licht der Sonne entdeckt. Dieser Illusion wollen wir uns nicht hingeben. Trotz der Einsicht, dass durch die Entdeckung des Unbewussten der Zugang zu einer neuen Weltsicht erschlossen wurde und dass durch die Entdeckung der tiefenpsychologischen Methode die Einsicht in die Naturhaftigkeit des Individuationsprozesses möglich geworden ist, müssen wir doch auch sehen, dass wir dadurch nicht gleichzeitig auch in den Besitz dessen gelangt sind, was die archaischen Schulen der Spiritualität als Kenntnis der Wege bzw. als Kunst bezeichnet haben.

Ein Vergleich mag erläutern, wie dies gemeint ist. Als ich während des letzten Krieges einen Hochgebirgskurs mit gründlicher Ausbildung in Eis- und Klettertechnik absolviert hatte, wurden wir eindringlich ermahnt, nun nicht zu glauben, wir könnten uns als Bergführer betätigen. Ein Bergführer müsse zwar diese Techniken beherrschen, darüber hinaus aber noch viel mehr. Er müsse z. B. die genauen Routen sowie die Tücken der einzelnen Passagen bei unterschiedlichem Wetter kennen; er müsse die Vorzeichen eines Wetterumschlages zu deuten wissen, müsse beurteilen können, wann umzukehren sei, müsse den Weg auch bei Nebel und Schneetreiben finden usw. All dies sei das Ergebnis nicht nur persönlicher jahrelanger Erfahrung, sondern eines über Generationen tradierten und angereicherten Wissens.

Die Technik des Umgangs mit den Gestaltungen des Unbewussten lernt heute der Analytiker in seiner Ausbildung. Zusammen mit Kenntnissen der Psychopathologie und mit der Erfahrung, die ihm die Lehranalyse vermittelt, reicht dies für die Ausübung der Therapie. Das Know-how hingegen, das den „Bergführer" bei Individuationsprozessen ausmacht, hat er damit noch lange nicht. Dies können ihm weder die Ausbildungsstätten vermitteln noch sonst jemand, weil es aus den genannten Gründen verloren gegangen ist. In archaischen Kulturen konnte der Schüler dieses Know-how beim Meister lernen. Heute aber gibt es diese Meister nicht mehr. Sie müssen erst langsam wieder heranwachsen aus der Schar derer, die sich ernsthaft um Individuation bemühen und dabei auch bestrebt sind, das Erfahrungswissen der spirituellen Tradition wieder zu aktualisieren. In einem umfangreichen Schrifttum ist es ja niedergelegt. Um es aber für die heutige Zeit wieder fruchtbar zu machen, müssen wir es erschließen: müssen wir es auch der archaischen Weltsicht in die heutige transponieren. Diese Übersetzungsarbeit können wir jetzt angehen, weil wir Einsicht gewonnen haben in die Art und Weise, wie bei der Bewusstseinsmutation die Apperzeption des innerlich Wahrgenommenen verändert worden ist.

Der Individuationsprozess im Licht der spirituellen Tradition

Sehen wir nun, wie in den archaischen Schulen der Spiritualität der Weg der Individuation begangen wurde, und überlegen wir uns, was von dem dort erarbeiteten Know-how für das Begehen des Individuationsweges in unserer Zeit fruchtbar gemacht werden kann.

Die Schulen, die dafür infrage kommen, sind die christlichen, die islamischen (Sufik), die jüdischen (talmudische und kabbalistische), die hinduistischen (Joga) sowie die buddhistischen und die taoistischen. Die schamanistische Tradition lasse ich bewusst beiseite, weil sie einer sehr niedrigen Evolutionsstufe des Bewusstseins entsprang und weil die in ihr gepflegte Technik zur Erlangung außergewöhnlicher Bewusstseinszustände für die Ganzwerdung auf der heutigen Ebene wenig hilfreich ist. Um das Knowhow der genannten Schulen für ein zeitgemäßes Bemühen um Individuation aufzuarbeiten, müssen wir uns zuallererst darüber Rechenschaft geben, vor welchem mythischen Hintergrund sie entstanden sind: vor welchen mythischen Vorstellungen von der Welt, von Gott, von der Seele sowie von deren Beziehung zu Gott.

Drei Typen von Religion

Das Grundmuster archaischer Weltsicht, das ich beschrieben habe, ist abstrahiert aus einer Vielfalt unterschiedlicher Äußerungen menschlichen Bewusstseins: aus einer Vielfalt von Kulturen und – im Rahmen dieser Kulturen – aus einer Vielfalt von Religionen. Die Religionen, die hinter den hier zu betrachtenden Schulen der Spiritualität stehen, lassen sich drei Typen von Religion zuordnen: dem westasiatischen Typus mit den drei nahe verwandten Buch-Religionen Judentum, Christentum und Islam, dem indischen Typus und dem chinesischen.

Die westasiatischen Religionen sind streng monotheistisch mit der Vorstellung von einem sich offenbarenden, Gesetze erlassenden und sich um den Menschen kümmernden personalen Gott. Sie lehren, der Mensch habe eine unsterbliche Seele, die sich nach dem Tod vom Leibe löst und die, wenn sie während ihres irdischen Lebens den Willen Gottes erfüllt hat, in die himmlische Seligkeit eingeht. Mensch und Gott sind nach ihrer Vorstellung kategorial verschieden, und der Mensch ist in seinem Denken und Tun abhängig von der Gnade Gottes.

Für den indischen Typus ist der Name Hinduismus gebräuchlich. Unter diesem von westlichen Religionswissenschaftlern geprägten Ausdruck wird ein bunter Strauß von Religionen mit sehr unterschiedlichen Vorstellungen von Welt, Göttlichem und Seele zusammengefasst. Die außerordentliche Vielfalt der Vorstellungen konnte sich entfalten, weil dort – im Gegensatz zum Westen – Orthopraxis seit jeher wichtiger war als Orthodoxie: weil das richtige Tun höher bewertet wurde als der Besitz der richtigen Lehre.

Von den mythischen Vorstellungen innerhalb des Hinduismus sollen nur die hervorgehoben werden, die für den indischen Religions-Typ kennzeichnend sind, sowie die, welche zusammen mit gewissen spirituellen Techniken in den Westen importiert wurden und in der neognostischen Tradition einen hohen Stellenwert erlangt haben.

Kennzeichnend für den Hinduismus ist die Seelenwanderungs- oder Reinkarnationslehre: die im Symbol vom ewig sich drehenden Rad des Lebens veranschaulichte Vorstellung von Wiedergeburt und Wiedertod. Die Reinkarnationstheorie ist unabdingbar verbunden mit der Theorie vom Karma: von der Art und Weise, wie nach indischer Vorstellung menschliches Tun vergolten wird. Man stellt sich dort vor, über alles Tun – über das richtige und das unrichtige – werde sozusagen naturgesetzlich eine Art Kontokorrent geführt, und der Saldo am Ende eines individuellen Lebens bestimme die Art und Weise der Wiedergeburt.

Worin das richtige Tun besteht, ist nach indischer Vorstellung festgelegt im Dharma: in der „ewigen Ordnung". Der Dharma-Begriff hat eine gewisse Ähnlichkeit mit dem Logos-Begriff der Griechen. Ihm liegt die Vorstellung einer Ordnung bzw. eines Gesetzes zugrunde, dem sowohl der Kosmos einschließlich der irdischen Dinge als auch die Menschen zu gehorchen haben. Als für die Menschen gültiges Gesetz ist Dharma jedoch nicht für alle gleich. Man spricht von Varn-Ashrama-Dharma: von verschiedenem Dharma, je nach der Kaste (Varna), der einer angehört, und je nach dem Lebensstadium (Ashrama), in dem sich einer befindet. Es ist leicht ersichtlich, dass Dharma, so weit es den Menschen betrifft, alles andere als eine ewige Ordnung ist: dass es durch die historische Entwicklung der indischen Gesellschaft zustande kam. Die Dharmalehre ist einerseits eine mythische Theorie zur Erklärung der unterschiedlichen Schicksale, die den Menschen „beschieden" sind, andererseits ein wirkungsvolles Instrument zur Aufrechterhaltung der Kastenordnung.

Voraussetzung für die Theorie der Reinkarnation ist die Vorstellung einer Seele: die Vorstellung eines immateriellen Etwas, das weiter besteht, wenn der Leichnam verbrannt wird. Die Reflexion darüber, worin dieses immaterielle Etwas besteht, machte einen beträchtlichen Teil indischen Philosophierens aus. Dabei kam eine erstaunliche Fülle unterschiedlicher mythischer Theorien zustande. Unter diesen ist eine, die der erfahrungswissenschaftlich fundierten Modellvorstellung der Tiefenpsychologie sehr nahe kommt, indem sie neben dem Ich ein diesem überlegenes Selbst annimmt. Dieses Selbst nennen die Inder Atman. Im Unterschied zur tiefenpsychologischen Vorstellung des Selbst wird jedoch meistens (mit Ausnahme der Samkhya-Schule) angenommen, dieses partizipiere am Göttlichen: an Brahman.

Die Vorstellungen vom Göttlichen variieren in Indien ebenso wie die von der Seele über eine große Bandbreite: vom unpersönlichen, abstrakten göttlichen Prinzip bis zu personalen, menschennahen Göttern wie Shiwa und Vishnu. Die unpersönliche Gottesvorstellung kann jedoch als die klassische bezeichnet werden: als die Vorstellung, die trotz allem Hang des Volkes zu Personalisierung immer wieder erarbeitet wurde. Das unpersönliche, absolute Göttliche ohne Eigenschaften und Qualitäten – ein Göttliches, das sich jeder Definition entzieht – nennen die Inder Brahman.

Die Vorstellung, dass der Atman an Brahman – das Selbst am Göttlichen partizipiere – und durch Bewusstwerdung (Gnosis) sich diesem annähern könne, war denn auch der Kern jenes gnostischen Gedankenguts, das im vergangenen Jahrhundert von Indien her in den euro-amerikanischen Raum einströmte und dort wesentlich zur Ausbildung der Neognosis beitrug. Dass die Transpersonale Psychologie diese mythische Theorie einer Atman-Brahman-Identität übernommen hat, haben wir gesehen.

Die Religion Chinas war – im Unterschied zum Hinduismus – relativ einheitlich. Sie wurde geprägt von der ursprünglichen Vorstellung eines Himmels- und eines Erdgottes. Wir müssen uns diese als Hauptgötter vorstellen, unterhalb von denen sich ein Heer von kleineren – meist lokalen – Göttern und Geistern tummelte. Hier interessieren nur die ehemaligen Hauptgötter, denn als diese im Zug der Bewusstseinsevolution mehr und mehr vergeistigt wurden, entstanden die Hauptbegriffe chinesischer Weltsicht: das Begriffspaar von weiblichem Yin und männlichem Yang sowie der Begriff des Tao.

Ihre spezielle Prägung erhielten diese Begriffe aus der Eigenart chinesischen Denkens, das sich von dem in der abendländischen Tradition üblichen stark unterscheidet. Kennzeichnend für das chinesische Denken war seit jeher ein dynamisches, die Kategorie der Zeit mit berücksichtigendes Verständnis des Seienden: eine Sichtweise, die mit dem heute bei uns aufkommenden prozesshaften und systemischen Naturverständnis eine gewisse Ähnlichkeit hat. Dieses dynamische Wirklichkeitsverständnis der Chinesen war gekoppelt mit einer Neigung zum Sowohl-als-auch-Denken: mit einer Neigung, die in schroffem Gegensatz zu der im Westen bisher üblichen Tendenz stand, die Wirklichkeit in immer feinere Begriffspaare aufzuspalten.

Als die ursprünglichen Gestalten einer Erd- und Himmelsgottheit zu den Begriffen Yin und Yang weiterentwickelt wurden, entstand daraus deshalb nicht eine dualistische Metaphysik, sondern eine, die man als Zweiheit in der Einheit bzw. als Einheit in der Zweiheit bezeichnen kann. Die Tatsache, dass man wegen des Sowohl-als-auch-Denkens im Yin immer auch etwas vom Yang sieht und im Yang immer auch etwas vom Yin, drückt sich aus in dem bekannten Symbol des T'ai Gi.

Im Symbol des Tao hingegen drückt sich mehr der prozesshaft-systemische Charakter chinesischen Weltverstehens aus. Diese Vorstellung eines absoluten, nicht beschreibbaren, alles Geschehen dominierenden Prinzips schließt in sich die Vorstellung einer Vereinigung der Gegensätze: der Vereinigung bzw. Optimierung antagonistischer Tendenzen wie z. B. der integrierenden und desintegrierenden, der konservierenden und der zu Progression drängenden, der Neigung zum Guten und zum Bösen, zu Leben und zu Tod.

Weil aus der Eigenart chinesischen Denkens ein Weltverständnis hervorging, das eine gewisse Ähnlichkeit mit dem bei uns aufkommenden prozesshaft-systemischen Naturverständnis und dem komplementären Denken hat, dient es heute vielen westlichen Denkern – ebenso wie einst die Antike den Humanisten – als Projektionsträger für die neue Weltsicht. Nun dienen Projektionsträger dazu, das keimende, noch nicht klar erkennbare Neue „aufzuhängen", weil sie – durch eine gewisse Ähnlichkeit – einen „Haken" dafür haben. Der nächste Schritt der Bewusstseinsentwicklung führt dann dazu, das Neue als solches zu erkennen, wobei gleichzeitig klar wird, dass der Projektionsträger im Grunde genommen etwas anderes ist als das, wofür er gehalten wurde.

Im Falle des chinesischen Weltverständnisses heißt dies, einzusehen, dass es trotz gewissen Ähnlichkeiten mit dem heute aufkommenden noch ein durch und durch mythisches, wenig differenziertes Weltverständnis war und dass es vieles in sich einschloss, das heute längst überholt ist. Zu diesem Überholten gehört z. B. ein bisher nicht erwähntes Charakteristikum chinesischer Weltsicht: die auch in Indien vorkommende sogenannte mikro-makrokosmische Homologisierung. Es ist dies die Vorstellung, der menschliche Körper und die menschliche Seele seien ein getreues Abbild des Kosmos, und Veränderungen im einen zögen Veränderungen im anderen nach sich. In dieser Vorstellung drückt sich ein mächtiger Rest früharchaischen Partizipations-Erlebens aus: ein mächtiger Rest archaischer Identität.

Dass sich vor dem Hintergrund derart verschiedener Typen von Religion sehr unterschiedliche Schulen der Spiritualität entwickelt haben, dürfte selbstverständlich sein. Da aber Religiosität etwas Allgemeinmenschliches ist, dürfte auch selbstverständlich sein, dass diese Schulen – bei aller Verschiedenheit – im Grunde das Gleiche erstrebten. Dies zeigt sich denn auch, wenn wir uns dazu aufraffen, uns an das Wesentliche ihres Bemühens heranzutasten: die mythischen Vorstellungen so weit wie möglich von ihrem Streben und Tun abzuschälen.

Bewusstseinsmutation und Vorstellung vom Weiterleben nach dem Tod

Bevor wir auf die einzelnen Schulen eingehen, müssen wir uns noch mit einem brisanten Thema befassen: mit der Vorstellung vom Weiterleben nach dem Tode. Wie wir gesehen haben, galt es in allen Religionen als selbstverständlich, dass das Leben nach dem „irdischen" Tod in irgendeiner Form weitergeht. Wie man sich dieses Weiterleben vorstellt, hängt nicht nur vom Religions-Typ ab, sondern auch von der Evolutionsstufe des Bewusstseins, aus der eine Religion hervorgegangen ist.

Da nun die zentralen Vorstellungen aller Religionen vor dem Hintergrund der archaischen Weltsicht entstanden, stellt sich die Frage, inwiefern deren Vorstellungen vom Weiterleben nach dem Tod von der Mutation des Bewusstseins betroffen worden sind. Weil die weiterlebenden Toten zu den Bewohnern der metaphysischen Welten gehörten, ist die Frage eigentlich schon beantwortet: die weiterlebenden Toten sind – zusammen mit den autochthon metaphysischen Wesen – hereingeklappt worden: unsere Vorfahren leben in uns weiter, erstens in Form der über die Keimbahn weitergegebenen Erbinformation, zweitens in Form der Prägung und Erinnerung, die sie hinterlassen.

Diese Aussage ruft, wie die Erfahrung gezeigt hat, heute bei vielen Menschen heftigen Widerstand hervor. Man führt z. B. die Sterbeerlebnisse Wiederbelebter ins Feld. Dabei wird übersehen, dass nur klinisch Tote („Scheintote"), nicht aber biologisch Tote, deren Gehirntätigkeit ausgesetzt hat, reanimiert werden können. Im Grunde handelt es sich um den Widerstand gegen Bewusstwerdung. Der Widerstand gegen das Aufgeben der archaischen Vorstellung vom Weiterleben nach dem Tode kann als Fortsetzung jener Widerstände gesehen werden, die im Verlauf der Neuzeit der Reihe nach aufgetreten sind: dem Widerstand gegen die Erkenntnis, dass die Erde die Sonne umkreist, gegen die Erkenntnis, dass der Mensch aus dem Tierreich hervorgegangen ist, und gegen die Erkenntnis, dass das Ich weitgehend unbewussten Komplexen ausgeliefert ist. Freud, der durch die Entdeckung des persönlichen Unbewussten letzteren Widerstand ausgelöst hat, sprach von drei Demütigungen, die der abendländische Mensch hinnehmen musste.

Will man Freuds Ausdrucksweise beibehalten, kann man sagen, wir haben eine vierte „Demütigung" erlitten, als wir zur Kenntnis nehmen mussten, dass es sich bei den Vorstellungen des sich offenbarenden Gottes, der Engel und Teufel um nach außen projizierte Veranschaulichungen psychischer Mächte handelt. Einzusehen, dass Individuation ein Leben zum endgültigen Tod und dass das, was man in archaischer Zeit als vom Leib ablösbare Seele auffasste, lediglich ein Aspekt des an sich einheitlichen Lebewesens Mensch ist, dürfte wohl die fünfte und letzte „Demütigung" sein, die die Mutation des Bewusstseins mit sich gebracht hat. Weil sie die Letzte in dieser Reihe ist und erst heute – im Rahmen der interdisziplinären Schau der Ergebnisse neuzeitlichen Forschens – voll erkannt werden kann, ist der Widerstand gegen sie heute noch am heftigsten. Aber auch dieser Widerstand wird mit der Zeit nachlassen. Wie die Übrigen vorerst als Verlust erlebten Einsichten dürfte auch die vom endgültigen individuellen Tod mit der Zeit nicht mehr als Verlust, sondern als Gewinn – als Gewinn an Möglichkeit zu individueller Bewusstwerdung – empfunden werden. Wir werden darauf bei der Besprechung von Ethik und Sinnfindung zurückkommen.

Für die, denen die Voraussetzungen für die integrale heutige Weltsicht noch fehlen, dürfte die Loslösung von diesem letzten Rest archaischer Weltsicht erleichtert werden, wenn sie sich Rechenschaft geben, wie einst die Vorstellung vom Weiterleben nach dem Tod zustande kam: dass sie vor allem dem konkretistischen Verständnis der Träume und der archaischen Vorstellung von der Befindlichkeit der Seele während des Schlafes entsprang. Wenn jemand von einem Verstorbenen träumte und sich sogar im Traum mit ihm unterhielt, musste er – auf Grund der Vorverbindungen seines Denkens – annehmen, dass diese Person noch lebe.

Dass heute mehr und mehr die Vorstellung der Reinkarnation an die Stelle derjenigen vom Weiterleben im Himmel tritt, scheint mir schon ein Zeichen einer Naturalisierung der Vorstellung vom Weiterleben nach dem Tod zu sein. Im Licht des heutigen Wissens über die Größe und die Struktur des Universums ist sie – weil sie sich auf der Erde abspielt – für viele noch akzeptabel.

Aber auch sie wird mit zunehmender Einsicht in den Wandel des Selbst- und Weltverstehens, der stattgefunden hat, verblassen.

Spirituelle Schulung im Taoismus

Wenden wir uns nun den spirituellen Schulen zu. Zunächst sollen sie nur skizziert werden. Auf Einzelheiten ihres Beitrags zum Know-how der Individuation werde ich erst danach eingehen.

Der Taoismus war eine bis 1949 – bis zum Sieg der Kommunisten – in China dahinfließende sehr breite und vielgestaltige religiöse Strömung mit Klöstern und Tempeln und den dazugehörenden Organisationen. Er umfasste vieles, das hier außer Acht gelassen werden kann: Riten und magische Praktiken, erotische Künste, Praktiken zur Erlangung außergewöhnlicher Kräfte und Fähigkeiten, zur Verjüngung, zur Verlängerung des Lebens usw. Für uns ist lediglich der philosophische Taoismus interessant: jenes Wissen zur Erlangung des Tao, das in dem Lao-Dse (4. Jh. v. Chr.?) zugeschriebenen Tao-Te-King formuliert und in den Werken der taoistischen „Kirchenväter" Yang-Dschu (4. Jh. v. Chr.?), Dschuang-Dse (4. Jh. v. Chr.?), Lie-Dse (ca. 440-370 v. Chr.?) und Wen-Dse (3. Jh. v. Chr.?) weiter ausgeführt worden ist.

Wenn die Lehre vom Weg zum Tao als Philosophie bezeichnet wird, müssen wir uns an die Unterscheidung zwischen Grundlagenphilosophie und Lebensphilosophie erinnern. Der Taoismus ist beides, doch ist er im Zusammenhang mit unserem Thema nur als Lebensphilosophie interessant. Von Religionswissenschaftlern wird viel darüber spekuliert, ob der Tao-Begriff ein Gottesbegriff ist und was für eine Vorstellung des Göttlichen mit diesem Ausdruck benannt wird. Bei dieser Fragestellung wird der philosophische Taoismus als Grundlagenphilosophie im Sinn der archaischen Metaphysik verstanden: als Aussage über das Sein, in diesem Fall über das göttliche.

Für Religionswissenschaftler ist dies legitim. Aber nicht nur Religionswissenschaftler fragen auf diese Weise, sondern viele, die dem Taoismus als einem Lebensweg Interesse entgegenbringen. Damit geraten sie jedoch in Gefahr, am Wesentlichen, das uns die Betrachtung des Taoismus bringen könnte, vorbeizugehen. In dieser Art des Fragens manifestiert sich nämlich eine für die Pflege der Religiosität gefährliche Neigung des westlichen Menschen: seine Sucht nach Gewinn von Sachwissen. Es manifestiert sich darin die Erwartung, aus den taoistischen Schriften, insbesondere aus dem Tao-Te-King, ein dem Westen bisher verborgenes Wissen über das zu erlangen, was wir neuerdings als andere Wirklichkeit bezeichnen. Darauf kommt es aber gerade nicht an, denn was die Taoisten darüber zu sagen hatten, war mythisches „Wissen". In dieser Hinsicht sind wir im Westen, dank der neuzeitlichen Art des Forschens, viel weiter gekommen. Überlegen waren uns die Taoisten hingegen im Wissen, wie Tao gelebt bzw. wie der Weg des Tao begangen werden kann.

Wir müssen uns darüber klar sein, dass die Vermittlung dieses Wissens – ebenso wie alle spirituelle Schulung – über das Meister-Schüler-Verhältnis geschah: dadurch, dass der Meister den Weg des Tao vorlebte, dass der Schüler das Verhalten des Meisters in den verschiedensten Lebenssituationen beobachtete und seine Probleme in voller Offenheit mit dem Meister besprechen konnte. Dazu kam die praktische Unterweisung in Meditation sowie die Supervision derselben.

Durch die Verschriftlichung – die Niederlegung der Erfahrungen in den Schriften, die uns heute noch zugänglich sind – ging das meiste von dem verloren, was dieser lebendige Kontakt zwischen Meister und Schüler brachte. Wir müssen uns mit einem bescheidenen Überbleibsel der taoistischen spirituellen Tradition zufrieden geben und versuchen, das Beste daraus zu machen.

Was im Tao-Te-King – der eigentlichen „Bibel" des Taoismus – niedergeschrieben ist, sind Sinnsprüche, von denen sich ein Teil auf Metaphysik, ein Teil auf das Begehen des Weges bezieht. Nun haben es Sinnsprüche in sich, dass deren eigentlicher Gehalt nur von dem voll verstanden werden kann, der ähnliche Erfahrungen gemacht hat wie der, der die Sprüche formulierte. Erfahrung im Sinn von Erlebniserfahrung kann eben nur sehr beschränkt weitergegeben werden.

Wir können jedoch die Lebenshaltung umschreiben, die die Taoisten erstrebten. Es ging ihnen weniger darum, das universelle Tao zu begreifen, als darum, dieses durch ihr konkretes Leben zu verwirklichen: den Mikrokosmos, der der Einzelne nach ihrer Vorstellung „ist", mit dem Makrokosmos bzw. der auf diesen projizierten Gesetzmäßigkeit der unbewussten Psyche in Übereinstimmung zu bringen. Da sie sich das universelle kosmische Prinzip – das Tao – als Zweieinheit im Sinne einer Vereinigung gegensätzlicher Strebungen vorstellten, kann die von ihnen angestrebte Lebenshaltung als Weg der Mitte bezeichnet werden: als aktives Bemühen, Tag für Tag die ständig gefährdete Optimierung zwischen den gegensätzlichen Tendenzen, die im Menschen wirken, zu finden.

Das grundlegende Gegensatzpaar, das zur Erlangung menschlicher Ganzheit optimiert werden muss, ist das von Unbewusstem und Bewusstsein, von Instinkt und Intellekt, von Selbst und Ich. Das Bemühen der Taoisten hat große Ähnlichkeit mit dem Opus contra naturam der abendländischen Alchimisten. Ebenso wie jene verstanden sie nämlich das Leben nicht als vorläufiges Leben im irdischen Jammertal – als Vorläufer des Lebens „in himmlischer Seligkeit" –, sondern als Leben im Hier und Jetzt. Ihr Bestreben ging dahin, das Leben, wie es nun einmal ist, auf die bestmögliche und menschenwürdigste Weise zu leben. Deshalb war ihnen das, was wir heute Lebensqualität nennen, ein großes Anliegen. Sie entwickelten eine außerordentliche Sensibilität für die Schönheit und Eigenständigkeit der Natur, der unbelebten wie der belebten, und pflegten eine bewusste Rücksichtnahme auf sie.

Europäer, die mit Taoisten Umgang hatten (vgl. 12), beschrieben diese als edle Menschen, die danach strebten, zurückgezogen und namenlos zu leben: sich weder in gesellschaftliche noch sonstige Aktivität zu verlieren noch nach Berühmtheit und nach Anhäufung von Reichtum zu streben. Taoisten verherrlichten zwar die Armut nicht, doch bemühten sie sich um Bedürfnislosigkeit. Wenn sie es für richtig erachteten, setzten sie sich über einengende gesellschaftliche Konventionen hinweg, doch verfielen sie nicht der Selbstgefälligkeit des Oppositionellen.

Ihr berühmter Grundsatz war das Wu-Wei: das Nicht-Tun. Wu-Wei bedeutet nicht Trägheit und Passivität, sondern das Sich-Zurückhalten von sinnloser Aktivität. Es bedeutet, den richtigen Zeitpunkt – im Sinne des Kairos der Griechen – abwarten zu können, dann aber aktiv und wirksam einzugreifen. Es bedeutet auch, nicht aggressiv zu sein, jedoch, wird man angegriffen, blitzschnell und wirkungsvoll zurückschlagen zu können. Viele Meister taoistischer Spiritualität waren auch Meister im Schwertkampf und anderen chinesischen Kampftechniken. Es gehörte aber zu ihrem Ethos, weder auf den Sieg stolz zu sein noch sich über die Niederlage des Gegners zu freuen.

Die Methode, mit der sie sich in der Kunst übten, den Weg des Tao zu finden und zu gehen, war vor allem die Meditation: das Hören auf die innere Stimme. Es war nicht eine spezifisch taoistische Meditationstechnik, sondern die im ostasiatischen Raum aus verschiedenen derartigen Traditionen zusammengeflossene, in gegenseitigem Erfahrungsaustausch ständig verfeinerte Kunst des Meditierens.

Die Gesetzmäßigkeiten seelischer Entwicklung und Reifung, die bei diesem Bemühen beobachtet wurden, sind niedergelegt in Schriften, die bei uns meistens als alchimistische bezeichnet werden. Man nennt sie so, weil darin der Individuationsprozess unter dem Bild eines Opus beschrieben wird. Das Entwicklungsmuster, das dabei – allerdings in schwer verständlicher mythischer Sprache – dargestellt wird, ist das Gleiche, das auch C. G. Jung beobachtet hat, als er seelische Reifungsprozesse heutiger Menschen unter Anwendung der tiefenpsychologischen Methode erforschte.

Spirituelle Schulung im Hinduismus

Die spirituelle Schulung Indiens ist bei uns unter dem Namen Joga bekannt, doch umfasst dieser Ausdruck in Indien viel mehr als das, was wir darunter verstehen. Im heutigen Hinduismus wird alles Bemühen um Religiosität Joga genannt. Dabei werden drei autochthon hinduistische Wege unterschieden: der Bhakti-, der Karma- und der Inana-Yoga. Daneben kennt man noch einen vierten Weg: einen, der nicht der vedischen Religion (vgl. 105) – der Mutterreligion des Hinduismus – entstammt.

Bhakti-Yoga ist der Weg der Frömmigkeit: der Verehrung und Hingabe an einen persönlichen Gott. Bhakti kann sich in einer außerordentlichen Intensität des Gefühls ausdrücken und hat – vor allem unter den Verehrern Shiwas und Vishnus – oft zu einer „Mystik der Gottesminne" geführt, die derjenigen der deutschen Nonnen-Mystik des Mittelalters sehr ähnlich ist.

Unter Karma-Yoga versteht man den Weg der Tat. Ursprünglich war frommes Tun gleichbedeutend mit Vollzug von Riten. Mit dem Aufkommen des Neuhinduismus hat sich – unter westlichem Einfluss – das Verständnis des Karma-Yoga verändert (vgl. 74). Jetzt bedeutet er ein Handeln „in der Welt". Damit ist eine Abkehr vom traditionell indischen Ideal der Weltflucht gemeint. Beim Handeln in der Welt im Sinne des neuen Karma-Yoga geht es um ein „Handeln in reiner Absicht" im Gegensatz zum Handeln aus egoistischen Motiven. Es geht darum, innere Entsagung (Askese) zu üben durch ein Handeln im Geist der Hingabe und Aufopferung. Als beispielhafter Karma-Yogin in diesem Sinne gilt Mahatma Gandhi.

Inana-Yoga ist der Weg der Erkenntnis im Sinne von Gnosis. Bei diesem Weg wird mittels Meditation und Askese die Annäherung des Atman an Brahman – der „göttlichen Substanz" im Menschen an die absolute „göttliche Fülle" – angestrebt. Inana-Yoga ist immer der Weg einer Elite geblieben. Das dafür nötige Know-how wurde als geheime (= esoterische) Lehre an die Initianden der oberen Kasten weitergegeben.

Im Rahmen des Inana-Yoga ist die Theorie von den vier Bewusstseinszuständen entwickelt worden: vom Wachbewusstsein, Traumbewusstsein, vom Bewusstsein im traumlosen Schlaf und dem sogenannten vierten Zustand, in dem die Unterscheidung zwischen Ich und Nicht-Ich aufhört und in dem die Einheit alles Seins bzw. des Verbundenseins des Menschen mit allem Seienden erlebt wird. Bei diesem vierten Zustand handelt es sich um jenen außergewöhnlichen Bewusstseinszustand, auf den sich heute in New-Age-Kreisen – insbesondere in der Transpersonalen Psychologie – das Interesse konzentriert. Die mythische Theorie, die Inana-Yogin über diesen Zustand entwickelt haben, ist geprägt durch die auch in Indien weit verbreitete Tendenz zur Homologisierung der verschiedenen Wirklichkeitsebenen. So wurde dort der „höchste" Bewusstseinszustand mit dem – wie man sich vorstellte, seiner selbst bewussten – Kosmos gleichgesetzt. Von dort her kommt der Ausdruck „kosmisches Bewusstsein": jener zentrale Begriff der New-Age-Bewegung.

Außer den drei erwähnten autochthonen Wegen hinduistischer Religiosität gibt es, wie gesagt, noch einen nicht autochthon hinduistischen. Dieser wird ebenfalls Joga genannt, und wenn man im Westen von Joga spricht, meint man im Allgemeinen diesen. Im Grunde ist es nicht ein Weg, sondern ein bunter Strauß uralter Askese- und Meditationspraktiken. Die vergleichende ethnologische und religionswissenschaftliche Forschung hat ergeben, dass der größte Teil dieser Praktiken schon bei primitiven Völkern weit verbreitet war und zum Teil schon auf der Jäger-Sammler-Stufe geübt wurde. Indien war seit jeher ein Experimentierfeld für derartige Praktiken, hat jede von ihnen vielfach variiert und meistens zu hoher Perfektion entwickelt. Ihr Ziel ist oft, außergewöhnliche Kräfte zu gewinnen. In orgiastischen Praktiken z. B. wird eine Art Selbstvergottung angestrebt, durch andere Praktiken glaubt man außergewöhnliche Fähigkeiten zu erlangen wie z. B. die Fähigkeit, sich unsichtbar zu machen, durch die Luft zu fliegen usw. Andere dienen der Beherrschung der Körperfunktionen durch den Geist, z. B. der Beeinflussung der Herztätigkeit, der Körpertemperatur usw. In diesen psychophysiologischen Techniken brachten es viele Inder zu staunenswerter Virtuosität, doch erschöpfte sich dieses Bemühen oft in narzisstischer psychophysiologischer Akrobatik.

Im 2. Jh. v. Chr. hat Patanjali eine große Zahl derartiger Praktiken in den sogenannten Joga-Sutras zusammengestellt und beschrieben. Er hat dabei nicht nur eine riesige Sammelarbeit geleistet, sondern auch versucht, all diesen Praktiken einen theoretischen Unterbau zu geben. Die „Philosophie", die er dazu verwendete, war der sogenannte Samkhya: ein System mythischer Theorien. Charakteristisch für die Samkhya-„Philosophie" ist, dass sie den Menschen als Dualität von Materie (Prakriti) und Geist (Purusha) versteht. Was wir heute Ich nennen, galt im Samkhya als Ausfluss der Materie. Purusha hingegen, der Geist, entspricht dem, was wir in der Tiefenpsychologie als Selbst bezeichnen.

Der Purusha des Samkhya entspricht somit in gewisser Hinsicht dem Atman der Vedanta-„Philosophie". Während der Vedanta lehrt, der Atman partizipiere am Brahman, lehrt der Samkhya, der Purusha sei eine Monade: eine auf den einzelnen Menschen beschränkte Wesenheit. In dieser Hinsicht entspricht die Auffassung des Selbst, die der Samkhya vertritt, derjenigen der Tiefenpsychologie viel mehr als die des Vedanta. Aber sie unterscheidet sich insofern grundlegend von der tiefenpsychologischen, als sie – nach typisch archaischer Manier – den Purusha als ein zu Selbstständigkeit fähiges Wesen sieht.

Das Bestreben des philosophischen Joga dieser Richtung ging dahin, durch Askese und Meditation den Purusha aus der Materie (Prakriti) zu befreien. Man glaubte, auf diese Weise könne man aus dem Kreislauf von Wiedergeburt und Wiedertod ausbrechen. Man stellte sich vor, im „gewöhnlichen" Menschen sei der Purusha unbewusst und deshalb an die Materie gebunden; von dieser könne er befreit werden, wenn er – durch Meditation und Askese – seiner selbst bewusst werde.

Die Vorstellungswelt dieses „alten" Joga – all der verschiedenen von Patanjali beschriebenen Praktiken – war dominiert von der früharchaischen Idee der mikro-makrokosmischen Homologisierung: der Gleichsetzung physiologischer Organe und Funktionen mit (mythischen) kosmischen Gegenden, mit Geistern und Göttern. So fasste man z. B. das Herz als Zentrum der Welt auf, die Wirbelsäule als Weltachse, den Atem als kosmische Winde. In den verschiedenen Schulen entstanden dabei unterschiedliche mythische Anatomien und Physiologien. Den Körper dachte man sich z. B. mit einer großen Zahl von Kanälen durchsetzt, durch die der Virtuose des Atmens die heiligen kosmischen Winde lenken und so den kosmischen (= befreiten) Menschen schaffen könne.

In dem bei uns breit bekannten – meist wörtlich verstandenen – Kundalini-Yoga stellt man sich eine entlang der Wirbelsäule angeordnete aufsteigende Hierarchie von „Zentren" (Chakra) vor und glaubt, man könne durch Meditation bewirken, dass eine Schlange (die Kundalini) in einem Kanal der Wirbelsäule entlang dieser Zentren aufsteigt und dass man Befreiung vom Rad der Wiedergeburten erlangt, wenn Kundalini das höchste Chakra erreicht hat.

Bemerkenswert ist auch hier, dass die Beschreibung dessen, was bei diesem Aufstieg der Kundalinischlange Schritt um Schritt „in der Seele" geschieht, eine genaue Beschreibung des Individuationsprozesses ist.

Der Buddhismus: ursprünglich eine Schule der Spiritualität

Der Buddhismus war ursprünglich eine Schule der Spiritualität, die zwar aus dem Hinduismus hervorging, sich jedoch weitgehend von dessen Vorstellungswelt und dessen Praktiken distanzierte. In seinen Anfängen war der Buddhismus eine ausgesprochen elitäre Bewegung: etwas „für die Wenigen", vor allem für die intellektuelle Elite der Kschatrija (der Adelskaste). Als er später zur Bewegung „für die Vielen" wurde, wurde er zu einer Religion, beladen mit einer Fülle mythischer Vorstellungen unterschiedlicher Herkunft, mit magischen Praktiken und einer Unzahl von Riten. Eine geradezu früharchaische Form hat er angenommen als Lamaismus in Tibet, durch Assimilation einheimischer Kulte.

Uns interessiert nur der ursprüngliche, von Prinz Gautama, dem Buddha (= dem Erleuchteten), begründete, spirituelle Weg, der sich vielleicht in Sri Lanka am reinsten erhalten hat.

Charakteristisch für Buddha war, dass er alles Fragen ablehnte, das nur den Intellekt befriedigt, auch alle Spekulation über den Kosmos, über himmlische Aufenthaltsorte und Götter. Er war nur an existenzieller Haltung interessiert. Einer Theorie über die Ursachen des Unheils – von Krankheit, sozialer Misere, Krieg usw. – konnte er allerdings nicht entsagen. Das Unheil – und damit das Drehen des Rades von Wiedergeburt und Wiedertod – sah er durch drei Kräfte bewirkt: durch Begehren (Gier), durch Ablehnen (Hass) und durch Verblendung, d. h. Hingabe an falsche Vorstellungen über sich selbst und die andern.

Buddha war der Meinung, die Übel könnten nicht ausgerottet werden. Wolle man sie vernichten, führe dies zu Aggression. Aber man könne das Gegenteil der Unheil bewirkenden Kräfte trainieren, man könne sich üben in:

1. Bedürfnislosigkeit bzw. Frei werden von Abhängigkeit
2. Liebendem Verstehen des andern und Sich-Hingeben an diesen
3. Bewusstheit, indem man die Menschen so zu sehen versuche,
   wie sie in Wirklichkeit sind.

Als Methode empfahl Buddha zweierlei: Meditation und das Training ethischer Haltung (= das Training von Mitfreuen, Mitleiden, freundlicher Zuneigung und Gleichmut). Die Kunst des Meditierens wurde im Buddhismus zu höchster Vollkommenheit entwickelt. Die Erleuchtung (Bewusstheit), die bei Anwendung dieser Methoden zustande kommt, fasste Buddha jedoch nicht als Gnadengeschenk, sondern ausschließlich als Ergebnis intensiven und ausdauernden menschlichen Bemühens auf.

Andere Prägung der westasiatischen Religionen

In der Religiosität der westasiatischen Religionen, insbesondere in der christlichen und im Islam, spielte die Gnade hingegen eine eminente Rolle. Über die Art der Ingangsetzung des Gnadengeschehens bestand jedoch zwischen letzteren ein großer Unterschied. Im Islam stand und steht der Mensch Gott unmittelbar gegenüber, in der christlichen Religion stand – zumindest bis zur Reformation – zwischen Mensch und Gott der Priester. Die katholische Kirche lehrte (und lehrt), dieser habe durch den Weihe-Ritus die Macht bekommen, die sakramentalen Riten zu vollziehen und dadurch zu bewirken, dass die heiligmachende Gnade zum Fließen kommt.

Judentum und Islam können als Gesetzesreligionen klassifiziert werden: als Religionen, in denen die „Erfüllung des Willens Gottes" die Einhaltung einer großen Zahl gesetzlicher Bestimmungen verlangt: Bestimmungen, die das tägliche Leben bis ins Kleinste regeln.

Diese Unterschiede zwischen den drei nahe verwandten, der gleichen Wurzel entstammenden Religionen hatten zur Folge, dass ihre Schulen der Spiritualität eine verschiedenartige innere Struktur und äußere Form entwickelten. Bei näherem Hinsehen entdeckt man jedoch, dass der „Geist" der Religiosität – die Haltung, auf die es letztlich ankommt – in allen dreien derselbe ist.

Spiritualität im Judentum

Im Judentum lassen sich zwei Traditionsströme unterscheiden, in denen Religiosität auf unterschiedliche Weise gepflegt wurde: der rabbinische und der kabbalistische, wie wir ihn hier nennen wollen.

Das rabbinische Judentum hat die talmudische Gesetzesauslegung hervorgebracht: jenes Gesetzes, von dem die Juden glauben, Jahwe habe es am Sinai dem Moses mitgeteilt. Das Rabbinentum erweckt von außen gesehen den Eindruck juridischer Haarspalterei und des Insistierens auf der peinlich genauen Einhaltung oft unsinniger Vorschriften. Die Religiosität, die dabei gelebt wird und von der das Judentum über die Jahrhunderte hinweg getragen wurde, ist für den Außenstehenden schwer verständlich. Am ehesten findet man vielleicht Zugang zu seinem „Geist", wenn man es als liturgisches Leben sieht. Im Hinblick auf das, wonach wir suchen, gibt das rabbinische Judentum nicht viel her, da in ihm der Weg im Sinne einer schrittweisen Annäherung an die Glaubensgewissheit wenig herausgearbeitet wurde. Man war dort einfach gläubig.

Anders war es in der kabbalistischen Tradition (vgl. 135). Sie war stark von gnostischem Gedankengut durchsetzt und genährt. Gnostische Schöpfungsmythen, d. h. Mythen von der Emanation der „göttlichen Fülle", sowie Wege, auf denen der Mensch sich dieser Fülle wieder annähern könnte, wurden immer wieder neu entwickelt. Sieht man diese Entwürfe in ihrer zeitlichen Reihenfolge, erkennt man, dass sie Schritt hielten mit der Evolution des Bewusstseins.

Die kabbalistische Gnosis war nicht wie die christliche eine Unterströmung, die sich auf alle möglichen Arten tarnen musste. Sie entfaltete sich – trotz der grundverschiedenen Auffassung der Beziehung zwischen Gott und Mensch – ziemlich frei neben dem rabbinischen Judentum. Dies hing damit zusammen, dass die Rabbiner nicht wie die christlichen Kirchenfürsten über einen „weltlichen Arm" verfügten, der die „richtige" Lehre, wenn nötig, mit Gewalt durchzusetzen half.

Für die Praxis der jüdischen Gnostiker ist kennzeichnend, dass sie, im Unterschied zu den hellenistischen und ostasiatischen, selbst in der Ekstase – im sogenannten außergewöhnlichen Bewusstseinszustand – an der Unterscheidung zwischen Mensch und Gott festhielten. Die Ekstase, die sie mittels verschiedener Techniken herbeiführten, war immer eine kontrollierte, ähnlich derjenigen der Schamanen der zirkumpolaren Völker. Dies zeigt sich schon in der noch vor der Expansion des Islam wirkenden Merkabah-Schule: einer Schule der Spiritualität, in der Techniken zum „Aufstieg der Seele" in Form einer visionären Wanderung durch die verschiedenen Himmel bzw. durch die verschiedenen Gemächer des göttlichen Palastes bis vor den Thron Gottes geübt wurden.

Während des Mittelalters entstand – vor allem in Spanien, wo unter der Herrschaft der Muslime ein intensives Geistesleben blühte – ein reiches gnostisches Schrifttum. Dieses ist unter dem Namen Kabbalah bekannt geworden. Nach der Vertreibung der Juden aus Spanien nach Abschluss der Reconquista erlebte die jüdische Gnosis unter den „Exiljuden" in Palästina eine neue Blüte. Der schöpferischste und einflussreichste unter ihren Theoretikern war Isaak Luria (1534-1572). Er schuf die Vorstellung vom Zim-zum (= Zurückziehen). Während sozusagen alle Gnostiker sich den Schöpfungsprozess nur als Emanation der göttlichen Fülle vorstellten, lehrte Luria, die göttliche Fülle habe sich zuerst zusammengezogen, sodass ein leerer Raum entstand, in den das Göttliche dann als Schöpfung und Offenbarung hinausgetreten sei.

Luria muss hier deshalb erwähnt werden, weil aus seiner Theosophie eine neuartige Auffassung des Bösen sowie eine neue Auffassung des Umgangs damit – eine neue Ethik – resultierte, und weil aus diesem Nährboden, zwei Jahrhunderte nach Luria, der polnische Chassidismus hervorwuchs.

Eine chassidische Bewegung hatte es schon einmal gegeben: im deutschen Judentum des Mittelalters mit einer Blütezeit von 1150-1250. Es war eine religiöse Bewegung mit einer gelebten Frömmigkeit, die der des Zeitgenossen Franz von Assisi (1181-1222) nahe stand. Der deutsche Chassidismus basierte noch auf den Vorstellungen der Merkabah-Schule, stand jedoch fester als sie auf dem Boden der Wirklichkeit. Ein wahrer Chassid (Frommer) zu sein, bedeutete dort: innere Abwendung von den Dingen der „Welt", vollkommenen Gleichmut und einen bis ins Extrem getriebenen Altruismus.

Der polnische Chassidismus war ebenfalls ein Aufblühen der Frömmigkeit des einfachen Mannes im Gegensatz zur Gelehrtenfrömmigkeit der Rabbinen. Das Charakteristische an der Religiosität der polnischen Chassidim war das Bemühen, Gott zu finden in allem Tun, insbesondere auch im „weltlichen" – eine ähnliche Auffassung von Religiosität wie der Karma-Yoga des Neuhinduismus. Für uns ist an der chassidischen Religiosität der Tat vor allem der aus der Ethik Lurias sich ergebende Umgang mit dem Bösen von Bedeutung. Der Chassid strebte nicht nach Vollkommenheit, sondern nach Ganzheit im Sinne des Buddhismus und der Tiefenpsychologie bzw. des mutierten Anthropos-Symbols. Er bemühte sich um das, was wir heute Integration der negativen Eigenschaften nennen.

Die Sufik

Die spirituelle Tradition des Islam – die Sufik – habe ich schon erwähnt. Wegen ihrer verschiedenartigen Wurzeln finden wir in ihr – ebenso wie im Joga – ein breites Band unterschiedlicher Praktiken: von wilder Orgiastik bis zu hochdifferenzierter Förderung seelischer Reifung. Die ersten Berichte einer kultivierten spirituellen Schulung datieren aus dem 9. Jh.: aus der Schule von Bagdad, in der sowohl um richtiges Erleben wie um richtige Deutung des Erlebten gerungen wurde. Im 10. Jh. entstand dort eine Vielzahl geistlicher Lehrbücher und Sammelwerke, worauf sich diese „höhere" Sufik über das ganze Gebiet des Islam, insbesondere nach Persien (vgl. 46) ausbreitete. Dort wurde der Sufi Derwisch genannt.

Obwohl dem Sufi-Weg (vgl. 93) der seelischen Läuterung ein einheitliches Vorgehen zugrunde liegt, wurde doch immer wieder betont, es gebe – je nach persönlicher Veranlagung und Herkunft – so viele konkrete Wege, wie es Menschen gibt. Wie in allen höheren Schulen der Spiritualität ging es auch in der Sufik darum, den eigenen Willen aufzugeben und „Gott wirken zu lassen". In der heutigen Ausdrucksweise heißt dies, die egozentrische Haltung aufzugeben, um zu einem Leben aus der seelischen Mitte zu gelangen: zur Haltung des Geschehen-lassen-Könnens.

Unter den sufischen Schulungsmethoden nahm das „Gottgedenken" (Dikr) eine hervorragende Stellung ein. Dabei wurde in der Klausurzelle, einem völlig verdunkelten kleinen Raum, unablässig ein Satz aus dem Koran wiederholt, in den meisten Fällen die Formel: „Es gibt keinen Gott außer Gott." Dieses kontemplative „Gottgedenken" ist im Prinzip das Gleiche wie die Mantra-Rezitation in Ostasien, und jene beiden „Techniken" haben auf die Psyche wohl die gleiche Wirkung wie das tägliche stundenlange Chorgebet in den christlichen Klöstern.

Typisch sufisch ist der berühmte Tanz der Derwische, vor allem der in der Gemeinschaft vollzogene. Dieser war – ebenso wie das Hören von Musik und gesungener frommer Dichtung – eine Art spirituelles Dessert für Fortgeschrittene: ein ritualisiertes „Sich-Erlaben im Angesicht Gottes".

Die Schulung zum Sufi-Meister – zum Scheich oder Pir – war sehr streng, anspruchsvoll und von langer Dauer. Zum Zeichen, dass sie beendet war – dass der Meister den Schüler für seelisch reif hielt – wurde der Flickenrock verliehen. Nun durfte der bisherige Schüler selber Schüler um sich scharen.

Am Beispiel des persischen Meisters Abu Said-i Abu 1-Hayr (967-1049), dessen Leben der Islamist Fritz Meier aus zeitgenössischen Dokumenten rekonstruiert hat (vgl. 95), können wir eine Vorstellung von Verlauf und Dauer einer Sufi-Ausbildung gewinnen. In einer Sufi-Familie aufgewachsen, begann Abu Said nach fünfjährigem Studium des islamischen Rechts eine spirituelle Schulung bei Scheich Abu l-Fadl-i Sarahsi. Nachdem er dort „Konzentration" geübt hatte – u.a. durch Dikr mit dem Satz aus dem Schluss der Sure 6/91: „Sprich: ‚Gott' dann lass sie ihr Geplauder weiter spielen" –, entließ ihn der Scheich nach Hause mit dem Auftrag, weiter zu üben.

Abu Said übte sieben Jahre lang täglich mehrere Stunden hinter verschlossenen Türen und mit verstopften Ohren. Wenn Schwierigkeiten auftraten, suchte er seinen ca. 80 km entfernt wohnenden Scheich auf. In der „Freizeit" unternahm er einsame Wanderungen, nahm sich der Armen an oder fegte die Moscheen. Dann ging er noch einmal für ein Jahr zu Abu 1-Fadl, um unter dessen Anleitung weitere geistliche Übungen durchzumachen. Wieder zu Hause, begab er sich nochmals sieben Jahre „in die Wüste". Als Abu 1-Fadl, den er wiederum von Zeit zu Zeit aufgesucht hatte, starb, ging Abu Said zu dem berühmten Scheich Abu 1-Abbas. In einer Zelle gegenüber dem Raum seines neuen Lehrers gab er sich strengen Bußübungen hin, fastete dauernd und betete nachts. Nach ca. einem Jahr überreichte ihm Abu 1-Abbas den Flickenrock. F. Meier errechnete die gesamte Dauer der Ausbildung auf 20 Jahre!

Was bei einer solchen Schulung innerlich geschieht, kann nicht mit wenigen Sätzen gesagt werden. Eine Ahnung davon bekommt man durch die Lektüre der klassisch gewordenen Werke von Fariduddin Attar (vgl. 125), Jalaluddin Rumi, Ibn El-Arabi und AI Ghasali (vgl. 43, 44). In diesen Werken ist der Individuationsprozess zwar ebenfalls in Bildern dargestellt, z. B. in Attars „Parlament der Vögel" als Wanderung durch sieben Täler: durch das Tal der Suche, der Liebe, der intuitiven Erkenntnis, der Loslösung, der Einswerdung, des Erstaunens und des Entwerdens; aber die Darstellungsweise ist bedeutend weniger dunkel als in den Schriften der Alchimisten und Taoisten.

Die Sufi waren keine weltabgeschiedenen Leute. Sie entwuchsen zwar innerlich der „Welt", lebten jedoch – nach Abschluss der Schulung – in der Welt. In der Regel waren sie verheiratet und übten einen Beruf aus. Ihr Sufisein sollte sich lediglich in ihrer Menschlichkeit manifestieren: darin, dass sie ein Leben uneigennütziger Liebe lebten.

Professionelle Spiritualität im Christentum

Im Unterschied zum Islam war im Christentum die professionelle Pflege des spirituellen Wachstums eine Sache zölibatärer Mönche und Nonnen, die nicht nur innerlich der „Welt" entsagten, sondern sich auch äußerlich von dieser absonderten. Entweder gingen sie in die Wüste oder schlossen sich hinter Klostermauern ein.

Die sprichwörtlich gewordenen Klostermauern sind in einem doppelten Sinn „Symbol" einer Barriere, hinter die wir vordringen müssen, wenn wir das von den christlichen Orden erarbeitete Erfahrungswissen über das Begehen des Individuationsweges auffinden wollen. Erstens traten die Orden nach außen durch eine große zivilisatorische und kulturelle Aktivität in Erscheinung. Heerscharen von Touristen besuchen heute die Bauten und die Werke bildender Kunst, die sie geschaffen haben. Wohl die wenigsten Besucher geben sich Rechenschaft darüber, was in den Klöstern wirklich geschah: was das eigentliche Anliegen der Mönche und Nonnen war. Aber auch die, die sich dafür interessieren, stehen noch einmal vor einer Mauer, hinter der das Eigentliche verborgen ist.

Der Grund liegt darin, dass christliche Spiritualität in erster Linie kirchliche Spiritualität war: dass sie sich – bis zur Reformation ausschließlich und dann weiterhin hauptsächlich – im Rahmen und im Dienst der klerikalen Amtskirche vollzog. Nach christlichem Selbstverständnis besaß nämlich die Amtskirche allein die Schlüssel zum Himmelreich. Der Lehrsatz „extra ecclesiam nulla salus" (= außerhalb der Kirche gibt es kein Heil) war sehr ernst gemeint. In ihm drückt sich die Tatsache aus, dass die römische Kirche – ebenso wie die früh abgespaltenen, z. B. die koptische und die östliche – auf der Institution des Weihepriestertums beruht: eines Priestertums, das allein die sakramentalen Riten vollziehen und dadurch den Laien die nach ihrer Auffassung die menschliche Natur wesensmäßig verändernde „heiligmachende Gnade" – die Vorbedingung für den Eintritt ins Himmelreich – vermitteln kann.

Diese von der fr002harchaischen Vorstellung des Weihe-Priestertums und des Sakramentalismus geprägte Struktur der Kirche formte auch das Leben hinter den Klostermauern. Im Zentrum stand der Vollzug der Riten, vor allem des Eucharistie-Ritus, und um die Riten entfaltete sich immer wieder eine reiche, viel Zeit in Anspruch nehmende Liturgie.

Dazu kommt, dass die Orden sehr häufig im eigentlichen Sinn des Wortes in den Dienst der Amtskirche traten: Die Christianisierung des Abendlandes – und später die der Kolonien – wurde vorwiegend von Ordensleuten durchgeführt. Erst wenn wir hinter diese historisch manifest gewordenen Fassaden vordringen, können wir erkennen, dass die christlichen Orden „in ihrem Innern" Freiräume waren, in denen eine hochdifferenzierte spirituelle Kultur entwickelt und gelebt wurde: in denen jener unsichtbare Schatz abendländischer Kultur gepflegt wurde, der in der Neuzeit verloren gegangen ist, und dessen Verlust ein gewaltiges Vakuum hinterlassen hat. Es sei hier noch einmal daran erinnert, dass dieser Schatz nicht nur in der „säkularisierten Welt" verloren gegangen ist, sondern auch innerhalb der Kirchen.

Der Kern christlicher Spiritualität war die „Nachfolge Christi": ein Leben nach dem Vorbild des in den Evangelien beschriebenen Lebens Jesu. Oft wurde diese Nachfolge wörtlich – vielleicht allzu wörtlich – verstanden. Ihrem tieferen Sinn nach bedeutete sie jedoch immer, im Geiste Jesu zu leben: seine „Hingabe an den göttlichen Vater" nachzuvollziehen. Es ging dabei um die Aneignung jener Haltung, die in den Jesus zugeschriebenen Worten „Vater, wenn es möglich ist, nimm diesen Kelch von mir; aber nicht mein Wille geschehe, sondern der Deine" zum Ausdruck kommt – dieser wohl treffendsten Umschreibung religiöser existenzieller Haltung.

Die verschiedenen Schulen der Spiritualität, die das Christentum hervorgebracht hat (vgl. 39), sind lediglich Ausdruck unterschiedlicher Akzentsetzung bezüglich der Art und Weise, wie die Nachfolge Jesu vollzogen werden soll. Die Wüstenväter – die in den Wüsten Ägyptens und Syriens als Eremiten oder in Gruppen (als Koinobiten) lebenden Mönche des frühen Christentums – legten besonderen Wert auf Askese. Die nach der Benediktinerregel lebenden Mönchsgemeinschaften der Spätantike und des Mittelalters pflegten neben der Arbeit „im Dienste Gottes" besonders die Liturgie und betrieben im Chorgebet eine erweiterte Form des Dikr und der Mantrarezitation. Auch die im Hochmittelalter aufkommenden Bettelorden der Franziskaner und Dominikaner pflegten das Chorgebet. Mit den Karmelitern kam daneben vermehrt die Kontemplation auf: eine Methode zur Internalisierung des „Lebens Jesu" und des christlichen Mythos. An der Schwelle zur Neuzeit ging dann Ignatius von Loyola, der Gründer des Jesuitenordens, neue Wege, indem er den liturgischen Dienst stark reduzierte, das Chorgebet fallen ließ, dafür aber in seinen „Exercitia spiritualia" (vgl. 61) eine sehr wirksame Methode zur Schulung „im Geiste Christi" schuf.

Für uns sind weniger die verschiedenen Akzentsetzungen bei der „Nachfolge Christi" und die verschiedenen Auffassungen mönchischen Lebensstils von Interesse als der Weg bzw. die Etappen des Weges, die bei der Annäherung an die „Geisteshaltung Jesu" zurückzulegen waren.

Für die gelebte Spiritualität in allen Orden gilt das, was ich schon beim Taoismus sagte: die Übermittlung geschah im persönlichen Kontakt des Schülers mit dem Meister bzw. Seelenführer. Auch hier müssen wir uns mit dem begnügen, was in der viel dürftigeren Gestalt schriftlicher Zeugnisse übrig geblieben ist. Immerhin sind diese Zeugnisse, im Vergleich mit denen anderer Religionen, besonders zahlreich. Dazu kommt, dass sie vor dem Hintergrund der mythischen Vorstellungen entstanden sind, aus denen unsere abendländische Kultur hervorgegangen ist und von denen auch unser Denken – trotz aller Säkularisierung – zu einem großen Teil noch geprägt ist.

Das christliche Know-how der Individuation ist in recht unterschiedlichen Schriften zu finden. Da sind einmal die Ordensregeln. In diesen haben die Ordensstifter und Ordensreformer, die immer selber in vorbildlicher Weise den Individuationsweg gegangen sind, ihre Erfahrungen niedergelegt. Erhellend sind auch die Kommentare, die spätere Ordensmitglieder zu diesen Regeln geschrieben haben. Ein Hauch dessen, was Meister ihren Schülern vermittelten, ist zu verspüren in den Briefen von Seelenführern an ihre „Schäfchen". Diese Briefe enthalten besonders viel detailliertes Wissen über das Verhalten in konkreten Situationen und Schwierigkeiten. Viel steckt auch in den Biografien kanonisierter Heiliger, sofern ihnen die historisch-kritische

Methode zugrunde liegt. Ganz besonders wertvoll sind geistliche Autobiografien. Diese wurden in der Regel nur auf Drängen von Seelenführern oder Jüngern geschrieben. Eine Publikation war nicht vorgesehen. Erwähnt seien hier nur – als „Klassiker" – die Lebensberichte von Heinrich Seuse, Ignatius von Loyola, Theresa von Avila und Therese von Lisieux. Interessant sind auch die vielen „Lehrbücher des geistlichen Lebens", die besonders als Leitfäden für Novizen gedacht waren. Erwähnenswert ist schließlich auch das sogenannte mystische Schrifttum, von diesem insbesondere die exemplarischen Darstellungen des „Weges", wie z. B. der schon erwähnte „Aufstieg auf den Berg Karmel" und die „Dunkle Nacht" des Johannes vom Kreuz, sowie die „Seelenburg" der Theresa von Avila.

Vertieft man sich in dieses Schrifttum, bekommt man nicht nur viele Hinweise auf das, worum es bei Individuationsprozessen geht und wie man dabei mit den regelmäßig auftretenden Schwierigkeiten zurechtkommt; man bekommt auch eine Ahnung davon, wie viel Zeit und Mühe hunderttausende unbekannter Mönche und Nonnen im Lauf der Jahrhunderte darauf verwendet haben, die Reifung ihrer Seele „im Geiste Christi" systematisch zu pflegen.

Das Know-how der spirituellen Schulen

Nach der Behandlung der archaischen Schulen und deren mythischem Hintergrund wollen wir uns nun fragen: Worin besteht das Know-how, das sie zum Begehen des Individuationsweges in der heutigen Zeit beisteuern können?

Halten wir noch einmal fest, dass Individuation nach heutiger Auffassung – im Lichte der Ergebnisse neuzeitlicher Grundlagenforschung – ein Naturprozess ist: ein Prozess, der sich nach einem Programm vollzieht, das in der Erbsubstanz kodiert ist und das – wie alles im Genom Kodierte – im Verlauf eines individuellen Lebens nach Verwirklichung strebt. Individuation ist aber auch ein Prozess, der wegen der Befähigung des Menschen zu Bewusstheit – und damit wegen der Ausbildung eines Ich, das auch gegen die Natur handeln kann – den bewussten Mitvollzug voraussetzt.

Das Ziel der Individuation wird heute im Sinn des sich durchsetzenden neuen Symbols als Ganzheit bezeichnet. Wie gesagt, ist Ganzheit ein symbolischer Ausdruck, der zurzeit bestmögliche für etwas zum größten Teil noch Unbekanntes, und wir müssen noch ein beträchtliches Maß an Anstrengung auf uns nehmen, bis wir erfassen, was mit diesem Symbol gemeint ist.

Wir haben gesehen, dass Ganzheit unter zwei verschiedenartigen Gesichtspunkten betrachtet werden kann: unter dem objektivierenden und unter dem existenziellen. Das Sachwissen, das uns über die Ganzheit heute zur Verfügung steht, ist sehr umfassend, und wir können es auf die einfache Formel „Gleichschreiten des Ich mit dem Selbst" bringen. Wir haben aber auch gesehen, dass das, was Ganzheit existenziell betrachtet – im Sinne von ganzheitlich gelebtem Menschsein – ist, sich sprachlicher Formulierung weitgehend entzieht. Man verwendet zwar dafür heute den Ausdruck individuelle Bewusstheit, aber was damit gemeint ist, ist verbal sehr schwer zu vermitteln.

Da objektivierende und existenzielle Haltung in der menschlichen Natur begründet sind, hat sich schon in archaischer Zeit die Reflexion über das Ziel der Individuation in zwei unterschiedlichen Terminologien niedergeschlagen: der der Theologie und der der spirituellen Schulen. Wegen der mangelnden Unterscheidungsfähigkeit des archaischen Menschen waren die beiden Terminologien vermengt. Heute können wir sie voneinander trennen. Wir können sie nicht nur trennen, sondern wir müssen diese Trennung bei allem Reden über Individuation im Auge behalten: als Betrachtungs- und Ausdrucksweise der theoretischen Tiefenpsychologie bzw. der Humanwissenschaften auf der einen Seite und der angewandten Psychologie bzw. dem existenziellen Begehen des Individuationsweges auf der anderen.

Verweilen wir kurz bei der objektivierenden Betrachtung der menschlichen Ganzheit. Fragen wir uns, wie diese in archaischer Zeit – in theologischer Ausdrucksweise – benannt wurde. In unserer sprachlichen Tradition steht dafür der Ausdruck „Heil". Nach christlicher Auffassung kann Heil heute umschrieben werden als „ein Leben in Fülle und in guter Beziehung zu unserem Gott". So die Formulierung eines katholischen Neutestamentlers, eines waschechten Archaikers, der die Bibel noch für das Wort Gottes hält. Unter einem „Leben in Fülle" wird dabei verstanden: ein Leben mit „erfüllter Zeit", d. h. mit Durchschreiten aller Entwicklungsstadien, sowie ein Leben in Gesundheit, mit Erfüllung der menschlichen Bedürfnisse und im Frieden mit der Welt und anderen Menschen.

Obige theologische Definition des Heils dürfte auch für das Judentum und den Islam gelten, wobei in diesen beiden Religionen die Fülle des Lebens wohl fülliger war als im Christentum, da man dort Sexualität und Erotik nicht dermaßen verteufelte. Noch vor wenigen Jahrzehnten hätte ein christlicher Theologe bei der Umschreibung von Heil noch die himmlische Glückseligkeit erwähnt, wenn nicht gar in den Vordergrund gestellt. Heute wird davon höchstens noch bei Beerdigungen geredet.

In den nicht theistischen Religionen des Hinduismus wurde Heil theologisch als Annäherung des Atman an Brahman – als Aufgehen der individuellen Seele im Absoluten – bzw. als Freisetzung des Purusha aus der Materie definiert. Im Taoismus verstand man Heil theologisch (= philosophisch im Sinn archaischer Grundlagenphilosophie) als Gleichklang von Mikrokosmos und Makrokosmos bzw. als Gleichschreiten des Menschen mit dem universalen kosmischen Prinzip: mit dem Tao.

Heilsvorstellungen oder Erlösung zu

Wichtiger als das theologische Verständnis von Heil ist für uns das der spirituellen Schulen. Wenn wir an uns vorbeiziehen lassen, was für einen Seelenzustand diese anstrebten, gewinnt der so schwer erläuterbare Ausdruck „individuelle Bewusstheit" Profil und Farbe. Dass in den christlichen Schulen der Spiritualität dafür der Ausdruck „Glaube" im Sinne von Glaubensgewissheit verwendet wurde, haben wir gesehen. Genau genommen gebrauchte man dafür nicht nur den Ausdruck „Glaube", sondern die Trias Glaube, Hoffnung, Liebe. Dabei verstand man Hoffnung im Sinn von Zuversicht – dem Gegenteil von Verzagen –, Liebe im Sinn des christlichen Hauptgebots: „Du sollst deinen Gott lieben und deinen Nächsten wie dich selbst."

In der Sufik war zur Benennung des existenziellen Heilsziels der Ausdruck Tawakkul (= sich verlassen auf ihn) gebräuchlich. Damit war ein Zustand gläubigen Gottvertrauens gemeint. Man verstand diesen Zustand ausdrücklich als Gipfel des Glaubens: als das Ergebnis einer inneren Entwicklung. Tawakkul implizierte die Bereitschaft, sich von Gott führen zu lassen, so wie er will; mit anderen Worten: Hingebung bzw. Ergebung. Als Folge dieser Ergebung bedeutete Tawakkul Zufriedenheit, Ausgeglichenheit und Ruhe: das Fehlen von Zuständen wie Sorge, Verzagen, Ungeduld, Begierde und Unzufriedenheit.

In der klassischen Sufik bedeutete jedoch Hingebung – im Unterschied zur früheren rigoros asketischen Sufik –, dass man zunächst die eigenen Möglichkeiten voll ausschöpfte. In der klassischen Sufik wurde Tawakkul außerdem – im Unterschied zur asketischen – als „Herzenswerk" verstanden: als innere Haltung, die immer vorhanden war, unabhängig davon, was der „in der Welt" lebende Sufi äußerlich unternahm und tat.

In der kabbalistischen Spiritualität nannte man das Ziel seelischer Entwicklung Debekuth. Dies lässt sich übersetzen mit „Anhängen an Gott". Gemeint war damit Konformität des menschlichen Willens mit dem göttlichen. Debekuth bedeutete zwar „ständiges Bei-Gott-Sein", jedoch – ebenso wie in der Sufik – bei einem normalen Leben in Familie und Gesellschaft. Unter Debekuth verstand man vor allem „Reinheit des Herzens" bei allem Tun: das Gegenteil von Durchsetzung egoistischer Interessen. Als Folge dieser Haltung gewann der Mensch Gleichmut bzw. innere Freiheit: Unabhängigkeit von Glück und Unglück, von Lob und Tadel.

Im Hinduismus wird der Zustand, der bei einem seelischen Entwicklungsprozess erreicht werden kann, Moksha genannt. Dieses Wort wird meistens mit Befreitsein oder Freiheit übersetzt und als Erlebnisfülle umschrieben.

Die Buddhisten verwenden dafür den Ausdruck Nirwana (= verwehen, das Verlöschen einer Flamme). Als der Buddhismus zu einer Religion wurde, verstand man unter Nirwana zwar einen himmlischen Aufenthaltsort sowie den Zustand eines verstorbenen Heiligen – eines Verstorbenen, der vom Zwang zur Wiedergeburt befreit war –, der vom Jenseits her zum Wohle aller lebenden Wesen wirkte. Im ursprünglichen Buddhismus jedoch war Nirwana ein schon während des Lebens erreichbarer Zustand: ein Seelenzustand, in dem der Mensch die in ihm wirkenden Ursachen alles Unheils – Gier, Hass und Verblendung – abgebaut und stattdessen Mitfreuen, Mitleiden, freundliche Zuneigung und Gleichmut entwickelt hat.

Der durch Persönlichkeitsreifung zu erreichende Zustand wurde in den verschiedenen Schulen der Spiritualität als Zustand des Erlöstseins oder Befreitseins bezeichnet. Nun kann man erlöst werden zu etwas und von etwas. Bisher habe ich das Entwicklungsziel beschrieben als Erlöstsein zu. Betrachten wir nun, wovon die spirituellen Schulen den Menschen erlösen wollten, gewinnt das so schwer beschreibbare Ziel existenzieller Entwicklung noch mehr Profil und Farbe.

Wovon sollte erlöst oder befreit werden?

Im Christentum stellte man sich vor, der Mensch werde aus den Klauen des Teufels befreit. Dabei verstand man den Teufel – den „Fürsten dieser Welt" – vor allem als Versucher: als ein Wesen, das, wie schon im Paradiesmythos beschrieben, den Menschen dazu überredete, gegen den Willen Gottes zu handeln.

Die Sufik drückte sich weniger mythisch aus. Sie beschrieb Tawakkul als Zustand des Befreitseins von den Wirkungen der Triebseele (Nafs). Die Triebseele sah sie als Herd der Unruhe, der Begierde, des Verhaftetseins an die „Welt". Mit ihrem Drängen, Wünschen, Sich-Sorgen und Ängstigen, ihrem Hängen an Besitz, Macht und Ruhm sucht die Triebseele nach sufischer Vorstellung fortwährend das Herz des Menschen heim.

Im Hinduismus stand für das Verhaftetsein an die Welt der Ausdruck Samsara (= das Umherwandeln). Als was der Hindu diesen Seelenzustand erkannte, wenn ihm beim Fortschreiten auf dem Weg der Individuation die Augen aufgingen, ist im Mahabharata-Epos plastisch dargestellt. Dort wird beschrieben, wie der Mensch sich im Dschungel verirrt und in eine Grube fällt. Während des Fallens kann er sich an den Wurzeln eines Baumes festhalten. Wie er so an den Wurzeln baumelt, sieht er über sich einen Elefanten, der ihn zu zertrampeln versucht, und unter sich, auf dem Grund der Grube, giftige Schlangen. Zitternd hängt der Mensch zwischen diesen beiden Gefahren. Zwar kann er sich an einigen Honigtropfen („Freuden der Welt") ein wenig laben, doch sieht er mit Schrecken, wie weiße und schwarze Mäuse (Tage und Nächte) die Wurzeln, an denen er hängt, zernagen. – Im normalen Zustand, d. h. vor dem Begehen des Individuationsweges, erkennt der Mensch diese Situation nicht, denn da lebt er in Avidya (= Unwissenheit). Dadurch legt sich über seine tatsächliche Situation der Schleier der Maya (= Illusion). Statt Unwissenheit würden wir Avidya heute besser mit Unbewusstheit übersetzen. Das Wissen bzw. die Gnosis, die der Mensch durch Individuation gewinnt, ist ja nicht Sachwissen, sondern Bewusstheit: durch den Gewinn von Moksha gehen ihm die Augen auf, wird er sich bewusst über die Situation, in der sich der in seinem „Normalbewusstsein" (in Unbewusstheit) unbekümmert dahinlebende Mensch befindet.

Der Buddhismus versteht die Befreiung zum erleuchteten (bewussten) Zustand des Nirvana ebenfalls als Befreiung von Samsara. Das Umherwandeln (Samsara) wird hier besonders deutlich als blindes bzw. verblendetes (unbewusstes) Umherwandeln in der Welt verstanden: nicht nur als Versklavtsein des Menschen durch Gier und Hass, sondern ebenso sehr als Gefangensein im Wahn, d. h. in seinen Projektionen und falschen Werturteilen.

Um Missverständnissen vorzubeugen, sei noch auf eine Zweideutigkeit unseres Sprachgebrauchs hingewiesen. Dass die Ausdrücke Bewusstsein und Bewusstheit in zwei unterschiedlichen Bedeutungen verwendet werden – als phylogenetischer Entwicklungsstand des Bewusstseins und als individuelle Bewusstheit – haben wir gesehen. In zweierlei Bedeutung wird auch der Ausdruck „unbewusst" gebraucht. Erstens versteht man darunter alle Vorgänge im Menschen, die dem Bewusstsein nicht direkt zugänglich sind. Im weitesten Sinn sind dies alle Lebensvorgänge, vor allem informationsverarbeitende Prozesse, bis hinab in den subzellulären Bereich.

In einem engeren Sinn – im Sprachgebrauch der Tiefenpsychologie – bezeichnet man so Vorgänge im unbewussten Bereich der Psyche, d. h. im obersten Bereich der Hierarchie der vitalen Prozesse. Neurophysiologisch gesehen sind dies Vorgänge im nicht spontanaktiven Bereich des Integrators. Einblick in dieses Geschehen gewinnt die Tiefenpsychologie durch Analyse der sogenannten Gestaltungen des Unbewussten: durch Analyse jener Informationen, Emotionen und Erlebnisqualitäten, die von jenem System ins Bewusstsein (zum Ich) gelangen. Unbewusst in dieser ersten Bedeutung ist somit all das, was C.G. Jung als das kollektive Unbewusste bezeichnet hat.

Spricht man hingegen unter dem Blickwinkel der spirituellen Schulung von unbewusstem Dahinleben eines Menschen – z. B. wie die Hindu von einem Leben in Avidya bzw. im Samsara-Zustand – meint man damit einen Mangel an individueller Bewusstheit: ein Verhalten des Ich unter dem ihm möglichen Niveau individueller Bewusstheit. Dies ist ein durch nicht integrierte Instinktmotivationen und durch verdrängte Gefühle (Komplexe) beeinflusstes Verhalten: ein Seelenzustand, in dem sowohl die bewussten Wahrnehmungen als auch die bewussten Entscheidungen weitgehend von jenen unbewussten Inhalten gesteuert sind, die Freud durch freies Assoziieren nachgewiesen, und die Jung später unter dem Begriff „persönliches

Unbewusstes" zusammengefasst hat. Wenn Freud sagte, „wo Es war, soll Ich werden", meinte er vermehrte individuelle Bewusstwerdung durch Aufarbeitung des durch Verdrängen und Vergessen entstandenen „persönlichen" Unbewussten.

Befreiung des Ich und Befreiung vom Ich

In der archaischen Weltsicht, die von der Dualität Gott und Mensch ausging, sprach man von Erlösung bzw. Befreiung des Menschen. In der heutigen Weltsicht mit der Dualität von Selbst und Ich spricht man hingegen von der Befreiung des Ich.

Befreiung des Ich setzt voraus, dass ein Ich vorhanden ist. Zwar ist ein Ich seit der frühen Kindheit da: seit dem Zeitpunkt, an dem der kleine Peter nicht mehr sagt: „Peter will", sondern: „Ich will". Der begleitete Individuationsprozess, mit dem sich die spirituelle Schulung befasst, ist jedoch eine Sache der zweiten Lebenshälfte. Er setzt ein Erwachsenen-Ich – ein starkes, gefestigtes Ich – voraus. Damit ist eine Persönlichkeit gemeint, die in der Lage ist, auf eigenen Füßen im Leben zu stehen, ihre Bedürfnisse wahrzunehmen, zu äußern und deren Befriedigung in eigener Regie durchzuführen, nicht wie ein Kind, das erwartet, dass andere dies für es tun; eine Persönlichkeit aber auch, die bereit ist, die Verantwortung für ihre Taten zu übernehmen, und die weiß, dass sie die Konsequenzen, die ihr Handeln nach sich zieht, sich selbst zuzuschreiben und selbst zu tragen hat.

Nun versäumen es aber heute sehr viele Menschen, erwachsen zu werden. Sie stehen in der Lebensmitte noch mit einem schwachen, infantilen Ich da. Bevor sie an die im genetischen Programm festgelegte Aufgabe der zweiten Lebenshälfte herangehen können, müssen sie ihr Ich nachentwickeln, benötigen sie eine sogenannte Therapie der Ich-Schwäche. Menschen, die die Entwicklung ihres Ich versäumt haben, sind meistens, wie man sagt, angepasst. Dabei handelt es sich jedoch nicht um jene aktive, aus Lebenstüchtigkeit resultierende Anpassung, von der man in der Biologie spricht, wenn man sagt, ein Lebewesen sei gut an die Bedingungen seiner Umwelt angepasst. Bei ichschwachen Menschen handelt es sich um eine krankmachende, passive Anpassung, bei der die eigenen Gefühle und Bedürfnisse um eines äußerlich konfliktfreien, bequemen oder gesicherten Lebens willen verdrängt werden. Solche Menschen können zwar äußerlich gut funktionieren, wandeln jedoch – psychisch gesehen – als Invalide durchs Leben. Erst durch die Therapie der Ich-Schwäche wird ihnen ein Weg ins Leben erschlossen.

Diese Therapie ist zwar eine komplexe Sache, bei der viele Aspekte berücksichtigt werden müssen. Immer aber schließt sie in sich, dass diese Menschen lernen müssen, ihre eigenen Gefühle und Bedürfnisse wahrzunehmen und zu äußern. Oft brechen dann lang verdrängte Aggressionen und Ansprüche mit übermäßiger Vehemenz hervor. Solche Menschen machen eine Art Spätpubertät durch und werden für ihre Umgebung meistens sehr unangenehm. Sie selbst erleben jedoch diesen Prozess als Befreiung. Sie haben das Gefühl, dass sie erst jetzt zu leben beginnen. Oft ist es ihnen dann in diesem Zustand so wohl, dass sie ein zweites Mal die Weiterentwicklung versäumen und damit die eigentliche Individuation verfehlen. Dazu kommt, dass sehr viele unter den psychotherapeutischen Schulen, die im Zug des Psychobooms wie Pilze aus dem Boden geschossen sind, nicht mehr erstreben als diese „Befreiung" des infantilen Ich, und – was das Schlimmste ist – dies als Selbstverwirklichung bezeichnen.

Dadurch ist der Ausdruck Selbstverwirklichung in weiten Kreisen in Verruf gekommen. Selbstverwirklichung wird mit Streben nach exzessivem Subjektivismus bzw. nach Egozentrizität gleichgesetzt. Aus diesem Grund spreche ich im Zusammenhang mit spiritueller Schulung nicht von Selbstverwirklichung, obwohl dieser Ausdruck – im Sinn von Verwirklichung der Intentionen des Selbst" – mit dem Ausdruck Individuation synonym wäre. Ich habe mich dafür entschieden, im Fall jenes Befreiungserlebens, das sich aus der Therapie der Ich-Schwäche ergibt, von einer Befreiung des Ich zu sprechen, im Fall jenes Befreiungserlebens hingegen, das durch Individuation zustande kommt, von einer Befreiung vom Ich: von dem übermächtig gewordenen, sich als Zentrum der Persönlichkeit gebärdenden Ich.

Die Krise der Lebensmitte

Den Weg der Befreiung vom Ich betritt kaum jemand aus freiem Entschluss. Man wird dazu gedrängt. Wir haben gesehen, dass die psychische Lebenskurve dem Sonnenlauf gleicht: dass der Mensch in der ersten Hälfte des Lebens in die Welt hinaustreten, sich mit ihr auseinandersetzen und in ihr wirken muss, will er seinen inneren Lebensplan erfüllen. In der Sprache der analytischen Psychologie heißt dies, dass der Mensch zuerst den Heldenarchetypus verwirklichen muss: dass er die Aufgaben lösen und die Abenteuer bestehen muss, die in den Heldenmythen symbolisch dargestellt sind.

Wir haben aber auch gesehen, dass dann, wenn der Zenit erreicht ist, die Entwicklungskurve eine andere Richtung einschlägt: dass der innere Lebensplan dann „will", dass der Mensch sich aus der Welt zurückzieht. Dieses Zurückziehen muss nicht unbedingt äußerlich geschehen. Es geht vielmehr um einen Abbau des Verhaftetseins in der Welt: um das Erwachen aus dem Samsara-Zustand.

Dabei soll das Ich seine in der ersten Lebenshälfte gewonnene Stärke nicht verlieren. Es soll vielmehr eine Verlagerung des seelischen Schwerpunkts stattfinden. Das Ich soll nicht mehr das alleinige Aktivitätszentrum sein. Es soll mehr und mehr dazu kommen, außer seinen eigenen Intentionen auch die des Selbst zu berücksichtigen: die ichzentrierte Haltung abzubauen und stattdessen eine religiöse Haltung zu entwickeln.

In der midlife crisis, die Männer und Frauen befällt, und von der heute so viel geredet wird, äußert sich die im psychischen Entwicklungsprogramm vorgesehene Umkehr. Sie äußert sich vorerst als Unbehagen im Bisherigen. Der Beruf, der bisher alles bedeutet hat, beginnt seine Faszination zu verlieren, wird als leere Routine empfunden. Die einst mit allen Kräften angestrebten und endlich erreichten Positionen fangen an, schal zu werden. Es drängt sich die Frage auf: War das alles? Was ist der Sinn des ganzen Gerangels und Bemühens?

Die Menschen reagieren auf dieses Unbehagen verschieden. Die einen zwingen sich, bis zur Pensionierung einfach weiter zu funktionieren. Andere steigen aus, jedoch mehr äußerlich als innerlich. Sie fangen an, Schafe zu züchten oder – wenn sie das Geld dazu haben – die Welt zu umsegeln. Es gibt aber noch eine weitere Möglichkeit: sich zu fragen, welches der Sinn der Krise ist, inwiefern sie sich innerlich verändern sollten.

Unser Zeitgeist lässt diese Frage nicht ohne Weiteres aufkommen, denn er propagiert als Ideal, bis ins hohe Alter jung auszusehen, fit zu bleiben und sich wie die Jungen zu verhalten. Er propagiert auch, die Freizeit mit Hobbies, mit Spielen aller Art oder mit Reisen totzuschlagen, oder auf Altersuniversitäten der Habgier nach Sachwissen und „Bildung" zu frönen.

Archaische Kulturen haben die Gesetzlichkeit der natürlichen seelischen Entwicklung besser gekannt als wir. Dies zeigt sich z. B. an der indischen Vorstellung von den Ashramas (Lebensstadien, vgl. Ashrama-Dharma). Den idealtypischen Ablauf eines Lebens stellte man sich dort in den oberen Kasten wie folgt vor: Der Knabe wurde einem Brahmanen in die Lehre gegeben. Dieser führte ihn in die heiligen Schriften und damit in die spirituelle Praxis ein. Der Knabe musste für den Lehrer im Gegenzug allerlei Dienste verrichten. Nach Abschluss der Lehrzeit trat der junge Mann ins Leben hinaus: trat ein ins zweite Ashrama. Er gründete eine Familie, übte einen Beruf aus, erwarb sich Vermögen, Einfluss und Macht. Wenn er sah, dass Enkel um ihn herum spielten, was in Indien schon früh der Fall war, war der Zeitpunkt zum Übertritt ins dritte Stadium gekommen. Nun zog der Mann, zusammen mit seiner Frau, in die Wälder und gab sich erneut dem Studium der heiligen Schriften und der Pflege des geistlichen Lebens hin. Fühlte er sich zu noch mehr berufen, verließ er seine Frau und zog als Bettelmönch durchs Land.

Im Abendland kannte man zwar diese idealtypische Vorstellung nicht, aber immer wieder setzte sich auch hier das arttypische Programm durch, weil man viel mehr als heute auf sein Inneres hörte. Erwähnt seien nur einige allgemein bekannte Fälle. Da sind einmal die Ordensstifter, z. B. Benedikt von Nursia, Franz von Assisi, Bruno von Köln, der den Kartäuserorden gründete, und Ignatius von Loyola, der Gründer des Jesuitenordens. Alle diese Männer haben zuerst ein voll erfülltes weltliches Leben gelebt und haben dann, einem inneren Drang nachgebend, eine radikale Wende vollzogen. Sie sind während einer schweren Initiationszeit den Weg durchs Dunkel gegangen und haben schließlich eine neue, für viele Generationen richtungweisende Art des „Weges zu Gott" gefunden.

Bei manchen Ordensleuten vollzog sich die Lebenswende in Form einer „zweiten Bekehrung". Das bekannteste Beispiel dafür ist wohl Theresa von Avila. Mehr als zwanzig Jahre hatte sie in einem „degenerierten" Karmeliterinnenkloster ein oberflächliches Nonnenleben geführt, wobei sie ihre Freizeit hauptsächlich mit Stadtklatsch ausfüllte. Dann ist sie – durch Visionen gedrängt – zu einem sehr ernsthaften geistlichen Leben übergegangen, hat eine Reform des Ordenslebens durchgesetzt und mit außerordentlicher Zähigkeit eine Reihe von Reformklöstern gegründet.

Auf eine andere Weise vollzog sich die Lebenswende bei Eberhard von Nellenburg, dem Grafen des Zürich-Gaues (vgl. 13). Dieser tatkräftige Mann aus dem alemannischen Hochadel hatte seinen kleinen Eigenbesitz am unteren Bodensee mit nicht gerade zimperlichen Mitteln zu einer beträchtlichen und florierenden Herrschaft ausgebaut und außerdem die weit verstreuten Besitztümer seiner Familie zusammenzuhalten vermocht. Das war in jener unruhigen Zeit keine kleine Leistung. Gegen Ende seiner Vierzigerjahre wurde der durch und durch weltliche Mann durch einen Traum aufgeschreckt. Zunächst pilgerte er zusammen mit seiner Frau nach Santiago de Compostela. Im Alter von 54 Jahren überließ er den gesamten Besitz seinem Sohn und trat als einfacher Laienbruder in das Kloster Allerheiligen in Schaffhausen ein. Er unterwarf sich dort dem strengen mönchischen Gehorsam gegenüber dem Abt, dessen Schirmherr er einst gewesen war. Eberhards Frau Ita zog sich, ebenfalls in Schaffhausen, in die Klausur der dortigen Benediktinerinnen zurück und widmete sich den Armen. Den Weg, den Graf Eberhard gegangen ist – den Weg des sogenannten Konversen –, gingen im Mittelalter auch viele andere.

All dies sind drastische Beispiele. Es ist aber in der Spiritualität ähnlich wie im Sport, wo die Leistungen der Spitzensportler für die sportliche Betätigung der „großen Masse" anregend, innovativ und wegweisend sind.

Der heutigen Zeit entspricht es nicht mehr, nach der Lebensmitte ins Kloster oder in die Eremitenklause zu gehen. Die wirtschaftliche, gesellschaftliche und (sozial-) staatliche Struktur des heutigen Lebens erfordert von den meisten Menschen, dass sie die Individuation unter Aufrechterhaltung der beruflichen Tätigkeit und sonstigen Verpflichtungen vollziehen. Das ist nicht zu bedauern. Für die meisten Menschen ist heute wohl nur auf diese Weise ganzheitliches Menschsein erreichbar: heute, wo die Neigung zu ebenso unverbindlichem wie unfruchtbarem Sich-Ergehen in Symbolen und Bewusstseinszuständen so groß ist.

Die Meister-Schüler-Beziehung

Wenn ich hier von Individuation in der zweiten Lebenshälfte rede, meine ich die begleitete Individuation. Über die Art der Begleitung sowie über das richtige Selbstverständnis des Begleiters (des Meisters) wurde schon einiges gesagt.

Aus der Tatsache, dass sich die Zweierbeziehung Meister-Schüler immer und überall durchgesetzt hat, ist zu schließen, dass es sich dabei um die optimale Form der Vermittlung handelt: um die optimale Art und Weise, wie der seelische Wachstums- und Reifungsprozess eines Menschen angeregt, gefördert und vor Fehlentwicklungen bewahrt werden kann.

Die Tiefenpsychologie kann heute erklären, weshalb das so ist. C. G. Jung hat es in seiner bahnbrechenden Arbeit: „Die Psychologie der Übertragung" dargelegt. Im Kern beruht die Wirksamkeit der Meister-Schüler-Beziehung darauf, dass sich im Grunde genommen nicht zwei „Personen" gegenüberstehen, sondern vier: die beiden Ich und die beiden Selbste. Ich und Selbst des Meisters sowie Ich und Selbst des Schülers bilden zusammen einen sogenannten Quaternio: ein System von vier spontanaktiven, informationsverarbeitenden Zentren, zwischen denen eine sehr komplexe Interaktion stattfindet.

Diese Interaktion geschieht erstens innerhalb von Meister und von Schüler zwischen deren eigenem Selbst und Ich, zweitens als verbale Kommunikation zwischen den beiden Ich-Persönlichkeiten, drittens als direkte, averbale Wechselwirkung zwischen dem Unbewussten des Meisters und dem des Schülers. Letztere verläuft auf dem gleichen Kommunikationsweg, auf dem auch Gedankenlesen und Hellsehen stattfinden, jenem Informationskanal, um dessen Erfassung sich die wissenschaftliche Parapsychologie bemüht.

Wenn es heißt, die geistige Ausstrahlung des Meisters sei für den Fortschritt des Schülers ebenso bedeutsam wie seine methodische Anleitung und spirituelle Führung, dann ist mit „Ausstrahlung" die Kommunikation über diesen direkten Kanal gemeint. Voraussetzung für diese Ausstrahlung ist natürlich, dass der Meister ein wahrer Meister ist: nicht nur ein viel wissender, sondern zugleich – oder vor allem – ein „geläuterter" Mensch.

Die Wirksamkeit der komplexen Interaktion zwischen den vier Zentren des „Systems" kommt dadurch zustande, dass Meister und Schüler eine nach außen sozusagen abgeschlossene Einheit bilden: dass zwischen ihnen eine Atmosphäre völligen Vertrauens und völliger Offenheit herrscht, und dass sie nur ein Ziel im Auge haben: das Voranschreiten des Schülers im geistlichen Leben. Entscheidend ist dabei, dass Meister und Schüler eine Einstellung haben, die in der spirituellen Tradition als „reine Absicht" bezeichnet wurde.

Für den Meister bedeutet reine Absicht z. B., dass er den Schüler nicht an sich bindet, sondern vielmehr alles daran setzt, dass dieser von ihm unabhängig wird; es bedeutet ferner, dass er am Schüler keinerlei Machtgelüste auslebt, dass er es vermeidet, dem Schüler imponieren zu wollen, und dass er in keiner Weise danach trachtet, sich am Schüler unrechtmäßig zu bereichern.

Für den Schüler wurde als „reine Absicht" immer wieder gefordert, dass er sich jedes Gedankens an Vorteile enthalte, die ihm das Begehen des Individuationsweges bringen könnte: des Gedankens z. B. an bessere berufliche Leistungen, an Erfolg oder an ein glückliches Leben. Der japanische Roshi (Zen-Meister) Kosho Uchiyama schreibt, schon der Gedanke, durch Zazen (Meditation) den Nirwana-Zustand zu erreichen, sei Ausdruck einer Begierde: ein Zeichen unreiner Absicht (vgl. 152). In diesem Sinn ist wohl auch der biblische Spruch „Wer seine Seele retten will, wird sie verlieren" zu verstehen. Gemäß spiritueller Tradition soll der Schüler einzig und allein danach trachten zu erfahren, was an seinem Denken, Reden und Tun unrichtig ist und verändert werden muss, und wohin das Selbst ihn führen „will".

Hilfen, die die Mitwirkung des Ich unterstützen

Wie schon mehrmals erwähnt, geht der primäre Impuls zur Individuation vom Selbst aus und liegt die eigentliche Führung beim Selbst als dem „eigentlichen" Meister. Darüber darf aber nicht vergessen werden, dass das Vorwärtsschreiten auf dem Weg der Individuation nur durch Wechselwirkung zwischen dem Ich und dem Selbst zustande kommt: dass vom Ich eine beträchtliche Mitarbeit verlangt wird. Die spirituelle Tradition hat nun ein ganzes Bündel von Hilfen entwickelt, die diesen unerlässlichen Beitrag des Ich erleichtern und fördern. Zu diesen Hilfen gehören – außer der schon erwähnten Meister-Schüler-Beziehung – das Schaffen eines geschützten Bezirks, die Techniken der „Versenkung", die Asksepraktiken, das kontrollierte Training im ethischen Handeln, die „geistliche Lesung" sowie die Kultur des Gebets. Diese Hilfen machen einen beträchtlichen Teil dessen aus, was ich das Know-how der spirituellen Schulen nenne. Sie greifen ineinander über, unterstützen sich gegenseitig und bilden in der Praxis ein Ganzes. Hier ist jedoch wichtig, dass wir sie einzeln besprechen.

Herstellung eines geschützten Bezirks

Dass das „System" Meister-Schüler seine volle Wirkung entfalten kann, setzt gewisse äußere Maßnahmen voraus. Dazu gehörte in archaischer Zeit in erster Linie die Herstellung eines „geschützten Bezirks": eines Bezirks der Stille und der Ruhe. Es kam nicht von ungefähr, dass frühe Mönchssiedlungen in der Wüste, in Wäldern, in einsamen Tälern oder auf Bergen entstanden. Dass die Klöster sich, als die Zivilisation überhandnahm, mit Mauern umgaben, war ebenfalls Ausdruck des Bemühens um Stille und Abgeschiedenheit; ebenso wie die uralte klösterliche Regel des Schweigens.

In der heutigen Zeit ist für die meisten Menschen dieses äußerliche Sich-Abschirmen nicht mehr möglich. Aber auch dafür hat die spirituelle Tradition einen Weg aufgezeigt. Als sich nämlich die Ordensleute mit zunehmender Modernisierung des Lebens „in die Welt hinaus" begaben, lernten sie, die Wüste zu internalisieren: inmitten des „Lärms der Welt" die Stille zu bewahren. Die Forderung, die Stille der Wüste in sich selbst zu schaffen, ist auf zweifache Weise zu verstehen. Erstens als Formulierung des Ziels der Individuation: jenes seelischen Zustands, den ich mit dem Stehen auf dem Gipfel eines Berges verglichen habe; zweitens ist sie zu verstehen als Maßnahme, die gleich zu Beginn des „Aufstiegs" zu treffen ist. Um diese zweite Bedeutung des Internalisierens der Wüste geht es uns hier.

Weil der „Aufstieg" bzw. das „Opus" darin besteht, vermehrt auf die Inhalte des inneren Wahrnehmungsstromes zu achten und sich mit diesen auseinanderzusetzen, müssen vom Schüler Maßnahmen getroffen werden, die ihn von Sinnesreizen abschirmen. In der heutigen Zeit heißt dies in erster Linie, sich der Informationsflut, die ständig auf uns niederprasselt, zu entziehen. Dazu gehört nicht nur, dass man sich der Überschwemmung durch die Massenmedien entzieht, sondern auch, dass man der Verführung zur Überaktivität nicht erliegt: der Verführung zur Teilnahme an allen möglichen Veranstaltungen und Darbietungen einschließlich der Verführung durch die Angebote der Tourismusindustrie.

Kontemplation und Meditation

Eine wertvolle Hilfe für die Mitwirkung des Ich beim seelischen Reifungsprozess sind die Versenkungsübungen. Mit diesen hat die spirituelle Tradition ausgefeilte Techniken der Introversion entwickelt, durch die das Fließen des inneren Wahrnehmungsstromes gefördert wird. Die beiden Extremformen, zwischen denen diese Techniken über ein breites Spektrum hinweg variieren, seien hier – entsprechend dem neueren Sprachgebrauch – als Kontemplation und Meditation benannt. Bei der Kontemplation (Beschauung, Betrachtung) stellt sich der Übende etwas Bestimmtes vor und konzentriert seine ganze Aufmerksamkeit darauf. Bei der Meditation bemüht er sich, den Bewusstseinsraum völlig leer zu machen, sodass die innere Wahrnehmung ungehindert in diesen einfließen kann. Kontemplation in dem hier verwendeten Wortsinn wurde in der westlichen Tradition – vor allem in der christlichen – zu hoher Meisterschaft entwickelt, Meditation hingegen in der ostasiatischen. Eine Extremform der Kontemplation wurde in den Exercitia spiritualia des Ignatius von Loyola gelehrt. Als Extremform der Meditation ist die in japanischen Zen-Klöstern geübte heute weltweit bekannt.

Natürlich ist auch das Hinwenden der Aufmerksamkeit auf Träume eine Methode zur Unterstützung der Introversion. Auch diese Praktik bringt den inneren Wahrnehmungsstrom vermehrt zum Fließen. Die neurophysiologische Forschung hat gezeigt, dass der Schlaf nur äußerlich eine Phase der Inaktivität ist, dass sich jedoch innerlich während dieser Stunden eine große Aktivität abspielt (vgl. 76). Für den Integrator ist dies die Zeit, in der er die während des Wachseins eingeflossene Information verarbeiten bzw. aufarbeiten kann. Das Resultat dieser „Überlegungen" sendet er dann in Form von Träumen ins Bewusstsein: an das schwache, ganz auf Empfang innerer Wahrnehmung eingestellte Ich, das während der REM-Phasen des Schlafes vorübergehend aus der Bewusstlosigkeit des Tiefschlafs auftaucht.

Die Beachtung der Träume ist eine uralte Methode, sich mit dem Unbewussten auseinanderzusetzen. Sie ist sogar älter als die Versenkungstechniken. Bei schriftlosen Völkern wie z. B. bei den Indianern Nordamerikas, bei den Eskimos und bei afrikanischen Stämmen stellten Ethnologen geradezu eine Steuerung der Lebensentscheidungen durch Träume fest. Traumdeutung war auch in den mesopotamischen Hochkulturen und im hellenistischen Raum allgemein üblich. Zurückgedrängt wurde sie erst von den christlichen Kirchen, und zwar deshalb, weil Träume oft – wegen der vielen Synonyme der Traumsprache – recht „unorthodox" sind. Völlig in Misskredit kamen die Träume dann im Positivismus. Erst beim zweiten Schritt der Bewusstseins-Mutation sind sie rehabilitiert und sogar als „Königsweg zum Unbewussten" (Freud) erkannt worden, und Traumdeutung bildet seither das Kernelement der tiefenpsychologischen Methode.

Hier, wo es um die Frage geht, wie das Begehen des Individuationsweges in unserer Zeit durch das Know-how der archaischen spirituellen Tradition ergänzt werden kann, müssen wir unsere Aufmerksamkeit jedoch den Versenkungspraktiken zuwenden und uns fragen, welche von ihnen der heutigen Situation angemessen ist.

Bei der vor allem in den religiösen Orden geübten christlichen Kontemplation (Beschauung, Betrachtung) ging es darum, die „Geheimnisse des christlichen Glaubens" – insbesondere die „Geheimnisse" des Lebens Jesu, des Lebens Marias sowie der Heiligen Dreifaltigkeit – zu betrachten, ebenso den Zustand der „Dahingeschiedenen": deren Leben in himmlischer Glückseligkeit, im Fegefeuer und in der Hölle. Ignatius von Loyola wies den Exerzitanden an, sich all diese Szenen nicht nur optisch vorzustellen, sondern mit allen Sinnen: z. B. „im Geiste" die Schreie der Verdammten zu hören, die Hitze des höllischen Feuers zu spüren und den Gestank der Teufel zu riechen.

Die Kontemplation hatte somit eine Internalisation des christlichen Mythos zum Ziel. In der Ausdrucksweise von Freud könnte man sagen, durch die Praktik der Kontemplation sei systematisch ein Überich – eine das menschliche Tun programmierende „Software" an Werten und Entscheidungsmustern – aufgebaut worden. In Zeiten, in denen ein in sich geschlossenes Weltbild und ein fest gefügtes Wertesystem allgemein verbindlich war, war dies eine geeignete Hilfe beim Bemühen um Individuation. In Übergangszeiten hingegen, insbesondere in einer Übergangszeit wie der heutigen, hat die Kontemplation in der beschriebenen Form ihren Wert eingebüßt. Inwiefern Kontemplation in archaischer Zeit – in der „hohen Schule" des Betens – zu einer Wechselwirkung zwischen Ich und Selbst geführt hat, und inwiefern eine im Rahmen der tiefenpsychologischen Praxis entwickelte Methode mit dieser „höheren" Art von Kontemplation konvergiert, wird später zu besprechen sein.

Heute wendet man sich vor allem jenen Versenkungsmethoden zu, die zum Ziel haben, alle von außen kommenden „Programme" abzuschalten und den Bewusstseinsraum leer zu machen: den Meditationspraktiken. Wie weit aber kennen wir diese Methoden wirklich? Vor allem: Ist uns klar, in welchem „Geist" sie geübt wurden?

Bilder von kahl geschorenen Zen-Mönchen, die kerzengerade auf dem Boden sitzen und die Wand anzustarren scheinen, sind zwar heute jedem Fernseh-Konsumenten bekannt. Auch werden ungezählte Bücher geschrieben und Kurse durchgeführt über die richtige Sitzhaltung, die richtige Stellung der Hände, das richtige Atmen usw. Man kennt auch gewisse Wirkungen, die das Meditieren hat: das Gefühl der Entspannung, der inneren Ruhe und Gelöstheit sowie der geistigen Frische. Mit unseren physiologischen Untersuchungsmethoden gelang es sogar, dieses subjektive Empfinden zu objektivieren. Es ergab sich, dass bei tiefer Meditation nicht nur die Schlagfrequenz des Herzens abnimmt und der Blutdruck sowie der Muskeltonus sinken, sondern – was das Eindrucksvollste ist – dass sich im Elektroencephalogramm das Wellenbild der Hirnaktivität harmonisiert (vgl. 24).

Wir haben gesehen, dass für ein fruchtbares inneres Geschehen eine „reine Absicht" Voraussetzung ist. Wenn nun westliche Menschen Meditation üben um deren entspannender und erfrischender Wirkung willen oder weil sie hoffen, dadurch große Erleuchtung – „höheres Wissen" – zu erlangen, dürfte dies in den Augen eines Zen-Meisters eine äußerst unreine Absicht sein. Es scheint mir außerordentlich wichtig, zu sehen, dass ostasiatische Meditation – zumindest seit der buddhistischen Reform und dem Aufkommen des philosophischen Taoismus – eine ausgesprochen ethische Sache ist: dass ihr Ziel weder physiologische Entspannung noch die Erlangung höheren Wissens ist, sondern dass es dabei vor allem darum geht, ein ethisch hoch stehender Mensch zu werden. Ethisches Tun habe ich umschrieben als bewusstes Tun im Unterschied zum unbewussten Verhalten des Tieres. Dem kann jetzt noch hinzugefügt werden: und im Unterschied zum unbewussten Dahinleben im Samsara-Zustand. Diese ethische Komponente implizierte nicht nur der

Nirwana-Begriff, sondern ebenso die Begriffe Tawakkul und Debekuth. Fassen wir diese ethische Seite der Individuation ins Auge, wird wohl noch deutlicher, was mit individueller Bewusstheit gemeint ist.

Bei psychischer Reifung geht es eben nicht nur um Einsicht, sondern ebenso sehr darum, das als richtig Erkannte in gelebtes Leben umzusetzen. Erst mit diesem Umsetzen vollzieht sich Wandlung. In der tiefenpsychologischen Praxis muss man leider immer wieder feststellen, dass viele es bei der Einsicht bewenden lassen. Das ist wohl eine Nachwirkung des Positivismus: dessen irriger Meinung, der Mensch sei von Natur aus gut; er müsse nur erkennen, was das Richtige ist, dann sei er ohne Weiteres in der Lage, es auch zu tun.

Die archaischen Lehrer der Spiritualität waren da realistischer. So galt in Ostasien Meditation – entgegen der landläufigen Meinung im Westen – in erster Linie nicht als Methode zum Gewinn von Erleuchtung, sondern als Konditionstraining für das ethische Tun, und zwar als Training zur Beseitigung jener „Regungen der Seele", welche das ethische Tun behindern.

Nehmen wir z. B. die Meditationsanweisung zur Hand, die der chinesische buddhistische Meister Chi-Chi im 6. Jh. für seinen Bruder, den Oberstleutnant Chen-Chi verfasst hat (vgl. 28). Chi-Chi schreibt, Meditation bestehe in zweierlei: im Anhalten und im Erfahren, das Anhalten komme jedoch zuerst. Aufschlussreich ist diese Schrift vor allem deshalb, weil Meister Chi-Chi ausführlich beschreibt, worum es bei diesem Anhalten – beim „Leerwerden" bzw. „Sich-leer-Machen" – geht. Es geht dabei nicht – oder nicht nur – um das Anhalten des diskursiven Denkens, das heute im esoterischen Schrifttum als Laster des westlichen Menschen verteufelt wird. Dieses war in Ostasien ohnehin wenig entwickelt. Es geht um das Anhalten schädlicher, dem ethischen Tun im Wege stehender Fantasien.

Meister Chi-Chi schreibt: „Sein (des Schülers) Bewusstsein aber ist angefüllt mit verführerischen Vorstellungen und dem Durst sinnlicher Begierden." Ferner: „Die zweite innere Bindung ist die Fessel des Hasses."

Der innere Wahrnehmungsstrom fließt eben während des Wachseins dauernd ins Bewusstsein, auch wenn wir dies gar nicht bemerken. Es ist aber nicht jene innere Erfahrung, die aus der „seelischen Mitte" kommt und die beim Finden des Individuationsweges so hilfreich ist. Was einem Samsara-Menschen im Verlauf eines Tages so „durch den Kopf geht", hat James Joyce in seinem „Ulysses" treffend beschrieben. Konzentriert bekommt man Fantasien von der Art, um die es hier geht, zu fassen, wenn man Analysanden, die zu Beginn der Analyse sich noch keiner Träume erinnern, veranlasst, ihre Tages-

242

fantasien aufzuschreiben. Da erhält man innerhalb kurzer Zeit ein Bild ihres „persönlichen" Unbewussten: ihrer Sexual-, Macht-, Geltungs- und sonstigen Komplexe. Man erhält ein Bild der individuellen Ausformung dessen, was die Sufis Triebseele, die Christen als ungeordnete Neigungen bezeichnet haben und was Buddhisten die Kardinallaster nennen.

Diese „Regungen" aus dem persönlichen Unbewussten überdecken und hemmen jene „Regungen", die aus den tieferen Schichten der Seele – aus dem „kollektiven" Unbewussten – kommen. Deshalb riet denn auch Meister Chi-Chi: „Diese ununterbrochene Aktivität wird tatsächlich das Wachstum guter Eigenschaften hindern." Hat ein Mensch durch jahrelanges Üben der Meditation die Disziplin des „Anhaltens" erworben, hat er eines der größten Hindernisse für das Ins-Leben-Umsetzen des als richtig Erkannten in den Griff bekommen. Er wird dann auch außerhalb der Meditation, wenn Begierde und Hass in ihm aufsteigen oder wenn der Schleier des „Wahns" (der Projektion eigener negativer Eigenschaften) sich über Menschen und Dinge legt, diesen „Einflüsterungen des bösen Geistes" Einhalt gebieten können.

Ethisches Training

Neben den Versenkungs-Techniken haben die Schulen der Spiritualität noch andere Praktiken entwickelt, die den Menschen darauf trainieren, den Regungen der „Triebseele" bzw. des „bösen Geistes" zu widerstehen. In der Literatur werden diese unter dem Begriff Askese zusammengefasst. Der Ausdruck Askese ist bei uns negativ besetzt. Wir assoziieren damit Kasteiung: freiwilliges Ertragen von Hunger, Durst und Kälte sowie das Quälen des Körpers mit allen möglichen Instrumenten.

In der Frühzeit des christlichen Mönchtums, in der Frühzeit der Sufik und in manchen Richtungen des Yoga wurde allerdings Kasteiung bis ins Extrem betrieben. In der reiferen Spiritualität trat sie jedoch in den Hintergrund und wurde durch „Entsagung" abgelöst.

Entsagung hat schon Meister Chi-Chi als unumgängliche flankierende Maßnahme zur Meditation empfohlen. Er empfahl dem Schüler, alles zu meiden, was die Begierden unnötig anreizt: erotisierendes Milieu, den Umgang mit Menschen, die völlig im Samsara-Zustand aufgehen, sowie alles, was die Habgier – sowohl die materielle wie die geistige – anregt. So empfahl er, die berufliche Tätigkeit auf das zu reduzieren, was zur Sicherung des Lebensunterhalts nötig ist, ebenso seine Studien, soweit sie nur Jagd nach unnötigem Sachwissen sind, einzuschränken.

In Hinblick auf die Askesepraktiken müssen wir die spirituellen Schulen differenziert und auch kritisch betrachten. Es ist im Auge zu behalten, dass Individuation eine Sache der zweiten Lebenshälfte ist und dass die Aufgabe der zweiten Lebenshälfte nur dann vollbracht werden kann, wenn die erste Hälfte des Lebens „richtig" gelebt wurde. Erinnern wir uns an die tiefe Weisheit, die sich in der idealtypischen Vorstellung Indiens von den Ashramas ausdrückt. Diesem Wissen um die arttypische Gesetzlichkeit der seelischen Entwicklung haben die spirituellen Schulen nicht immer Rechnung getragen. Sowohl im Buddhismus wie im Christentum wurde den Bedürfnissen der ersten Lebenshälfte nicht genügend Raum gegeben, was in sehr vielen Fällen nicht nur zu Weltfremdheit, sondern auch zu Frustration und seelischer Verkümmerung geführt hat.

In dieser Hinsicht waren Taoisten, Sufis und Juden weiser. Bei Taoisten wurde ein Schüler, der zu früh den „Weg" betreten wollte, sogar angewiesen, sich zunächst einmal ins Leben hinauszubegeben und unter anderem die erotischen Künste zu erlernen.

Der ursprüngliche Sinn des Wortes Askese – griech. askesis – ist Übung. Der Sinn der Askesepraktiken war, sich im „Bändigen der Triebseele" zu trainieren. Es war, wenn man so sagen will, ein Abtrainieren, ähnlich wie man heute gewisse Leibesübungen zum Abtrainieren übermäßigen Fettansatzes macht. Im Rahmen der Erfüllung des Lebensplanes wurde das Abtrainieren der Auswüchse der „Triebseele" als Maßnahme verstanden, die das Sich-Loslösen aus dem Verflochtensein in die „Welt" unterstützt.

Dieses Sich-Loslösen ist jedoch nicht als Selbstzweck zu verstehen, sondern nur als Voraussetzung dafür, dass die Menschlichkeit ausreifen kann.

Zu den Maßnahmen, die die Reifung fördern – die den durch „Anhalten" und „Entsagen" frei gewordenen Raum ausfüllen –, gehörte in der höheren spirituellen Tradition immer das Bemühen um ethisches Tun. Auch dieses Bemühen ist als Training zu verstehen: als unablässiges, trotz aller Niederlagen immer wieder aufzunehmendes Bemühen. In diesem Sinne wies Buddha seine Schüler an, neben der Ausübung von Askese das Gegenteil der Unheil bewirkenden Kräfte zu trainieren.

Zu diesem Training gehörte in der spirituellen Tradition die „Gewissenskontrolle". Besonders in den christlichen Schulen wurde dazu angehalten, sich zumindest am Ende des Tages darüber Rechenschaft zu geben, ob man die „guten Vorsätze" eingehalten – das als richtig Erkannte tatsächlich getan – hat. Besonders praktisch und systematisch ist dabei Ignatius von Loyola vorgegangen.

Er empfahl dem Schüler, über den „Hauptfehler" – über die Bewältigung dessen, was ihm am meisten Schwierigkeit bereitete – Buch zu führen: für „Gelingen" jeweils ein Kreuz, für „Niederlage" jeweils eine Null einzutragen. Ferner empfahl er, wöchentlich Saldo zu ziehen und festzustellen, ob ein Fortschritt zu verzeichnen sei. Die Ergebnisse des Bemühens waren mit dem Seelenführer zu besprechen, damit man gemeinsam überlegen konnte, weshalb es an etwas haperte. Wenn man heute auch nur ein bisschen von diesem bewährten Know-how anwenden würde, würde wohl mancher Individuationsprozess besser voranschreiten.

Das Hand-in-Hand-Gehen von Askese und ethischem Bemühen, das in der spirituellen Tradition selbstverständlich war, entspricht der Art und Weise, wie sich im unbewussten Bereich des Lebendigen Wandlungsvorgänge vollziehen. Die systemische Betrachtung der Natur hat uns nicht nur erkennen lassen, dass alle Lebewesen ständiger Transformation unterliegen, sondern dass diese Transformationen sich unter Aufrechterhaltung der Ganzheit vollziehen: dass in kleinen Schritten gleichzeitig Altes abgebaut und Neues aufgebaut wird, während der Lebensprozess ungehindert weitergeht. Dies geschieht fortlaufend in der kleinsten Einheit des Lebendigen – in der Zelle –, und durch koordinierte Transformation all der verschiedenartigen Zellen wandelt sich der Gesamtorganismus gemäß dem im Genom festgelegten Programm.

Auch das Bewusstsein kann als System – als ein im Ich zentriertes System – betrachtet werden. Individuation kann verstanden werden als Transformation des Bewusstseins bzw. des Ich, und diese verläuft nicht anders als alle übrigen Transformationen des Lebendigen: durch sukzessiven Abbau des Alten und Überholten, und durch sukzessiven Ersatz desselben durch Neues, dem betreffenden Lebensstadium (Ashrama) Entsprechendes.

Geistliche Lesung

Dem Bemühen um ethisches Tun, das dem Aufbau des Neuen dient, stand in der spirituellen Tradition – als flankierende Maßnahme – die sogenannte geistliche Lesung zur Seite: die Lektüre von Biografien und Autobiografien großer religiöser Persönlichkeiten, von Geschichten und Aussprüchen frommer Meister, von Sinnspruch-Sammlungen sowie systematischen Anweisungen zum geistlichen Leben.

Durch solche Lektüre gewann der Schüler nicht nur Vorbilder und Zielvorstellungen; er gewann auch Einblick in die Tücken des Individuationsprozesses und in die Art und Weise, wie mit ihnen umzugehen ist. Die geistliche Lesung muss gesehen werden als Ergänzung zu dem, was der lebendige Meister dem Schüler durch Vorleben, durch seine „geistige Ausstrahlung" und durch verbale Lebensanweisungen geben konnte. Sie förderte im Schüler unter anderem das, was man „Herzensweisheit" nannte. Sie schuf damit ein Gegengewicht zur Gefahr der Überdisziplinierung und seelischen Verhärtung, die in einseitiger Ausrichtung auf Askese und heroisches ethisches Bemühen liegt.

Wertvoll in dieser Hinsicht waren ganz besonders die Beispiel-Erzählungen: mehr oder weniger wahre Erzählungen über das Verhalten frommer Meister in konkreten Situationen, Erzählungen über das Leben fiktiver Figuren sowie eigentliche Gleichnisse. In der christlichen Tradition sind dieser Gattung vor allem die „Vätergeschichten" zuzuzählen: Erzählungen aus dem Leben der Wüstenväter, wie z. B. die Ende des 4. Jh. verfassten Bücher „Historia monachorum in Aegypto" (= Geschichte der Mönche in Ägypten) (vgl. 37) und „Historia Lausiaca" (vgl. 110). Letztere war verfasst von Palladius, einem oströmischen Hofbeamten, der die „Szene" aus eigener 13-jähriger Erfahrung kannte.

Im Judentum wurde – sowohl in der rabbinischen wie in der kabbalistischen Tradition – die Unterweisung im richtigen Leben vorwiegend in Form von Beispielgeschichten vermittelt. Das Gleiche gilt für die Sufik (vgl. 137). Bemerkenswert an den jüdischen wie an den islamischen Geschichten ist deren Lebensnähe. Sehr deutlich wird da dem Schüler vor Augen geführt, dass mit Debekuth bzw. Tawakkul nicht ein weltentrücktes Schweben in mystisch-esoterischen Zuständen und nicht hochheiliges Getue gemeint ist, sondern ein „herzensreines", echt menschliches Sich-Verhalten im ganz gewöhnlichen Alltag. Außerdem schimmert in den jüdischen und islamischen Geschichten etwas auf, das den christlichen in der Regel abgeht: Humor sowie Hochschätzung der Klugheit.

Auf andere Art als in den Beispielgeschichten wurde „Weisheit" vermittelt durch die Spruch-Literatur. Darunter sind nicht nur die „kanonischen" Spruch-Sammlungen wie das biblische „Buch der Sprüche" und das Tao-Te-King zu verstehen, sondern auch die sogenannten Apophthegmata: die Aussprüche von Meistern der Spiritualität. In der christlichen Tradition gehörten hierher die Sprüche der Wüstenväter (vgl. 97). Reich war auch die Apophthegmen-Literatur im Islam. Spruch-Sammlungen waren nicht zum Konsumieren da. Wie erwähnt, können Sinnsprüche nur von dem richtig verstanden werden, der selber schon entsprechende Erfahrungen gemacht hat. Beim Lesen von Sprüchen konnte es geschehen, dass einer eine Einsicht knapp und kunstvoll formuliert fand, die ihm zwar selber schon „gedämmert" hatte, die er aber nicht richtig in Worte fassen konnte. Es wurde empfohlen, wenn man auf so einen Spruch stoße, das Buch wegzulegen und den betreffenden Spruch „im Herzen zu erwägen", auf dass das in ihm Formulierte „lebendige Gestalt annehme". Alles in allem kann gesagt werden, dass die „geistliche Lesung" ein Hilfsmittel war, die „Weisheit des Herzens" zu fördern.

Das Beten

Erinnern wir uns, dass zwar der Anstoß zur Individuation vom Selbst ausgeht und die Führung während der Individuation beim Selbst liegt, dass aber Individuation nur zustande kommt, wenn das Ich mitwirkt. Zu den Hilfen, die die Mitwirkung des Ich zu unterstützen, gehört auch das Gebet. Es wird hier an letzter Stelle besprochen, doch ist es unter all den Hilfen vielleicht die wichtigste. Jedenfalls war es in archaischer Zeit die am meisten verbreitete und am häufigsten in Anspruch genommene.

Das Gebet gehört – neben den magischen Praktiken und den Riten – zu den charakteristischen Verhaltensmustern bei archaischer Weltsicht: zu jenen Verhaltensmustern, die dem Umgang mit „jenseitigen Wesen" dienten. Da Beten ein ansprechbares Du voraussetzt, wurde echtes Gebet nur in den theistischen Religionen entwickelt: in jenen Religionen, die sich das Göttliche als Person oder Personen vorstellten. In jenen Kreisen innerhalb der theistischen Religionen, die sich sozusagen professionell der Pflege der Beziehung des Menschen zu Gott und Göttern widmeten, wurde eine eigentliche Kultur des Gebets entwickelt. Darunter ist nicht nur die Schöpfung inhaltsreicher und verdichteter Gebetstexte zu verstehen, sondern auch die Pflege der Kunst des Betens.

Nach ihrem Inhalt bzw. ihrer Intention können Gebetstexte eingeteilt werden in Lob-, Dank-, Bitt- und Bußgebete. Neben einzelnen, für sich allein stehenden, in einer bestimmten Intention gesprochenen Gebeten gab es auch große Gebetsordnungen. Da waren die liturgischen Gebete: formenreiche, kunstvolle Anordnungen von Gebeten, die Hand in Hand mit der Entfaltung der Riten entstanden. Da sich das „Begehen" des Mythos im Ritus über das ganze Jahr erstreckte, variierten die liturgischen Gebetsordnungen nach dem Kalender des „Kirchenjahres". Zumindest in den westasiatischen Religionen wurde die liturgische Ordnung überlagert von der Ordnung des Stundengebets: von dem zu verschiedenen Tageszeiten zu verrichtenden Gebet. Besonders bekannt geworden ist das in christlichen Klöstern gepflegte Chorgebet, das meistens gesungen wurde und insgesamt bis zu acht Stunden am Tag in Anspruch nahm.

Bei der Kunst des Betens ging es vor allem darum, zu einem echten Beten zu gelangen: der Neigung entgegenzuwirken, Gebete gedankenlos herunterzuleiern. In den christlichen Schulen der Spiritualität wurde außerdem ein gradueller Unterschied gemacht zwischen mündlichem und innerem Gebet. Beim mündlichen Gebet – beim Beten nach vorgegebenen Texten – ging es darum, sich auf das Gesprochene zu konzentrieren. Beim Erlernen des inneren Gebets, das als hohe Kunst des Betens galt, wurde zwar oft danach gestrebt, von vorgegebenen Texten loszukommen, doch war das nicht das wesentliche. Das innere Beten ging Hand in Hand mit Kontemplation. Es wuchs sozusagen aus der Betrachtung der „Geheimnisse des Glaubens" hervor. Dabei glitt der Beter oft in einen veränderten Bewusstseinszustand – den visionären Zustand – hinüber, wobei er von den imaginierten Wesen auch Zusprüche und Antworten bekam. So wurde dann aus dem Sprechen zu Gott, zu Maria, zu Engeln und Heiligen ein Sprechen mit diesen Wesen. Besonders wertvolle Hinweise über das innere Gebet finden sich in den Werken der Theresa von Avila, die eine außergewöhnliche Fähigkeit zur Selbstbeobachtung hatte.

Eine spezielle Form des Gebets war das „Gottgedenken". Wie wir bei der sufischen Variante dieser Gebetsart – beim Dikr – gesehen haben, ging es dabei um das ständige Wiederholen ein und derselben Formel. In Indien wurden derartige Gebetsformeln Mantras genannt. Das bekannteste und vielleicht am häufigsten gebrauchte Mantra war die „heilige" Silbe Om. Im christlichen Bereich wurde das „Gottgedenken" besonders in der Ostkirche gepflegt. Indem man eine knotige Schnur durch die Finger gleiten ließ, sprach man dort – oft nur innerlich – ununterbrochen die Formel: „Herr Jesus Christus, Sohn Gottes, erbarme dich meiner". Das „Gottgedenken" wurde auch „immer während Gebet" genannt: immer während, da es auch bei äußerer bzw. „weltlichen" Tätigkeit die Verbindung mit der „anderen Welt" aufrechterhielt.

Beten auch heute noch sinnvoll

Von den drei Verhaltensmustern, über die der archaische Mensch den Kontakt mit der „jenseitigen Welt" pflegte, sind, wie aufgezeigt, sowohl die magischen Praktiken als auch der Ritus durch die Mutation des Bewusstseins hinfällig geworden. Kein Mensch, der die Mutation des Bewusstseins tatsächlich vollzogen hat, kann z. B. heute noch glauben, durch Dramatisierung des christlichen Mythos in einer Messe durch einen geweihten Priester komme Christus, der „sonst" im Himmel weilt, auf den Altar herab und sei in den „sichtbaren Gestalten" von Brot und Wein real präsent. Was heute noch annehmbar ist, sind Rituale: zeichenhafte Umrahmungen und Untermalungen bedeutsamer Handlungen und Anlässe.

Anders als bei Magie und Ritus verhält es sich beim Gebet. Wird es als Sprechen des Ich zum Selbst verstanden, ist es noch heute etwas durchaus Sinnvolles und – wie die Erfahrung zeigt – Wirksames. Es können dabei sogar tradierte Gebetstexte verwendet werden, wie z. B. das Gebet des Schweizer Mystikers Niklaus von Flüe: „Herr, nimm alles von mir, was mich hindert zu dir, gib alles mir, was mich fördert zu dir, Herr, nimm mich mir und gib mich ganz zu eigen dir."

Man muss tradierte Gebete nur „im Hinterkopf" aus der archaischen Weltsicht in die heutige übersetzen. Wir leisten diese Übersetzungsarbeit ja auch anderswo. So sprechen wir z. B. bedenkenlos von Sonnenaufgang und Sonnenuntergang, obwohl wir wissen, dass diese Ausdrücke aus der längst überholten ptolemäischen Sicht des Kosmos heraus formuliert worden sind. Die Übernahme überlieferter Gebetstexte hat den Vorteil, dass in diesen alle wesentlichen Elemente, auf die es beim Bemühen um religiöse Haltung ankommt, enthalten sind. So kann der Text als Leitfaden für den meditativen Gedankengang dienen.

Im Licht der heutigen erfahrungswissenschaftlichen Sicht der Psyche können wir auch die Funktion des Betens verstehen. Ebenso wie die Versenkungstechniken fördert es das Fließen jenes Stromes psychischer „Energie" vom Unbewussten zum Bewusstsein, den die Pioniere der Tiefenpsychologie als „Libido" bezeichnet haben. Wie gesagt, halte ich dort, wo es um Spiritualität geht, den archaischen Ausdruck „Gnade" für geeigneter, da sein Bedeutungsfeld sowohl „Erleuchtung" als auch „Kraftzufluss" umfasst.

Die Anwendung des Betens als „Hilfe" beim Individuationsprozess ist allerdings auch eine Bewährungsprobe für die Wahrhaftigkeit. Sie kann nämlich Schlupfloch sein für – zumindest partielle – Regression in die archaische Weltsicht. Die damit verbundene Gefahr psychischen Gespaltenseins droht vor allem denen, welche die Realität und Mächtigkeit der Psyche – des sogenannten objektiv, d. h. vom Bewusstsein unabhängigen Psychischen – sowie des umfassenderen objektiv Geistigen nicht ernst nehmen. Ernst genommen werden kann es aber in der Regel nur dann, wenn man es erfahren hat: wenn man dessen Überlegenheit über das bewusste Ich sowie dessen souveräne Führung „am eigenen Leib" gespürt hat. Bei der heutigen allgemeinen Verkopfung ist deshalb auch das Erproben all der Methoden zum Gewinn körperlicher und innerer Erfahrung zu empfehlen, welche z. B. die New-Age-Bewegung anbietet, auch wenn deren theoretischer Überbau noch so abstrus und verschroben ist.

Von der Intention her gesehen, hat heute vor allem das Gebet um Gnade einen Sinn, denn es ist ja gerade die grundlegende Einsicht der Tiefenpsychologie, dass das Ich die Hilfe des Selbst, die für eine Individuation unumgänglich ist, nicht erzwingen, sondern nur erbitten kann.

„Gnade" impliziert „Erleuchtung". Es war ein Zeichen von Instinktsicherheit – des Gegenteils positivistischer Verkopfung –, wenn in der christlichen Tradition z. B. die Konzilsväter, bevor sie an ihre Beratungen herangingen, um „Erleuchtung" durch den Heiligen Geist beteten, oder wenn es im Vorbereitungsgebet zur Beichte hieß: „Komm, Heiliger Geist, erleuchte und stärke mich, damit ich meine Fehler richtig erkenne, von Herzen bereue ... und mich wahrhaft bessere."

Gebet und Entscheidungsfindung

Wie das Beten um „Erleuchtung" in der spirituellen Tradition auch bei der Entscheidungsfindung in Dingen „dieser" Welt angewendet wurde, wird ersichtlich aus jenen wenigen Seiten der geistlichen Tagebücher des Ignatius von Loyola, die dieser vergessen hatte, vor seinem Tode zu verbrennen (vgl. 62). Sie enthalten Aufzeichnungen über jenen Zeitraum von zwei Monaten, während dem sich Ignatius beim Abfassen der Ordensregel mit der Frage herumplagte, ob die Ordenshäuser ein festes Einkommen (eine Pfründe) haben oder ob die Ordensleute für ihren Unterhalt selber aufkommen sollten. Im ersten Fall wäre mehr Zeit für die Seelsorge zur Verfügung gestanden, doch hätte diese Lösung die Gefahr der „Verfettung" in sich geborgen. Ignatius ging so vor, dass er für jede der beiden Lösungen Vor- und Nachteile erwog, diese niederschrieb und jeden Tag überdachte. Nach dem Überdenken stellte er jeweils die ganze Sache – beim Feiern der Messe – „Gott anheim" und bekundete die Bereitschaft, die „Entscheidung Gottes" zu akzeptieren. Im Verlauf der zwei Monate wurde er – durch sorgfältige Beobachtung seiner „inneren Regungen" – immer sicherer, welches die richtige („gottgefällige") Lösung ist. Diese hat sich denn auch bis in unsere Zeit hinein bewährt.

Bemerkenswert an dieser Art der Entscheidungsfindung ist die Kooperation von Bewusstsein und Unbewusstem: eine Kooperation, die auch die klassische Sufik pflegte, indem sie forderte, zunächst die eigenen Möglichkeiten – d. h. die Möglichkeiten des Ich – voll auszuschöpfen und erst dann „Ergebung in den Willen Gottes" zu üben. In der spirituellen Tradition war eben erkannt worden, dass der Prozess der Entscheidungsfindung sowohl bei „weltlichen" wie bei ethischen Problemen auf diese Weise optimiert wird.

Heute könnte dies ein erhellendes Beispiel für zwei entgegengesetzte untaugliche Tendenzen sein: für die vom Positivismus übernommene Tendenz, alle Probleme mit der Ratio allein zu lösen, wie auch für die in tiefenpsychologisch orientierten Kreisen zu beobachtende Neigung, sich durch die Träume allein führen zu lassen. Dass das in der spirituellen Tradition erarbeitete Vorgehen bei der Lösung nicht nur ethischer, sondern auch „weltlicher" Probleme angewendet werden soll, ergibt sich daraus, dass Individuation ja heute nicht mehr im abgeschiedenen klösterlichen Bezirk unter dem Gelübde des „heiligen" Gehorsams geschieht, sondern in eigener Verantwortung in der „Welt": während Ausübung all der Pflichten und der Lösung all der Aufgaben, die sich beim Leben in Familie und Gesellschaft, im Beruf und in Ämtern ergeben.

Inneres Gebet und aktive Imagination

Kommen wir auf das innere Gebet zurück: auf die hohe Schule der spirituellen Ausbildung. Wie gesagt, wuchs es aus der Kontemplation hervor und ging einher mit einer Veränderung des Bewusstseinszustandes. Im visionären Zustand wurden die „gesehenen" Gestalten als reale Wesen erlebt. Der innerlich Betende war dann überzeugt, mit Christus, mit Maria, mit dem Erzengel Michael oder einem Heiligen persönlich ein Gespräch zu führen. Wie dies vor sich ging, kann man z. B. dem Buch „Liber specialis gratiaae" (Buch der besonderen Gnade) der Zisterzienserin Mechthild von Hackeborn (1241-1299) entnehmen (vgl. 5).

Beim kontemplativen Leben nach dem Grundsatz: „Gott finden in allen Dingern" ergab sich im Zisterzienserinnenkloster während des ganzen Tages Anlass zu „Gesprächen der Seele mit metaphysischen Wesen": bei der Messfeier, beim Kommunionempfang, beim Chorgebet und beim „privaten" Gebet sowie bei der geistlichen Lesung. Oft waren dies vorwiegend verbale Gespräche. So sagte Mechthild einmal während eines „privaten" Gebets zu Christus: „O tausendfach Ersehnter, könnte ich doch aus den tiefsten Abgründen der Welt zu dir seufzen!" Der „göttliche Meister" entgegnete ihr: „Und was würde dir das nützen? Denn an jeglichem Ort ziehst du mich durch dein Seufzen in dich. Wie ein menschliches Herz ohne Luft nicht leben kann, so lebt eine

Seele ohne meinen Geisthauch durchaus nicht; sie muss als tot erachtet werden ..."

Oft stand die „Schauung" im Vordergrund. Da die Nonne Mechthild eine sogenannte Brautmystik mit ihrem „himmlischen Bräutigam" pflegte und dabei vor allem dessen „göttliches Herz" verehrte, schaute sie dieses in immer neuen Bildern. Einmal sah sie es als Lampe, die der Herr während der Opferung in der Messe – mit der Gebärde, die der Priester dabei macht – emporhob. Von dieser „göttlichen" Lampe gingen Stricke aus, an denen die Herzen der anwesenden Gläubigen als Lämpchen hingen. Einmal bot Christus Mechthild an, ihr Herz in der Liebe seines Herzens zu waschen. Als er dazu die Türe seines „honigfließendem Herzens" aufschloss, eröffnete sich Mechthild der Ausblick auf einen Weingarten mit einer Quelle, umgeben von 12 Bäumen. Die Quelle war – so erläuterte ihr Christus – die Quelle der Liebe, und in dieser wurde die „Seele" gewaschen. Dadurch wurden die Fische in der Quelle sowie die Reben zu Gläubigen, und Christus erklärte der „Seele", der Weingarten, der sein Herz „ist", sei die Kirche.

Vom Inhalt her ist uns zwar das, was sich im Kopf einer mittelalterlichen Nonne abspielte, fremd. Aufschlussreich ist das „Liber specialis gratiae" jedoch deshalb, weil Mechthild protokollarisch berichtet, was beim inneren Gebet geschah, und weder theologische noch psychologische Spekulationen daran anknüpft. So können wir das innere Gebet als Parallele erkennen zu einem seelischen Geschehen, das auch heute – in der analytischen Praxis – beobachtet werden kann.

C.G. Jung kannte die christliche spirituelle Tradition kaum. Er wusste zwar etwas über die „Exercitia spiritualia" des Ignatius, doch war dieses Wissen verzerrt, da es ihm ein aus dem Orden ausgestoßener ehemaliger Jesuit, Ernesto Buonaiuti, der diesen Dingen gegenüber negativ eingestellt war, vermittelt hatte. Es ist nun interessant, dass Jung eine Methode entwickelt hat, die der des innerlichen Betens sehr nahe kommt: die aktive Imagination. Bei dieser Imagination wird versucht, sich Figuren vorzustellen, die einem in Träumen oder sonstigen selbst erlebten Gestaltungen des Unbewussten begegnet sind. Dazu ist eine gewisse Absenkung des Bewusstseinsniveaus und eine Abschirmung des Bewusstseins gegen Sinneswahrnehmungen erforderlich, also ein Sich-Versetzen in einen Zustand, wie er bei den Versenkungspraktiken angestrebt wird.

„Aktiv" nannte Jung diese Imaginationsart, weil der Imaginierende versuchen soll, mit den Figuren Kontakt aufzunehmen. Er soll sie ansprechen, ihnen Fragen stellen. Das Interessante ist, dass die Figuren darauf Antwort geben. Das ist nichts Übernatürliches. Das Unbewusste teilt sich dabei einfach – gleich wie in Träumen und Visionen – dem Bewusstsein mit. Der Imaginierende soll sogar selber in die vorgestellte Szene eintreten und agieren. Er soll sich mit den Gestalten und mit dem Geschehen auseinandersetzen, soll widersprechen und Widerstand leisten, wenn er mit etwas nicht einverstanden ist.

Es gibt Menschen, die für aktive Imagination begabt sind. Andere sind es nicht. Wenn es einem jedoch gelingt, auf diese Weise zu imaginieren, wird dadurch der Individuationsprozess sehr gefördert. Er wird intensiviert und auch beschleunigt. Dies ist aber nur dann der Fall, wenn alles Übrige stimmt: wenn die Imagination „in reiner Absicht" vorgenommen wird, z. B. nicht zur „Selbstergötzung" oder als Flucht vor der Realität (vgl. 70).

Im Prinzip sind somit das kontemplative innere Gebet und die aktive Imagination das Gleiche, und doch bestehen Unterschiede. Beim inneren Gebet wurden Gestalten des christlichen Mythos – Gestalten aus dem kollektiv überlieferten Vorstellungsschatz – imaginiert. Bei der aktiven Imagination sind es Gestalten, die dem betreffenden Menschen im eigenen Leben „erschienen" sind. Dabei ist aber zu bedenken, dass auch die überlieferten Gestalten des christlichen Mythos – z. B. die Trinität, Engel und Teufel – einst aus Fantasien hervorgegangen sind, seien es nun Träume, Wachfantasien oder Visionen. Diese können dem Unbewussten des Imaginierenden ebenso als „Vehikel" für dessen „Botschaften" dienen wie die selbst erlebten.

Wenn die Kirche solchen „persönlichen Offenbarungen" gegenüber sehr skeptisch war, viele große Spirituelle peinlichen Verhören unterwarf und diese sogar als Ketzer verdammte, hat dies seinen Grund darin, dass das Unbewusste bei seinen individuellen, auf eine konkrete Lebensproblematik abgestimmten Botschaften keine Rücksicht auf die vom kirchlichen Lehramt deklarierte Dogmatik nimmt. Bei wiederholter aktiver Imagination kristallisieren sich übrigens eine oder einige wenige Gestalten heraus, die zu diesem Menschen „gehören", zu denen er ein ganz persönliches, vertrautes Verhältnis hat. Dies erinnert sehr an die „Schutzgeister" der nordamerikanischen Indianer, die bei der Visionssuche „gefunden" wurden, sowie an die „Hilfsgeister" der Schamanen, die diese während ihrer Initiationszeit – in „Trance"-Zuständen – „einfingen".

Was das subjektive Empfinden betrifft, besteht natürlich ein grundlegender Unterschied zwischen Mystikern, Indianern und sibirischen Schamanen auf der einen Seite und einem „aktiv" Imaginierenden auf der anderen. Erstere hielten die Gestalten, mit denen sie „sprachen", für reale Wesen, während der „aktiv" Imaginierende nach der Übung weiß (oder wissen könnte!), dass die „Kontaktpersonen" bildhafte Gestaltungen des Unbewussten zwecks Veranschaulichung an sich unanschaulicher Sachverhalte sind.

Das archaische Verständnis des inneren Gebets ist zwar überholt. Es scheint mir jedoch wichtig zu sehen, dass mit der aktiven Imagination ebenso wie mit dem Bemühen um Individuation nichts grundlegend Neues betrieben wird, sondern dass man damit nur etwas wieder aufnimmt, das in archaischer Zeit schon zu hoher Meisterschaft entwickelt worden ist. Sieht man dies, dann kann man auch eher erkennen, dass die heute aufkommenden bzw. wieder aufgenommenen Psychotechniken nicht isoliert angewendet werden sollten: dass all die „Hilfen", die in spirituellen Schulen zur Unterstützung der unumgänglichen Mitwirkung des Ich im Individuationsprozess entwickelt wurden, ein Ganzes bilden, wobei die eine die andere unterstützt.

Mystik und Mystiker (-innen)

Beim Reden über Spiritualität wird häufig der Ausdruck Mystik gebraucht. Mit diesem Wort wird jedoch recht undifferenziert umgegangen. Vor allem wird kaum unterschieden zwischen Erlebnismystik und geäußerter Mystik. Der Allgemeinheit direkt zugänglich ist nur die geäußerte Mystik: die sogenannte mystische Literatur. Diese ist auch in der Regel gemeint, wenn man von Mystik spricht. Dabei sollte aber nicht übersehen werden, dass die Erlebnismystik das Primäre ist. Jedes Werk der „großen" mystischen Literatur setzt nämlich ein Erleben des Numinosen voraus. Andererseits hat bei Weitem nicht alles Erleben des Numinosen – sogar nur ein verschwindend kleiner Teil davon – literarischen Ausdruck gefunden.

Die Ausdrücke numinos und das Numinose wurden von Rudolf Otto in unseren Sprachschatz eingeführt (vgl. 107). Numinos kommt von lat. numen (= Nicken mit dem Kopf als Willensbekundung). Bei den Römern hatte dieses Wort im entsprechenden Kontext die Bedeutungen: göttlicher Wille, göttliches Walten, Gottheit. Statt von Erlebnis des Numinosen sprach man bei uns früher von Gotteserlebnis. Diese Ausdrucksweise setzte die archaische Vorstellung voraus, Gott sei dem betreffenden Menschen persönlich begegnet oder habe wenigstens dessen Seele berührt. Obwohl Rudolf Otto selber noch der archaischen Weltsicht verhaftet war, lässt das Reden vom Erleben des Numinosen doch auch die Möglichkeit zu, dass man sich die „Macht", die vom Ich erlebt wird, als seelische „Macht" vorstellt. Aus diesem Grund finde ich es besser, beim Reden über die Erlebnismystik vom Erleben des Numinosen statt von Gotteserlebnissen zu sprechen.

Erlebnisse des Numinosen kann man heute beim Begleiten von Individuationsprozessen immer wieder beobachten. Oft finden sie beim Schauen innerer Bilder statt: in „großen" Träumen oder seltener bei Visionen. Sie können sich aber auch als Evidenzerlebnisse ereignen: als Erlebnis, bei dem die Welt für den betreffenden Menschen plötzlich „ganz anders" aussieht. Als Begleiter von Individuationsprozessen kann man jeweils feststellen, dass der Analysand durch das Erlebnis tatsächlich ein anderer geworden ist. Die „Wucht" des Erlebens des Numinosen ist nicht immer gleich groß. Oft ist es eine „leise Berührung", oft eine totale Erschütterung.

Ich habe bisher vom inneren Wahrnehmungsstrom wie von einem Informationsstrom gesprochen. Als solcher wird er ja in der analytischen Praxis in erster Linie gehandhabt. Man bemüht sich dort, den Bedeutungsgehalt der Bilder und Geschehensabläufe, die dem Ich zufließen, zu verstehen, damit der Analysand erkennt, was das Unbewusste ihm „sagen will". Innere Wahrnehmung hat aber immer auch eine Erlebniskomponente. Gewisse Träume jagen uns Schrecken ein, andere beglücken uns.

Die in Träumen erscheinenden Figuren kann man gewissen Kategorien zuordnen. Da sind z. B. – in der Terminologie von Jung – die sogenannten Schattenfiguren: gleichgeschlechtliche Figuren, die sowohl verdrängte Gefühle und Eigenschaften als auch nicht realisierte Möglichkeiten veranschaulichen; da sind ferner die Veranschaulichungen der „gegengeschlechtlichen Komponenten": der Anima beim Mann, des Animus bei der Frau. Dann gibt es noch die Kategorie des Alten Weisen und der Großen Mutter: Figuren, durch die „Mächte" aus den tieferen seelischen Schichten veranschaulicht werden. Schließlich gibt es die Kategorie jener Gestalten – es können Personen sein oder geometrische Figuren –, durch die sich das Selbst dem Ich zu erkennen gibt.

Bezüglich der Erlebnisqualität kann man diese Figuren in eine hierarchische Ordnung bringen. Die größte Intensität des Erlebens haben die Veranschaulichungen des Selbst. Sie treten dementsprechend selten auf, und wenn sie auftreten, bewirken sie jenes Erleben, das in archaischer Zeit als Gotteserlebnis bezeichnet wurde. Die Bilder, durch die das Selbst sich dem Ich darstellt, sind gleich denen, die Religionswissenschaftler als Gottesbilder aus aller Welt zusammengetragen haben. Dabei ist wiederum zu bedenken, dass auch die historisch wirksam gewordenen Gottesbilder einst aus innerer Wahrnehmung (vgl. Offenbarung im Gesicht) hervorgegangen sind.

Numinose Erlebnisse können während eines individuellen Lebens zu verschiedenen Zeiten und aus unterschiedlichem Anlass auftreten. Oft brechen sie unerwartet und unvermittelt in das Leben eines Menschen ein. In archaischer Zeit wurden solche Ereignisse – bzw. das, was sie bewirkten – Bekehrungen genannt. Oft jedoch ist numinoses Erleben die Frucht jahrelangen Bemühens auf dem Weg der Individuation. Es bewirkt dann das, was ich als Glaubensgewissheit bezeichnet habe: jenen Seelenzustand, der in fremden spirituellen Traditionen mit Ausdrücken wie Tawakkul und Debekuth benannt worden ist.

Mystisches Schrifttum

Was bei numinosem Erleben – in der Erlebnismystik – erlebt wird, lässt sich, wie alles Erleben, nicht oder doch nur sehr unvollständig in Worte fassen. Trotzdem haben es Menschen immer wieder versucht, und aus solchen Versuchen ist dann das entstanden, was man mystisches Schrifttum oder – im allgemeinen Sprachgebrauch – Mystik nennt.

Das mystische Schrifttum kann man einteilen in stammelnde, dichterische und spekulative Mystik. Stammelnde Mystik bricht meistens kurz nach dem Erleben aus dem betreffenden Menschen hervor. Sie ist kaum verständlich. Ein Beispiel solchen Stammelns ist das berühmte Memorial Blaise Pascals (16-23-1662). Es war nicht für fremde Augen bestimmt. Pascal hatte es als „kostbares Kleinod" in sein Kleid eingenäht. Dichterische Mystik sind viele Psalmen und Hymnen sowie sonstige in der kirchlichen Tradition weitergereichte Gebete und Lieder. Spekulative Mystik ergibt sich bei Reflexion des Erlebten bzw. Geschauten. Es ist zu unterscheiden zwischen mystischer Theologie und mystischer Psychologie. Bei mystisch-theologischen Schriften wurde das „Geschaute" (und konkretistisch Verstandene) in ein theologisches System gebracht. Bei mystisch-psychologischen Schriften wurde versucht zu verstehen, was für ein Geschehen einem „widerfahren" war. Was dabei zustande kam, waren mythische Theorien über psychisches Geschehen.

Zwischen dem Erlebnis und der Äußerung des Erlebten vergeht in der Regel geraume Zeit. Durch ein numinoses Erlebnis wird der Mensch im Allgemeinen so erschüttert, dass es ihm „die Sprache verschlägt". Äußert er sich sogleich, kommt ein Gestammel heraus wie bei Pascal. In archaischer Zeit, als die spirituelle Schulung noch institutionalisiert war, wurde das Erlebnis mit dem Seelenführer besprochen. Durch diese Besprechungen wurde es jeweils an das in dem betreffenden Kulturraum gültige Weltbild assimiliert. Dabei wirkten die Vorgegebenheit von Vorstellungen sowie die diesen entsprechende Vorgegebenheit von Wörtern und Sprache als Gussform, in die das Erlebte eingebracht werden konnte. Von daher kommt es, dass spekulative Mystik im Hinduismus, im Islam, im Judentum und im Christentum so verschiedene Gesichter hat.

Theologischen und positivistischen Religionswissenschaftlern, die nach einem gemeinsamen Nenner für das gesamte mystische Schrifttum suchen, bereitet diese Unterschiedlichkeit der „Erlebnisberichte" über Gott und jenseitige Welt große Schwierigkeiten.

Für den tiefenpsychologisch orientierten – dem heutigen Bewusstseinsniveau adäquaten – Religionswissenschaftler ist sie hingegen leicht durchschaubar. Das Bewusstsein ist eben ans Unbewusste rückgekoppelt. Das Unbewusste „kennt" auf Grund dieser Rückkoppelung die Vorstellungen, die im Bewusstsein vorhanden sind: den Bilderkanon, den der Mensch bei seiner Sozialisation in sich aufgenommen hat. In der Regel kleidet das Unbewusste seine Botschaften in die Bilder, die dem Ich bekannt sind, jedoch nur in der Regel. Das Unbewusste benützt nämlich zur Veranschaulichung des gleichen Inhalts nicht immer das gleiche Bild. Man kann sagen, die Bildersprache des Unbewussten enthalte viele Synonyme. Aus diesem Grund sind in der Vergangenheit bei „Gotteserlebnissen" immer wieder neuartige (unorthodoxe) Gottesbilder aufgetaucht.

In Religionen, in denen Orthopraxis wichtiger ist als Orthodoxie – z. B. im Hinduismus –, führte dies zu immer neuen „Philosophien" bzw. Metaphysiken. In Religionen mit einem starken orthodoxiebewahrenden Apparat hingegen – z. B. im Christentum – war es für den, der ein „Gotteserlebnis" hatte, im vollen Sinn des Wortes lebenswichtig, die geschauten Bilder an den bestehenden Kanon zu assimilieren. Dass dies nicht immer gelang, lehrt die Ketzergeschichte zur Genüge.

Bei der Reflexion eines Mystikers über das Geschehen, das ihm „widerfahren" war, wurde meistens auf bestehende Erklärungsmodelle zurückgegriffen. Wie wir gesehen haben, eignete sich dazu besonders gut das gnostische Modell. Dies war z. B. bei Meister Ekkehard der Grund, weshalb er verurteilt wurde. Die Lektüre mystischen Schrifttums ist heute – im Rahmen des weit verbreiteten religiösen Aufbruchs – sehr beliebt. Für den Individuationsprozess kann dies förderlich sein, doch birgt es auch Gefahren in sich. Förderlich kann diese Lektüre sein, wenn sie im Sinn der traditionellen „geistlichen Lesung" geschieht: wenn sie in das Gesamt der Maßnahmen zur Unterstützung der Mitarbeit des Ich eingebettet ist. Voraussetzung ist allerdings, dass der Betreffende die Bewusstseinsmutation kennt: dass er archaische Formulierungen in die heutige Weltsicht übersetzen kann.

Der Individuationsprozess kann aber durch die Lektüre mystischen Schrifttums auch gefährdet werden, z. B. dann, wenn sie als Alibiübung geschieht: als (unbewusster) Vorwand dafür, „es" nicht selber tun zu müssen. Statt zu Lebenserfahrung führt Mystiker-Lektüre dann bloß zu Leseerfahrung und damit zur Illusion, man habe „es" getan. Schädlich für die Individuation ist die Lektüre mystischen Schrifttums auch dann, wenn sie in ausgesprochen „unreiner" Absicht geschieht: in der Absicht, Wissen über die „andere" Welt oder „höheres" Wissen über „diese" Welt zu gewinnen. Abgesehen davon, dass mystisches Schrifttum diese Erwartung gar nicht zu erfüllen vermag, führt die in dieser Absicht unternommene Lektüre zwangsläufig nicht nur am Eigentlichen – am Begehen des Weges – vorbei, sie führt sogar noch tiefer in die Mentalität unserer Haben-Kultur hinein: in ein Konsumverhalten, das lediglich von einer zu nichts verpflichtenden Neugier angetrieben wird.

Meines Erachtens sollte man sich weniger mit spekulativer Mystik befassen, dafür umso mehr mit den Mystikern (-innen): mit deren Leben und Ringen, deren Schwierigkeiten und der Art und Weise, wie sie mit diesen umgegangen sind, sowie mit der Art, wie sie das Erlebte in gelebtes Leben umgesetzt haben. Die Menschen, die heute Mystiker genannt werden, waren in erster Linie Meister der Spiritualität. Im Bereich der existenziellen Einstellung waren sie das, was heute im Bereich der objektivierenden die Nobelpreisträger sind. An ihrem Leben wird beispielhaft klar, worum es bei der Wandlung von der der ersten Lebenshälfte angemessenen Einstellung zu der der zweiten Lebenshälfte angemessenen ankommt: dass es darauf ankommt, ein freier Mensch zu werden, d. h. ein Mensch, der so weit wie möglich frei geworden ist von dem, was Buddha als Ursachen sowohl subjektiver Frustration wie auch des von Menschen verursachten Unheils erkannt hat.

Die dazu nötige Haltung hat Ignatius „Indifferencia" genannt, Franz von Sales (vgl. 112) nannte sie „Gleichmut". Sie meinten damit echte religiöse Einstellung, bei der der Mensch in aller Aufrichtigkeit sagen kann: „Ich möchte zwar das und das, aber nicht mein, sondern dein (des inneren Meisters) Wille geschehe." Im Licht der heutigen Modellvorstellung der Psyche kann diese Haltung wie gesagt, negativ formuliert. als Freisein von Ichzentriertheit verstanden werden, positiv formuliert, als Hand-in-Hand-Gehen des Ich mit dem Selbst.

Vertiefen wir uns in das konkrete Leben und Ringen der sogenannten Mystiker, tritt uns deutlich vor Augen, dass dieses Freisein nur erreicht werden kann, wenn man nach der Lebensmitte das vollzieht, was die Meister der Spiritualität – quer durch alle Religionen hindurch – loslassen, der Welt absterben, selbstlos bzw. ichlos werden oder „Entwerdung" nannten: die Befreiung von dem in der ersten Lebenshälfte – bei artgemäßer Entwicklung – übermächtig gewordenen Ich.

Gnade, Gnosis und Münchhausen

In der heutigen westlichen Welt ist die Problematik des übermächtigen Ich komplexer als in archaischen Kulturen. In archaischen Kulturen, wo man ohne wissenschaftliche Untersuchungen einfach aus „Instinktsicherheit" wusste, dass der Mensch sich erst einmal ins Leben hinausbegeben und in die Welt verstricken muss, ging es lediglich darum, in der zweiten Lebenshälfte die dabei entstandene Einseitigkeit zu korrigieren. Bei uns hingegen kommt dazu noch die beim ersten Schritt der Bewusstseinsmutation entstandene prinzipielle Ichzentriertheit: unsre Prägung durch das Homo-faber-Symbol. Durch diese Prägung ist uns das Gespür für das, was religiöse Haltung im Kern ist, völlig abhanden gekommen.

Indem im weltanschaulichen Positivismus das Ich als der alleinige Meister gilt, herrscht bei uns allgemein die Meinung vor, psychische Reifung könne vom Ich allein bewerkstelligt werden. Im Licht der heutigen erfahrungswissenschaftlichen Sicht der Psyche – sowie des Wissens der spirituellen Tradition – erweist sich dies wie gesagt als Illusion. Ein Mensch, der dieser Meinung huldigt, lebt nach der Lügengeschichte des Barons von Münchhausen, der erzählte, er habe sich zusammen mit seinem Pferd am eigenen Schopf aus dem Sumpf herausgezogen. Dieses Münchhausen-Syndrom erweist sich heute als allergrößtes Hindernis beim Begehen des Individuationsweges. Da es nur selten als spezifisches Problem unserer Zeit erkannt wird, muss es gezielt ins Auge gefasst werden.

Wie gesagt, kann man bei der Begleitung von Individuationsprozessen immer wieder feststellen, dass die Sache in dem Moment „gelaufen" ist, in dem sich Glaubensgewissheit einstellt: in dem der Analysand die Gewissheit erlangt, dass auf den inneren Meister unbedingter Verlass ist, mit anderen Worten: in dem Moment, wo der Analysand das Münchhausen-Syndrom überwunden hat.

Nun geht die tiefenpsychologische Methode von einem Modell der Psyche aus, in dem zwei Aktivitätszentren angenommen werden, „Ich" und „Selbst", und in dem ganzheitliches Menschsein als Ergebnis einer Optimierung der von diesen beiden Zentren ausgehenden Tendenzen verstanden wird (meistens sagt man stattdessen: Vereinigung der Gegensätze). Damit wären die theoretischen Voraussetzungen zur Aktualisierung des Erfahrungswissens gegeben, das die aus der theistischen Tradition hervorgegangenen Schulen der Spiritualität erarbeitet haben. Wie aber verhält es sich beim psychagogischen Bemühen im Bereich der New-Age-Bewegung, die sich ja nicht an die theistische, sondern an die gnostische spirituelle Tradition anlehnt?

Während man in der theistischen Tradition mehr die vom Selbst ausgehende, der Neigung des Ich zur „Sünde" entgegenwirkende Hilfe zur Ganzheit ins Auge gefasst und dabei den Begriff „Gnade" entwickelt hat, wurde in der gnostischen Tradition der Blick mehr auf das Bemühen des Ich um Ganzheit gerichtet. Als ich sagte, die Gnostiker haben Bewusstwerdung als menschliche Leistung verstanden, ging es mir darum, den Unterschied zwischen gnostischer und „gnadenhafter" Sichtweise deutlich zu machen. Diese Akzentsetzung der Gnosis auf das Selbermachen-Können half uns auch zu verstehen, weshalb beim Übergang von der Psychotherapie zur Psychagogik der vom Homo-faber-Symbol geprägte westliche Mensch das gnostische Gedankengut bevorzugt hat.

Jetzt müssen wir versuchen, die Sache differenzierter zu sehen. Wir müssen uns bewusst werden, dass die in den gnostischen Schulen der Spiritualität übliche Auffassung des Selbermachen-Könnens doch sehr verschieden war von der im Bild des Homo faber symbolisierten Auffassung existenzieller Haltung. Erinnern wir uns, dass Letztere als areligiös bezeichnet werden kann, weil der weltanschauliche Positivismus das Ich für die alleinige Instanz hielt und zudem von der irrigen Annahme ausging, der Mensch sei seiner Natur nach gut. Im Unterschied dazu galt es in der gnostischen Tradition – in der hellenistischen wie in der ostasiatischen – als selbstverständlich, dass der „in der Materie gefangene" Mensch zum Bösen (indisch: zum unbewussten Dahinleben) neigt. Was jedoch das Entscheidende ist: alle gnostischen Schulen wussten, dass Erleuchtung geschieht: dass der Mensch zwar seine Seele durch Meditation und Askese auf diese vorbereiten kann, dass es ihm aber unmöglich ist, Erleuchtung willentlich herbeizuzwingen.

Die Seelenvorstellung der hellenistischen Gnosis galt christlichen Mystikern gerade deshalb als bestes Modell zur Erklärung dessen, was ihnen „widerfuhr", weil sie die Annahme impliziert, die Seele enthalte neben dem „Verstand" (Ich) noch einen Rest der einst aus dem Pleroma herabgeflossenen göttlichen Substanz: etwas, das wissender und mächtiger ist als das Ich. Aus der großen Schar derer, die in der christlichen Tradition sich an die gnostische Seelenvorstellung anlehnten, sei hier wiederum Meister Ekkehard erwähnt. Dieser wurde nicht müde, für den „ungeschaffenen Seelengrund", wie er diesen „Rest göttlicher Substanz" nannte, immer neue Ausdrücke zu erfinden: Seelenfünklein, Kleidhaus Gottes, Burg in der Seele oder – was heute immer wieder zitiert wird – Christus in uns.

Auch im ostasiatischen Bereich nahm man an, die Seele umfasse mehr als das Ich. Erinnert sei an die Vorstellung des Atman im Vedanta, des Purusha im Samkhya und – bei Berücksichtigung des mikro-makrokosmischen Homologiedenkens – an das Tao im chinesischen Raum. Auch im Urbuddhismus wurde etwas das Ich Übersteigendes vorausgesetzt. Obwohl dort – im Gefolge der Ablehnung theoretischer Spekulation durch Gautama Buddha – sogar die Vorstellung einer Seele abgelehnt wurde, war man doch bei der spirituellen Praxis darauf aus, das Ich auf das Erleuchtetwerden vorzubereiten.

Die Menschenbilder der gnostischen Religionen können somit – ebenso wie die der theistischen – dem Typus der Anthroposfigur zugeordnet werden. Hält man sich das vor Augen, wird erkennbar, dass sie sich kategorial vom ichzentrierten Menschenbild des weltanschaulichen Positivismus unterscheiden. Das Erfahrungswissen über den Weg zur Ganzheit, das gnostische Schulen erarbeitet haben, wird für uns heute Lebende wohl erst dann fruchtbringend erschlossen werden können, wenn wir im Stande sind, diesen Unterschied zu sehen.

Gnade und Individuation

Kommen wir auf die theistische Tradition und deren Gnaden-Begriff zurück. Wie gesagt, kann dieser Begriff für das Verständnis des Individuationsprozesses sehr fruchtbar sein, doch kommt es darauf an, in welcher Bedeutung man ihn gebraucht. Eine eigentliche Gnaden-Lehre wurde vor allem im Christentum entwickelt. An dieser ist zu unterscheiden zwischen den Beobachtungen, die bei seelischen Reifungsprozessen gemacht wurden, und der (mythischen) Theorie, mit der man das Beobachtete erklärte. Diese Theorie hat im Zug der Bewusstseinsevolution eine bemerkenswerte Entwicklung durchgemacht.

Bis zur Reformation galt die Vorstellung der „heiligmachenden" Gnade. Man stellte sich vor, durch diese werde eine seinsmäßige Veränderung vom „Sünder" zum „Gerechten" bewirkt. Vermittelt werden konnte dem Menschen die „heiligmachende" Gnade nach damaliger Vorstellung nur durch sakramentale Riten (Tauf- und Beicht-Ritus), und Riten konnten – so glaubte man – mit Ausnahme der „Nottaufe" – nur vollzogen werden durch Priester: durch Menschen also, denen ein Bischof im Ritus der Priesterweihe die „Mächtigkeit" dazu verliehen hatte. Diese stockarchaische Auffassung des Gnaden-geschehens wurde in der katholischen Kirche bis in unsere Zeit beibehalten.

Indessen kreierten die Reformatoren schon im 16. Jh. eine weniger archa-ische Theorie des Gnadengeschehens. Erstens lehrten sie, der Mensch erfahre die Gnade Gottes durch den Glauben allein (d. h. ohne Ritus). Zweitens lehn-ten sie die Vorstellung ab, dass Gnade die menschliche Natur wesensmäßig verändere. Sie waren der Meinung, Gnade sei „helfend" und „heilend"; der Mensch werde durch sie zwar „vor Gott gerechtfertigt" bleibe jedoch nach wie vor ein Sünder.

Bei heutiger Weltsicht könnte man diese reformatorische Gnaden-Theorie wie folgt formulieren: Durch eine vertrauensvolle Einstellung zum Unbewuss-ten gelangt das Ich in den Wirkungsbereich der vom Selbst ausgehenden, die Ganzheit fördernden (= integrierenden) Tendenz, welche der dem Ich imma-nenten desintegrierenden Tendenz entgegenwirkt. Dadurch wird eine Opti-mierung der psychischen Aktivität ermöglicht. Fassen wir das Gnadengesche-hen in diesem reformatorischen Sinne auf, dann können wir aus den gehalt-vollen Gnadentraktaten der Theologie (auch der katholischen) sowie aus den reichen Erfahrungsberichten der (vorwiegend katholischen) spirituellen Lite-ratur sehr viel Know-how über die „Kunst" der Individuation gewinnen.

Die Wege zur Überwindung der Ichzentriertheit waren in der „gnadenhaf-ten" und in der gnostischen Tradition deshalb so verschieden, weil diese bei-den Typen spiritueller Schulung von unterschiedlichen Typen der Gottesvor-stellung ausgingen sowie von unterschiedlichen (mythischen) Theorien über die Entstehung der Welt.

Die Haltung, die dabei angestrebt wurde, war jedoch in allen Schulen das, was wir in unserer Sprache als Haltung des Geschehen-lassen-Könnens bezeichnen. Diese Haltung war gemeint mit den Ausdrücken Nachfolge Christi, Tawakkul und Debekuth, aber auch mit Moksha und Nirwana sowie mit Im-Tao-Sein. Immer galt dies als schwer zu erreichende Kunst, weil es dabei um die Optimierung divergierender Tendenzen in einem dynamischen Prozess geht: um Optimierung, die immer wieder gefährdet ist und immer wieder neu erarbeitet werden muss.

Als Beispiel dafür, wie in der christlichen Tradition um diese Kunst gerungen wurde, sei der mittelalterlichen mystologische Traktat „Theologia Deutsch" (vgl. 59) – die Schrift eines anonymen Klerikers – erwähnt. Darin wird nicht nur sehr differenziert über die „richtige" Einstellung des Ich nach-gedacht. Es wird auch mit Nachdruck betont, dass die so viel besprochene „Unio mystica" sich nicht im Schwelgen in Einheitserlebnissen erschöpfen dürfe, sondern dass sie zum Tragen kommen müsse als Zusammenwirken von Ich und Selbst im Leben: als „Leben aus der seelischen Mitte" bzw. als gelebte Menschlichkeit. In diesem Zusammenhang ist interessant, dass viele der bekannten Mystiker entgegen der allgemeinen Vorstellung – ein sehr aktives Leben gelebt haben (vgl. Theresa von Avila).

Die „dunkle Nacht der Seele"

Das Geschehen-lassen-Können ist eine gute Sache, solange „es" geschieht: solange das Fließen des „Gnadenstromes" verspürt wird. Das ist aber nicht immer der Fall. Im Verlauf eines Individuationsprozesses kommt es immer wieder vor, dass man plötzlich die Hilfe des Selbst nicht mehr erfährt: dass das Unbewusste sich in Schweigen hüllt – eventuell über längere Zeit.

Dieser Zustand ist schwer zu ertragen. Er führt nicht nur zu Niedergeschlagenheit, sondern in vielen Fällen zu wirklicher Hoffnungslosigkeit. Man beginnt am Sinn des Bemühens um Individuation zu zweifeln. Groß wird die Versuchung, die Flinte ins Korn zu werfen und ins „Leben von vorher" zurückzukehren, das rückblickend in solchen Zuständen oft paradiesisch erscheint. Oft regt sich sogar die Neigung zu Suizid.

In der spirituellen Tradition war dieser Zustand bestens bekannt. Schon die Wüstenväter sprachen davon – sie nannten ihn acedia. Seit jenen Anfängen christlichen Mönchtums durchzieht die Klage über Zeiten der Trockenheit, der Dürre, der Mutlosigkeit, des Misstrosts usw. die Geschichte der Spiritualität wie ein roter Faden. Johannes vom Kreuz (1542-1591) schrieb darüber, aus eigener bitterer Erfahrung schöpfend, ein klassisch gewordenes Buch von hoher dichterischer Kraft: „Dunkle Nacht der Seele." Viel schlichter und konkreter hat die jung verstorbene Therese von Lisieux (1873-1897) in ihrer Autobiografie die Qual der „Nacht" und ihren Kampf gegen sie beschrieben.

In den Lehrbüchern der Spiritualität wurde die „seelische Nacht" – gemäß dem Grundmuster archaischer Weltsicht – als Angelegenheit der Beziehung zwischen Gott und Mensch dargestellt. Im islamischen Bereich schrieb z. B. der Sufi-Meister Qusaryi, ein Zeitgenosse von Abu Said, in seinem Lehrbuch: „Beklommenheit (qabd) entsteht durch Gottes Verhüllung, Gelöstheit (bast) durch Gottes Enthüllung." Ferner: „Er (Gott) beklemmt die Herzen durch seine Abkehr und löst sie durch seine Zukehr (906, 5, 191)." Im christlichen Bereich nannte man die seelische Nacht" – dem gleichen Denkmuster folgend – auch Gottesferne, Gottesverlassenheit und Schweigen Gottes.

Das Schrifttum der spirituellen Schulen enthält aber nicht nur mythische Theorien über das Zustandekommen der „Nacht", sondern auch Verhaltensregeln und Beispiele des „richtigen" Verhaltens in diesem Zustand.

Nach den Regeln der Tiefenpsychologie ist der Analysand anzuweisen, nach dem Sinn der Depression zu fragen: zu fragen, was das Unbewusste durch sein Schweigen von ihm „will". Wird dieser Ratschlag befolgt, erweist er sich als sehr förderlich. Es zeigt sich dann, dass die „Nacht" eine Art Inkubationszeit ist, während der unter der Bewusstseinsschwelle ein Inhalt heranreift, der durch das Bemühen des Ich – durch sein Fragen nach dem Sinn der Depression – ins Bewusstsein emporgehoben wird. Sehr häufig kommen jedoch beim Analysanden in diesem Zustand keine derartigen Ratschläge an, weil bei ihm das Erleben der Sinnlosigkeit allen Bemühens übermächtig geworden ist.

Hilfreicher sind dann meistens die pragmatischen Verhaltensregeln, die die spirituelle Tradition in jahrhundertelangem Umgang mit dem Zustand der „seelischen Nacht" bzw. des „Misstrosts" erarbeitet hat. Die Quintessenz dieses Know-how ist: während des „Misstrosts" (desolatio) dürfen keine Entscheidungen gefällt werden. Hingegen soll man alle geistlichen Übungen (Versenkung, Entsagung, geistliche Lesung, Gebet), die man sich in Zeiten des Trosts (consolatio) vorgenommen und begonnen hat, getreulich weiterführen. Dabei soll man vor allem um die „Gabe der Hoffnung" (= Zuversicht) auf erneute „Zuwendung Gottes" beten.

Die Situation des heutigen Menschen

Die Frage nach dem Sinn ist eine zentrale Frage menschlicher Individuation: nicht nur der begleiteten, sondern auch der spontanen. Wie unerlässlich es für den Menschen ist, dem Leben einen Sinn abzugewinnen, zeigt sich auch daran, dass das Gefühl der Sinnlosigkeit in der westlichen Welt wohl die häufigste Ursache von Suizid ist.

Die Notwendigkeit, dem Leben einen Sinn abzugewinnen, ist für den Menschen charakteristisch. Sie gehört – genauso wie die Notwendigkeit, ethische, d. h. bewusste, Entscheidungen zu treffen – zu jenen „Systemeigenschaften", die beim Evolutionsschritt vom unbewussten zum bewussten Lebewesen in die Welt getreten sind. Wir haben gesehen, dass der Zwang zu ethischem Tun als Bürde gesehen werden kann: als Preis, der für den Erwerb bewussten Erkennens bezahlt werden muss. Ebenso kann der für den Menschen charakteristische Zwang, sich über den Sinn des Daseins Rechenschaft zu geben, als Preis für die Bewusstwerdung gesehen werden. Bei archaischer Weltsicht wurde die Frage nach dem Sinn von der Religion beantwortet. Religionen können geradezu als sinnstiftende Gebilde verstanden werden. Im Katechismus, dem früheren Leitfaden für den katholischen Religionsunterricht, lautete denn auch die erste Frage: „Wozu sind wir auf Erden?" Die Antwort: „Um Gott zu dienen und einst in den Himmel zu kommen." Diese Formulierung des Sinns dürfte für all jene Religionen gültig sein, die einen persönlichen, seinen Willen kundgebenden Gott annehmen.

Die Suche nach dem Sinn des Lebens

Heute, da die archaische Weltsicht sehr viele Menschen nicht mehr trägt, leuchtet die Begründung des Sinnes vom Himmel her nicht mehr ein. Die so viel beklagte Sinnkrise, in die wir dadurch geraten sind, ist ein Aspekt jener Desorientiertheit in Bezug auf das Sein und Sollen, die beim Evolutionsschritt von der archaischen zur neuen Weltsicht durchschritten werden muss. Um aus der Sinnkrise herauszukommen, müssen wir fragen: „Wie kann bei der neuen Weltsicht der Sinn des Lebens gefunden werden?" Dieses Problem muss – gleich wie das Problem menschlicher Ganzheit – von zwei verschiedenen Gesichtspunkten her angegangen werden: erstens vom objektivierenden, indem man mit erfahrungswissenschaftlichen Methoden untersucht, worin Menschen im Allgemeinen die Erfüllung ihres Lebenssinnes finden; zweitens vom existenziellen Gesichtspunkt aus, indem jeder Einzelne darum ringt, seinem individuellen, unwiederholbaren Leben einen Sinn abzugewinnen.

Beginnen wir mit der objektivierenden Betrachtung. Erfahrungswissenschaftlich (empirisch) heißt hier: unter Voraussetzung jenes erweiterten Empiriebegriffs, der durch die Entdeckung des Unbewussten zustande gekommen ist. Mithilfe der tiefenpsychologischen Methode ist zu untersuchen, wie Menschen beim Durchlaufen der von der Natur vorgeschriebenen Lebenskurve zur Sinnfindung gelangen. Wir haben gesehen, dass das Ziel psychischer Reifung im Erlangen von Ganzheit besteht. Die Beobachtung zeigt nun, dass der Mensch dann sein Leben als sinnvoll erlebt, wenn es ihm gelingt, ganzheitlich zu leben, oder wenn er wenigstens einsieht, worin diese Optimierung gegensätzlicher Tendenzen in seinem Leben bestünde.

Nun haben wir aber auch gesehen, dass jeder Lebensphase ihre spezifische Ganzheit zugewiesen ist. Infolgedessen wird in der ersten Lebenshälfte vor allem das als sinnvoll erlebt, was mit dem „Hinaustreten in die Welt" verbunden ist. In der zweiten Lebenshälfte hingegen ist es mehr die Integration von Inhalten des „kollektiven" Unbewussten: von allem, was der Optimierung zwischen den Strebungen des Ich und des Selbst dient.

Der berühmte Ausspruch des „geläuterten" Augustinus „Unruhig ist unser Herz, bis es ruhet in dir, o Gott" kann in die heutige Weltsicht wie folgt übersetzt werden: In der zweiten Lebenshälfte wird der Sinn des Lebens in der Annäherung des Ich an das Selbst – d. h. in religiöser Haltung – gefunden. Diese Möglichkeit des Übersetzens zeigt uns, dass die Sinngebung der Religionen – die Begründung des Sinns aus der „Übernatur" – der menschlichen Natur entsprach. „Gott zu dienen" heißt heute, aus der seelischen Mitte heraus leben, und „in den Himmel zu kommen" heißt heute: den Zustand der Ganzheit erreichen. Die Aussagen der Religionen über das Heil waren zwar nicht physisch wahr, wie man bei archaischer Apperzeption des innerlich Wahrgenommenen noch annehmen musste. Sie waren jedoch psychisch wahr: in der Bildersprache des Unbewussten formulierte Aussagen über psychische Sachverhalte.

Bei existenzieller Haltung ist das Finden des Sinns Aufgabe des Einzelnen. Da geht es weniger um Übernahme des allgemeinen Sinns des Lebens aus dem kollektiven Vorstellungsschatz, sondern vielmehr um den Sinn des Hier und Jetzt. Existenzielle Sinnfindung besteht darin, dass der Einzelne im Verlauf seines Lebens immer wieder ringt um den Sinn der konkreten Situation, in die er durch sein gelebtes Leben hineingewachsen ist, sowie um den Sinn der Ereignisse, die ihm widerfahren.

Nicht immer war existenzielle Sinnfindung in diesem Ausmaß Ringen um individuellen Lebenssinn. Erinnern wir uns, dass ein Aspekt der Befähigung zu Bewusstheit in der Fähigkeit besteht, sich seiner selbst als etwas von der Umwelt Verschiedenem bewusst zu werden. Erinnern wir uns auch, dass zu Beginn der Entwicklung das Erleben der unbewussten Allverbundenheit bzw. des Unabgetrenntseins noch dominierte. In jenen frühen Stadien der Bewusstseinsevolution erlebte der Mensch die psychische Ganzheit noch in der Projektion als kosmische Ordnung. Den Sinn seines Lebens sah er noch darin, in Einklang mit dieser immer gleich bleibenden kosmischen Ordnung zu sein. Einem Relikt jener frühen kosmischen Ganzheitsvorstellung begegneten wir in der Lehre vom großen Tao und wohl auch in der hinduistischen Vorstellung des Brahman. In den theistischen Hochreligionen wurde die psychische Ganzheit dann – immer noch in der Projektion – in der Gestalt des sich offenbarenden Gottes erlebt.

Betrachten wir die Bewusstseinsevolution unter dem Aspekt des Sich-seiner-selbst-bewusst-Werdens, stellen wir eine zunehmende Herauslösung des Individuums aus der Identität mit der Umwelt fest und Hand in Hand damit eine zunehmende Abnahme des Partizipationserlebens. Dies führte zu einer Demokratisierung der Sinnfindung. Nun konnte der Mensch den Sinn seines Lebens nicht mehr pauschal von der Religion, die das allgemeine Partizipationserleben formulierte, übernehmen. Mehr und mehr hatte der Einzelne um den speziellen Sinn seines Lebens zu ringen: um den Sinn des Hier und Jetzt.

Wie aber führt dieses Ringen zum Ziel? Das Ich allein kann es nicht schaffen. Das beweist der Positivismus. Seine irrige Meinung, das Ich (die Ratio) sei das einzige geistige Licht im Menschen, war ja nicht nur maßgeblich am Zustandekommen der gegenwärtigen Sinnkrise beteiligt, die Vorherrschaft des Positivismus in unserer Zeit ist auch Schuld daran, dass so wenige Menschen einen Ausweg aus dieser Krise sehen.

Seit dem zweiten Schritt der Bewusstseinsmutation wissen wir, dass Sinnfindung nur durch Kooperation des Ich mit dem Unbewussten zustande kommt. Die tiefenpsychologische Beobachtung hat erwiesen, dass der innere Wahrnehmungsstrom nicht nur korrigierende, erhellende und zielgebende Inhalte ins Bewusstsein führt, sondern auch sinngebende: dass das Unbewusste Antwort gibt auf die Frage des Ich nach Sinn. Es ist eben nicht das Ich, das das im Genom festgeschriebene, für die menschliche Art typische Muster seelischer Entwicklung und Reaktionsweise kennt. Diese „Kenntnis" hat allein die integrierende Instanz im unbewussten Bereich der Psyche.

Worin ein Mensch den Sinn des Hier und Jetzt sieht, kann er meistens nicht in Worte fassen. Es ist vielmehr so, dass sich im Rahmen des Individuationsprozesses mehr und mehr das Gefühl der Sinnerfülltheit des eigenen Lebens einstellt.

Der Prozess der Sinnfindung wurde bisher wissenschaftlich erst punktuell untersucht, und zwar bei „widrigen Widerfahrnissen": bei Konfrontation mit dem nahe bevorstehenden Tod, bei unheilbarer Krankheit und bei Konfrontation mit schweren Verlusten. Es zeigte sich, dass Sinnfindung sich in diesen Fällen über charakteristische Stadien vollzieht: über Auflehnung, zwiespältige Gefühle usw. und schließlich Reifung zum Zustand bewusster Ergebung.

Die Demokratisierung des Bewusstseins – und damit der Sinnfindung – fand nicht erst bei der Bewusstseinsmutation statt. Sie war schon in spätarchaischer Zeit weit vorangeschritten. Die Schulen der Spiritualität, die wir betrachteten, bemühten sich schon alle – in verschiedenem Grade – um das Finden des individuellen Lebenssinns. So implizierte z. B. bei den Sufis der Begriff des Tawakkul ausdrücklich den Zustand der Ergebung: einer durch Auseinandersetzung des Menschen mit seinem individuellen Schicksal herangereifte „bewusste" Ergebung „in den Willen Gottes". So können wir denn, da wir ja in Sachen existenzieller Einstellung sozusagen Analphabeten geworden sind, von der spirituellen Tradition auch über die Kunst individueller Sinnfindung manches lernen.

Das Problem, ethisch richtig zu handeln

Außer der Sinnkrise wird heute auch eine Wertekrise beklagt. Oft versteht man darunter die allgemeine Orientierungslosigkeit. Im engeren Sinn geht es dabei jedoch um die Krise der ethischen Werte: der Entscheidungskriterien für ethisches Handeln.

Betrachten wir diese Krise vom objektivierenden Gesichtspunkt aus, lassen sich zwei Ursachen auseinanderhalten. Die eine ist die mit dem Hereinklappen der metaphysischen Welt verbundene „Umwertung der Werte", die andere besteht darin, dass seit dem Ausgang des Mittelalters die Adaptation der ethischen Normen an die immer rascher sich verändernde Situation nicht stattgefunden hat.

„Umwertung der Werte" ist nicht in dem Sinn zu verstehen, dass heute gut sein soll, was früher böse war und umgekehrt. Es geht dabei um das, was den unausgesprochenen Hintergrund aller Diskussionen über ethische Probleme bildet: um die Herleitung der ethischen Normen. Dass diese in der christlichen Tradition – entsprechend dem archaischen Muster – vom Himmel hergeleitet wurden, wird heute von Theologen in ihrem Bemühen, modern zu erscheinen, gerne verschleiert. Dabei kommt ihnen die Tatsache entgegen, dass der christliche Mythos ein historisierter – auf Jesus projizierter – Mythos ist. Klar wird die Sache jedoch, wenn wir uns vor Augen halten, wie sich Jesus, als gläubiger Jude, die Herkunft der „Gebote" vorgestellt hat. Im Alten Testament, der Bibel Jesu, wird berichtet: „Da gebot der Herr dem Moses: „Steig zu mir herauf auf den Berg (Sinai) und bleibe dort. Ich will dir die Steintafeln mit dem Gesetz und den Geboten geben, die ich aufgeschrieben habe, damit man sie darin unterweise" (Ex. 24, 12-13).

Von wo aber werden die Werte heute – nach der Naturalisierung der Übernatur – hergeleitet? Seit langem schon haben Religionswissenschaftler ethische Systeme aus verschiedenen Zeiten und Kulturen zusammengetragen und verglichen. Dabei stellte sich heraus, dass allen Ethiken – trotz der großen Bandbreite – ein gemeinsames Muster zugrunde liegt. Daraus ergab sich die Vermutung, dass Ethiken ihren Ursprung in der menschlichen Psyche haben. Dass diese Vermutung später von den Biowissenschaften bestätigt wurde, habe ich schon dargelegt. Die Tiefenpsychologie hat außerdem aufgezeigt, wie ethische Normen aus der Psyche hervorgehen: dass sie – ebenso wie Sinnfindung – das Ergebnis einer Kooperation von Ich und Unbewusstem sind.

Durch die Entdeckung des Unbewussten ist nicht nur die archaische Weltsicht überwunden worden, sondern auch die positivistische und damit auch die positivistische Herleitung der Ethik. Da der Positivismus die Ethik im Ich begründet, kann positivistische Ethik als subjektive Ethik bezeichnet werden. Demgegenüber war die archaische, „vom Himmel her" begründete Ethik eine objektive. Worauf es mir ankommt: seit dem zweiten Schritt der Bewusstseinsmutation ist die Ethik wiederum eine objektiv begründete, denn das Unbewusste gehört für das Ich per definitionem zur objektiven Wirklichkeit. Weil wir heute die Evolution des Bewusstseins kennen, können wir jetzt auch sehen, dass die ethischen Normen immer schon aus dem Unbewussten kamen: dass die übernatürliche objektive Wirklichkeit, von der her der archaische Mensch ihre Herkunft begründete, das in den Himmel hinauf projizierte objektive Psychische war.

Die Einsicht, dass Ethik in der neuen Weltsicht wiederum objektiv begründet ist, gibt Anlass zu Hoffnung. Weshalb, wird erkennbar, wenn wir die positivistische Ethik betrachten. Die Instanz, die die bewusst gefassten Entschlüsse mit dem arteigenen Muster vergleicht und eventuell korrigiert, war dort ausgeschaltet. Wegen dieser fehlenden Rückkoppelung der vom Ich

gefällten Entscheidungen ans Unbewusste konnten sich die dem Ich inne-
wohnenden destruktiven Tendenzen ungehindert entfalten. Zu was für Aus-
wüchsen – zu welch schrecklichem Ausleben von Gruppen-Egoismen und
Ressentiments – dies im letzten Jahrhundert geführt hat, kann man an den
Ereignissen sowohl in Deutschland unter dem Nationalsozialismus als auch in
Russland unter dem Kommunismus stalinistischer Prägung studieren.

Das Hereinklappen der Werte hat sich bisher – wie die gesamte Bewusstseinsmutation – sozusagen nur de facto vollzogen; in Form der erfahrungswissenschaftlichen Entdeckungen. Reflektiert wurde es kaum, und wenn, dann
von Außenseitern. Diejenigen, die auf den Lehrstühlen für Ethik sitzen und
die bei Diskussionen über ethische Probleme als Experten zugezogen werden, fahren seelenruhig auf den alten Denkgeleisen weiter. Desorientiert in
Bezug auf die Werte ist dagegen mehr und mehr die Basis. Ursache der Wertekrise ist nicht nur die durch das Hereinklappen der metaphysischen Welt
erfolgte Umwertung, sondern auch die jahrhundertelange Vernachlässigung
der Adaptation ethischer Normen an die veränderte Situation: an die gewaltigen Einflussmöglichkeiten, über die der Mensch heute verfügt, sowie an die
neuen Probleme, die sich daraus ergeben.

Bis zum Ausgang des Mittelalters war die christliche Ethik laufend den
veränderten Umständen angepasst worden. In der Theorie wurde sie zwar
immer aus der Bibel als der endgültigen Offenbarung in Christo abgeleitet.
Da man aber die „Überlieferung" (Aussprüche von Kirchenvätern und Kir-
chenlehrern, Beschlüsse von Konzilien und Synoden usw.) als Offenbarung
durch den Heiligen Geist auffasste, ergab sich die Adaptation der ethischen
Normen sozusagen von selbst. Die Aufgabe der Moraltheologen beschränkte
sich im Wesentlichen darauf, den Normenkatalog nachzuführen.

Mit Beginn der Neuzeit brach dieser Prozess ab. Wie erwähnt, fuhr seitdem das abendländische Geistesleben auf zwei verschiedenen Geleisen. Die
Theologie schwenkte von dem der Bewusstseinsevolution ab und stagnierte
bis weit in unser Jahrhundert hinein im kirchlichen Getto. Auf dem Geleise
hingegen, auf dem die Entwicklung rasant wie noch nie zuvor voranging,
setzte sich der weltanschauliche Positivismus mit seiner subjektiven, vom Kor-
rektiv durch das Unbewusste abgeschnittenen Ethik zusehends durch.

Die Folge war, dass Ethik mehr und mehr verwilderte und zum Spiel-
ball der nunmehr aufkommenden Ideologien wurde. Was eine Ideologie als
höchsten Wert deklarierte, bestimmte die Struktur ihres Wertgefüges (vgl.
140). Galt z. B. die „arische Rasse" als höchster Wert, hielt man die Ausschaltung der „Nicht-Arier" und des „erbkranken Nachwuchses" für ethisch rich-

tig, ebenso die Ausschaltung der „Klassenfeinde" dort, wo die „Arbeiterklasse" der höchste Wert war.

Wollen wir die Wertekrise überwinden, müssen wir die beiden Ursachen auf verschiedene Weise angehen. Die Orientierungslosigkeit infolge des Hereinklappens der metaphysischen Welt kann überwunden werden, indem man sich die Entwicklung bewusst macht, die stattgefunden hat, und indem man die neue Weltsicht – als Hintergrund für ethisches Handeln – unter möglichst vielen Aspekten durchdenkt. Das ist vor allem eine Aufgabe für interdisziplinär arbeitende Humanwissenschaftler.

Die Adaption der ethischen Normen dagegen ist nicht Aufgabe der Wissenschaft, wenigstens nicht primär. Sie erfordert in erster Linie Pflege der existenziellen Haltung. Ethische Normen sind in allen höheren Kulturen aus der spirituellen Tradition hervorgegangen: dadurch, dass innerhalb einer Population ein gewisser Prozentsatz von einzelnen sich im Rahmen eines Individuationsprozesses bemühte, alle wichtigen Entscheidungen „dem Willen Gottes entsprechend" zu treffen. Den Theologen – den damaligen Wissenschaftlern – oblag es dann, die Ergebnisse dieses Bemühens einzelner zu systematisieren.

Wollen wir zu einer objektiv fundierten Ethik kommen, die dem heutigen Stand der gesellschaftlichen, wirtschaftlichen, wissenschaftlichen und technologischen Entwicklung entspricht, müssen somit möglichst viele Einzelne vor dem Hintergrund des heutigen Selbst- und Weltverständnisses um die Lösung der ethischen Probleme ringen, mit denen sie in ihrem individuellen Leben konfrontiert sind. Dieses Ringen muss in der der menschlichen Natur entsprechenden Weise geschehen: nicht mit dem Kopf (der Ratio) allein, sondern in Kooperation des Ich mit dem Unbewussten.

Kooperation von Ich und Unbewusstem muss jedoch, da die spirituelle Tradition bei uns völlig untergegangen ist, erst wieder erlernt werden. Dabei scheint es mir wichtig, einzusehen, dass es sich nicht um ein isolierbares „Lernziel" handelt, und ebenso wenig um etwas, zu dem man sich einfach entschließen kann. Diese Fähigkeit kann nur heranwachsen. Sie wächst heran im Rahmen und im Verlauf eines Individuationsprozesses. Worauf es ankommt, haben wir gesehen. Das Wichtigste und zugleich Schwierigste ist dabei für den westlichen Menschen, das Münchhausen-Syndrom zu überwinden.

Wichtig ist auch, dass das ganze naturgegebene Programm eines Individuationsprozesses durchgearbeitet wird: dass die Identifikation mit der gesellschaftlichen Rolle (Persona) gelockert wird, dass die Komplexe (Schatten) bewusst gemacht und abgebaut werden, dass die zurückgebliebene Seite der

Persönlichkeit (Anima bzw. Animus) differenziert und die Beziehung zum Selbst entwickelt wird. Im Rahmen dieses vielseitigen Bemühens um seelische Reifung wächst Schritt für Schritt die Fähigkeit heran, aus ethischer Verantwortung in Kooperation des Ich mit dem Unbewussten zu handeln.

Anstatt „ethisch handeln" sagt man oft „nach bestem Wissen und Gewissen handeln". Mit dem alten Ausdruck „Gewissen" ist eine im Unbewussten gelegene Instanz gemeint, die einem sogleich sagt, ob die bewusste Entscheidung richtig oder unrichtig – gut oder böse – ist. Charakteristisch für das Gewissen ist dessen Bildungsfähigkeit. Es setzt sich aus zwei Komponenten zusammen: aus dem angeborenen arttypischen Verhaltensmuster und dem „Überich", d. h. dem internalisierten kollektiven Kanon ethischer Normen. Weil das Ich ans Unbewusste rückgekoppelt ist, modifizieren und differenzieren die internalisierten Wertvorstellungen des kollektiven Bewusstseins das ererbte biologische Verhaltensmuster.

Es ist zu erwarten, dass durch das Bemühen derer, die vor dem Hintergrund der heutigen Weltsicht den Individuationsweg gehen, mit der Zeit wieder langsam eine Werteordnung bzw. ein Kanon ethischer Normen heranwächst, der der heutigen Situation entspricht und der Entscheidungskriterien für die vielen neuen, noch nie da gewesenen Probleme enthält. Durch Internalisation dieses neuen Kanons ethischer Normen kann sich eine neue Kultur des Gewissens bilden.

Der Umgang mit dem Bösen

Mit der Frage der Ethik aufs engste verbunden ist die Frage des Bösen. Auch hier sieht die Sache je nachdem, ob man sie unter dem objektivierenden oder unter dem existenziellen Blickwinkel betrachtet, anders aus. Der Wissenschaftler muss fragen: „Was ist das Böse? Woher kommt es?" Wer sich um Individuation bemüht, muss fragen: „Wie gehe ich mit dem Bösen um?"

Das Böse wird den Übeln zugerechnet. Als moralisches Übel – als ethisch verwerfliches Handeln – wird es von den physischen Übeln wie Krankheit, Tod, Naturkatastrophen usw. abgegrenzt. Theologische Theorien vom Ursprung der Übel waren mythische Theorien, entsprechend den erkenntnistheoretischen Voraussetzungen aller Theologien. Ihnen lag die archaische Auffassung der Kausalität zugrunde: die Vorstellung, metaphysische Wesen könnten durch bloßes Wollen auf „diese" Welt einwirken. Je nach Traditionsstrang stellte man sich die Götter entweder als sittlich ambivalent – sowohl gut als auch böse – vor, wie z. B. in gewissen hinduistischen Systemen, oder man nahm neben dem guten Gott noch einen gleich mächtigen bösen an, wie z. B. im Zoroastrismus. Eine dritte Variante wurde in der jüdisch-christlichen Tradition erarbeitet, indem man sich den „alleinigen" Gott als absolut gut vorstellte und den Ursprung des Bösen dem Gott untergeordneten Satan bzw. Teufel zuschrieb. Bei dieser dritten Variante stellte sich allerdings die Frage, warum der absolut gute Gott die Übel in der Welt – einschließlich das Wirken des Teufels – zulässt. Dazu arbeiteten Theologen Theodizeen aus: Theorien zur „Rechtfertigung Gottes".

In der neuen Weltsicht sind Theodizeen nicht mehr nötig, denn da ergibt sich das Wissen um den Ursprung der Übel aus der Kenntnis der Natur. Der dabei verwendete neuzeitliche Kausalitätsbegriff ist jedoch nicht mehr der rudimentäre des 19. Jh., auch nicht ausschließlich der beim Übergang zur systemischen Naturbetrachtung weiterentwickelte der Naturwissenschaft im engeren Sinne. Es werden auch die Entschlüsse eines bewussten Lebewesens als Ursachen (causae) verstanden. Da das Wissen um die Evolution integrierendes Element heutigen Naturverstehens ist, werden die Ursachen der verschiedenen Übel entsprechend der Kausalitätsform der Evolutionsebene verstanden, der sie zuzuordnen sind. So gilt für Naturkatastrophen die „einfache" Kausalität, die im Bereich der leblosen Materie wirkt; Krankheit wird verständlich aus Funktions- und Interaktionsweise lebender Systeme, und der individuelle Tod wird als Folge des Evolutionsschritts vom Einzeller zum Mehrzeller erkannt. Das Böse – als Neigung zu verwerflichem Handeln – erweist sich bei dieser Sicht als etwas, das in dem Moment auftrat, als Lebewesen zu bewusstem Handeln fähig wurden: beim Evolutionsschritt vom tierischen Primaten zum Menschen.

Die Neigung zu bösen Gedanken, Worten und Taten sowie die Notwendigkeit, sich mit Bosheiten anderer auseinanderzusetzen, muss heute als „naturgegebene" Kehrseite des Gewinns von Bewusstheit gesehen werden – genauso wie die Aufgabe, ethisch zu handeln und nach dem Sinn des Lebens zu fragen.

Wie der jüdische Mythos vom Sündenfall der ersten Menschen zeigt, hat der archaische Mensch gewusst, dass die Neigung zur „Sünde" zur Natur des Menschen gehört. Erst in der positivistischen Zeit ist dieses Wissen systematisch aus der Weltsicht eliminiert worden. Dieser aufklärerischen Selbsttäuschung versetzte schon zu Beginn unseres Jahrhunderts die Psychoanalyse einen ersten Stoß. Als dann das „kollektive" Unbewusste entdeckt war, wurde zudem erkennbar, dass menschliche Bosheit nicht nur eine Folge von Verdrängung ist, sondern dass sie zur menschlichen Natur gehört. Wie weit aber ist diese Einsicht schon ins allgemeine Bewusstsein eingedrungen? Anders gefragt: Wie viele Menschen sind sich heute bewusst, dass Belehrung über das Gute nicht genügt, sondern dass zum „richtigen" Leben auch die Kunst erlernt werden muss, mit dem Bösen umzugehen?

Unter dem existenziellen Blickwinkel betrachtet läuft das Problem des Bösen auf das Erlernen dieser Kunst hinaus. Dabei ist zu unterscheiden zwischen der Kunst, mit dem Bösen umzugehen, das aus der eigenen Seele kommt, und mit jenem, das von außen an uns herantritt.

Am Anfang eines begleiteten Individuationsprozesses treten in der Regel viele Schatten-Träume auf: Träume, die dem Analysanden seine negativen Eigenschaften vor Augen führen. Dabei handelt es sich um die für diesen individuellen Menschen charakteristischen negativen Eigenschaften: aus dem Bewusstsein verdrängte Eigenschaften, die sich im „persönlichen" Unbewussten zu gefühlsbetonten Komplexen zusammenballen und dann „über den Kopf hinweg" die Handlungen dieser Person mitbestimmen.

Blicken wir auf spontane seelische Entwicklungsprozesse in archaischer Zeit zurück, sehen wir, dass auch dort in der ersten Phase der „Umkehr" die negativen Eigenschaften zur Bewusstwerdung drängten. Schulbeispiele dafür sind – im christlichen Bereich – wiederum die Ordensstifter. Äußerlich war diese Phase charakterisiert durch strenge körperliche Askese. Dort, wo Erlebnisberichte vorliegen, zeigt sich, dass diesen Übungen die Einsicht in die „Verworfenheit" bzw. „Sündhaftigkeit" des bisherigen Lebens zugrunde lag (vgl. z. B. 63). Bei institutionalisierter Individuation im Rahmen spiritueller Schulen bestand die „Technik", mit der die Bewusstwerdung des persönlichen Schattens gefördert wurde, darin, dass man jeweils vor der „Gewissenserforschung" um Erleuchtung betete. Im christlichen Bereich betete man gewöhnlich um Erleuchtung durch den Heiligen Geist.

Bewusstwerdung des Schattens – vor allem das Sich-Eingestehen, dass man diese negativen Eigenschaften hat – ist keine leichte Sache. Es ist jedoch einfach im Vergleich zu dem, was vom „inneren Programm" als Nächstes verlangt wird: die Integration des Schattens. Dabei geht es um das Erlernen der Kunst, mit seinen Schatteneigenschaften zu leben: sie als etwas zu einem Gehörendes anzuerkennen, sie aber nicht als Alibi für weitere Bosheiten zu benützen.

Auf die Problematik dieses schwierigen Unternehmens soll hier nicht eingegangen werden. Es sei lediglich auf etwas hingewiesen, das in der spirituellen Tradition – vor allem in der der westasiatischen Religionen – als wesentliches Element der Schattenintegration galt: auf die Reue. Das Wort Reue kommt vom althochdeutschen riuwa = Betrübnis. In der spirituellen

Tradition verstand man unter Reue das Betrübtsein über das Böse, das man getan hatte. In archaischer Sprache: über die begangenen Sünden.

In der christlichen spirituellen Literatur wurde unterschieden zwischen vollkommener und unvollkommener Reue. Als unvollkommen galt jene Reue, die man nur deswegen empfand, weil man sich vor der Straf Gottes fürchtete. Unter vollkommener Reue verstand man das Betrübtsein darüber, dass man Gott beleidigt hat. In heutiger Sprache: darüber, dass man den Intentionen des Selbst zuwider gehandelt und dabei – in den meisten Fällen – Mitmenschen geschädigt oder verletzt hat.

Reue kann nur über begangenes Unrecht empfunden werden. Dies setzt voraus, dass man sein Leben nicht nur mit Blick auf erlittene Verluste, Kränkungen oder Verletzungen durchforscht, sondern dass man sich auch in Erinnerung ruft, wo, wann und wie man Unrecht begangen und anderen Menschen Leid zugefügt hat. Dies Letztere wird in der heutigen Praxis zu wenig beachtet. Meistens begnügt man sich mit dem Wissen über die negativen Eigenschaften. In den christlichen Schulen der Spiritualität hingegen war für eine detaillierte Kenntnis der begangenen Bosheiten gesorgt durch die Institution der Generalbeichte, auf die man sich durch eine sorgfältige, oft über lange Zeit sich hinziehende Durchmusterung des bisherigen Lebens vorbereitete.

In archaischer Zeit wusste man auch, dass das „vollkommene" Bereuen – ebenso wie das heilende Trauern – ein Prozess ist, der Zeit und Hinwendung erfordert. Dem Trauern – dem Erleben und Nacherleben des Schmerzes nach Verlusten – wird heute in der Psychotherapie viel Aufmerksamkeit gewidmet, dem Bereuen jedoch nicht. In den spirituellen Schulen wusste man zudem, dass „vollkommene" Reue nicht willentlich herbeigeholt werden kann, sondern dass sie eine gute Beziehung zum Unbewussten voraussetzt. Deshalb wurde dort um die „Gabe der Reue" gebetet.

Die Haltung, zu der die Bewusstmachung der Schuld, zusammen mit dem Bereuen, führt, wurde in der christlichen Tradition Buße genannt. Was mit diesem heute in Misskredit geratenen Wort gemeint war, wird deutlicher, wenn wir das griechische Wort dafür betrachten: Metanoia = Umkehr. Umkehr nannte man diese Haltung, weil aus der Bewusstmachung begangener böser Taten und dem Bereuen derselben ein mächtiger Impuls resultiert, sich fortan vermehrt um ethisches Tun zu bemühen.

In späteren Phasen der Individuation – bei vertiefter Beziehung des Ich zum Selbst – kommt zur Bewusstwerdung der persönlich begangenen Bosheiten noch die Bewusstwerdung dessen hinzu, was C. G. Jung das archetypisch Böse nannte. Er meinte damit die in der menschlichen Natur gründende Neigung zum Bösen. Die „Buß"-Gesinnung, zu der dieser vertiefte Einblick in das eigene Böse führt, ist das Wissen um die ständige, bis ans Ende des Lebens dauernde Notwendigkeit der Umkehr. Diese aus Bewusstwerdung des archetypisch Bösen hervorgehende „Buß"-Gesinnung hatte Luther wohl im Auge, als er in den 95 Thesen schrieb, dass das „ganze Leben des Christen Buße" sein solle.

Nicht nur der Umgang mit dem eigenen Bösen ist eine schwierige Sache, sondern ebenso der Umgang mit jenem Bösen, das von außen auf uns zukommt. Individuation findet nicht im luftleeren Raum statt. Wir leben zusammen mit anderen Menschen und sind – durch Geburt, Heirat oder Beruf – hineingestellt in bestimmte zwischenmenschliche Konstellationen sowie in bestimmte Strukturen: in staatliche, gesellschaftliche, wirtschaftliche oder kirchliche. Wie sollen wir uns verhalten, wenn wir erkennen, dass die Strukturen, in die wir eingebunden sind, uns zu bösen Handlungen oder zum Dulden von Bosheiten zwingen?

Bei den zahlreichen Diskussionen, die heute über die Bewältigung der nationalsozialistischen Zeit geführt werden, zeigt sich, dass wir in diesen Fragen viel zu undifferenziert denken. Auch in diesem Punkt könnten wir Knowhow aus der spirituellen Tradition gewinnen, insbesondere aus der taoistischen. Die Erfahrungsweisheit über den Umgang mit dem strukturell Bösen, die dort weitergereicht wurde, ist uns im Hexagramm Nr. 36 des I Ging überliefert (vgl. 129).

Am Beispiel der Tyrannenherrschaft des Chou-Hsin wird dort erläutert, wie ein Chün-tzu – ein „Edler" bzw. ein individuierter Mensch – sich bei der Konfrontation mit einem Unrechtsstaat verhalten kann, will er seine Integrität nicht verlieren. Es wird erläutert am Beispiel von fünf hoch gestellten Persönlichkeiten: Po I, Wen, Wei-tzu, Chi-tzu und Wu. Jeder von ihnen löste das Problem auf seine Art bzw. in der Art, die ihm in seiner persönlichen Situation möglich war.

Der Herrscher Chou-Hsin entwickelte sich erst im Verlauf der Zeit zu einem grausamen Tyrannen. Po I erkannte an ihm schon die ersten Anzeichen der Veränderung zum Schlimmen und ging in die Emigration. Um seiner Integrität willen nahm er nicht nur die Entbehrungen des Exils auf sich, sondern auch das Unverständnis seiner Bekannten, die an ihrem Herrscher noch nichts Schlimmes fanden. Der Zweite in der Reihe, König Wen, war ein Vasall des Chou. Da er sich kritisch geäußert hatte, wurde er von Chou gefangen gesetzt. Er resignierte jedoch nicht. Er bewahrte seine Integrität, indem er nach innen emigrierte. Dabei reifte in ihm ein umfassendes Wissen über den

Sinn alles Geschehens heran. In seiner Gefangenschaft erweiterte er – nach der Legende – das I Ging, das bis dahin nur eine Sammlung von Orakelsprüchen war, zum Weisheitsbuch. Mit äußerem Zurückweichen wiederum reagierte Wei-tzu, ein älterer Bruder oder Onkel des Tyrannen. Als Chous Bosheit manifest wurde und Wei-tzu mit ansehen musste, wie dieser „Dissidenten" bei lebendigem Leib das Herz herausriss und schwangeren Frauen den Bauch aufschlitzte, ging er weg. Prinz Chi-tzu, der zusammen mit Wei-tzu die Grausamkeit des Tyrannen sah, hatte entweder nicht den Mut oder nicht die Möglichkeit zur Flucht. Da wählte er einen vierten Weg, auf dem er seine persönliche Integrität bewahren konnte: er stellte sich verrückt. Er nahm freiwillig die Verachtung des Hofes auf sich und schrieb in der Verborgenheit einen philosophischen Essay. Eine fünfte Variante wählte König Wu. Dieser war der Sohn und Nachfolger des inhaftierten König Wen. Lange Zeit konnte er gegenüber dem Tyrannen Distanz bewahren. Als aber die Konfrontation unausweichlich wurde, führte er mit aller Entschlossenheit Krieg gegen diesen und besiegte ihn. Chou beging Selbstmord, König Wu übernahm dessen Herrschaft. Er ging aber sehr behutsam gegen die unter Chou aufgekommenen Missstände vor, um nicht selber jetzt Unrecht zu setzen.

Die verschiedenen Möglichkeiten, im Angesicht des strukturell Bösen seine sittliche Integrität zu bewahren, sind hier am Beispiel eines Unrechtsstaates dargestellt. Aber auch in einem heutigen Rechtsstaat sieht man sich oft mit strukturell Bösem konfrontiert: z. B. in einem Wirtschaftsverband, oft sogar in einer Kirche. Um in einer solchen Situation die individuell richtige Entscheidung zu treffen, könnte das Know-how der alten Taoisten eine große Hilfe sein.

Differenzierung von Anima und Animus: ein westliches Problem?

Als C. G. Jung den natürlichen Verlauf seelischer Reifungsprozesse erforschte, stellte er fest, dass auf die Bewusstwerdung des Schattens eine Phase folgt, in der eine bis dahin unentwickelte Seite der Persönlichkeit nachreift. Er beobachtete, dass diese Seite in Träumen beim Mann durch weibliche Figuren veranschaulicht wird, bei der Frau durch männliche. Wegen des unterschiedlichen Geschlechts dieser Fantasiefiguren nannte Jung den seelischen Bereich, der durch sie veranschaulicht wird, beim Mann Anima, bei der Frau Animus. Es muss betont werden, dass diese Ausdrücke lediglich Namen bzw. begriffliche Zusammenfassungen sehr komplexer psychischer Sachverhalte sind;

infolge der immer noch vorhandenen Neigung zu konkretistischem Verständnis innerlich wahrgenommener Bilder werden nämlich von vielen Menschen Anima und Animus als so etwas wie feinstoffliche Personen aufgefasst. Unterstützt wird diese Neigung durch die Tatsache, dass man bei aktiver Imagination mit Fantasiegestalten Gespräche führen kann.

Was mit Anima und Animus gemeint ist, kann am ehesten verstanden werden, wenn man Menschen betrachtet, bei denen diese Seite noch stark unterentwickelt ist und bei denen somit die Auswirkungen dieser Unentwickeltheit recht unangenehm in Erscheinung treten.

Unterentwicklung der Anima lässt sich besonders gut bei tüchtigem Männern beobachten: bei Männern, die die erste Lebenshälfte voll gelebt, die sich gut an unsere von Wissenschaft und Technik geprägte Welt angepasst und eventuell Großes vollbracht haben. Solche Männer sind oft – abseits der Öffentlichkeit – launisch und überempfindlich, oder auch sentimental, weinerlich und rührselig. In der patriarchalen Terminologie nannte man diese Charakterzüge eines Mannes „weibisch".

Macht sich eine undifferenzierte Anima mehr im Bereich des Gemüthaften bemerkbar, so fällt ein undifferenzierter Animus mehr im Bereich des Geistigen auf. Dabei handelt es sich weniger um Unentwickeltsein der „Geist-Seite" der Frau als um eine echte Fehlentwicklung. Nicht umsonst sagt man von solchen Frauen, sie seien von ihrem (minderwertigen) Animus geritten oder besessen. Animusbesessene Frauen fallen unangenehm auf durch impertinentes Meinen. Sie stehen unter dem Zwang, überall mitzureden, auch dort, wo ihnen die entsprechende Sachkenntnis fehlt. Dabei sind ihre Meinungen starr und durch keine rationalen, sachlich begründeten Argumente korrigierbar.

Männern und Frauen, deren „andere Seite" unter- oder fehlentwickelt ist, ist ein Mangel an Beziehungsfähigkeit gemeinsam. Für Männer mit rudimentärer Anima sind andere Menschen so etwas wie Objekte, die man bei Bedarf in Anspruch nimmt und dann wieder auf die Seite stellt. Frauen sind für solche Männer Spielzeuge, Zeitvertreib, Lustobjekte oder Hilfsmittel. Bei animusbesessenen Frauen ist der Mangel an Beziehungsfähigkeit nicht weniger groß, aber besser kaschiert und häufig überdeckt durch raffinierte Aufmachung, durch Geschicklichkeit, Männern zu gefallen und deren Schwächen auszunützen. Aber nicht nur die Beziehunsfähigkeit zu Menschen ist bei Männern und Frauen mit unterentwickelter „anderer Seite" gestört, sondern auch die zu ihrem eigenen Unbewussten bzw. zu ihrer Instinktgrundlage.

Es sei ausdrücklich betont, dass mit dem eben Gesagten nicht beschrieben wird, was Jung gesamthaft unter Anima und Animus verstand, sondern nur der unentwickelte bzw. fehlentwickelte Zustand dieser seelischen Komponente. Die beim Individuationsprozess vom Unbewussten geforderte Aufgabe ist die Differenzierung bzw. „Veredelung" von Anima und Animus. Da aber diese Differenzierung in den Zustand der Ganzheit einmündet, wäre es sehr schwierig, anhand des differenzierten Zustands von Anima und Animus zu erklären, was mit diesen Ausdrücken gemeint ist. Dass ein undifferenzierter Animus sich unter anderem als Fehlentwicklung der geistigen Seite der Frau äußert, soll keineswegs bedeuten, dass die Frau geistig minderwertig sei. Es hängt vielmehr damit zusammen, dass Frauen beim Durchlaufen unseres bisher ausschließlich vom „männlichen" Denken geprägten Schul- und Erziehungssystems mehr vergewaltigt, geschädigt und sich selbst entfremdet werden als Männer (vgl. 6).

Vermutlich ist das Problem von Animus und Anima in der krassen Ausprägung, in dem wir ihm heute begegnen, ein Problem des westlichen Menschen: ein Problem, das sich aus der spezifischen Art der Bewusstseinsevolution auf dem abendländischen Zweig ergeben hat. Man könnte dieses Leiden als Preis bezeichnen, der dafür bezahlt werden musste, dass auf unserem Entwicklungszweig – und nur auf diesem – der Evolutionsschritt von der archaischen zur neuen Weltsicht geschafft werden konnte. Betrachten wir nämlich, wie sich die Differenzierung von Anima und Animus im Verlauf eines begleiteten Individuationsprozesses vollzieht, zeigt sich, dass dabei die Einseitigkeiten ausgeglichen werden, die sich im allgemeinen Bewusstsein des westlichen Menschen nach und nach herausgebildet haben: dass das Unbewusste dazu tendiert, das sterile, den Instinkten und der Natur entfremdete „Denken mit dem Kopf allein" – das sogenannte Logos-Denken – durch ein „Denken mit dem Herzen" – ein Sophia-Denken auszugleichen.

Logos war ein mythisches Mittler-Wesen (Hypostase) der theologisierenden griechischen Philosophie und wurde später die zentrale Figur des westlichen Christentums; Sophia, die Personifikation der „göttlichen Weisheit", hat in der Spätzeit der jüdischen Mythenentwicklung Gestalt angenommen und wurde in der Ostkirche zur Leitfigur. Mit Sophia- und Logos-Denken ist nicht nur ein Denken im engeren Sinn gemeint, sondern eine Einstellung bzw. Geisteshaltung. In gleicher Bedeutung spricht man oft von männlichem oder weiblichem Denken oder Geist. Dabei meint man aber nicht Geisteshaltungen, die für Männer oder Frauen charakteristisch sind. Das Geschlecht von Fantasiefiguren ist in der Sprache des Unbewussten in erster Linie Symbol für unanschauliche Sachverhalte. Weil dies von Feministinnen häufig übersehen wird, ziehe ich es vor, im Folgenden statt von männlichem und weiblichem Denken von Logos- und Sophia-Denken zu sprechen.

Logos und Sophia

Durch die mythische Gestalt der Sophia wurde eine Haltung des Ich verbildlicht, die mehr das Ganzheitliche sieht. Zwar steht bei ihr immer das Einzelne bzw. der Einzelne im Mittelpunkt des Interesses: das einzelne Lebewesen, insbesondere der einzelne Mensch. Der Einzelne wird jedoch nicht in Teilaspekten und auch nicht losgelöst von seiner Umgebung gesehen, sondern in seinen mannigfaltigen Beziehungen zu anderen: zu anderen Menschen, zu allem Lebendigen, ja sogar zur leblosen Natur. Daher ist der Sophia-Haltung die existenzielle Einstellung besonders wichtig.

Im Unterschied dazu ist ein Mensch mit Logoshaltung objektivierend eingestellt. Auch ihm ist das Einzelne wichtig, jedoch im Hinblick auf seine Teile und Teilaspekte. Logos-Einstellung ist zum einen analysierend, zum andern verallgemeinernd. Sie strebt nach Begriffsbildung und sucht nach den Gesetzmäßigkeiten, die den beobachteten Veränderungen zugrunde liegen. Das Denken wird am höchsten bewertet, die Wirklichkeit wird rational erfasst, Sachwissen wird erstrebt, das Fühlen hingegen, das Erlebnis und die existenzielle Haltung werden zurückgedrängt.

Die Bewusstseinsentwicklung im Zeichen des Logos nahm ihren Anfang im vorsokratischen Griechentum mit dem Erlernen des Abstrahierens. Sie erreichte dort einen Höhepunkt in der aristotelischen Logik: in der Kunst der Begriffs- und Urteilsbildung und des Schlussfolgerns. Nach der Rearchaisierung des Bewusstseins während des frühen Mittelalters sind dann – in der Scholastik – die neu gegründeten Universitäten zum Exerzierplatz geworden, auf dem eine Elite im logischen Denken gedrillt wurde.

Weil damals die Schulen der Spiritualität als gleichberechtigte Institutionen neben den Universitäten bestanden, war dafür gesorgt, dass trotz dieses Drills im Zeichen des Logos das Sophia-Denken nicht unterging. Als aber zu Beginn der Neuzeit das operante Schema erfahrungswissenschaftlichen Forschens zustande kam und sich zudem die Erfahrungswissenschaften von der Bevormundung durch die Theologie – und damit vom ausgleichenden Einfluss der spirituellen Tradition – abkoppelten, nahm das Logosprinzip überhand und erfasste immer weitere Kreise. Als die allgemeine Schulpflicht eingeführt wurde, standen die Lehrpläne von Anfang an im Zeichen des Logos.

In unserem Jahrhundert – mit der Explosion von Wissenschaft und Technologie sowie der rapiden Ausbreitung der positivistischen Weltsicht – erfasste das „Denken mit dem Kopf allein" einen überwiegenden Teil der westlichen Völker.

Als in der Bewusstseinsspitze der Durchbruch zur neuen Weltsicht stattgefunden hatte, war die dem abendländischen Menschen übertragene evolutionäre Aufgabe gelöst: eine Aufgabe, die nur im Zeichen des Logos hatte gelöst werden können. Nun drängte das Unbewusste mit Macht auf die Nachentwicklung des vernachlässigten Sophia-Prinzips. Das Symbol des ganzheitlichen Menschen ist als Entwicklungsziel an die Stelle des ganz im Zeichen des Logos stehenden Homo-faber-Symbols getreten.

Wie wir gesehen haben, war die Jugendrevolte der Sechzigerjahre im Grunde eine antipositivistische, gegen das „Denken mit dem Kopf allein" gerichtete Rebellion. Wir sahen aber auch, dass die zündende, über die bloße Rebellion hinausführende Idee die Einsicht war, dass der einzelne Mensch sich verändern müsse. Damit sind wir wieder bei der Individuation, insbesondere beim Problem der Differenzierung von Anima und Animus.

Diese kann wohl nur durch tiefenpsychologische Arbeit auf individuell optimale Weise vollzogen werden, weil viel Verdrängtes und Verkümmertes aufgearbeitet werden muss. Dass das Bemühen „mit dem Kopf allein" in der Regel nicht genügt, den unbefriedigenden Ist-Zustand zu korrigieren, zeigen Fehlentwicklungen der jüngsten Zeit: sowohl jene Frauen, die aus falsch verstandenem Emanzipationsstreben nach männlicher Superpower strebten, um die Männer mit deren eigenen Waffen zu schlagen, wie auch jene Männer, die unter dem feministischen Slogan des „Lebens aus dem Bauch" das Ideal darin sahen, männlicher Tüchtigkeit (virtus) abzuschwören, ganz Gefühl zu werden, Tränen zu vergießen und von allem und jedem „betroffen" zu sein.

Inwiefern können wir beim Bemühen um Differenzierung der unentwickelten Seite von der spirituellen Tradition etwas lernen? Sehr viel, denn Mitleiden und Mitfühlen mit aller Kreatur war das Ideal des Buddhismus, und im Taoismus ebenso wie in den westasiatischen Religionen war das „Denken mit dem Herzen" das zu erreichende Ziel. Erinnert sei in diesem Zusammenhang an die im Islam wie im Judentum verbreiteten Beispielgeschichten, in denen diese Geisteshaltung sehr plastisch und lebensnah dargestellt ist. Dies kann jedoch nur als Anregung dienen. Unkritisch nachvollziehen dürfen wir es nicht, denn wir leben in einem andern kulturellen Umfeld.

Beim begleiteten Individuationsprozess folgt auf die Differenzierung von Anima und Animus die Vertiefung der Beziehung des Ich zum Selbst. Es handelt sich jedoch nicht um zwei scharf voneinander getrennte Phasen. Es geht vielmehr um eine Schwerpunktverlagerung: ähnlich wie bei einer Überblendung im Film geht eine Phase unmerklich in die andere über. Bei der Beziehung des Ich zum Selbst geht es um die reife Ganzheit: um Verwirklichung der psychischen Ganzheit bei Menschen, die alle Phasen der naturgemäßen Entwicklung durchlebt und dabei alle von der Natur „gewollten" Aufgaben gelöst haben.

Reife Ganzheit hat aber nicht auf allen Ebenen der Bewusstseinsevolution das gleiche Gesicht. Was bedeutet sie für den heutigen Menschen? Die Beantwortung dieser Frage ist deshalb wichtig, weil heute das allgemeine Bewusstsein danach tendiert, vom einen Extrem ins andere zu fallen: das diskursiv-analytische, „männliche" Logos-Denken – und damit Wissenschaft und Technologie – zu verteufeln und das ganze Heil im „weiblichen Sophia-Denken" zu sehen. Der „gesunde Menschenverstand" sagt uns zwar, dass beides – jedes an seinem Ort – nötig ist.

Gibt es aber einen kollektiv gültigen Hinweis vom Unbewussten? Da das Bewusstsein ans Unbewusste rückgekoppelt ist, kann dieses ja – in seiner Funktion als Gesamtintegrator – ermitteln, was zur gegebenen Zeit angestrebt werden muss: inwiefern der überholte Zeitgeist zu korrigieren ist.

Nun ist noch im 19. Jh., als das Logos-Prinzip seiner extremen Ausprägung zustrebte, ein richtungweisendes, kollektives Symbol erblüht, durch das unsere Frage beantwortet wird. Es war eine mythische Sophia-Gestalt, formuliert durch die vier „neuen" Mariendogmen der katholischen Kirche. Die Dogmen, in denen diese Gestalt – in mythischer Sprache – umschrieben wurde, sagen genau das aus, was in Hinblick auf Logos- und Sophia-Haltung für unsere Zeit wichtig ist.

Die Dogmen der katholischen Kirche sind, wie wir heute sehen können, Gestaltungen des Unbewussten. Sie entfalteten sich sozusagen über die Köpfe derer hinweg, die sie erarbeiteten. In den Mariendogmen des frühen Christentums entstand – projiziert auf die Mutter Jesu – die auch in anderen Kulturen vorkommende mythische Gestalt der Jungfrau-Mutter mit dem göttlichen Kind: ein Symbol, das das Aufkommen einer damals neuartigen Bewusstheit darstellte und förderte.

In den vier Dogmen hingegen, die im 19. Jh. erarbeitet wurden (deklariert wurden nur zwei), wird – wiederum auf Maria projiziert – eine unserer Zeit entsprechende Sophia-Gestalt gezeichnet. Dabei wird Maria beschrieben als erbsündenfrei (Immaculata), als Mittlerin aller Gnaden (Mediatrix), als Miterlöserin (Corredemptrix) und schließlich als die mit dem Leib in den Himmel Aufgenommene (Assumpta). Durch diese Aussagen wird in der Bildersprache des Unbewussten die heute anzustrebende Sophia-Haltung umschrieben als eine Einstellung des Ich, die nicht in erster Linie auf Unterscheidung ausgeht: nicht auf das, was nach dem Paradiesmythos zum „Sündenfall der Bewusstseins-Hybris geführt hat (Immaculata); Sophia-Haltung wird auch umschrieben als Einstellung, die die durch Überhandnehmen des Logos-Prinzips verloren gegangene Beziehung des Ich zum Unbewussten wiederherstellt (Mediatrix), und als Haltung, die uns dazu führt, dass wir nun – nach Überwindung der nur analytischen Naturbetrachtung durch die systemische – das Geistige in der Natur erkennen können (Assumpta).

Die entscheidende Antwort auf die oben gestellte Frage enthält das Corredemptrix-Dogma: die Aussage, Maria-Sophia sei Miterlöserin. In begrifflicher Sprache ausgedrückt heißt das, „weibliche" Geisteshaltung führe zusammen mit der „männlichen" zum „Heil", zu der seelischen Ganzheit, die dem heutigen Stand der Bewusstseinsevolution entspricht.

Ziel jeder Individuation ist die Vereinigung scheinbar unvereinbarer Gegensätze. Zur Individuation auf der heutigen Ebene der Bewusstheit gehört in die Reihe dieser allgemeinmenschlichen Gegensatzpaare noch – mehr als früher – die Vereinigung von „männlichem" und „weiblichem" Denken. Das Erlernen der Kunst, Logos- und Sophia-Haltung zu vereinen, macht heute einen beträchtlichen Teil des zu vollbringenden Opus contra naturam aus. Dabei geht es darum, beide zu vervollkommnen, sodass man je nachdem – am richtigen Ort und zur richtigen Zeit – die eine oder die andere einsetzen kann. Die Anwendung der einen oder anderen Haltung wird dann von selbst im Sinne des taoistischen T'ai Gi geschehen: so, dass in der einen immer auch etwas von der andern vorhanden ist.

Die beziehungsstiftende Funktion des Selbst

Weit verbreitet ist das Vorurteil, Individuation führe zu Individualismus. Dabei wird Individualismus nicht etwa im positiven Sinn – als Schutzwehr gegen Vermassung und gegen Vergewaltigung durch staatliche und andere Institutionen – verstanden, sondern im negativen Sinn: als Haltung, bei der der Egoismus des Einzelnen sich den berechtigten Forderungen der Gemeinschaft verschließt. Es wird gesagt, Individuation sei subjektivistische Nabelschau und führe zu Abkapselung von Mitmensch und Welt.

Dieses Vorurteil wird meistens von Archaikern geäußert. Es zeigt, dass sie sich des Unterschieds zwischen positivistischem Menschenbild und dem der neuen Weltsicht nicht bewusst sind. Genährt wird dieses Vorurteil auch dadurch, dass viele der psychotherapeutischen Schulen, Selbsterfahrungs- und Selbsthilfegruppen, die im Zug des Psychobooms unter dem Motto „Selbstverwirklichung" entstanden sind, vom ichzentrierten, positivistischen Selbstverständnis ausgehen: einem Selbstverständnis, das notwendigerweise zu Störungen der Beziehungsfähigkeit – zu Narzissmus – führt.

Individuation im Licht des neuen Menschenbildes führt „naturnotwendig" zur Pflege und Entwicklung mitmenschlicher Beziehung. Die tiefenpsychologische Beobachtung zeigt, dass das Unbewusste auf Abbau der Ichzentriertheit und auf Entwicklung der Mitmenschlichkeit drängt. Bei unserer heutigen Kenntnis der Natur würde man erstaunt sein, wenn es anders wäre. Die Verhaltensforschung hat gezeigt, dass jedes Lebewesen in ein umfassendes Beziehungsnetz eingefügt ist. Schon auf niedriger Evolutionsstufe hat eine Komplexitätszunahme der angeborenen Beziehungsmuster begonnen, und diese Komplexitätszunahme ist im Zug der allgemeinen Evolution ständig vorangeschritten. Bei unseren evolutionären Ahnen, den tierischen Primaten, sind die Beziehungsmuster höchst komplex, und unsere nächsten Verwandten, die Schimpansen, muten uns gerade wegen ihres hochdifferenzierten sozialen Verhaltens so menschenähnlich an.

Beim Evolutionsschritt vom Tier zum Menschen wurde auch im Bereich des Zusammenlebens die bis dahin unbewusste, stammesgeschichtlich erworbene, sozusagen störungsfrei funktionierende Integration der Instinkte aufgelockert. Je mehr ein zu bewusster Entscheidung fähiges Ich heranwuchs, umso mehr mussten sie sich auflockern. Dadurch wurde aber dem Ich auch im Bereich sozialer Beziehungen die Bürde auferlegt, an der Optimierung der divergierenden Strebungen mitzuwirken. Divergierend sind nämlich schon die Motivationen der sozialen Instinkte: des Kumpan-, Sexual- und Ernährungsinstinkts. Diese aus der Stammesgeschichte überkommene Optimierungsaufgabe wurde mit Zunahme der Fähigkeit, sich seiner selbst als etwas von der Umwelt Verschiedenem bewusst zu werden, von einer weiteren Aufgabe überlagert: mehr und mehr musste nun noch das Optimum gefunden werden zwischen der auf archaischer Identität beruhenden unbewussten Partizipation mit der Gruppe und der durch Bewusstwerdung wachsenden Tendenz zu Abgrenzung von ihr. Als Ergebnis dieser Optimierung „auf höherer Ebene" kam es – im Zug der Bewusstseinsevolution – zu dem, was wir bewusste Bezogenheit nennen.

In der spirituellen Tradition bezeichnete man diese Eigenschaft als Liebe, und auf ihre Differenzierung wurde dort größte Sorgfalt verwendet. So wurde in der christlichen Tradition z. B. empfohlen, nicht nur in affektiver Liebe zu verharren, sondern zu effektiver, tätig gelebter Liebe vorzudringen. Bei der effektiven Liebe wiederum ging es darum, diese zu diskreter (unterscheidender) Liebe zu vervollkommnen: zu einer Liebe, die um die Neigung zum Bösen, die jedem Menschen innewohnt, weiß und mit dieser Tatsache umzugehen versteht.

Der Entwicklungsprozess von naturgegebener Partizipation an der Gruppe zu bewusster Bezogenheit geschah somit nicht nur phylogenetisch – im Zuge der Bewusstseinsevolution –, sondern er muss sich auch ontogenetisch vollziehen: im Verlauf jedes einzelnen menschlichen Lebens. Der Grad an „diskreter" Liebe, der dabei erreicht wird, kann geradezu als Gradmesser individueller Bewusstheit genommen werden.

Bei begleiteter Individuation macht die Entwicklung der Fähigkeit zu bewusster Beziehung – als Integration des Schattens und als Differenzierung von Anima und Animus – einen ganz beträchtlichen Teil des zu vollbringenden Opus aus. Entscheidend für das tiefere Verständnis dieser Problematik ist wiederum das Wissen, dass das Ich, als bisher höchste Errungenschaft der Evolution, im Gesamthaushalt der Psyche ein abhängiger Meister ist: dass die Ganzheitlichkeit des Menschseins – und damit auch der Aufbau zwischenmenschlicher Beziehungen – letztlich vom Selbst als dem eigentlichen Meister bestimmt, gelenkt und überwacht wird. Das Ich ist zwar dazu „verurteilt", Initiative zu entwickeln, aber es muss – auf Grund der Struktur der Psyche – bei der Ausübung seiner Aktivitäten immer auch darauf achten, was das Selbst dazu „meint" (vgl. Haltung des Geschehen-lassen-Könnens).

Bei der Begleitung von Individuationsprozessen kann man beobachten, dass Menschen, deren Beziehung zu anderen Menschen gestört ist, auch eine schlechte Beziehung zu ihrem Unbewussten haben: dass ihr Ich dermaßen abgekapselt ist, dass sie die „Botschaften" des inneren Meisters nicht wahrnehmen. Gelingt es ihnen, die Beziehung zum Unbewussten zu verbessern, verbessert sich auch die Fähigkeit zu echter, differenzierter Beziehung zu anderen Menschen.

Jede differenzierte zwischenmenschliche Beziehung entwickelt sich auf Grund jener psychischen Dynamik, die anhand der Meister-Schüler-Beziehung beschrieben wurde. Wir dürfen aber nicht vergessen, dass diese deshalb so wirkungsvoll und fruchtbar war, weil der Meister „geläutert" war, ein Mensch war, der sein „persönliches" Unbewusstes aufgearbeitet hatte, sodass die beziehungsstiftende Funktion des Selbst voll zum Tragen kommen konnte. Solange nämlich das „persönliche" Unbewusste mit gefühlsbetonten Komplexen aufgeladen ist, sind die zwischenmenschlichen Beziehungen gestört, denn Verdrängtes wirkt, wie gesagt, „über den Kopf hinweg". Je mehr dagegen der Schatten bewusst gemacht und integriert ist und je mehr Animus und Anima differenziert sind, desto mehr nehmen die beziehungsstörenden Einflüsse ab, und umso mehr können sich die beziehungsfördernden Impulse des inneren Meisters auswirken.

Ausblick: Hoffnung, die sich auf Fakten stützt

Pessimismus und Resignation sind heute weit verbreitet. Das kommt, meine ich, daher, dass man den Blick zu ausschließlich auf die Zustände fixiert, die uns umgeben. Blickt man dagegen mehr auf den Menschen – auf das Wesen, das diese Zustände hervorgebracht hat –, besteht heute, so paradox das scheinen mag, Anlass zu Hoffnung: nicht zu vager, utopischer Hoffnung, sondern zu einer Zuversicht, die sich auf Fakten stützt.

Voraussetzung ist allerdings, dass man diese Fakten sieht, und das ist bei der heutigen Desorientiertheit alles andere als selbstverständlich. Aber wir besitzen jetzt ein wirkungsvolles Instrument, mit dessen Hilfe wir uns orientieren können: die evolutionäre Betrachtungsweise.

In Bezug auf das Sein hat die Betrachtung unter dem Blickwinkel der Bewusstseinsevolution bereits zu Klarsicht geführt. Dank ihr können wir erkennen, dass und weshalb sowohl die archaische als auch die positivistische Weltsicht überholt ist und dass die Entwicklung auf eine neue, evolutiv höhere Sicht der Dinge hindrängt. Die neue Weltsicht können wir sogar schon skizzieren.

Hoffnung auf eine neue Ethik

In Bezug auf das Sollen sind wir aber immer noch desorientiert. Die alte Werteordnung ist weitgehend zerfallen. Wer auch nur einigermaßen wach ist, spürt, dass eine neue, der heutigen Evolutionsstufe des Bewusstseins adäquate Werteordnung dringend nötig ist: vor allem allgemeine, auf den heutigen Stand des Wissens abgestützte Handlungsnormen zur Bewältigung der heute anstehenden großen Probleme. Aber auch da besteht Grund zur Hoffnung. Dank der evolutionären Betrachtungsweise können wir jetzt wenigstens sehen, dass und wie dies möglich ist.

Hindernisse zur Entfaltung einer zeitgemäßen Ethik, die ihren Grund teils in der archaischen, teils in der positivistischen Weltsicht hatten, sind hinfällig. Überwunden ist z. B. die der archaischen Weltsicht inhärente Intoleranz. Erstmals ist echte Toleranz möglich. Beim konkretistischen Verständnis des innerlich Wahrgenommenen „gab" es notwendigerweise verschiedene metaphysische Welten: verschiedene „einzig wahre" Götter und verschiedene „einzig richtige" Wege zum Heil, und dies führte mit unausweichlicher Konsequenz zu Glaubenskriegen, zur Unterdrückung und sogar Ausrottung von „Ungläubigen" und „Irrgläubigen".

Humanistisch gesinnte Geister haben zwar immer wieder für Toleranz plädiert, und es wurde vereinzelt auch immer wieder Toleranz geübt. Über eine herablassende oder nachsichtige Toleranz kam man aber bis zum zweiten Schritt der Bewusstseins-Mutation nicht hinaus. Echte Toleranz wurde erst möglich, als man erkannte, dass die metaphysischen Welten samt ihren Bewohnern in der Projektion erlebte Gestaltungen des Unbewussten sind.

Durch die Naturalisierung der Übernatur fiel auch jene Schranke weg, die vor allem die Adaptation der Ethik an das höhere Bewusstseinsniveau verhindert hat: die Herleitung der ethischen Normen vom Himmel bzw. die Rückführung überlieferter Moralvorschriften auf den „ewig-gültigen Willen Gottes". Durch die Überwindung des Positivismus fiel ein Hindernis ganz anderer Art weg: der Glaube, ethische Normen könnten durch rationale Überlegungen allein gefunden werden, und es sei somit Aufgabe der Wissenschaft, diese Leistung zu erbringen.

Nachdem diese Hindernisse überwunden sind, wäre nun eigentlich der Weg frei, ethische Normen, die unserer Zeit entsprechen, auf die unserer Zeit gemäße Weise – durch Kooperation des Ich mit dem Selbst – zu erarbeiten. Die Einsicht, dass das Symbol des ganzheitlichen Menschen das Homo-faber-Symbol verdrängt, berechtigt uns zur Hoffnung, dass dies auch geschieht.

Wir müssen uns aber vor allzu blauäugiger Hoffnung hüten. Wir dürfen nicht übersehen, dass die erwähnten Hindernisse zwar im Prinzip überwunden, dass sie aber in der konkreten Wirklichkeit nach wie vor da sind. Die religiöse Intoleranz hat zwar abgenommen. Ökumene ist heute in vieler Christen Mund, und unter dem Motto „Gespräch zwischen den Religionen" breitet sich Toleranzdenken über die Grenzen des Christentums hinweg aus. Dabei geht es aber im besten Fall um wohlwollende Toleranz.

Das eigentliche Hindernis für die Adaptation der Ethik ist der Anspruch professioneller Christen, im Besitz des „Willens Gottes" zu sein: aus der Bibel ableiten zu können, was richtig und was nicht richtig ist. Für religiöse existenzielle Haltung ist die Bibel gewiss ein guter Wegweiser. Allgemeinen Schaden stiftet die Argumentation aus der Bibel nicht, wenn Archaiker unter sich darüber diskutieren, ob Frauen zur (ohnehin überholten) Priesterweihe zugelassen werden sollen. Entschieden zurückzuweisen, weil kontraproduktiv, ist sie jedoch bei Diskussionen über existenziell wichtige Probleme, die alle angehen: über Geburtenkontrolle, Schwangerschaftsabbruch, Anwendung der Gentechnologie, künstliche Befruchtung usw.

Symbole sind Psychomotoren. Das neue Anthropos-Symbol treibt mit Macht auf Verwirklichung: treibt immer mehr Menschen dazu an, sich um seelische Ganzheit zu bemühen und – im Rahmen dieses Bemühens – an der Erarbeitung zeitgemäßer ethischer Normen mitzuwirken.

Weil aber die neue Weltsicht erst im Entstehen ist, wird heute Ganzheit oft noch auf recht fragwürdige Weise zu erreichen versucht. In vielen der neuen Bewegungen wird längst überholter Bodensatz der Bewusstseinsevolution aufgewirbelt und unter der Etikette „Esoterik" gepflegt. Viele der Suchbewegungen sind außerdem noch zu sehr vom bloßen Ausstattungsdenken beherrscht, wobei sich die Leute sozusagen als Freizeitbeschäftigung mit allerhand exotischen Praktiken und Ritualen ausstatten, anstatt sich im Ureigensten voll und ganz erfassen und – durch harte und ausdauernde Arbeit an sich selbst – wandeln zu lassen.

Aber auch für die Suchbewegungen zum ganzheitlichen Menschsein dürfte das von Darwin entdeckte Evolutionsgesetz vom „Survival of the fittest" gültig sein: man darf annehmen, dass sich auf die Dauer der Weg durchsetzen wird, der der menschlichen Natur und dem neuen Symbol des ganzheitlichen Menschen am meisten entspricht. Aus dieser Einsicht wächst die Hoffnung, dass durch das Ringen vieler einzelner um ethisch richtige Entscheidungen in Kooperation mit dem Unbewussten mit der Zeit wieder ein Raster ethischer Handlungsnormen zustande kommt: von Handlungsnormen und Entscheidungskriterien, die dem heutigen Entwicklungsstand des Bewusstseins entsprechen.

Wir müssen uns allerdings bewusst bleiben, dass seit eh und je immer nur ein kleiner Teil einer Population den Individuationsweg mit vollem Einsatz gegangen ist. Es wird auch in Zukunft nicht anders sein. Aber die Entscheidungskriterien für ethisches Handeln, die solche Menschen erarbeiten, können dann wegleitend werden für die anderen. Sie können von der Allgemeinheit übernommen und internalisiert werden, sodass in sehr vielen Menschen ein neues, zeitgemäßes Überich entsteht. Dadurch kann, wie gesagt, eine neue Kultur des Gewissens zustandekommen. All dies berechtigt zur Hoffnung, dass die Kluft zwischen wissenschaftlich-technologischem Können und Menschlichkeit, von der wir ausgegangen sind, kleiner wird.

Hoffnung auf neue bergende Gemeinschaften

Individuation ist eine Sache des Einzelnen. Die Bewusstseinsevolution führte zu Individualität im eigentlichen Sinn des Wortes, indem sie die archaische Identität mit der Gruppe – das Partizipationserlebnis des sozusagen physischen Verbundenseins mit der Gruppe – abbaute. Mehr denn je führt heute der Individuationsprozess zur Einsicht, dass der Mensch letztlich auf sich allein gestellt ist: dass er ein einmaliges, unwiederholbares Ereignis der Geschichte ist. Dies äußert sich auch darin, dass er unabhängiger wird von Außensteuerung: von der Bestimmung durch Ideologien und durch Vorurteile des allgemeinen Bewusstseins einschließlich der durch die Medien verbreiteten Meinungen und Parolen.

Trotzdem führt Individuation nicht zu Vereinzelung, weil der Mensch ein soziales Wesen ist. Das zu seiner Natur gehörende Bedürfnis, in einer Gruppe aufgehoben zu sein, wurde durch die Bewusstseinsevolution nicht beseitigt. Das Gefühl des Aufgehobenseins in einer Gruppe – insbesondere in einer Gruppe von Gleichgesinnten bzw. nach dem gleichen Ideal Lebenden – gibt heute noch vielen Menschen die Religion. Religionen vermittelten immer schon nicht nur „metaphysische Wahrheiten" und Kontakt mit der „metaphysischen Welt"; sie waren immer auch Gemeinschaften, und es ist gerade dieser Gemeinschaftscharakter, der heute viele Menschen in einer Kirche verbleiben lässt, obwohl sie den größten Teil des christlichen „Glaubensguts" nicht mehr akzeptieren können.

Die Mutation des Bewusstseins ist jedoch irreversibel. Immer mehr Menschen, die das konkretistische Verständnis des Mythos überwunden haben, werden nur noch Religiosität ohne Religion mit geistiger Redlichkeit vereinbaren können. Es stellt sich also die Frage, ob aus der neuen Weltsicht Gemeinschaften hervorgehen können, die jenes Heimatgefühl zu geben vermögen, das bisher die christliche Religion gegeben hat.

Ich sage absichtlich die „christliche" Religion, denn dieses Problem stellt sich vorläufig nur in unserem aus der abendländisch-christlichen Tradition hervorgegangenen Kulturraum. Gerade angesichts der heute sich vollziehenden Renaissance des Islam ist zu bedenken, dass die Evolution des Bewusstseins auf den verschiedenen kulturellen Zweigen verschieden rasch voranschreitet. Die islamischen Völker haben aus sich heraus weder die neuzeitliche Art des Forschens entwickelt, noch haben sie die dadurch herbeigeführte Aufklärung durchgemacht. Unter dem Blickwinkel der Bewusstseinsevolution betrachtet, befinden sie sich noch auf der Entwicklungsstufe, auf der wir im Mittelalter standen. Weil den islamischen Völkern westliche Wissenschaft und Technologie sowie auch Elemente der positivistischen Weltsicht von außen her aufgepfropft wurden, ohne dass sie die seelischen Voraussetzungen dafür besaßen, müssen sie sich vorerst einmal auf ihre Wurzeln besinnen. Es vollzieht sich dort zurzeit ein ähnlicher Prozess, wie er sich bei unseren keltischen und germanischen Vorfahren nach dem Zusammenbruch des römischen Reiches vollzogen hat.

Um zu erkennen, was für Gemeinschaftsbildungen bei uns die Funktion übernehmen könnten, die bisher die christliche Religion hatte, müssen wir uns erinnern, welche Art von Gemeinschaft diese hervorgebracht hat. Es war eine Gemeinschaft von Menschen, die ihr Selbst – und damit die gemeinschaftsstiftende Funktion des Selbst – in der Projektion erlebten und sich deshalb als Glieder des „mystischen Leibes Christi" verstanden.

In frühen Stadien der Bewusstseinsevolution waren Religionen die geistigen Gemeinschaften: die Gemeinschaften, die sich im Zuge der Bewusstwerdung über die schon im Tierreich vorkommenden – und beim Menschen weiter bestehenden – biologischen Gemeinschaften ausbreiteten. Aus diesen frühen, das gesamte Leben umfassenden und regulierenden sakralen geistigen Gemeinschaften haben sich mit der Zeit profane soziale Strukturen herausdifferenziert: staatliche, politische, gesellschaftliche, wirtschaftliche, militärische usw. Heute ist jeder Mensch mit einem Teil seiner Persönlichkeit in mehrere derartige Strukturen eingebunden. Der Kern der Person wurde jedoch bis heute bei sehr vielen Menschen genährt von den alten, sakralen, auf einen „metaphysischen Ahn" – das projizierte Selbst – bezogenen Gemeinschaften.

In dem Moment, in dem durch den zweiten Schritt der Bewusstseinsmutation die „metaphysischen Ahnen" aus der Projektion zurückgeholt worden sind, wurde die gemeinschaftsstiftende Funktion des Selbst erkannt. Dieses Wissen gibt uns die Zuversicht, dass auch aus der neuen Weltsicht Gemeinschaften hervorgehen werden, die dem Menschen das Gefühl des Aufgehobenseins bzw. Beheimatetseins vermitteln. Ansätze dazu kann man heute schon beobachten. Voraussichtlich werden es kleine Gemeinschaften sein, in denen jeder den anderen kennt, sodass sie ein Gegengewicht gegen die Anonymität der „profanen" Sozialstrukturen bilden. Wegen des heutigen Pluralismus der Bedürfnisse und Lebensformen muss man annehmen, dass es recht verschiedenartige Gemeinschaften sein werden. Weil sie aber alle unter der Wirkung des Symbols des ganzheitlichen Menschen heranwachsen, werden sie wohl bei aller Verschiedenheit ein großes Netzwerk bilden.

Mit diesem Ausblick in die Zukunft, der uns auch in einer Welt, in der sich die Katastrophenmeldungen jagen, einen berechtigten Anlass zur Hoffnung gibt, wollen wir unsere Suchwanderung abschließen.

Literatur

Es sind hier hauptsächlich jene von mir benützten Bücher angegeben, die sich auf das zur Religiosität Gesagte beziehen. Von naturwissenschaftlichen Werken habe ich nur die ins Literaturverzeichnis aufgenommen, mit denen ich mich im Text kritisch auseinandersetze oder die für das „Leib-Seele-Problem" von Bedeutung sind. Die Bücher, die mir zur Erforschung der archaischen Weltsicht, der Bewusstseinsevolution und -Mutation dienten, habe ich nicht mehr angeführt. Die Literaturhinweise im Text sind weniger als Quellenangaben zu verstehen denn als Hinweise auf weiterführende Literatur.

1. Abegg, Emil, Indische Psychologie. Zürich, Rascher, 1945
2. Alacoque, Margaretha Maria, Leben, von ihr selbst im Auftrag ihrer Oberen niedergeschrieben. Innsbruck, Fei. Rauch, 1893
3. Altner, Günther (Hrsg.), Die Welt als offenes System / Eine Kontroverse um das Werk von Ilya Prigogine. Frankfurt a. M., Fischer TB, 1984
4. Atkins, Peter William, Wärme und Bewegung / Die Welt zwischen Ordnung und Chaos. Heidelberg, Spektrum der Wissenschaft, 1986
5. Balthasar, Hans Urs von, Mechthild von Hackeborn, Das Buch vom strömenden Lob, Auswahl, Übertragung, Einführung. Einsiedeln, Johannes, 1955
6. Baumgardt, Ursula, König Drosselbart und C. G. Jungs Frauenbild. Kritische Gedanken zu Anima und Animus, Olten, Walter, 1987
7. Berger, Peter L., Zur Dialektik von Religion und Gesellschaft. Frankfurt a. M., S. Fischer, 1973
8. Berger, Peter L. / Berger, Brigit / Kellner Hansfried, Das Unbehagen in der Modernität. Frankfurt, Campus, 1973
9. Berger, Peter L., Der Zwang zur Häresie / Religion in der pluralistischen Gesellschaft. Frankfurt a. M., S. Fischer, 1980
10. Bernhart, Josef, Die philosopische Mystik des Mittelalters. Darmstadt, WBG, 1980
11. Bhagavadgita / Gesang des Erhabenen. Zürich, Rascher, 1954
12. Blofeld, John, Das Geheime und Erhabene / Mystizismus und Magie im Taoismus. München, O. W. Barth, 1974
13. Borst, Arno, Mönche am Bodensee 612-1525. Darmstadt, WBG, 1985
14. Bousset, Wilhelm, Apophthegmata / Studien zur Geschichte des ältesten Mönchtums. Tübingen, Mohr, 1923
15. Boyd Doug, Swami Rama I Erfahrungen mit den heiligen Männern Indiens. München, Triamus-Trikont, 1983
16. Brandes, Karl, Das Leben des hl. Vaters Benedikt. Neu bearbeitet von P. Athanasius Staub. Einsiedeln, Benziger, 1920

17. Buber, Martin, Der Weg des Menschen nach der chassidischen Lehre. Heidelberg, Lambert Schneider, i960
18. Buber, Martin, Die Erzählungen der Chassidim. Basel, Manesse, 1949
19. Buber, Martin, Ekstatische Konfessionen. Darmstadt, WBG, 1984
20. Bühler, Charlotte, Der menschliche Lebenslauf als psychologisches Problem. Leipzig, Hirzel, 1933
21. Burgener, P. Laurenz, Leben und Wirken des heiligen Franz von Sales, Fürstbischof von Genf. Luzern, Räber, 1858
22. Büttner, Heinrich / Müller, Iso, Frühes Christentum im schweizerischen Alpenraum. Einsiedeln, Benziger, 1967
23. Capra, Fritjof, Der kosmische Reigen / Physik und östliche Mystik – ein zeitgemäßes Weltbild. München, O. W. Barth, 1977
24. Carrington, Patricia, Das große Buch der Meditation. Zürich, Ex Libris, 1985
25. Cepari, P. Virgil, Leben der hl. Maria Magdalena von Pazzis. Regensburg, Georg Josef Manz, 1857
26. Chang, Chung-yuan, Tao, Zen und schöpferische Kraft. Zürich, Ex Libris, 1983
27. Chastonnay, Paul de, Die Satzungen des Jesuitenordens. Einsiedeln, Benziger, 1938
28. Chi Chi, Die Kunst der Versenkung / Anweisungen zur Meditation des Großen Meisters Chi Chi aus dem China des 6. Jahrhunderts. München. O.W. Barth, 2. Aufl. 1975
29. Dalai Lama, Das Auge der Weisheit / Grundzüge der buddhistischen Lehre für den westlichen Leser. München, O. W. Barth, 1975
30. Dinzelbacher, Peter, Vision und Visionsliteratur im Mittelalter. Monografien zur Geschichte des Mittelalters, Bd. 23, Stuttgart, Anton Hiersmann, 1981
31. Döring, Heinrich, Grundriss der Ekklesiologie / Zentrale Aspekte des katholischen Selbstverständnisses und ihre ökumenische Relevanz. Darmstadt, WBG, 1986
32. Drewermann, Eugen, Tiefenpsychologie und Exegese, 2 Bde., Olten, Walter 1984 / 85
33. Dux, Günther, Die Logik der Weltbilder / Sinnstrukturen im Wandel der Geschichte. Frankfurt a. M., Suhrkamp TB. Wissensch., 1982
34. Eigen, Manfred / Winkler Ruthild, Das Spiel / Naturgesetze steuern den Zufall. München, Piper, 1986
35. Eliade, Mircea, Joga. Frankfurt, Insel, 1977
36. Emmerik, Anna Katharina, Der Gotteskreis, aufgezeichnet von Clemens von Brentano. Zürich, Christina / München, Manz, 1960
37. Frank, Suso (Übersetzung, Einleitung und Erklärung), Mönche im frühchristlichen Ägypten – Historia monachorum in Aegypto. Düsseldorf, Patmos, 1967

38. Frank, Karl Suso (Übersetzung), Frühes Mönchtum im Abendland. Bibliothek der alten Welt, Reihe Antike und Christentum. Zürich, Artemis, 1975

39. Frank, Karl Suso, Grundzüge der Geschichte des christlichen Mönchtums. Darmstadt, WBG, 1975

40. Gaduel, J. P. L., Leben des ehrwürdigen Diener Gottes Bartholomäus Holzhauser. Mainz, Franz Kirchheim, 1862

41. Gätje, Helmut, Koran und Koranexegese. Zürich, Artemis, 1971

42. Gebser, Jean, Ursprung und Gegenwart, 3 Bde., DTV, 1973

43. Ghazali, AI, Der Pfad der Gottesdiener. Übersetzt und erläutert von Ernst Bammerth. Salzburg, Otto Müller, 1964

44. Ghasali, AI, Das Elixier der Glückseligkeit. Düsseldorf, Diederichs, 1981

45. Glasenapp, Helmut von, Die Religionen Indiens. Stuttgart, Kröner, 2i955

46. Grämlich, Richard, Die schiitischen Derwischorden Persiens. Zweiter Teil: Glauben und Lehre. Bd. 36. Wiesbaden, Franz Steiner, 1976

47. Grant, Edward, Das physikalische Weltbild des Mittelalters. Zürich, Artemis, 1980

48. Grunebaum, G. E. von, Der Islam im Mittelalter. Zürich, Artemis, 1963

49. Gschwend, Gino (J), Die neurophysiologischen Korrelate der Philosophie. In: Haben Soziologie und Psychologie die Philosophie als Grundlagenwissenschaft abgelöst? Bern, Haupt, 1976

50. Gschwend, Gino, Motivation und Verhalten. Hexagon, „Roche" 6, Nr. 6 (1978)

51. Gschwend, Gino, So kam der Affe auf den Menschen. St. Gallen, Gschwend, 1977

52. Gschwend, Gino, Das positive Tagträumen oder die Verwirklichung des unbewussten Ichs. München, Profil, 1984

53. Gurjewitsch, J. Aaron, Das Weltbild des mittelalterlichen Menschen. München, C. H. Beck, 1982

54. Haas, Alois M., Nim din selbes war / Studien zur Lehre von der Selbsterkenntnis bei Meister Eckhart, Johannes Tauler, Heinrich Seuse. Freiburg CH, Universitätsverlag, 1971

55. Haas, Alois M., Geistliches Mittelalter. Freiburg CH, 1984

56. Hannah, Barbara, Begegnungen mit der Seele / Aktive Imagination – der Weg zu Heilung und Ganzheit. München, Kösel, 1985

57. Hauer, J. W., Der Joga als Heilsweg / nach den indischen Quellen dargestellt. Stuttgart, Kohlhammer, 1932

58. Herrigel, Eugen, Der Zen-Weg. München, O. W Barth, 1958

59. Hinten, Wolfgang von, „Der Frankforten („Theologia Deutsch)). Kritische Textausgabe. Würzburg, Dissertation, 1976

60. Holst, Erich von, Zur Verhaltensphysiologie bei Tieren und Menschen. Gesammelte Abhandlungen 2 Bde. München, Piper, 1969

61. Ignatius von Loyola, Exercitia spiritualia. Versio litteralis. Ratisbonae 1923

62. Ignatius von Loyola, Das geistliche Tagebuch. Freiburg i. Br., Herder, 1961

63. Ignatius von Loyola, Bericht des Pilgers. Freiburg i. Br., 1963

64. Jacobi, Jolande, Der Weg zur Individuation. Zürich, Rascher, 1965

65. Janowski, Norbert (Hrsg.): Geert Groote, Thomas von Kempen und die Devotio moderna (Texte). Olten, Walter, 1978

66. Jantsch, Erich, Die Selbstorganisation des Universums / Vom Urknall zum menschlichen Geist. München, DTV, 1982

67. Jeann d'Arc, Dokument ihrer Verurteilung und Rechtfertigung 1431-1456. Köln, J. P. Bachern, 1956

68. Jung, C. G., Gesammelte Werke. Zürich, Rascher; Olten, Walter

69. Karrer, Otto (Hrsg.), Juliane von Norwich, Offenbarungen der göttlichen Liebe. Paderborn, Ferdinand Schöning, 1926

70. Kast, Verena, Imagination als Raum der Freiheit. Dialog zwischen Ich u. Unbewusstem. Olten, Walter, 1988

71. Kaufmann, Rolf, Die Krise des Tüchtigen / Paulus und wir im Verständnis der Tiefenpsychologie. Olten, Walter, 1983

72. Kerenyi, Karl (Hrsg.), Die Eröffnung des Zugangs zum Mythos / Ein Lesebuch. Darmstadt, WBG, 1967

73. Kind, Hans, Psychotherapie und Psychotherapeuten / Methoden und Praxis. Stuttgart, Thieme, 1982

74. King, Ursula, Der Karmayogin als Symbol eines neuen religiösen Lebensverständnisses. In: Leben und Tod in den Religionen. Darmstadt, WBG, 1980

75. King, Ursula, Towards a New Mysticism / Teilhard de Chardin and Eastern Religions. London, Collins, 1980

76. Koella, Werner, Physiologie des Schlafes. Stuttgart, Kohlhammer, 1973

77. Kraft, Heinrich, Die Entstehung des Christentums. Darmstadt, WBG, 1981

78. Lamm, Martin, Swedenborg / Eine Studie über seine Entwicklung zum Mystiker und Geisterseher. Leipzig, Felix Meiner, 1922

79. Langer, Georg, Neun Tore / Das Geheimnis der Chassidim. München, O.W.Barth, 1959

80. Lao Tse, Tao-Te-King. Neu ins Deutsche übertragen von Hans Knospe und Odette Brändli, mit einem Nachwort von Knut Walf. Zürich, Diogenes, 1985

81. Lechner, P. Peter, Leben und Schriften der heiligen Katharina von Genua. Regensburg, Josef Manz, 1859

82. Ein Yutang, Laotse. Frankfurt a. M., Fischer Bücherei, 1956

83. Lorenz, Konrad, Die Rückseite des Spiegels / Versuch einer Naturgeschichte menschlichen Erkennens. München, Piper, 3. Aufl. 1973

84. Lorenz, Konrad / Wuketits Franz (Hrsg.), Die Evolution des Denkens. München, Piper, 1983

85. Löwen, Alexander, Bio-Energetik / Therapie der Seele durch Arbeit mit dem Körper. Zürich, Ex Libris, 1986

86. Manns, Peter, Martin Luther. Zürich, Ex Libris, 1983

87.   Maria, Bernardina Sr. Ord. Cap., Leben der hl. Birgitta von Schweden. Augsburg, M. Huttier, 2. Aufl. 1988

88.   Maslow, Abraham H., Psychologie des Seins: ein Entwurf. 3., ungekürzte Ausgabe, aus dem Amerikanischen übersetzt von Paul Kruntorad. Frankfurt a. M., Fischer, 1985

89.   Maslow, Abraham H., Motivation und Persönlichkeit. Olten, Walter, 2i97i

90.   Maudoodi, Sayyid Abu-l-Ala, Weltanschauung und Leben im Islam. Freiburg i. Br., Herder, 1971

91.   Maurer, V., Der Elisabeth von Schönau Visionen nach einer isländischen Quelle. Sitzungsberichte der königl.-bayer. Akademie der Wissenschaften 1883, S.401-23

92.   Mechthild von Magdeburg, Offenbarungen der Schwester Mechthild von Magdeburg oder das fließende Licht der Gottheit. Darmstadt, WBG, 1980

93.   Meier, Fritz, Vom Wesen der islamischen Mystik. Basel, Schwabe, 1943

94.   Meier, Fritz, Hurasan und das Ende der klassischen Sufik. Rom, Accademia nazionale dei lincei, Quad. N. 160, 1971

95.   Meier, Fritz, ABU SAID-I ABU L-HAYR. Acta Iranica, Textes et Memoires, Vol. IV. Leiden, E. J. Brill, 1976

96.   Mensching, Gustav, Buddhistische Geisteswelt. Baden-Baden, Holle, nicht datiert

97.   Miller, Bonifaz (Übersetzung und Einleitung), Weisung der Väter - Apophthegmata Patrum, auch Gerontikon oder Alphabeticum genannt. Freiburg i. Br., Lambertus, 1965

98.   Mookerjee, AjitlKhanna Madhu, Die Welt des Tantra. München, O.W. Barth, 1978

99.   Mynarek, Hubertus, Religiös ohne Gott, Neue Religiosität der Gegenwart in Selbstzeugnissen. Düsseldorf, Erb, 1983

100. Neumann, Karl Eugen, Die Reden Gotamo Buddhos. Übertragung aus dem Pali-Kanon. Gesamtausgabe in drei Bänden. Zürich, Artemis und Wien, Paul Zsolnay, 9. Aufl. 1956

101. Nigg Walter, Katharina von Siena, Lehrerin der Kirche. Freiburg i. Br., Herder, 1980

102. Obrist, Willy, Die Mutation des Bewusstseins / Vom archaischen zum heutigen Selbst- und Weltverständnis. Bern, Peter Lang, 1980

103. Obrist, Willy, Theoriebildung in der Tiefenpsychologie: Defizit, Notwendigkeit und Möglichkeiten. Analytische Psychologie, Vol. 16, Nr. 3, 1985

104. Oehl, Wilhelm, Deutsche Mystikerbriefe des Mittelalters 1100-1550. Darmstadt, WBG, 1972

105. Oldenberg, Hermann, Die Religion des Veda. Berlin, Wilhelm Hertz, 1894

106. Oldenberg, Hermann, Buddha, herausgegeben von Helmut von Glasenapp. Essen, Magnus, nicht datiert

107. Otto, Rudolf, Das Heilige / Über das Irrationale in der Idee des Göttlichen und sein Verhältnis zum Rationalen. München, C. H. Beck, 31-35, 1963

108. Otto, Walter F., Theophanie / Der Geist der altgriechischen Religion. Reinbek, Rowohlt TB, 1956

109. Otto, Walter F., Von der Unzerstörbarkeit griechischer Weltsicht. Reinbek, RoroTB, 1969

110. Palladius, Leben der heiligen Väter (Historia Lausiaca). Übersetzt von St. Krottenthaler. Bibliothek der Kirchenväter. Kempten, Kösel, 1912

111. Ponte, P. Ludwig de, Das wundersame Leben der ehrwürdigen Jungfrau Marina von Escobar. Regensburg, Josef Manz, 1861

112. Pauels, P. Hubert OSFS., Die Mystik des hl. Franz von Sales in ihrer Grundhaltung und Zielsetzung (Diss.). Eichstädt Wien, Frz. Sales Verlag, 1963

113. Popper, Karl R.IEccles John C, Das Ich und sein Gehirn. München, Piper, 1982

114. Prestel, Josef (Übersetzung ins Neudeutsche), Die Offenbarungen der Margarethe Ebner und der Adelheid Langmann. Weimar, Hermann Böhlaus Nachf., 1939

115. Prigogine, llya, Vom Sein zum Werden / Zeit und Komplexität in den Naturwissenschaften. München, Piper, 1979

116. Prigogine, llya / Stengers Isabelle, Dialog mit der Natur. München, Piper, 3i98i

117. Rahner, Karl, Visionen und Prophezeiungen. Innsbruck, Tyrolia, 1952

118. Rajagopalachari, P, Der Meister / Shri Ram Chandra. München, O. W Barth, 1977

119. Ranke-Graves, Robert von / Patai Raphael, Hebräische Mythologie. Reinbek, Rowohlt TB, 1986

120. Ravier, Andre SJ, Ignatius von Loyola gründet die Gesellschaft Jesu. Würzburg, Echter, 1982

121. Reinert, Benedikt, Die Lehre vom Tawakkul in der klassischen Sufik. Studien zur Sprache, Geschichte und Kultur des islamischen Orients. Neue Folge Nd. 3. Berlin, de Gruyter, 1968

122. Riedl, Rupert, Die Ordnung des Lebendigen / Systembedingungen der Evolution. Hamburg, Paul Paray, 1975

123. Riedl, Rupert, Strategie der Genesis / Naturgeschichte der realen Welt. München, Piper, 2. Aufl. i980

124. Riedl, Rupert, Biologie der Erkenntnis / Die stammesgeschichtlichen Grundlagen der Vernunft. Hamburg, Paul Paray, 1980

125. Ritter, Hellmut, Das Meer der Seele / Mensch, Welt und Gott in den Geschichten des Fariduddin Attar. Nachdruck mit Zusätzen und Verbesserungen. Leiden, E. J. Brill, 1978

126. Roderot, Pierre, Der Islam und die Mohammedaner heute. Stuttgart, Schwabenverlag, 1963

127. Rolland, Romain, Das Leben des Ramakrishna. Zürich, Rotapfel, 1964
128. Rousselle, Zur seelischen Führung im Taoismus. Darmstadt, WBG, 1962
129. Rump, Ariane, Die Verwundung des Hellen als Aspekt des Bösen im I Ching (Diss.). Zürich, Rump, 1967
130. Ruppert, Hans-Jürgen, New-Age / Endzeit oder Wendezeit? Wiesbaden, Coprint, 1985
131. Schär, Hans, Erlösungsvorstellungen und ihre psychologischen Aspekte. Zürich, Rascher, 1950
132. Scheeben, Heribert Christian, Der heilige Dominikus, Gründer des Predigerordens und Erneuerer der Seelsorge. Essen, Hans Driewer, 1951
133. Schiwy, Günther (Hrsg.), Das Teilhard de Chardin Lesebuch, Olten, Walter, 1987
134. Schlette, Robert (Hrsg.), Der moderne Agnostizismus. Düsseldorf, Pat-mos, 1979
135. Scholem, Gershom, Die jüdische Mystik in ihren Hauptströmungen. Frankfurt a. M., Suhrkamp, 1967
136. Schöpfungsmythen: Ägypter, Sumerer, Hurriter, Hethiter, Kanaaniter und Israeliten. Vorwort von Mircea Eliade, Reihe Quellen des alten Orients. Darmstadt, WBG, 1977
137. Shah, Idries, Das Geheimnis der Derwische / Geschichten der Sufimei-ster. Freiburg i. Br., Herder, 1982
138. Sherrington, C, The Integrative Action of the Nervous System. New York, C. Scribner's Sons, 1906
139. Snackville-West, V., Jeanne d'Arc. Hamburg, Christian Wegner, 1937
140. Sperry, Roger, Naturwissenschaft und Wertentscheidung. München, Piper, 1985
141. Steggink, Otger, Erfahrungen und Realismus bei Teresa von Avila und Johannes vom Kreuz. Düsseldorf, Patmos, 1983
142. Steggink, Otger, Mitarb., Mystik. Bd. I: Struktur und Dynamik, mit Beiträgen von Otger Steggink. Düsseldorf, Patmos, 1983
143. Stegmüller, Wolfgang, Hauptströmungen der Gegenwartsphilosophie. 2 Bde. Stuttgart, Kröner, 51975
144. Stierli, Josef SJ, Ignatius von Loyola / „Gott finden in allen Dingen". Olten, Walter, 1981
145. Suzuki, Teitaro, Die große Befreiung. Zürich, Rascher, 1969
146. Tapert, P. Dionys Maria, Der hl. Bruno, Stifter des Kartäuserordens, in seinem Leben und Wirken. Luxemburg, P. Brück, 1872
147. Tart, Charles, Transpersonale Psychologie. Olten, Walter, 1978
148. Theresia von Jesu, Leben von ihr selbst beschrieben. Sämtliche Schriften, Bd. I. München, Kösel, 3i96o
149. Thomas von Aquin, Über das Sein und das Wesen. Deutsch-lateinische Ausgabe. Übersetzt und erläutert von Rudolf Allers. Darmstadt, WBG, 1980

150. Tibetanisches Totenbuch I Die Nach-Tod-Erfahrungen auf der Bardo-Stufe. Zürich, Rascher, i960, Olten, Walter, 1971

151. Tylor, Edward B., Die Anfänge der Kultur. Leipzig, C. F. Winter, 1873

152. Uchiyama, Kosho Roshi, Weg zum Selbst / Zen-Wirklichkeit. München, O. W Barth, 1973

153. Vollmer, Gerhard, Evolutionäre Erkenntnistheorie. Stuttgart, Hirzel, 1981

154. Vries, S. Ph. de, Jüdische Riten und Symbole. Wiesbaden, Fourier, 1981

155. Walf, Knut, Westliche Taoismus-Bibliograhie / Western Bibliografy of Taoism. Limburg, 1985, Essen, 1986

156. Walsh, Roger N. / Vaughan Francis (Hrsg.), Psychologie der Wende / Grundlagen, Methoden und Ziele der Transpersonalen Psychologie. Zürich, Ex Libris, 1986

157. Weber, Max, Aufsätze zur Religionssoziologie. 3 Bde. Tübingen, 2i922

158. Wehr, Gerhard (Hrsg. und Erklärung), Jakob Böhme, Christosophia / Ein christlicher Einweihungsweg. Freiburg i. Br., Aurum, 1975

159. Wehr, Gerhard, Veränderung beginnt innen / Gestalten und Dimensionen christlicher Spiritualität. Stuttgart, J. F. Steinkopf, 1977

160. Wehr, Gerhard, Der Chassidismus. Freiburg i. Br., Aurum, 1978

161. Wehr, Gerhard, Martin Luther / Mystische Erfahrung und christliche Freiheit im Widerspruch. SchafThausen, Novalis, 1983

162. Weischedel, Wilhelm, Der Gott der Philosophen / Grundlegung einer philosophischen Theologie im Zeitalter des Nihilismus. Darmstadt, WBG, 1979

163. Weissbrodt, Johannes (Übersetzung), Der hl. Gertrud der Großen Gesandter der göttlichen Liebe. Freiburg i. Br., Herder, 6-7i92O

164. Weizsäcker, Carl Friedrich von, Die Einheit der Natur. München, Hanser, 4. Aufl. 1971

165. Widegren, Geo, Die Religionen Irans. Stuttgart, Kohlhammer, 1965

166. Wiethoff, Bodo, Grundzüge der älteren chinesischen Geschichte. Darmstadt, WBG, 1971

167. Wilhelm, Richard (Übersetzung und Erklärung), Das Geheimnis der Goldenen Blüte. Kommentar von C. G. Jung. Zürich, Rascher, 1957, Olten, Walter, 1971

168. Wollersheim, Theodor, Das Leben der ekstatischen und stigmatisierten Jungfrau Christina von Stommeln. Köln, I. M. Heberle, 1959

169. Wuketits, Franz M., Evolution, Erkenntnis, Ethik / Folgerungen aus der modernen Biologie. Darmstadt, WBG, 1984

170. Wunderli, Jürg, Joga und Medizin. Zürich, ABC, 1964

171. Zimmer, Heinrich, Philosophie und Religion Indiens. Zürich, Rhein, 1961

172. Zintzen, Clemens (Hrsg.), Die Philosophie des Neuplatonismus. Darmstadt, WBG, 1977